二战风云

二战风云

王宏志 ◎ 编

中国华侨出版社
北京

图书在版编目（CIP）数据

二战风云 / 王宏志编. — 北京：中国华侨出版社，2013.8 （2022.3重印）
ISBN 978-7-5113-3949-2

Ⅰ.①二… Ⅱ.①王… Ⅲ.①第二次世界大战（1939~1945）—史料 Ⅳ.①K152

中国版本图书馆CIP数据核字（2013）第196041号

二战风云

编　　者：	王宏志
责任编辑：	高文喆
封面设计：	阳春白雪
文字编辑：	戴　楠
美术编辑：	宇　枫
经　　销：	新华书店
开　　本：	720mm×1200mm　1/16　印张：24　字数：333千字
印　　刷：	北京德富泰印务有限公司
版　　次：	2013年10月第1版　2022年3月第5次印刷
书　　号：	ISBN 978-7-5113-3949-2
定　　价：	68.00元

中国华侨出版社　北京市朝阳区西坝河东里77号楼底商5号　邮编：100028
发 行 部：（010）88866079　　　　传　　真：（010）88877396
网　　址：www.oveaschin.com　　　E－m a i l：oveaschin@sina.com

如发现印装质量问题，影响阅读，请与印刷厂联系调换。

前言

PREFACE

1939年9月1日~1945年9月2日，以德国、意大利、日本法西斯轴心国及保加利亚、匈牙利、罗马尼亚等国为一方，与以世界反法西斯力量为另一方的同盟国展开了第二次全球规模的战争，史称第二次世界大战，简称"二战"。

战争最激烈时，全球有61个国家和地区参战；20亿以上的人口被卷入战争；战火遍及欧洲、亚洲、南美洲、北美洲、非洲及大洋洲；战线遍布大西洋、太平洋、印度洋及北冰洋；约9000万人死亡；钱财损失约4万亿美元；大量房屋受破坏，工厂、农庄、铁路和桥梁的损坏则难以估计。法西斯主义运动严重践踏了人类的尊严、自由与和平，是人类历史上遭遇的一场空前浩劫。有些历史是茶余饭后的消遣，但血与火交织的"二战"则能永久地拨动人类的心弦。

战争并不只是战场上的搏杀，西方著名军事理论家克劳塞维茨说过："战争不仅是一种政治行为，而且是一种政治工具，是政治交往的继续。"在战争的烽火硝烟的背后，政治巨头的决断主宰着战争，各种力量的演化扭曲着战争，无处不在的谍影影响着战争，一切主观的、客观的及巧合的因素使战争更显得神秘莫测。翻开史书，最耀眼的篇章莫过于战争，留下无穷争议的也莫过于战争。

作为一场对人类现代历史影响极其深远的战争，"二战"中的人物和事件早已刊入了史册，为大众所了解，但是它也留下了许许多多的争议和无数的是是非非，直到今日还在不断地拷问着后人。尽管"二战"结束已过去半个多世纪了，斗转星移，事过境迁，但它仍以其恢宏的气势、深刻的内涵、丰富的底蕴，磁铁般吸引着众多的历史爱好者去回顾它，去思索它。

随着各国保密档案的一步步解密，许多关于"二战"的真相得到了进一步的揭示，但仍有许多"二战"的真相不得而知。当人们循着历史的轨迹回望波谲云诡的"二战"的时候，仍然有许多难解之谜遮挡着人们的视线。本书参照"二战"解密档案和"二战"战史专家的著述，围绕"二战"中的历史事件和人物，通过对有关"二战"中政治、战役、武器、间谍、风云人物等方面的种种历史细节的揭示，以客观的立场对"二战"中诸多历史细节进行真实再现，将一场场真实而充满魅力的奇异战争展现在您的面前。

全书共分为决策内幕、战火烽烟、碧海风波、长空迷云、特战疑踪、谍海秘影、人物探幽七章，其中有着许多历史细节耐人寻味，更有一些风云人物的身世命运、传奇经历颇堪玩味，诸多武器、间谍的来龙去脉耐人咀嚼。其中既有小人物的智慧较量，也有大人物的故事解读；既是客观的历史评述，却不对争议妄下定论，使读者既能对这些谜团有更多的了解，又能对这段历史有一个更全面的认识。

美国前总统富兰克林·罗斯福曾经说过："相对于战争结束来说，我们更希望所有的战争本就没有爆发。"唯愿人们在回眸"二战"时，多一些沉思和省悟，更加珍惜今日的和平与安宁。

目 录

第一章　决策内幕 …… 1

"九一八事变"——日本关东军为何选择"九一八" …… 2
日本因何选择了"南进"——"诺门坎事件" …… 5
日本人自己把自己给骗了——搏杀荒岛 …… 8
第二次世界大战中日军第一次"玉碎"——阿图岛之战 …… 10
斯大林为何不防范德军的闪电突袭——"大雷雨计划" …… 14
耀眼的桂冠——苏军两大元帅争夺攻打柏林指挥权内幕 …… 16
点燃第二次世界大战的导火索——"希姆莱作战计划" …… 19
弱国悲歌——第二次世界大战中的波兰 …… 21
战争奇闻——"静坐战争" …… 24
"欧洲最强大的军队"为何不堪一击——"挥镰行动" …… 25
希特勒为何放走34万英法联军——戈林之欲 …… 28
隆美尔之怒——托布鲁克之战 …… 31
"虎！虎！虎！"——珍珠港事件的"苦肉计" …… 33
诺曼底登陆的预演——悲壮的迪耶普奇袭 …… 35
谁在缅甸"坑"了中国远征军——"先欧后亚" …… 38

第二章　战火烽烟 …… 41

卢沟桥枪声——记"七七事变" …… 42

八百壮士投河——气壮山河的"陕西楞娃" ································· 45
日本"钢军"覆灭记——血战昆仑关 ······································ 48
孙立人的扬名杰作——仁安羌之战 ······································· 50
激战在"魔鬼居住的地方"——胡康河谷战役 ···························· 52
中国远征军永远的荣耀——腾冲光复记 ·································· 55
"我们仍在战斗!"——布列斯特要塞坚守实况 ·························· 58
曼施坦因的经典之战——克里米亚战役 ·································· 60
曼施坦因的巅峰之作——哈尔科夫反击战 ································ 62
"生命之路"——列宁格勒从地狱到天堂的涅槃 ························ 65
阿拉曼战役——蒙哥马利大胜"沙漠之狐" ····························· 68
巴丹半岛的陷落——揭秘第二次世界大战中美军的最大投降行动 ······· 70
"提早的严冬"——德军兵败莫斯科 ······································ 72
苏德战场的攻防战——德米扬斯克之围 ·································· 74
第二次世界大战德军最惨烈的突围战——切尔卡瑟战役 ················ 77
最后的疯狂——阿登战役 ·· 80
死神的镰刀——塞班战役中的坦克战 ···································· 82
荡寇孟拱河谷——歼灭日军"丛林之王" ································ 85
第二次世界大战最后一役——虎头要塞攻坚战 ························· 88

第三章　碧海风波 ·· 91

斯卡帕湾的幽灵——"皇家橡树"号沉没之谜 ························· 92
被舰炮击沉的唯一航母——英国皇家海军"光荣"号 ·················· 94
"潜艇杀手"——"英格兰"号 ··· 99
装甲战舰——"格拉夫·斯佩海军上将"号 ····························· 102
大炮巨舰时代画上句号——纳粹海军的最后一仗 ······················ 106
"复仇者"拦截德日水下交易——"I-52"号潜艇沉没之谜 ············ 111
"孤独的北方女王"——"提尔皮茨"号战列舰 ······················· 113

舰载航空兵时代的开端——突袭塔兰托 ··· 117

遭欺骗的冤死鬼——澳军"悉尼"号巡洋舰 ····································· 120

"远东之盾"与"大和之矛"——日英新加坡海战 ····························· 123

海战史上首次航母对决——珊瑚海海战 ··· 125

决定日本命运的5分钟——中途岛战役 ··· 127

日本帝国海军的象征——"大和"号的下场 ····································· 131

最短命的航母——日本"信浓"号 ·· 134

沉没的马赛曲——第二次世界大战中的法国海军 ····························· 137

美军最倒霉的战舰——"波特尔"号驱逐舰 ····································· 140

第四章　长空迷云　143

笕桥上空的4:0——中日"八一四"空战 ······································· 144

鲜为人知的苏联"飞虎队"——苏联援华航空志愿队 ····················· 145

送给天皇的"生日礼物"——武汉空战 ·· 149

"空中飞虎"——抗日战争中的美国援华志愿队 ······························ 152

瓜岛"仙人掌"——美国海军陆战队的VMF-223中队 ····················· 155

残骸成了后来者的地标——"驼峰"航线 ·· 159

哈勒欣河上空的"不死鸟"——斯科巴里欣 ····································· 161

"夜间女巫"——卫国战争中的苏联女子航空团 ······························ 165

"斯大林格勒白玫瑰"——苏联美女飞行员莉莉娅 ··························· 169

空袭"日本的珍珠港"——特鲁克 ··· 172

"猎杀孔雀"行动——"绝密电"葬送山本五十六 ··························· 175

库班大空战——苏德争夺制空权的殊死拼杀 ····································· 178

"大炮鸟"传说——"死亡天使"汉斯·鲁德尔 ······························· 181

闪击战的利剑——第二殷麦曼俯冲轰炸联队 ····································· 183

地狱般的空战——德军"神风"突击队为希特勒殉葬 ······················· 185

纳粹之鹰——"里希特霍芬联队"沉浮记 ·· 189

落日余晖——最后的王牌与"Ta-152" …… 192

第五章　特战疑踪 …… 195

现代特种部队的雏形——第三帝国勃兰登堡部队 …… 196
"威塞尔演习"——人类史上的首次空降战 …… 199
鹰从天降——攻占埃本·埃马尔要塞 …… 201
德国空降兵的坟墓——克里特岛空降行动 …… 204
"一种屠夫的精神状态"——武装党卫队 …… 207
"打开登陆欧洲的大门"——西西里岛登陆战役 …… 210
"红色恶魔"——"哥曼德"英国特种作战部队 …… 212
"亚平宁夜空中的闪电"——意大利"弗格尔"伞兵师 …… 215
"魔鬼的杰作"——"橡树行动" …… 218
"胜利的摇篮"——攻克塔拉瓦 …… 222
"疾风之鹰"——美军第101空降师 …… 225
攻克"太平洋上的坚固要塞"——哥黎希律岛空降战 …… 228
"自愿者和犯人"组成的部队——党卫队第五百伞兵营 …… 231
撒旦之翼——第二次世界大战期间的日本"神风"突击队 …… 234
人操导弹——日本"樱花"式火箭特攻机 …… 237

第六章　谍海秘影 …… 241

台儿庄大捷的谍报英雄——夏文运 …… 242
"书生笔下十万兵"——密码破译奇才池步洲 …… 244
大难不死的间谍——菲尔比 …… 248
希特勒悬赏100万法郎缉拿的女间谍——珀尔·维什林顿 …… 251
侵华日军中的红色间谍——中西功 …… 254
"东洋魔女"——川岛芳子 …… 257
潜伏珍珠港的日本间谍——吉川猛夫 …… 261

"东方的劳伦斯"——土肥原贤二 263

一吻夺命——韦芳菲 267

红色谍王——理查德·佐尔格 270

扑朔迷离的纳粹德国谍王——卡纳里斯 273

让斯大林叹服的传奇间谍——鲁道夫·勒斯勒 277

007的原型——达斯科·波波夫 279

第七章　人物探幽　　285

守土有责——马占山 286

"长沙之虎"——薛岳 289

抗战中的"鄂中大怪物"——王劲哉 293

战火中的绅士——丘吉尔 296

轮椅上的巨人——罗斯福 301

西点军魂——艾森豪威尔 305

第二次世界大战中"三巨头"同时相中了他——马歇尔 309

太平洋战场美国第10军司令——史迪威 311

"美国空军之父"——阿诺德 313

"天佑美国，我佑美国！"——麦克阿瑟 314

希特勒最为宠爱的将领——隆美尔 318

"人民的儿子"——伏罗希洛夫 321

胜利的象征——朱可夫 324

"世界上最杰出的骑兵统帅"——布琼尼 328

"20世纪的马汉"——戈尔什科夫 330

末路战神——曼施坦因 332

德国装甲兵之父——古德里安 336

"狼群之父"——邓尼茨 339

被遗忘的骑士——屈希勒尔 342

与魔鬼结盟——施佩尔 …………………………………………… 346

"叼着雪茄的米老鼠"——"小胡子将军"加兰德 …………… 350

"非洲之星"——汉斯·约阿斯姆·马尔塞尤 …………………… 355

"我只忠于德国"——莫德尔 ……………………………………… 358

帝国元帅——戈林 ………………………………………………… 361

自由法国的旗帜——戴高乐 ……………………………………… 365

愤怒的"公牛"——哈尔西 ……………………………………… 369

第一章

决策内幕

"九一八事变"

——日本关东军为何选择"九一八"

"九一八"事变的发生,是日本帝国主义为了吞并中国、称霸亚洲及太平洋地区而采取的一个蓄谋已久的重要侵略步骤。早在1927年夏,日本内阁就在东京召开"东方会议",制定了《对华政策纲领》,声称中国东北"在(日本)国防和国民的生存上有着重大的利害关系"。同年7月,日本内阁首相、陆军大将田中义一向天皇奏呈的"田中奏折"公然宣称:"惟欲征服支那,必先征服满蒙,惟欲征服世界,必先征服支那。倘支那完全可被我国征服,其他如小中亚细亚及印度、南洋等异服之族,必畏我敬我而降于我。"

日本法西斯为发动侵略战争,不断制造事端,大肆渲染"满蒙危机",为行使武力寻找借口。1931年5月,日本军事间谍中村震太郎,非法侵入中国东北边境屯垦地区,进行军事侦察,搜集情报,被中国东北军屯垦第三团关玉衡部捕获,并将其秘密处死,这件事被称为"中村事件"。当年7月,关东军侦知此事,便将这一事件视为"解决满蒙问题开端的绝好机会"。1931年7月,陆军参谋本部把攻城重炮秘密调运至沈阳,对准东北军驻地北大营,8月,日本陆军大臣南次郎在日本全国师团长会议上叫嚷满蒙问题只有用武力解决,随后进一步做了发动此次战争的各种准备。同月,本庄繁走马上任关东军司令官,立即听取了关于"满蒙"情况的汇报和作战计划报告,随即发出"训示",表示"已下重大决心共图伸展国运之大业",接着,本庄检阅了以攻击中国军队为目标的军事演习,直到9月18日事变当天,本庄才回到旅顺关东军司令部,至此,关东军已处于临战状态。经过长达数年之久的精心策划和充分准备,日本发动侵华战争的日期迫在眉睫。

9月中旬,在奉天柳町一家带有艺妓的"菊文饭店"里,一场招待日军参谋本部建川美次少将的酒宴正在举行,建川此行是奉日军参谋总长金谷范之命压制关东军的策谋计划，而他本人对这个计划却持赞成态度。此时，策划事变阴谋的另一个主角板垣征四郎大佐显得有些焦躁不安，这位日后在东京审判庭上被判绞刑的甲级战犯，此刻的心中也没什么太大的把握，正在作战室里来回踱步，嘴里不停地念叨着自己的座右铭："人生之途，当全力以赴。"

关东军原计划是于9月底发动事变，并按分工做好了准备，但建川在临行前授意桥本欣五郎给关东军发出了密码电报，告之："事已暴露，必须立即动手。"关东军接到桥本电报后，当即于15日午后召开了紧急会议，16日凌晨2时，板垣和石原通知今田、三谷等人提前于9月18日发动事变。之所以要提前行动，并不完全是因为建川此行导致的，还有就是为防止泄密怕事情再出现意外变故。

1931年9月18日晚，盘踞在中国东北的日本关东军按照精心策划的阴谋，将沈阳附近柳条湖一带南满铁路路轨炸毁，并嫁祸于中国军队，诬称是中国军队所为，日军以此为借口，突然向驻守在沈阳北大营的中国军队发动进攻，这就是所谓的"柳条湖事件"。据这一事件的具体执行者、日本关东军参谋花谷正后来回忆道："9月18日夜，岛本大队川岛中队的河本末守中尉，以巡视铁路为名，率领部下数人，向柳条湖方向走去，一边从侧面观察北大营兵营，一边选了个距北大营约800米的地点，在那里，河本亲自把骑兵用的小型炸药装置放在铁轨旁，并亲自点火，时间是夜晚10点钟刚过，轰然一声爆炸，炸断的铁轨和枕木向四处飞散……"

9月18日23时46分，花谷正以土肥原的名义给旅顺关东军司令部发出第一份电报，谎称中国军队在沈阳北部北大营西侧破坏了铁路，袭击日本守备队，日中两军正在冲突中。19日零时40分左右，关东军司令官本庄繁向所属部队下令，向东北各地的中国军队实施进攻。同时，又令驻东北的关东军第二师主力迅速进攻沈阳城。

"九一八"当晚，驻守在北大营的东北军独立7旅，约有7000人，该旅军官大部分来源于东北讲武堂，少数是保定陆军军官学校的毕业生，也有毕业于日本陆军士官学校的。士兵一般具有初小文化，也有中学毕业生，素质在当时的军队中算是拔尖的。在北大营的东北角还有一支拥有12辆轻型坦克的坦克队，当时驻守北大营的独立7旅可以算得上是全东北武装最现代化的部队了，据"九一八"历史博物馆史料记载，日军向北大营发动进攻时，第7旅参谋长赵镇藩一面命令部队进入预定阵地，一面用电话向东北边防军参谋长荣臻请示，所得到的命令却是"不准抵抗，不准动，把枪放到库房里，挺着死，大家成仁，为国牺牲"。于是在"不抵抗"的政策下，独立7旅被迫带着伤痛向东撤退，日军很快攻入北大营。

一位北大营士兵生前接受采访时说："日本人见人就杀，有的人躺在床上没动竟被活活刺死，最后一清点，光我们班就死了6个，说来丢人，我们北大营一个旅，有步枪有机枪有大炮，愣被五六百名小鬼子打得弃营逃跑。"由于东北军执行了上边的"不抵抗政策"，致使日军当晚便攻占北大营，次日占领整个沈阳城。日军继续向辽宁、吉林和黑龙江的广大地区进攻，由于东北军放弃了有组织的抵抗，在短短4个多月内，日军就占领了东北全境128万平方千米，相当于日本国土3.5倍的中国东北全部沦陷，3000多万父老成了亡国奴，这就是震惊中外的"九一八"事变。

1931年11月4日，日军向当时的黑龙江省府齐齐哈尔发动进攻时，东北军爱国将领马占山毅然下令坚决还击，在江桥打响了东北军有组织抵抗日本侵略的第一枪，马占山所部与日军血战江桥，鏖战了半个月，由于敌众我寡，没有后援，最后不得不撤离江桥。这是中国军队对日本侵略军第一次正式抗击，马占山的名字，迅速传遍全国，成为了当代的"爱国军人"和"民族英雄"，从此名垂史册。

"九一八"事变（日本称满洲事变）爆发后，日本与中国之间的矛盾进一步激化，在日本国内，主战的日本军部地位上升，导致日本走上全面侵华的道路，"九一八"事变爆发后短短几个月时间内，东北三省全部被日本关东军占领，因此被中国民众视为国耻，直至今日，9月18日在中国许多非正式场合都被称为"国耻日"。

"九一八"事变拉开了日本武力侵华的序幕，也使日本成为亚洲第二次世界大战的策源地，1937年7月7日，得寸进尺的日军又在中国的北平挑起了"卢沟桥事变"，中国军民被迫奋起反抗，中国的全面抗战终于爆发了。

日本因何选择了"南进"

——"诺门坎事件"

第二次世界大战前夕，在日本军方上层，存在着两种主张，以陆军为首的主张向北扩张，与苏联开战，被称为"北进"派；以海军为首的主张向南扩张，与英美开战，被称为"南进"派。

两派相持不下，日本最高决策层只好决定采取"南北并进"战略，但这只是个暂时的折衷方案，主张"北进"的陆军军官，仍然有着很强的势力。

1939年，中日战争已进入了相持阶段，由于日本陆军在华战场的屡屡得手，使得狂妄的日军更加目空一切，驻扎在中国东北的日本关东军急不可耐地也想建功立业，日本陆军原本就看不起苏军，他们认为才经过"大清洗运动"后的苏军更是不足为虑，日军中的"北进"派想通过一次作战来试探一下苏军的实力，于是在当时满蒙交界处的诺门坎挑起了一次日苏大战，史称"诺门坎事件"。

1939年5月15日，日本关东军第23师团骑兵连队长东八百藏中佐奉命率600多名骑兵，在5架日机的配合下向哈拉哈河以东的蒙军724高地发起攻击，蒙军抵挡不住，撤到了河西岸。

5月17日，东八百藏率部队返回海拉尔，苏军随即介入，将第11坦克旅开往哈拉哈河地区，同时命令驻在乌兰乌德的摩托化步兵第36师一部向哈拉哈河集合，苏联的飞机也开始在诺门坎地区侦查飞行。

5月27日，日军再次向苏蒙军发起攻击，第23师团骑兵连队和重装甲车部队虽包抄奇袭蒙军指挥部得手，但很快被苏军坦克包围，日军的坦克装甲部，根本不是苏军重型坦克的对手，日军的骑兵面对苏军这些横冲直撞的"钢铁怪兽"更是束手无策，苏军轻而易举地全歼了这股日军的快速部队。

斯大林敏锐地觉察到日军的意图是在试探苏军的实力，为其日后进攻苏联做准备，故此认为，必须坚决粉碎日军的进攻，否则后患无穷。他决定派得力战将朱可夫负责指挥苏军与日军作战，斯大林给朱可夫只有一句话："在尽可能短的时间内击败入侵的日军，但行动不超过蒙古人民共和国边界！"

6月20日，日军第23师团主力全体出动，小松原带着两万多人浩浩荡荡地向诺门坎进发了，同时出动的还有作为战略预备队的第7师团主力，这是日军两支最精锐的部队，日军吸取了以前装甲兵力不足的教训，关东军司令部特调日本当时仅有的一个坦克师团——第一坦克师团以及关东军航空兵主力180架飞机前来参战，6月22日到26日，日苏飞机在蒙古上空进行了数场激战，日军4天之内损失了84架飞机。

地面，在7平方千米的战场上，近千辆战车相互厮杀，这是亚洲史上第一次大规模坦克战，日军89型坦克抵挡不住苏军重型坦克的攻击，经此一战，日军坦克部队基本瘫痪了，安冈坦克师团的溃败极大震动了东京，认为造价昂贵的坦克此后不宜再用。

6月27日上午，在海拉尔机场起飞的137架日机，奔袭了苏联的塔木斯克机场，给苏军造成惨重损失，据日军作战部队向关东军司令部的报告，此役共击落苏机99架，击毁地面飞机25架，苏军前线飞机损失过半，一时丧失了制空权，但苏军调来的新型的伊-16战斗机投入战斗后，很快又夺回了制空权。

7月2日夜间，日军第23师团主力偷渡哈拉哈河，并攻占巴音查干山，对苏军形成了合围的态势，但在装甲力量上占有绝对优势的苏军向日军发动了猛烈的反冲，日军本以为苏军在侧翼遭到威胁后，会主动后退，不料却遭到如此众多的装甲车的打击。苏军两个重坦克旅在日军战车群中横冲直撞，如入无人之境。走投无路的日军只得组织敢死队抱着反坦克地雷和燃烧瓶扑向苏军坦克，进行自杀性攻击。在苏军坦克的打击和碾压下，日军开始溃散。

经过3天激战，日军师团主力被击溃，其残部被击退至哈拉哈河东岸。朱可夫将军在战后这样评价日军坦克部队："坦克非常落后，基本战术动作也很呆板，死盯着迂回和侧击这一种办法，很容易被消灭。"

到了8月19日，日军在诺门坎前线各部队经过半个月的补充和休整后，兵员达到5万余人，坦克182辆，飞机310架，苏军也加强到5.7万人，498辆坦克，385辆装甲车，515架飞机。

8月20日凌晨，苏军发起全线总攻，猛烈的炮火加上150架轰炸机和100架战斗机向日军轰炸扫射，把日军绵延40千米的前沿阵地打成一片火海。苏军从南北两翼向诺门坎合围，日军第23师团陷入苏军合围中，只能利用数不清的沙坑作拼死抵抗，而苏军则在朱可夫的严令下不计一切代价的硬啃猛打，在苏军的巨大压力下，日军官兵陷入绝望之中。

29日，身受重伤的日军第23师团第64连队联队长山县武光大佐自杀毙命，同日，日本陆军航空兵头号王牌莜原弘道少尉也在空战中丢了性命，日军第23师团仅存的2000余官兵在31日侥幸逃出合围圈，苏军一直追击到将军庙一线方才停了下来。

此役歼灭关东军主力目的已基本达到，斯大林也不想在远东引发苏日大战，9月15日，日本驻苏大使东乡与苏联外交部长莫洛托夫签订了停战协定，双方于9月16日凌晨2时停止一切实际军事行动，到此"诺门坎事件"宣告结束。在4个月的战斗中，日军伤亡6万余人，损失飞机660架。

诺门坎战役使东北关东军向西侵略的企图彻底落空，进而促使日军不得不放弃"北进政策"而选择"南进方针"，进攻太平洋诸岛，偷袭珍珠港，最终导致日本法西斯完全覆灭。

日本人自己把自己给骗了

——搏杀荒岛

瓜岛，是瓜达尔卡纳尔岛的简称，位于太平洋上所罗门群岛的东南端，长145千米，宽40千米，陆地面积约6500平方千米，是长链状的所罗门群岛中一个较大的岛屿。岛上地势崎岖，森林密布，罕有人迹。第一次世界大战以来，其为美国属地，太平洋战争爆发后被日军占领。由于它位居澳大利亚门户，并且临近日本，地理位置极为重要。

日军在中途岛惨败后，将进攻目标转向南太平洋，计划夺取新几内亚的莫尔兹比和所罗门群岛，并要把瓜岛建成南太平洋上不沉的航空母舰，以扩大日本海军在南太平洋的作战区域。同时，美国人也看中了瓜岛，打算派一支部队在岛上登陆，使之成为既是遏制日军南侵的战场，也是美军进行两栖作战，发起最终以日本本土为目标的反攻起点。

1942年5月，日军占领该岛后就开始修建机场，至8月初，瓜岛机场已基本建成，辅助设施也大体完工。此时，瓜岛有日军工兵2700人，警备部队240人，共约2940人。

美军在无意中发现了瓜岛上的日军，并发现了正在修建中的机场，便决计攻占瓜岛。1942年8月7日上午，美军3艘巡洋舰和4艘驱逐舰开始炮击瓜岛，美海军陆战第一师师长范德格里夫特少将指挥部队开始登陆，几乎未遇抵抗，美军就登上了瓜岛，并不停地向岛内纵深进攻。8日下午，当美军占领高地时，在机场的日本工兵仓促地向西退去，逃入丛林中，美军未经战斗就夺占了机场，为纪念在中途岛作战中战死的特级飞行英雄亨德森中校，将瓜岛机场命名为"亨德森"机场，接下来的日子，日美双方在这个荒芜的小岛上展开了人类战争史上最为惨烈的争夺战。

起初日军对占领瓜岛的美军并没介意，认为不过是小股的美军所为，但经过两次支队级的进攻失败后，日军开始意识到事态的严重性了，派出了精锐的仙台师团，在瓜岛北岸登陆，趁着夜色穿过岛上的丛林逼近美军，美军控制了整个瓜岛白天的制空权和制海权，日军则利用夜晚不断地发起夜袭，试图攻击和夺占亨德森机场。8月26日，日军为夺回机场发动了自杀性的进攻，日军的攻势收获的只是尸体。日军伤亡不断增加，物资开始匮乏，绝望的日本陆军开始向山本五十六求援。日本海军计划用登陆艇、驱逐舰和潜艇趁着夜色为瓜岛上的日军输送人员和物资，日军把这一计划称为"东京快车"，日军希望能用新增的日军在人数和意志上压倒美军。

从1942年8月到1943年2月，日美双方在6个月的时间里进行过大小海战30余次，其中较大规模的海战就有6次，双方损失的驱逐舰以上的舰只各24艘，美国海军沉没航空母舰2艘、巡洋舰8艘、驱逐舰14艘，阵亡约3300人，伤约2500人；日本海军沉没航空母舰1艘、战列舰2艘、巡洋舰5艘、驱逐舰11艘和潜艇6艘。伤亡2.5万人。瓜岛争夺战起初从一个不起眼的小机场的争夺开始，直到双方不断的往里面投入，最后发展成为双方的海、陆、空大战，实在是双方始料不及的，日本在一个本来计划中没有的地方耗尽了自己的能力，更是它万万没想到的。

瓜岛惨败使山本大将决定不再冒险将主力舰投入瓜岛战役，停止了增援瓜岛，岛上日军的生存变得越来越困难，1943年1月4日，日军大本营不得不下达了从瓜岛撤退的"K号作战"命令，为此日军花了数周时间计划，准备以联合舰队的运动转移美军的注意力，掩护岛上的日军撤出。直到2月1日，20艘驱逐舰经过3个夜晚的快速撤运才将日军1.2万名饿得半死的幸存者撤出了瓜岛。等到瓜岛上的美军增加到4万人，并于2月初完成对日军阵地的钳形攻势时，美国人才发现他们的猎物已从手缝中溜掉了，历时半年的瓜岛争夺战就此结束。

这次瓜岛大战，是日本陆海军协同作战的第一次大败北，也是盟军在南太平洋诸岛登陆作战的首次告捷。日军不仅海军、航空兵损失惨重，甚至开战以来从未失利的陆军最精锐的第二师团等部也蒙受了巨大损失，特别是日军的大型军舰、飞机和技术熟练、训练有素的飞行员的损失,更是日军所难以弥补的,战役结束时日军兵力上的优势已荡然无存,从此盟军在南太平洋上也掌握了战略主动权,而美国海军陆战队第一师与日军的几个精锐师团顽强对峙5个月,一战成名,"海上魔鬼"的称号沿用至今。

瓜岛距离日本本土3000海里,无论是从舰艇部队和航空部队的作战能力,还是从后勤运输所需的船舶,都是日本力不从心的,自中途岛战役失利后,日军未及时收缩战线,转入战略防御,仍然继续向所罗门群岛发动进攻,显然是不自量力的蛮干。所以说,日军战略企图与军事实力之间的不可解决的矛盾,是导致日军瓜岛战役失败的最根本原因。这场战役发展成为对日军极为不利的消耗战,双方飞机对飞机,军舰对军舰拼消耗,日军这是以自己的短处与美军的长处相比拼,美军的损失凭借其巨大的工业能力能够迅速弥补,而日军几乎没有能力来补充损失,不仅失去了瓜岛,还对以后的作战产生了深远影响。

第二次世界大战中日军第一次"玉碎"

——阿图岛之战

阿图岛是美国阿拉斯加半岛以西上千千米外阿留申群岛中的一个小岛,阿留申群岛在当时的战略位置相当重要,它是白令海与太平洋的天然分界,同时又是美苏之间领土距离最近的地方,对日本来说是通往北美、北欧的捷径,可以成为日本海军骚扰美国在北太平洋海上作业的一个据点,并能对美国西海岸形成威胁。

中途岛海战之后,美军在太平洋上转入反攻,日军占领的阿图岛和吉斯卡岛就像扎在美国喉咙里的一根小刺,必欲拔之而后快。美军计划"奇袭"阿图岛,但是却行动迟缓,等到1943年6月,美军集结力量进攻阿图岛时,日军已经在阿图岛上苦心经营了一年多，在弹丸之地集结了多达2600多人的兵力，修筑了众多的永备工事。

1943年3月26日，美军海军少将查尔斯·麦克摩里斯率领的分舰队，偶然之间遭遇了细萱戊子郎中将率领的增兵阿图岛的日本舰队，日军有4艘巡洋舰和4艘驱逐舰，稍弱于美军。麦克摩里斯意识到，如果让这批日军进入阿图岛，将大大增加美军收复阿图岛的难度，于是立即下令开炮，两支舰队你来我往，相互炮击了3个小时。

这次海战双方都没有投入空军力量，这使它成为了太平洋战争中屈指可数的仅以海上舰炮交战的传统海战之一，美舰在这次战役中表现糟糕，美重型巡洋舰"盐湖城"号中弹数发，失去了反击能力，进退两难，细萱戊子郎本可以下令围攻，给它致命一击，但他认为己方舰队遭受了比美军更惨重的损失，就命令舰队迅速脱离战区，逃之夭夭。就这样，麦克摩里斯侥幸地赢得了科曼多尔群岛海战的胜利，而细萱戊子郎却因为判断失误和胆小懦弱，被解除了职务。

增援计划的失败使得山崎保代大佐率领的2600多人的阿图岛守军必须独自面对1.1万人的美国第7步兵师。1943年5月11日，美军分成三路在阿图岛登陆，一支在东北部，另两支在东南部。作战计划是登陆之后，两个方向的部队对进，占领阻隔两个登陆场那座高山间的隘口，会合之后再由东向西推进，将日本人赶下海。

美国人走了运，原计划登陆时间定在5月7日，可是阿留申恶劣的天气推迟了美军的进攻时间，日本守军原本做好了全面迎战的准备，但几天后仍不见动静，以为是虚惊一场，于是放松了警惕，因此，当美第7师于5月11日登上滩头时，他们竟没有遭遇任何抵抗。当时的大雾天气有如天助，使美军避免了伤亡，几乎没有遭遇日军的有效抵抗。接下来的是一场苦战，给美军造成巨大麻烦的是地形和天气，在光秃秃的荒原上向40度以上的斜面发起冲锋，难度可想而知。找不到隐蔽物遮拦的美军为了减少损失，只能步步为营。而当时岛上气温接近冰点，彻骨寒冷，美军很多人没有御寒物品，只穿着夹军服和半高帮的皮鞋。他们的耳鼻面孔被冻伤,手指脚趾冻得发紫变黑,很多人因此不得不因冻伤而截肢。更糟的是,由于冻土地带处于解冻时期,美军的登陆车和昵称为"猫"的拖拉机经常陷在泥里寸步难行,美军士兵只能靠人力拉着火炮前进,甚至排成人龙,手递手地向前线传送弹药和给养,而日本人的状况也已濒临绝境,他们被困在东部的冻土高山上,伤亡惨重。

5月29日夜,守岛日军在指挥官山岐保代的率领下,突然冲下山对美军位于谷地的中心营地发动赌博式攻击,试图夺取美军军火,由于黑暗和大雾,美军被打了个措手不及,中心营地伤员和后勤人员惨遭屠戮,日军再冲上一个高地就将夺取到美军辎重,此时,500名维护车辆装备的美国工程兵挽救了危局,这些没有受过多少正规军事训练的工程兵,居然打退了日本人的多次冲锋,守住了那个至为关键的山头,并把日本人逼下了山谷,后来,那座山就被命名为"工程师岭"。

弹尽粮绝的日军5月30日在谷地内集体自杀。日军士兵临死前密密麻麻地聚在一起,把手榴弹绑在胸口拉动引信。

巨大爆炸过后,死尸残缺不全地叠在一起,惨不忍睹。次日早上,美军士兵目睹了山谷的惨象,"堆满了缺胳膊少腿的尸体,无头的躯体散落一地"。美国士兵感到困惑,他们实在无法想通日本人为什么如此轻视自己的生命。阿图岛战役结束,日军只有27人幸存,大多是自杀未遂者。

这场战役对于整个太平洋战场来说并不具备决定性的意义,但几十年后,日本人还对此战记忆犹新,1943年5月31日,日本电台报道了阿图岛守军"全员玉碎"的惊人消息,日本各大报纸也在这一天出现了黑字标题:"阿图岛皇军全员玉碎",这是日本在战争中第一次在战报上使用"玉碎"一词,也就从这时开始,"全员玉碎"一词开始频频出现在日本政府的公报上。

后来美军曾在一名战死的不知名日本军医身上缴获了一本日记,它记述了日军一步一步选择死亡方式:"5月27日,冻雨继续,疼痛刺骨。我们找一切东西让人们安息,吗啡、鸦片、安眠药。……2000人的部队还剩下

1000人，他们都是伤员、战地医院的和战地邮局的人。""5月28日，我们的弹药用光了，……自杀事件到处继续。"在5月29日最后一篇日记里，这名军医写道："今天晚上8点钟，我们全体在总部集合，战地医院也参加了，我们将发动最后一次攻击，医院所有的伤员都被命令自杀，剩下的33个活人和我也将去死，我毫无遗憾。为天皇尽忠，我感到骄傲，因为我此刻内心平静，下午6点，用手榴弹料理了一些伤员……再见，我亲爱的妻子，你爱我到最后一刻。我们的儿子，他只有4岁，他将无法阻挡地长大，可怜的小儿子多喜谷，今年2月才出生，再也不会见到你的父亲了。"

疯狂作最后一搏的日军让参战美军士兵至今记忆犹新，一位美军连长记述了最后发生的事情："我突然发现在浓雾之中，有一种异样的声音传来，终于看清了——在咫尺之外有一大群幽灵般的人踩着残雪，向我们步步逼近，这些日本人衣衫褴褛、脸色发青、神情呆滞，男人握着枪或赤手空拳，而女人们则举着一把刺刀或是一根木棒，整个队伍似乎都无声无息，我们的士兵突然看到这种景象，无不毛骨悚然，猛烈的扫射开始了，枪炮弹在人群中炸响，树上的积雪簌簌落下，日本人也纷纷倒下。"

阅读多名日本兵留下的日记，一个深刻的印象就是，从战役一开始，大部分日本兵就躲在自己的散兵坑或掩体内各自为战，并没有大规模、有组织的顽强抵抗，他们一开始幻想着增援部队和航母来救援，幻想破灭了就自杀攻击。

这是一场湮没于历史中的小战斗，小到在太平洋战争的恢宏画卷中被很多战争史研究者忽略不计，但是这场小小的战斗意义却非常重大，因为它证明了日军的的确确侵入了美国本土。

1942年日军对阿图岛的占领是自1812年美国独立战争以来，外国军队唯一一次侵占美国领土。在这次战役中，美军第一次见识了日军的大规模死亡冲锋和集体"玉碎"的疯狂，为美军赢得太平洋战争的胜利提供了宝贵的经验。

斯大林为何不防范德军的闪电突袭

——"大雷雨计划"

1941年6月22日,纳粹德国出动大军向苏联发动突然袭击,给苏联人民造成了重大灾难,然而鲜为人知的是:在德国对苏开战之前,苏联领导人曾制订过进攻德国的秘密计划,不过由于种种原因,这一计划未能付诸实施。

希特勒的"巴巴罗萨计划"付诸实施,德军在漫长的战线上对苏联发起突然袭击,苏德战争爆发。战争前期,毫无准备的苏军被打得措手不及,短短10天之内,德军就突进苏联境内600多千米。整师、整军的苏军被德军消灭或俘虏,仅第一天的战斗,苏军就损失1200架飞机,其中800架还未起飞就被炸毁,德军的突然袭击,取得了战役上的巨大胜利。一贯警觉的斯大林为何不防范德军的闪电突袭?面对可能发生的战争,斯大林真的没有防范吗?

事实上,斯大林对希特勒从来没抱什么幻想,他非常清醒地知道苏德早晚是要开战的,他与希特勒签订的条约,不过是为了即将来到的战争争取些准备时间的权宜之计,因此说斯大林没有做好战争准备是不符合事实的,只不过他确实没料到希特勒会在此时开始战争。据披露的内幕资料显示,在苏德战争爆发前,斯大林曾得到过许多关于纳粹德国即将进攻苏联的情报,但它们都无一例外的被红军的情报总局归入了"可疑情报来源"。斯大林不相信那些情报自有他的道理,类似的情报已经十几次放在他面前了,结果都没有打,作为政治家的斯大林,有他自己对战争会在何时爆发的判断,只不过他没料到希特勒是疯子!疯子的思维是常人难以预料的。

从苏联红军在卫国战争前期遭受的惨重损失看,红军似乎的确是在毫无戒备的情况下被纳粹德国打了一个措手不及,然而,事情真的只有这么简单吗?据战后的苏联史料表明,在5月中旬,苏联内地军区许多集团军已开始按总参谋部的命令，在部队野营训练的伪装下，向前线开进。也就是说，当庞大的德国战争机器缓缓向东部移动的同时，苏联的军事机器也在发动之中，只不过斯大林比希特勒慢了一步。早在1941年春天，斯大林就很清楚，苏联在战争中采取防御战术是没有任何前途的，那时他就已经考虑首先向德国开战的计划。他调集重兵于苏德边境，并不是因为他预见到希特勒随时可能侵苏而采取的防范措施，不然的话，他就不会在德国不宣而战时显得手足无措。1941年5月初的一天，苏联军队高级指挥官聚集在克里姆林宫，为军事科学院毕业生举行庆祝活动。斯大林在祝酒时说道："奉行和平政策当然是一件好事，我们至今也一直实施着防御方针。但是，我们的军队已经大大改进，同时配备了充足的现代化武器，军队实力增强了，我们应该从防御转向进攻。"斯大林的这番讲话使苏联领导层对战争的态度发生了根本性的转变，苏共中央书记亚历山大·谢尔巴科夫在一次谈话中公开表示，不排除苏联根据局势发展采取进攻性军事行动以掌握主动权的可能性，苏联其他高级领导人如安德列·日丹诺夫、米哈伊尔·加里宁等当时也都曾表示苏联可能首先对德国开战。斯大林特别重视进攻，他的计划是，一旦德国和英法开战，苏联就选择时机主动进攻，使德国处于两面作战的不利状态。

苏军总参谋部按照斯大林的指示精神，迅速制订了进攻德国的作战计划，命名为"大雷雨计划"，明确决定"6月12日开始进攻德国！"但由于准备不够，只得推迟到7月，时任苏军总参谋长的朱可夫在这份计划中指出："为预防敌人的突然袭击，我军的任务已不是防止德军的进攻，而是趁德军正在集结、尚未形成有效防线和诸兵种协同能力之际，对其实施突然打击，并歼灭德军。"从前线兵力的配置来看，也证明了这一点，当时斯大林在西部边境部署了数量惊人的部队，从苏军的兵力部署状况来看，与其说是防御性质的，不如说更带有强烈的攻击性。正是因为苏军在全力准备攻击，因而缺乏防御的准备和部署，纵深非常薄弱，才会在德军的突然打击下溃不成军。为了实施"大雷雨计划"，苏德战争爆发前夕，苏联人自己已经把边境上的铁丝网拆了，地雷挖了，还修建了不少东西纵向的公路（正好被德军利用长驱直入），有个苏军师长说那时他的部队正在开往西方的铁路上。

斯大林万万没有想到，希特勒是个不按常理出牌的狂人，在德英战争尚未结束的情况下，就突然发动了侵苏战争。苏军当时的副总参谋长事后感叹道："要是进攻希特勒的时间真的是 1941 年 6 月 12 日该多好呀！那样就比希特勒进攻苏联的时间提前了整整 10 天……"

"大雷雨计划"——一个苏德战争爆发前，苏军试图先发制人进攻德国的计划；一个曾经存在，只因慢了一步而夭折了的计划真的存在吗？历史是不容假设的，但如果连俄罗斯自己的"历史学家"都承认"大雷雨计划"的存在，我们也不妨换个角度去重新审视一下"第二次世界大战"的历史，或许有助于解开某些历史中的谜团。

耀眼的桂冠

——苏军两大元帅争夺攻打柏林指挥权内幕

科涅夫，第二次世界大战中和朱可夫、罗科索夫斯基并称的苏联陆军的野战三驾马车之一，苏联陆军攻击之王。他擅长步炮协同作战，能把强大的炮兵火力和步兵高速度下出其不意地进攻完美无缺地结合起来，他在 1943 年后打出了一系列经典的攻击战，直至在柏林战役抢去了朱可夫的光芒，在柏林战役时，科涅夫是乌克兰第一方面军的统帅。

朱可夫，苏联军事家，1943 年 1 月 18 日，朱可夫被授予苏联元帅军衔，是苏德战争中继斯大林后第二位获此殊荣的苏军统帅。因其在苏德战争中的卓越功勋，被认为是第二次世界大战中最优秀的将领之一，时任白俄罗斯第一方面军统帅。

白俄罗斯第一方面军统帅原本是罗科索夫斯基，从当时战场形势看，他的第一白俄罗斯方面军正处在直接面向柏林的位置，无疑他具有最好的机会取得"柏林征服者"的荣誉。但出乎他的意料，斯大林通知他最高统帅部已经决定将他调任为第二白俄罗斯方面军司令，同时由朱可夫接任他的第一白俄罗斯方面军司令的职务，显然斯大林是想把征服柏林的荣誉保留给朱可夫元帅。斯大林原来的意图是让红军统帅中最有声望的朱可夫指挥白俄罗斯第一方面军占领柏林，但由于德军向首都集结百万重兵，摆出了全力固守的架式，因此有必要让科涅夫指挥的实力强大的乌克兰第一方面军也加入柏林方向作战。

1945年4月1日，斯大林召集苏军高级将领研究对德国的最后进攻，谈到进攻柏林的问题，科涅夫表示他的乌克兰第一方面军将采取一切措施，保证攻克柏林。朱可夫也请战说已作好充分准备，锋芒直指柏林，况且他的部队距离柏林最近。斯大林决定让朱可夫元帅的白俄罗斯第一方面军正面攻击柏林，而科涅夫的乌克兰第一方面军则在柏林南翼助攻。科涅夫很不服气，最后，斯大林要他们两人准备好各自的作战计划，两天后提交最高统帅部定夺。4月3日，两位方面军司令员再次来到斯大林面前，各自陈述了自己的计划和理由，在斯大林面前据理力争，斯大林终于做出了让步，两个方面军的分界线划到了柏林以南40千米的古本，就是说只要科涅夫能在朱可夫之前到达古本，他就可以直接进攻柏林，两支苏军随即展开了竞争。

科涅夫命令部队："必须立即强渡施普雷河，于4月20日夜至21日凌晨从南面冲入柏林。我们部队应抢先进入柏林，较好地完成伟大的斯大林的命令。"

朱可夫命令部队："最晚不迟于4月21日凌晨4点，第二近卫坦克集团军部队应不惜一切代价冲进柏林郊区，随后立即向斯大林同志汇报，向媒体公布。"

战役开始后，朱可夫方面军受阻于赛洛高地，而科涅夫则长驱直入，科涅夫命令他的两个坦克集团军司令员："脱离方面军的主力部队，更大胆地向战役纵深挺进，不要顾及后方。"随后他接到斯大林的电话，最高统帅告诉他，朱可夫的部队遇到德军的顽强抵抗，进攻受阻，询问是否可以将朱可夫的两个坦克集团军调过来，通过他的方面军打开的缺口向柏林方向突击，科涅夫认为这将造成很大混乱，现在他这里战事发展顺利，他完全可以用自己手中的两个坦克集团军向柏林进攻，斯大林表示同意，让他把坦克集团军转向柏林。接完电话后，科涅夫立即向两个坦克集团军司令下达命令，让他们向柏林方向迅猛发展进攻。两个坦克集团军接令后，立即风驰电掣地杀向柏林，4月21日，朱可夫和科涅夫的两个方面军从四个方向冲向柏林，于25日又在柏林以西会合，随即以多路向心突击战术，强攻市区。27日，苏军突入市中心，一天之内摧毁300个街头据点，逐街逐屋进行争夺战。

4月29日，在抢占通往国会大厦的要冲安加尔特车站时，朱可夫抢占了先机，科涅夫对朱可夫说："您的楚科夫和卡图科夫集团军切断了我的卢琴斯克和雷巴尔科集团军的战斗队列，请改变您的兵团进攻方向。"朱可夫立即用自己的方式做出反应，他认为科涅夫的两个集团军故意跟进的唯一目的就是首先抢占国会大厦，随即向斯大林做了汇报："所有这一切都在制造羁绊，妨碍部队，严重破坏了战斗指挥。"斯大林随后签署命令，要求两位元帅从4月29日开始，严格遵守新分界线，把国会大厦划给了朱可夫，命令科涅夫清除柏林南部和西南部地区的德军，朱可夫最终在攻克柏林指挥权的争斗中获胜。

朱可夫的部队开始攻打处于其作战范围内的德国国会大厦，30日，希特勒在总理府地下室自杀，当晚9时50分，第150师战士叶戈罗夫中士和坎塔里亚下士将师军旗插上国会大厦圆顶，这面军旗后被誉为"胜利旗帜"，1946年，坎塔里亚和叶戈罗夫被授予"苏联英雄"称号。5月20日，"胜利旗帜"在参加了红场上的胜利大阅兵后，正式交给红军中央炮兵博物馆，如今在俄武装力量博物馆内珍藏。

点燃第二次世界大战的导火索

——"希姆莱作战计划"

1939年8月31日晚,在德国和波兰的边境上响起了枪声,数股为数不多的波兰士兵越过边境,袭击了德国的格莱维茨电台和其他一些地方……

1939年9月1日晨,在纳粹德国的上空响彻了希特勒那声嘶力竭但又极富鼓动性的声音:"昨天晚间,波兰的军队已经对我们的领土发起了进攻。为了制止这种疯狂的行为,我别无他策,此后只有以武力对付武力。我又穿上了这身对我来说最为神圣、最为宝贵的军服,在取得最后胜利以前,我决不脱下这身衣服,要不然就以身殉国。"当天,数十万德国军队对波兰展开了蓄谋已久的闪电攻击,一场导致了5500万人伤亡的世界大战就此打响了。

按照先期制定的"白色方案",以反击波兰入侵为借口,德军航空兵配合装甲部队对波兰进行了闪电突击,9月16日,波兰政府逃亡国外,被遗弃的守军和人民进行顽强的抵抗,但落后的波军根本没有进行现代化战争的力量和经验,波兰的失败已成定局。在此期间,与波兰签有条约的英法被迫对德宣战,这场德波边境冲突事件揭开了第二次世界大战的帷幕。

这场被称之为"第二次世界大战导火索"的德波边境冲突事件,其实是希特勒自己指使他的安全警察总监海德里希上演的一场闹剧,对于野心勃勃的希特勒来说,吞并波兰是计划中的事,早在1939年4月初,希特勒和他的最高统帅部就下令制订旨在灭亡波兰的代号为"白色方案"的对波兰作战计划,由于波兰是英法的签约盟国,希特勒需要为入侵波兰寻找一个借口,希特勒把这事交给了德国盖世太保头子希姆莱,要他在德波边境上制造一个事端,希姆莱又把这个任务交给了他的得意门生海德里希。

海德里希,外号"金发恶魔",被希特勒称为"铁石心肠的男人",他接到任务后,很快就制订出一了个栽赃稼祸的计划,海德里希给这个计划起了一个代号"希姆莱作战计划"。

为了完成这个计划，海德里希挑选了党卫队突击队队长缪勒，他是海德里希在基尔时代的朋友，海德里希交给他一项任务，要他虚构一件波兰人袭击格莱维茨电台的边境事件，他说，"外国报纸和德国宣传部门需要掌握波兰对外侵略的真凭实据"，作为导演的海德里希规定，"波兰分遣队"应占领电台，并且要把它"控制"到有一名说波兰语的德国人通过电台发出愤怒的号召时为止，海德里希说："在演说词中应当这么说，波兰和德国之间的分歧随时会发生，波兰人应当团结起来镇压每一个反抗他们的德国人。"

一切细节都考虑得有条不紊，"进攻"在规定的时间进行了。8月31日下午4时，在海德里希的亲自布置下，从纳粹集中营中拉来了十几名死囚，让他们全部穿上波兰的军服，并给他们配备了波军的武器，缪勒对那些将被杀害的判刑者保证说，由于他们为了祖国参加这次行动，因而应该受到赦免和释放。接下来，由一小队身着便装的党卫队，在一个叫约克斯的党卫队军官的率领下，将这一批"波兰军人"拉到波德边境的树林里杀死，只保留了一名死囚，身着波兰军服的党卫队押着这名幸存的死囚，冲进位于德波边境的格莱维茨电台，然后让翻译掏出早就准备好的讲话稿，对着麦克风用波兰语进行播音，就这样，无数正在收听广播的德国人听到了波兰人的声音和夹杂其间的枪声，念完后他们打死了那名死囚，胡乱开了几枪后离开了那里。这次事件的全过程只有4分钟，4分钟之后，约克斯就带着人马溜得无影无踪了，只是在电台门外，横七竖八地留下了几具血淋淋的穿着波军制服的尸体。缪勒战后在纽伦堡供认说："他大约有12个或13个被判过刑的犯人，让他们穿着波兰制服的尸体躺在出事地点，这样可以说明他们是在进攻时被打死的，为了达到这个目的，海德里希雇用了一名医生，由他给这些人打上一支死亡针，然后再给他们补上几枪，当这次袭击结束之后，新闻记者和其他人士被领到现场。"

在同一时间里，在德国克罗伊堡北面边界的德国霍赫林登海关，由党卫军伪装的"波兰军人"也从波兰境内向德国边境进行了进攻，第二天一早，德国的所有报纸、电台、广播都无一例外地发布了同一条新闻"波兰暴徒进犯德国"。德国国防军被迫转入进攻,以"回击"波兰的入侵,第二次世界大战的导火索就这样被党卫队的间谍们点燃了。

在知道这件事真相之前,6年已经过去了,在谈到缪勒挑选出来参加这次行动的那些人员时,党卫队突击队中队长比尔克尔说,除缪勒外,他们全部被"消灭"了。

弱国悲歌

——第二次世界大战中的波兰

第一次世界大战结束后,战败的德国被迫割让大片土地,但泽被划归波兰辟为自由市,通往波罗的海的"但泽走廊"将原本连成一片的德国领土分成了两块,位于"但泽走廊"之东的东普鲁士成了远离德国本土的"孤岛"。因此德国人一直对失去"但泽走廊"地区耿耿于怀,希特勒上台后便发誓要报这一箭之仇,他以极快的速度重整军备,在短短的几年间就把德国从《凡尔赛条约》的受辱者变成欧洲最大的军事强国。

从1938年10月起,德国向波兰接二连三地提出领土要求,要波兰交出"但泽走廊"和但泽,并将在"但泽走廊"建筑公路、铁路的权利也转让给德国。这些要求遭到波兰政府的严辞拒绝,于是德国决定用武力迫使波兰就范,1939年3月,德国占领捷克斯洛伐克。为了消灭英法在中欧的主要盟国波兰,解除进攻西欧的后顾之忧,补充军事经济资源和建立进攻苏联的前进基地,波兰成为了它的首要目标。3月21日,德国向波兰发出最后通牒,要求波兰归还但泽并解决"但泽走廊"问题,再次遭到波兰拒绝,同日,波兰与英法正式结成军事同盟,英法于31日给予波兰安全保证,有了英法的保证,波兰态度更加坚决。

德国对波兰的侵略战争，是希特勒称霸世界的战争总计划中的一个重要组成部分，波兰位于欧洲东部，东接苏联，西临德国，南界捷克斯洛伐克，北濒波罗的海，战略地位十分重要。波兰是当时英法在欧洲诸盟国中军事上最强大的一个国家，德国如果占领波兰，不仅能获得大量的军事经济资源，而且还能大大改善自己的战略地位，既可以消除进攻英法的后顾之忧，还可以建立袭击苏联的基地，因此，德国在吞并奥地利和捷克斯洛伐克后，下一步侵略的目标就定在了波兰。

1939年8月23日，德国外长里宾特洛甫和苏联外长莫洛托夫共同签订了《苏德互不侵犯条约》，希特勒认为进攻波兰的条件已经成熟了。

早在1939年4月3日时，希特勒就已经下达了代号为"白色方案"的秘密指令，要求德国三军部队于9月1日前完成对波兰作战的准备工作，希特勒在指令中强调指出："一切努力和准备工作，必须集中于发动巨大的突然袭击。"而波兰在和英法结盟后，在德国进攻的威胁下，波兰统帅部也制订了代号为"西方计划"的对德作战计划，计划中的总兵力约为100万人，最高司令官为斯米格威-罗兹元帅。波军总司令部计划实施战略防御，阻止敌人，为英法联军的行动赢得时间并根据形势采取进一步行动。

按照希特勒的要求，德军统帅部计划以快速兵团和强大的空军，实施突然袭击，闪电般摧毁波军防线，占领波兰西部和南部工业区，继而长驱直入波兰腹地，围歼各个孤立的波兰军团，力求在半个月内结束战争，然后回师增援可能遭到英法进攻的西线。为此，德军共集中了62个师，160万人，组成了南路和北路两个集团军群。

1939年8月31日晚，一支身穿波兰军装的德国党卫军，冒充波军，袭击了德国边境的格莱维茨电台，在广播里用波兰语辱骂德国，并丢下几具身穿波兰军服，实际上是德国囚犯的尸体，接着，全德各电台都广播了"德国遭到了波兰突然袭击"的消息。

希特勒是下定决心破釜沉舟，不惜冒与英法发生大战的风险，下达了第一号作战指令，命令德军于1939年9月1日凌晨发起攻击。他要求德国军人要有铁一般的意志和决心，速战速决，不给波兰以任何喘息机会。他说："如果部队停止不前，那就是指挥官的责任，在战争中要不惜任何手段取得胜利，在胜利后人们是不会追究胜利者的。"

9月1日拂晓，德国军队大举入侵波兰，向波兰发起了"闪电式进攻"。9月3日上午9时，英国对德国发出最后通牒，要求德国在上午11时之前提供停战的保证，否则英国将向德国宣战，随后法国也发出类似通牒，期限为下午5时，德国对此置之不理，英法被迫对德宣战，第二次世界大战全面爆发。

英法虽然名义上对德宣战了，但实际上却是按兵不动，演出了一场闻名于世的"静坐战争"，坐视波兰孤军苦战。波兰在战前过高估计了自己的实力，他们的计划是主动放弃不可能防守的但泽走廊，在本土抵抗德军6个月，法国答应波兰最早可以在开战两周之后从西线夹攻德国。但波兰人没有想到自己在两周之内已经全线崩溃，更没有与苏联和德国同时开战的准备。开战仅一周，9月7日德军前锋已经直抵华沙城下，当天，苏军又从东边向波兰的背后捅上了一刀。早已同德国商量好瓜分波兰的苏联，借口波兰政府已不复存在，便撕毁《苏波互不侵犯条约》而出兵波兰。

苏联白俄罗斯方面军和乌克兰方面军分别在科瓦廖夫大将和铁木辛哥大将的指挥下，越过波兰东部边界向西推进，9月18日，德苏两军在布列斯特－里托夫斯克附近会师。波兰政府知道大势已去，9月16日波兰政府撤往罗马尼亚，后转往法国，组织流亡军队继续抵抗。27日华沙守军停止了抵抗，28日，华沙守军司令向德第8集团军司令拉斯科维兹上将签署了投降书，华沙陷落，10月6日，波兰的战斗行动结束。

在第二次世界大战中，波兰作为一个完整的交战国只存在了两个星期，就沦为德国"闪电战"和苏联"背后一刀"的牺牲品。1939年，波兰亡国后，波兰人先在法国后在伦敦建立了流亡政府，在第二次世界大战的整个6年当中，波兰人无论在东线、西线、北非、意大利战场，都继续和德国作战。第二次世界大战要结束时，由于英国不可能为了波兰的利益去与苏联叫板，波兰流亡政府的利益再次被出卖，在强国的谈判桌上，弱国的利益注定永远只能是别人交易的筹码。在1945年1月的雅尔塔会议上，英国公开放弃了支持波兰流亡政府的立场，斯大林则同意在战后波兰进行大选来建立一个联合政府，大部分流亡的波兰军队在1945年解散，到1947年，流亡政府所有剩下的军队正式撤销番号，波兰流亡政府自此名存实亡了。

战争奇闻
——"静坐战争"

在希特勒制定"白色方案"决定进攻波兰时，德军将领多担心自己陷入两线作战的困境而反对这个计划，哈尔德将军说："只有几乎完全不顾我们的西部边境，我们才有可能在对波兰的进攻中取得胜利。以当时的德军实力看，的确还不足以在打东线波兰的同时再在西线与英法开战，当时德国在西线与法国110个师对峙的只有23个师，而且德军当时的军火"仅够1/3的德军用14天的"，要想在14天内打败法军显然是不可能的。希特勒对德军将领们说，时间是站在我们的敌人那方的。但希特勒是个战争赌徒，他赌英法不会与德国开战。1939年9月1日，纳粹德国对波兰发动了闪电战，与波兰订有条约的英法两国为了履行它们与波兰的条约，不得不对德宣战，第二次世界大战爆发。

在东线孤军奋战的波兰一心在指望着它的盟国，指望着西线的战争，它的盟国是宣战了，但实际上却是"宣而不战"，上百万装备精良的法国陆军面对着23个德国师，只是躲在钢筋水泥的工事背后静静地坐着，一枪不发，眼看着自己的盟国波兰被纳粹德国消灭了。这场战争，法国人称之为"奇怪的战争"，德国人称它为"静坐战"，英国人称它为"虚假战争"。

从英国来看，它对波兰的保证只是泛泛而论，但是对于法国来说，它对波兰的义务却是具体而明确的，在《法波军事协定》中明确规定：法国方面将"总动员令下达后不出 3 天的时间内，逐步对有限目标发动攻势"，条约还进一步规定，"一旦德国以主力进攻波兰，法国将从法国总动员开始后第 15 天，以其主力部队对德国发动攻势"，事实上，总动员令已在 9 月 1 日宣布，可法军却一直依然"按兵不动"。纳粹将领们在追溯往事的时候，都认为，在波兰战役期间，西方国家没有在西线发动进攻，是错过了千载难逢的良机。

为什么会出现这场奇怪的战争？其实，奇怪的战争一点都不奇怪，在纳粹德国疯狂四下侵略扩张的时候，英法始终存在一种侥幸的心理，那就是"祸水东引"，它们指望着苏德两败俱伤而不想赶在苏联之前对德国开战，所以这时它只来了个"宣而不战"，可是他们万没想到，在希特勒的战争计划中，首先的目标是西线，直到德国入侵挪威，英法才如梦方醒，但为时已晚了。

由于长期采取了绥靖政策，英法两国对纳粹德国始终抱有幻想，总一心用牺牲其他国家的利益来换取自己的平安，而不是积极备战，在军备的增长上远远落后于德国，他们对德国的武器和空中优势怀有恐惧心理，法国政府从一开始就坚决要求英国空军不去轰炸德国境内的目标，生怕法国工厂会遭到报复性的打击。殊不知如果对德国的工业中心鲁尔进行全力轰炸，很可能使希特勒遭到致命性的打击。许多纳粹将领后来承认，这是他们在 9 月间最担心的一件事。再就是英法在战略部署上存在分歧，双方都想在同盟中充当主角，但又都不愿派出更多部队，一直没能建立一个统一的指挥系统。这一切，导致了英法这场静坐战的产生，从而为自己酿造了 1940 年 5 月惨败的苦酒。

"欧洲最强大的军队"为何不堪一击

——"挥镰行动"

1940 年 2 月 22 日，希特勒批准了与"曼施坦因设想"大致相同的新作战计划。德军参谋部将这一计划取代号为"挥镰行动"。曼施坦因的战略构想是：德军进攻的主要矛头应放在中央，而不是在右翼。以强大的装甲部队，对具有战略决定性的突破口———阿登森林地带，实施主要突击。这是攻其不备、出奇制胜攻入法国的一条捷径，可切断南北盟军之间的联系，分割合围英法联军，迅速灭亡法国。

据当时任第19装甲军军长的古德里安说，除了希特勒、曼施坦因和他本人以外，几乎再没有任何人对这个计划具有信心的。德军陆军总司令勃劳希契和参谋总长哈尔德认为这是个疯狂的方案，它将使德国装甲部队的精华面临法军侧翼攻击，并可能导致全军覆没。

但希特勒坚决支持这个计划，并以此重新设计了对英法的进攻方案。1940年5月10日，希特勒开始实施曼施坦因的"黄色计划"，对英法发动了代号"挥镰行动"的"闪电战"，仅用了5天，荷兰就投降了。又用伞兵出奇不意地攻克了比利时牢不可破的艾本·艾玛尔要塞。

5月14日，大规模的袭击开始了，这是决定命运的一天。一支在数量、集中程度、机动性和打击力量等方面都是空前未有的坦克部队，从德国边境通过阿登森林出发，分三路纵队突破了法军的缪斯河防线。

这是一股令人胆寒的巨大力量，天上有一批又一批的"斯图卡"式俯冲轰炸机发出凄厉的呼啸，地面是机械化部队扬起的冲天尘埃，大地都在颤抖中。这个钢与火的队伍不是惊慌失措的守军手中的任何武器所能阻挡得住的。德军的坦克师在刚搭好的浮桥上一拥而过，防线上的法军已被击溃，没有被围和被俘的队伍都在仓皇后撤，北部的英法联军和比利时的22个师都已陷入被截断后路的极端危险的境地。

在这条战线的后面，英法联军已经没有一支值得一提的兵力。德军与英吉利海峡之间已经没有障碍。5月15日清晨，法国总理雷诺用激动的声音打电话告诉第一天上任首相的丘吉尔说："我们打败了！"丘吉尔不相信，号称欧洲最强大的的法兰西军队怎么会在开战的第一周之间就被打败了？这是不可能的。5月16日，并不了解情况的丘吉尔从伦敦飞到巴黎，问联军总司令甘末林："战略后备部队在哪里？"怕甘末林听不清，他还特意插进一句法语："什么地方有大量的人力？"

甘末林这位法国将军向他摇了摇头，耸了耸肩回答："没有！"从来没听说过一支大军在受到攻击时会不留些后备队的！丘吉尔过后说："我奇怪得说不出话来，这是我一生中所碰到的最令我吃惊的事情之一。"

7个坦克师，集中在盟军防御阵地最薄弱的一点上进行突破，这一仗就是这样打的。用的是坦克、"斯图卡"式俯冲轰炸机和伞兵部队，后者在盟军的后方或者在看来是固若金汤的堡垒头顶上降落，造成了极大的混乱。盟军的将领们被一点也没料到的事态发展弄得不知所措。

丘吉尔后来写道："我简直弄不明白，动用大量快速装甲部队进行袭击这种战术在'一战'后会产生这样大的变革。"

对于德军来说，在战略和战术的执行上，一切都是按计划行事的，只是执行的比预定的计划要好，他们的成就超过了希特勒的最高希望，德军的将领们都给自己胜利的闪电速度弄得乱了章法。对于自己军队进展的速度，德军的最高统帅部也同样吃惊，高度紧张的希特勒突然担心起来，生怕出现第二次马恩河事件。

尽管第二天法军崩溃的消息不断传来，希特勒还是非常的担心，他不断地要求他的军队放慢进攻的速度，希特勒对着自己的将军们喊着："我们会使整个行动毁掉，我们有遭到失败的危险。"

5月17日早上，带着装甲军到英吉利海峡去已经走了1/3路程的古德里安将军，奉命停止前进，希特勒估计"强大的法军将会发动一次出人意料的反攻"，希特勒挥舞着拳头喊着："1914年的马恩河奇迹绝不能重演！"

可是法军并没有什么可以反攻的部队，在众将领们的强烈要求下，希特勒只允许他们"大规模侦察"，正等得手痒难耐的装甲师，一接到这个命令，便不管三七二十一，7个装甲师全速向英吉利海峡"大规模侦察"前进了。

5月19日早晨进抵离英吉利海峡只有50英里的地方，5月20日晚，第二装甲师已经占领了松姆河口的阿布维尔。比利时军队、英国远征军和法军的三个军团都已经陷入重围之中。战况的进展令希特勒欣喜若狂，在他接到陆军总司令关于攻下阿布维尔的电话报告时激动得语不成声。

5月24日，从阿布维尔向英吉利海峡推进的古德里安坦克部队，分别攻占布伦和包围了加莱这两个重要港口，并进抵格腊夫林，这个地方离敦刻尔克约20英里。

6月5日，敦刻尔克陷落的第二天，德军以压倒的优势从阿布维尔到莱茵河展开了攻势，德军在"胜利的混乱"中潮水一般地涌过法国，6月14日，占领了巴黎，6月19日，在贡比涅法国政府签订了停战协议。法兰西战役以德国的完胜结束。

希特勒为何放走34万英法联军

——戈林之欲

1940年5月10日，德国开始实施"黄色方案"行动，发动了西线攻势，以7个装甲部队为先导的德军，对荷兰、比利时和法国展开了闪电攻势。精妙的策划、卓越的指挥，高度集中的火力加上人员优秀的作战素质，使这场闪电攻势取得了令人瞠目的成功。

5月20日晚，势如破竹的德军装甲师就占领了松姆河口的阿布维尔。5月24日，从阿布维尔向英吉利海峡推进的古德里安坦克部队，以让人目瞪口呆的速度，分别攻占了布伦和包围了加莱这两个重要港口，并进抵格腊夫林，将惊慌失措的比利时军队、法国军队和英国远征军共计40余万人，三面围困在格腊夫林与敦刻尔克之间一个很小的三角地带。

前有大海，后有追兵，被围的联军和比利时军队突围的可能性是没有了，他们唯一的希望是由敦刻尔克从海上撤退。而此时，德军的装甲部队已经可以望见敦刻尔克，并已沿运河一线摆好了阵式，准备投入最后的厮杀。

濒临绝境的比利时军队和英法联军全军覆灭的灾难，似乎已经无法避免。然而，5月24日晚上，德军最高统帅部突然发出一道使德军前线将领大惑不解的紧急命令，命令要德军的坦克部队停在运河一线，不要再向前推进！开战以来势不可当的德军装甲集群的战车在乱成一团的联军眼皮底下刹住了，原地待命，直到26日夜。

这道命令无疑是给了面临崩溃的联军一个意外的喘息机会，当晚英军开始执行"发电机计划"，从英国本土紧急动员了850多艘各类船只，开始了历史上著名的敦刻尔克大撤退。直到6月4日晨，在德军的鼻子尖下撤出了34万人，创造了一个叫德国人万万想不到的奇迹。

在德军眼看就要取得这次战役中最大胜利的时候，怎么会发出这道难以解释的命令呢？下这个命令的原因是什么？谁应该负这个责任？这个问题在有关的德军将领和历史学家中众说纷纭，曾引起过一场大辩论。

以伦斯德和哈尔德为首的将领，把责任完全推到了希特勒身上，而丘吉尔则在回忆录中为这场争论火上浇油，他认为这个命令出自伦斯德，而不是希特勒，他引述了德军司令部的战争日志中的记载为证。

在5月24日早晨，希特勒曾到伦斯德的司令部去过，当时伦斯德建议"在离敦刻尔克不远的运河一线上的装甲师应当停止前进，等候更多的步兵部队的接应"，希特勒同意了这个建议，认为装甲部队应当保留下来，留待进攻松姆河以南的法军时使用，并说盟军陷入的袋形地带如果太小，就会防碍空军的活动，就在那天晚上希特勒从最高统帅部发出了正式的命令。

德军总参谋长哈尔德则把矛头指向了德国的空军司令戈林，他在日记中愤怒地说："从最高统帅部发来的这些命令真是莫名其妙，我们的装甲部队由于元首的直接命令，都将因此完全停止下来！消灭包围圈中的敌军，要留给空军去干！"这个表示轻蔑的惊叹号表明，戈林当时也参与了希特勒的决定，事实上戈林的确曾建议"由他的空军单独来消灭被包围的敌军"！

希特勒为什么发出了这道命运攸关的命令？除了军事上的考量还有其政治上的原因，希特勒当时用两个主要考虑来支持他的这道"停止进攻"的命令，第一个考虑是军事上的理由，他认为那里的地形不适合坦克活动，会造成很大的损失，所以要等待步兵的参战。第二个理由是政治上的，目的是想使英国避免一场奇耻大辱，从而促进和平解决，这一点，与后来副元首赫斯只身飞往英国谋求议和是遥相呼应的（对于后一个原因，哈尔德认为那是希特勒突然发生的神经错乱）。此外，还有一个希特勒不便明言的隐情，那就是希特勒不希望看到这一辉煌的胜利全部被陆军获得。因为指挥陆军的将领们与他们的元首处于两个不同的社会阶层，古德里安曾这样评价他的元首："这位混世魔王希特勒，他是我们大家命运的统治者。他出身微贱，所受的学校教育和家庭教育都极有限，并且说话和态度都非常粗俗。"所以有人认为希特勒和陆军军官团还未达成百分百的信任关系。

这个时候，戈林就利用了这个机会，向希特勒建议单独用他的空军来解决被围的盟军，这样一则不用装甲部队来冒险，二来如果这一伟大胜利的荣誉由他获得，元首和纳粹党的威望也会提高。元首显然是过分相信了戈林的保证和"斯图卡"轰炸机的威力，因而批准了这一方案，可惜的是，那几天由于天气的原因以及英国空军的全力拼搏，戈林的保证没能兑现。

再有一个原因，那就是当地是日耳曼人聚居区，这里居民中的纳粹党支持者较多，他们响应希特勒的号召，准备把佛兰德斯变成纳粹党的独立王国，与德意志遥相呼应。歼灭战如果打响，佛兰德斯的日耳曼人聚居区将成为一片焦土，当地居民有遭受重大损失的可能，这是希特勒不希望看到的。

总之，直到26日夜，希特勒才取消了停止前进的命令，装甲部队可以继续向敦刻尔克挺进了，但到了这个时候已经太迟了，被围的联军已经得到自己加强防务的时间，稳住了阵脚，德军的装甲部队在敌人有准备的抵御下，进攻已经非常的困难，而英法联军则一边抵御，一边偷偷地逃到海里去了。这道对战争过程造成极大影响的命令，是第二次世界大战中德军统帅部犯的第一个大错误，希特勒为什么要下这个命令而放走已成瓮中之鳖的英法联军呢？这已成为"第二次世界大战"史上一大奇谜。

隆美尔之怒

——托布鲁克之战

在托布鲁克以东 31 千米处，德国陆军在那里设有一个军人墓地，在整整一个月的围城攻城战斗中，有 1000 多名德军官兵被埋葬在这里了。埃尔温·隆美尔、弗里德里希、斯图尔特和一大群德国官兵，肃立在墓场一侧，向他们死去的同胞行军礼，步枪手齐声鸣枪，向死者致哀。托布鲁克是昔兰尼加最具战略意义的港湾，对德军来说，托布鲁克是良好的补给基地，对英军来说，托布鲁克是通往埃及的要塞。英德双方，志在必得，英中东军总司令韦维尔决定坚守托布鲁克。

该要塞的防御工事是意军构筑的，十分坚固，驻守在这里的英军共计 6 个步兵旅，4 个炮兵团、两个反坦克团，共 3.6 万人。

丘吉尔凭他的直觉也意识到托布鲁克是北非命运的关键，他对托布鲁克的战略位置也一目了然，他知道托布鲁克有意大利军队留下的永久性防御工事，隆美尔不拿下托布鲁克就进军埃及，即便可能也要冒极大风险，因为托布鲁克的英军一出来就会切断他的补给线。托布鲁克防圈内包括了 32 英里长的巴尔比亚大道，隆美尔要想往东进攻，就得在南方的沙漠中修筑 50 英里的半环形小路，不但路面糟糕，而且会受到要塞大炮的阻击，所以丘吉尔给韦维尔发电报说："托布鲁克必须死守，决不作撤退打算。"

1941 年 4 月 11 日，隆美尔包围托布鲁克并发起进攻，但因为隆美尔兵力不及英军一半，直至 5 月 9 日，他仍然被挡在了坚固的托布鲁克要塞面前。英国参谋长委员会发电报告诉韦维尔："必须在托布鲁克坚守到底，我们可以从海上支援要塞。"

韦维尔接到电报后立即任命莫斯黑德为要塞司令，莫斯黑德中将刚上任就粉碎了德军连续 4 天的进攻，英军获得了昔兰尼加战役开始以来的第一个胜利，丘吉尔立即致电韦维尔："请将战时内阁最衷心的祝贺转达给所有参战部队，他们进行了最成功的战斗。打得好，托布鲁克！"

4月18日，保卢斯中将作为德军最高统帅部的代表来到了沙漠，保卢斯当年和隆美尔曾在一个团队中服役，两人深有私交。最高统帅部的哈尔德上将认为，也许只有保卢斯才能改变隆美尔疯狂的念头。

隆美尔拉着保卢斯围着托布鲁克半环形的防圈转了几天，然后和盘托出了自己的进攻计划，这一次隆美尔的进攻计划是：首先从西南面佯攻，吸引守军兵力，主力则绕过托布鲁克，对准托布鲁克以东的扎法兰，摆出一副向利埃边界方向追击的样子，然后一个回马枪，用两个德国师向要塞发动总攻。隆美尔让一个意大利步兵师在托布鲁克以西扬起灰尘，而第12装甲师则从内陆进行迂回包抄，接着出其不意地从东南方向发起进攻，攻击日期定在4月30日。保卢斯以最高统帅部代表的身份当即否决了隆美尔的进攻计划，第15装甲师还没到，隆美尔就想发动大规模的进攻，任何一位理智的军人都会认为这只能是自杀。

此时的希特勒正一心要大举进攻苏联，没有心思把精力放到地中海南岸的非洲，与希特勒不同，丘吉尔把"北非侧翼阵地"看得几乎与大英帝国本土一样重要。当英军被赶出昔兰尼加后，丘吉尔不顾本土部队装备不足的事实，断然决定增兵北非。5月12日，得到增援的韦维尔在丘吉尔敦促下，决定对隆美尔发动大规模的反攻，行动代号为"战斧作战"。丘吉尔对该计划的目标是雄心勃勃的，一心要在北非取得一场"决定全局"的胜利，彻底消灭隆美尔的部队，而韦维尔则比较谨慎，他只希望这次进攻"最终将敌军赶回到托布鲁克以西"。

6月15日凌晨4时，"战斧作战"行动开始，英军兵分三路从利埃边境向德军阵地发起了大规模的进攻，6月17日，战局突变，按隆美尔的计划，德军11坦克师从贾扎拉防线南端的比尔哈希姆突然冲出来向北进攻，英军第2和第4坦克旅陷入了德军两个师的包围中。英第4坦克旅一开始就溃不成军，英第2坦克旅和赶来增援的英第22坦克旅被迫撤退。

激战至黄昏，英军损失了131辆坦克，大部分是美国援助的M3中型坦克，德军的行动完全出乎英军的意料之外，英军高级指挥官急忙下令部队赶紧撤退。6月19日拂晓，在炮兵和空军的火力掩护下，德军部队从东南面向托布鲁克要塞发起了突然进攻。当日上午，德国非洲军攻占了托布鲁克港并攻入城镇，英军要塞司令莫斯黑德率3.3万名守军向隆美尔投降，这一战隆美尔缴获了足够3万人用上一个季度的物资和大量燃料，至此，隆美尔征服了整个昔兰尼加。

英军烧毁了大部分的辎重，全线退回了埃及境内，丘吉尔寄予厚望的"战斧作战"以失败告终，"战斧作战"后，隆美尔被希特勒晋升为上将，他的非洲军也升格为非洲装甲兵团，韦维尔则被丘吉尔解除了职务，奥金莱克将军接替他为英中东军总司令，6月22日，51岁的隆美尔被擢升为德国陆军元帅。

"虎！虎！虎！"

——珍珠港事件的"苦肉计"

据美国海军部长诺克斯的密友詹姆斯·斯泰尔曼透露：1941年12月6日晚，在美国白宫，美海军部长诺克斯、海军作战部长斯塔克、陆军部长史汀生、陆军参谋长马歇尔和商务部长霍普金斯少见地聚在一起，与总统罗斯福一同消磨时光，他们在等待一件事——日军进攻珍珠港！

珍珠港，位于夏威夷群岛，距日本3500多海里，距美国本土约2000海里，是美国太平洋舰队最重要的基地。1940年春夏之际，纳粹德国以"闪电战"横扫西欧，英军退守英伦三岛，日本军方中的"南进"派认为这是日本占领太平洋诸岛，攫取战略资源的大好时机。日本联合舰队司令官山本五十六认为，美国太平洋舰队在珍珠港的主力对日本"南进"计划威胁最大，为去掉后顾之忧，山本五十六制订了一个偷袭珍珠港的作战计划。

1941年12月7日，珍珠港上空的日本飞机接到了一个信号："虎！虎！虎！"这是对珍珠港美军基地发起进攻的命令，日本海军特混舰队长途奔袭，以354架舰载机偷袭了美军太平洋舰队基地珍珠港，击毁击伤美国舰艇40余艘，美国损失飞机260多架，伤亡4000多人。这一事件震惊了整个美国，第二天美国总统罗斯福发表了著名的国耻演说："昨天，1941年12月7日，美国遭到了日本蓄意的攻击，这个日子将永远是我们的国耻日！"当天下午，美国政府对日宣战。英国首相丘吉尔得知日本偷袭珍珠港消息之后的第一句话就是"好了！我们总算赢了"，当初为了把美国拖进战争，他费了九牛二虎之力，也只是搞到一个《租借法》，想不到日本人帮了他大忙——珍珠港事件使美国人终于找到了参战的借口！

按詹姆斯·斯泰尔曼所说，美国总统罗斯福和一些美国上层官员事先已知日本要偷袭珍珠港的计划，他的说法是否属实？后人为此收集了许多资料，以期证明美国到底是否事先知道日本要偷袭珍珠港？从那些资料中人们提出了一些疑问：在日本偷袭珍珠港前，美国当时的海军情报官劳伦斯·萨福德中校破译了日本联合舰队向珍珠港开进的详细情报，这份极有价值的情报由海军作战部长斯塔克中将送到了白宫，然而，罗斯福却只漠不关心地说了句："知道了！"罗斯福在得知这份情报后，曾密电海军太平洋舰队司令金梅尔海军上将，让他立即把珍珠港内的航空母舰调到外海，照例进行训练，而其他舰船则一律留在港内，在金梅尔接到总统的密电后，美军太平洋舰队通信参谋莱顿中校也破译了日军的密码，并将其送到金梅尔的办公室，但金梅尔却不屑一顾地将其扔在桌上，只是对莱顿说："军人最大的弱点是惊慌失措。这没有什么！你已尽到职责了，但是，不能把这件事情告诉任何人。"当日本飞机在珍珠港上空扔下第一批炸弹时，下面整齐地排列着美军的水面舰船和作战飞机，只有航空母舰没在港内。

袭击前日本大使从日本外交部获得了一封很长的电报，并受令在发起袭击前（华盛顿时间下午一时）将它递交给美国国务卿科德尔·赫尔。但大使人员未能及时解码和打印这篇很长的国书,最后这篇宣战书在袭击后才递交给美国,这个延迟增加了美国对这次袭击的愤怒,它是罗斯福总统将这天称为"一个无耻的日子"的主要原因。实际上这篇国书在日本递交美国前就已经被美国解码了,据说乔治·卡特利特·马歇尔在读过这篇国书后立刻向夏威夷发送了一封紧急警告的电报,但由于美军内部传送系统的混乱,这封电报不得不通过民用电信局来传,在路上它失去了它的"紧急"标志,袭击数小时后才由一个年轻的日裔美国邮递员将这张电报送到美军司令部——这看上去也太不可能了。

从这些证据来看,在当时以罗斯福为首的美国上层,有极少数人事先就已经知道了日军将进攻珍珠港的情报,并且显得是那样胸有成竹,在这一切情报最终报告给罗斯福时,他正在与他的助手和好友霍普金斯交谈,他对霍普金斯说:"我料定我们的敌人不会永远不犯错误,如果日本人进攻我们,我将争取国会批准美国参加这场战争。"近年来,包括美国学者在内的一些西方学者,以此为据,认为珍珠港事件是罗斯福为了摆脱国内孤立主义思潮的束缚,以太平洋舰队为诱饵所施的一个苦肉计,珍珠港被袭,真的是罗斯福的苦肉计吗?至今还是一个谜。

诺曼底登陆的预演

——悲壮的迪耶普奇袭

"在迪耶普奇袭中每伤亡 1 名士兵,在诺曼底登陆中就能少伤亡 10 名士兵,迪耶普奇袭就是诺曼底登陆的前奏。"

——英军上将路易斯·蒙巴顿

1944 年 6 月 6 日,盟军成功登陆诺曼底,创造了 20 世纪最辉煌的渡海登陆作战战例。不过,在此之前,英国曾经进行过一次登陆尝试,虽然失败了,但意义重大，它为诺曼底登陆做了很好的铺垫。

1942年春，战争形势对同盟国极为不利，在欧洲战场上，纳粹德国占领了整个西欧并侵入到苏联腹地；北非战场上，德军逼近埃及；太平洋战场上，日本占领了整个东南亚，但此时英国做的仅仅是同纳粹德国隔着英吉利海峡对峙，斯大林要求丘吉尔立即在西欧开辟第二战场，缓解苏联的压力，然而，这时的英国和美国还不具备大规模登陆的实力。受形势所迫，丘吉尔决定在法国沿岸某处发动一次奇袭，以吸引德军的注意力，缓解东线压力。同时也希望通过实战试验新装备，获取两栖登陆作战经验。英军联合作战司令部在蒙巴顿将军的主持下，开始着手制订偷袭法国的计划，命名为"战马"计划，按计划陆海空三军将有万余人参战。

联合作战司令部原定于7月4日实施"战马"计划，部队已于7月初在怀特岛的港口集结，因为天气不好，计划用于攻击炮台的空降部队无法伞降，偷袭日期推迟到了7月8日。不料7月7日，英国这支想侦察"欧洲堡垒"（德军在法国西海岸构筑的工事）而准备偷渡海峡的舰队还未启航，就被德国飞机发现了，随之而来的轰炸使这次袭击被迫取消。很快蒙巴顿将军又制订了代号为"庆典"的作战计划，拟由加拿大步兵和英国陆军组成英加联合特遣队，在法国港口小镇迪耶普展开一次登陆战。迪耶普处于英吉利海峡最窄处，进攻路线短，而且处于皇家空军战斗机的作战半径之内，这次作战的直接目标是摧毁德军的防御工事并抓获一些俘虏，获取军事情报。

登陆部队总兵力6100多人，包括4963名加军官兵、1000名英军敢死队员和50名美军观察员，皇家空军抽调了74个飞行中队为此次行动提供空中支援，加拿大第二步兵师师长罗伯特少将负责统一指挥。在行动的那个晚上，盟军希望能悄悄完成登陆行动，然而不幸的是，一阵激烈的炮声使盟军的希望落空了。原来一支由猎潜艇护送的德国船队正沿着海岸自东向西航行，在昏暗中撞上了由23艘登陆艇组成的东外翼英国第三突击队，德军猎潜艇发射照明弹后，向英国炮艇猛烈开火，英国炮艇遭到重创，23艘登陆艇也被打散，驻守迪耶普的德军接到警报后，立即进入临战状态，德国空军和英国空军也随即展开激战，迪耶普登陆行动由奇袭变成了强攻。

盟军主攻作战群分为两波，第一波包括两个团和30辆坦克；第二波由一个营和14辆坦克组成，由于侧翼几个突击队的失败，除"赫斯"炮台外，德军岸炮均没有遭到破坏，正面攻击面临极大困难，英军舰艇释放的烟幕在掩护登陆艇免遭德军炮击的同时，也遮住了英军自己的视线，根本无法看清海滩上的情况。

第一波作战群的登陆艇和坦克在德军火力网中向前猛冲，最后只有三辆坦克通过海滩，冲上滨海大道，一些加军士兵与三辆坦克配合，打死了一些德军，还击毁了几门反坦克炮，但坦克炮弹打完后，不得不退回海滩。在海滩进攻受阻时，旗舰"卡尔普"上的登陆部队总指挥罗伯兹少将对发生在海滩上的惨剧一无所知，上午7时，罗伯兹获知加军一部攻入迪耶普后，误以为加军已经控制整个迪耶普镇，于是下令第二波作战群上岸，这批部队上岸后立刻遭到猛烈打击，伤亡惨重，只有一个排冲进迪耶普镇，弹药耗尽后被迫投降。

罗伯兹少将对这些情况仍然不清楚，8时30分，他又派出最后一支预备队——皇家海军陆战队，从第二波作战群的登陆点上岸。由于海面上烟雾弥漫，这支预备队在海上转了90分钟才抵达预定海滩，这时烟雾被风吹散，德军的炮弹和子弹雨点般落在陆战队的头上，海滩被鲜血染红，营长菲利普斯少校知道成功登陆已不可能，当即命令登陆艇返航，避免了全军覆没的厄运。直到中午时分，部分陆战队员撤回，罗伯兹才知道海滩上伤亡巨大，作战已经失败，只好下达撤退命令。此时德军的空中反击持续不断，"伯克利"号驱逐舰因遭受重创不得不被己方舰艇击沉，"卡尔普"号驱逐舰也被击伤，8月19日午夜后，运载着500多名伤员的驱逐舰驶抵朴次茅斯。

在这次迪耶普登陆作战中，加拿大部队损失3363人，英军伤亡247人，约有2200名盟军官兵被俘。英国海军损失驱逐舰一艘、登陆艇33艘，死伤550人，英国空军损失飞机106架，坦克30辆。德军损失较轻，伤亡591人，损失飞机48架，盟军除了夺取并摧毁巴伦修比尔炮台外，其他部队都没有实现预定的目标，但从战争全局来看，这次作战虽然失败了，但意义重大，它为诺曼底登陆做了很好的铺垫。

迪耶普登陆战役是第二次世界大战中盟军在战略上迫不得已进行的一次中小规模的登陆作战，从1942年8月18日晚10时始，至8月19日13时止，历时15小时。迪耶普登陆战役作为盟军开辟第二战场的一次悲壮预演，虽然以惨败收场，但为盟军后来在北非、西西里、诺曼底大规模登陆提供了宝贵经验。1944年6月6日，在盟军成功地反攻欧洲大陆的历史性时刻，美国陆军参谋长马歇尔和海军作战部长金联名致函蒙巴顿将军："今天，我们去看了在法国国土上的英美军队。我们认识到这次冒险行动赖以成功的了不起的技术，大多归功于你和你的联合作战司令部人员的研究与发展。"

蒙巴顿将军对迪耶普之战曾评价说："偷袭迪耶普的行动使德国人深信英国人不会在开阔的海滩发动全面进攻，而我们经过研究发现，利用预先建造好的流动港是可以进攻开阔的海滩的。事实上我们正是利用自己研制的可以漂过海峡的流动港，在敌人受骗而未加严守的开阔海滩大规模登陆成功，因此迪耶普袭击也就成为'伟大的欺骗'。"

谁在缅甸"坑"了中国远征军

——"先欧后亚"

1937年底，为了打通中国和国际间的交通，中国政府征集了约20万各族劳工在中缅边界的崇山峻岭之间，以3000条生命为代价，开辟出一条长达上千里的公路——滇缅公路。这条盘旋于山谷之间的滇缅公路是当时中国和外部世界的唯一通道，自通车起的3年里，滇缅公路上1.5万多辆汽车，一共抢运了50万吨军需品，以及不计其数的各类物资，是一条支撑抗战不折不扣的生命线。1941年，英美盟军在太平洋战场上节节失利，年底，日军先头部队入侵缅甸南部，直接威胁仰光和滇缅公路，鉴于缅甸局势岌岌可危，为了保障滇缅公路的通畅，保障援华的租借法案物资顺利抵达中国，中国政府决定派出远征军出兵缅甸。

1942年3月，戴安澜的第200师率先与日军在缅甸同古开战，被兵力占优势的日军包围，经激战后突围，不久，日军夺取了英军控制的仁安羌，英军开始向印度方向逃避，致使中国远征军右翼暴露，远征军被迫后退。4月29日，中国军队与后方联系的要地腊戍被日军占领，8月4日，中国远征军被迫全部撤出缅甸。除第38师和第22师撤到印度外，其他部队由杜聿明率领按蒋介石命令突破封锁线，穿越野人山返国。一路上战士落伍、失踪、疾病死亡以及被敌追阻杀伤者比战场上死伤的多数倍。"官兵死亡累累，前后相继，沿途尸骨遍野，惨绝人寰"。据统计，10万余众的中国远征军至此仅存4万。事后，蒋介石的参谋总长何应钦也不无感叹："此次入缅参战，自始至终战况都非常被动，虽然官兵英勇奋战，但也无法挽救全局，实为憾事。"

中国远征军第一次入缅作战以失败而告终，那么这次悲壮惨烈的缅甸征战，中国远征军失败的最主要原因是什么呢？据事后分析，敌情不明是这次远征军失败的一个主要原因，远征军全线崩溃前，在战场上始终没有发现早已参战的日军第56师团，正是这个师团最先在中路挫败了远征军决战的计划，然后又出其不意地从东线突破了远征军薄弱的防线，席卷了整个后方，从而导致了远征军的全面溃败。在实际交战过程中，远征军原以为面对的敌人仅有日军第55师团，既没有发现从泰国增援上来的日军第18师团，也没有发现从海上登陆增援的第56师团，稀里糊涂地把日军三个精锐师团当一个师团来打，以4个半师的兵力摆了个围歼对手的阵势，所以远征军一开始作战便陷入了十分被动的局面。

但远征军这次入缅失败从根本上讲还是一个制空权的问题，战场上的制空权完全掌握在日军手中，德国著名将领隆美尔就说："假使敌人握有完全的制空权，那么我方尽管拥有极现代化的武器，也还是无法与他作战的，就好像野蛮人碰到了近代的精兵，其结果是不问可知了。"这次中国军队赴缅远征，事先英美曾承诺空中掩护的，可在战斗中，英美的承诺却没有兑现，这也是导致中国远征军失利的原因之一。早在1941年5月20日，英国远东军总司令波普汉托中国军事考察团团长商震致函蒋介石，将指定"霍克"战机100架，分配给中国。但后来英方食言，把这批飞机全部用在了北非战场。1942年3月15日，即同古激战的第4天，也就是英军在缅全部45架作战飞机在马圭被毁后的第4天，蒋介石同英军印缅战区总司令亚历山大将军共进晚餐后再次商谈，亚历山大亲口答应蒋介石，几个星期后将有324架飞机投入到缅甸战场，但是直到缅甸战场全面崩溃时都没见到这些飞机的踪影，而日军投入战场的飞机数量已经达到400多架。其实从3月开始，由于非洲战场的需要，英国早就无意将空军用于缅甸战场，蒋介石被亚历山大将军这个弥天大谎所迷惑，还乐观地把缅甸作战看成是一场中国军队在英军绝对制空权支援下的对日作战。

1942年4月18日，也就是我东线被日军第56师团突破之际，宋美龄致电美国总统行政助理居礼先生，表达了对美国把原来承诺拨给中国战区的飞机移给欧洲的不满，但美国方面对此置若罔闻。到了6月初，隆美尔在北非突破加查拉一线进逼托布鲁克，集结在印度、原定支援缅甸作战的实力强大的美国第10航空队，也紧急向地中海转移，这时中国远征军各部正在艰苦的环境下撤退。这一切都是由于美国在第二次世界大战中的"先欧后亚"战略，在北非出现危机时，美英两国先后把原定用于缅甸战场的飞机几乎全部调往地中海，致使中国远征军作战失去了空中掩护，英美是以缅甸战场的失利，去换取北非战场的制空权。

既然制空权是决定战场常规作战的至关重要的因素，那么就必须承认一个基本的事实，中国远征军第一次入缅作战的失败在客观上具有着不可抗拒性，由于完全丧失了制空权，中国远征军是在失败不可抗拒的情况下，苦苦支撑着缅甸的战局，北非战场盟军的制空权是用放弃缅甸战场的制空权换取的，中国远征军以自己悲壮的失败换得了英军在北非战场的胜利。

第二章

战火烽烟

卢沟桥枪声

——记"七七事变"

日军自 1931 年"九一八"事变侵吞中国东北后，为进一步挑起全面侵华战争，陆续运兵入关，到 1936 年，日军已从东、西、北三面包围了北平，从 1937 年 6 月起，驻丰台的日军连续举行挑衅性的军事演习，伺机挑起战争。

面对日军频繁的演习活动，被日本人视为抗日中坚的国民革命军第 29 军 37 师师长、兼河北省政府主席的冯治安采取了一系列备战措施，自 6 月 26 日起，北平实行夜间特别戒严，各城门增加了卫兵，并设流动哨，在长辛店北面高地，构筑了新的散兵壕，自回龙庙至铁路线间堤防上以及其东面高地，改修或加固了原有的散兵壕，禁止日军在龙王庙堤防及该处南面铁桥附近自由行动。

当时的北方重要的战略要地北平已处于日军包围之中，北平四面的四个重要地方——通州、丰台、南口和卢沟桥，已被日军占据了三处，仅有卢沟桥还掌握在中国军队手里，北平与外界联系主要通过平汉铁路，卢沟桥恰恰是平汉线上的咽喉。对中国军队来说，控制卢沟桥不仅是北平的唯一交通运输线，也使北平的中国军队，进可以攻，退可以守。驻防宛平城和卢沟桥的是第 37 师 110 旅 219 团第 3 营，营长金振中，该营为加强营，计有步兵 4 个连，轻重迫击炮各一连，重机枪一连，约 1400 人。

7 月 7 日下午，日军驻丰台的第三大队第 8 中队在中队长清水节朗大尉指挥下进行战斗演习，地点选在卢沟桥北永定河东岸的回龙庙附近，金振中营长百倍警惕，毫不懈怠，午后 2 时左右，带着两个随从，换上便服，扛着铁锹，化装成农民前往铁桥以东 500 米处的日军演习场地观察动态。刚过卢沟桥车站，金营长就看到日军不顾雨淋和道路泥泞，正以卢沟桥为目标，进行"进入"演习，并配有炮兵和战车，场面与平日演习迥异，根据日方战史，当日演习分为两个内容，为利用黄昏接近敌主阵地和黎明冲锋。金营长感到战争一触即发，调头返回营部，召开连、排长会议，下级军官一致表示：如日军胆敢发动进攻，我们就要坚决抵抗，誓与卢沟桥共存亡！何基沣旅长接到报告后，立即上报正在保定的冯治安师长，冯立即赶回北平，与何等商议决定，本着"人不犯我、我不犯人"的原则，不冒然开火，但若敌人启衅，就坚决还击。

7月7日晚7时30分，在北平西南12千米的卢沟桥北侧，永定河左岸荒地，卢沟桥的日本驻军在未通知中国地方当局的情况下，径自在中国驻军阵地附近举行所谓军事演习。当晚10时30分左右，日军演习场上突然响起了几阵枪声，演习的日军诡称有一名日军士兵失踪，要求进入北平西南的宛平县城搜查，由于时间已是深夜，城门守军拒绝了日军的要求，但是日本的寺平副官依然坚持日军入城搜索的要求，中国第29军副军长兼北平市长秦德纯接到报告后回答说："卢沟桥是中国领土，日军未经同意在该地演习，已违背国际公法，妨害我国主权，走失士兵我方不能负责，日方更不得进城搜查，致起误会，惟姑念两国友谊，可等天亮后，令该地军警代为寻觅，如查有日本士兵，即行送还。"

实际上，因拉肚子"失踪"的日兵志村菊次郎这时已归队，可占领沙岗村北大枣园山南北一线进攻出发位置的一木却与牟田口廉也通电话说："中国军队再次开枪射击，对此我方是否应予以回击？"牟田口廉也说："被敌攻击，当然回击！"一木知道情况严重，谨慎地追问："那么，开枪射击也没有关系吗？"得到的答案是肯定的。

8日晨3时，吉星文团长向秦德纯报告："约有日军步兵一营，附山炮4门及机关枪一连，正由丰台向卢沟桥前进。我方已将城防布置妥当。"秦德纯当即指示吉星文："保卫领土是军人天职，对外战争是我军人的荣誉，务即晓谕全团官兵，牺牲奋斗，坚守阵地，即以宛平城与卢沟桥为吾军坟墓，一尺一寸国土，不可轻易让人。"7月8日晨，日军开始从东西两门外向城内炮击，对宛平城和卢沟桥发动进攻，中国守军奋起抵抗，爆发了著名的"七七事变"。

当时正在庐山的蒋介石，在接到秦德纯等人的电报后，估计到事态的严重性，预感到日本有扩大侵略战争的可能，立即指示宋哲元："宛平应固守勿退，并须全体动员，以备事态扩大，此间已准备随时增援矣。"7月9日，中日双方交战部队曾达成口头停火协议，但同时，日本乘机从中国东北和朝鲜抽调两万多军队和百余架飞机投入华北地区。7月17日，日本陆军参谋本部制定了《在华北行使兵力时对华战争指导纲要》，日本政府决定动员40万兵力，妄图用武力灭亡中国。

26日下午，得到增援的华北驻屯军向第29军发出最后通牒，要求中国守军于28日前全部撤出平津地区，否则将采取行动，被宋哲元拒绝。7月28日上午，日军按预定计划向北平发动总攻。第29军将士在各自驻地背水一战，南苑是日军攻击的重点，第29军驻南苑部队约8000人（其中包括在南苑受训的军事训练团学生1500余人）掘壕进行阻击，最后，第29军副军长佟麟阁、第132师师长赵登禹战死，不少军训团的学生也在战斗中壮烈牺牲，28日夜，宋哲元撤离北平，29日，北平沦陷。

"七七事变"是日本帝国主义为实现它鲸吞中国的野心而蓄意制造出来的，是它全面侵华的开始。全面侵华，在中国建立殖民统治，是日本帝国主义长期推行的方针。宛平城的枪声掀开了全民抗日的序幕，"七七事变"的第二天，中共中央通电全国，号召中国军民团结起来，共同抵抗日本侵略者。全国各族各界人民热烈响应，抗日救亡运动空前高涨。"七七事变"使国民政府对日本残存的一点和平幻想彻底破灭，蒋介石对中国共产党提出的建立抗日民族统一战线的主张作出了积极反应。在这种形势下，蒋介石被迫于7月17日在庐山发表谈话说："如果战端一开，那就是地无分南北，人无分老幼，无论何人，皆有守土抗战之责，皆应抱定牺牲一切之决心，我们只有牺牲到底，抗战到底，唯有牺牲的决心，才能博得最后的胜利！"至此，中国抗日战争全面爆发。

八百壮士投河

——气壮山河的"陕西楞娃"

1936年12月12日,时任职西北剿匪副总司令、东北军领袖张学良和当时任职国民革命军第17路军总指挥、西北军领袖杨虎城在西安发动的一场"兵谏"事件,扣留了当时任职国民政府军事委员会委员长和西北剿匪总司令的蒋介石,目的是"停止剿共,改组政府,出兵抗日",西安事变最终以蒋介石被迫接受停止内战、一致抗日的主张,导致了第二次国共合作而和平解决,史称"西安事变",又称为"双十二事变"。

"西安事变"结束后,1937年4月30日蒋介石公开免去杨虎城的军政职务,宣布让杨出洋考察军事。6月29日,杨虎城偕夫人谢葆真、次子拯中及秘书一行共6人,搭乘美轮"胡佛总统号",由沪出国考察。临行前,杨虎城将自己苦心经营多年的西北军交给了结拜兄弟孙蔚如,并一再告诫:一定要牢记"兵谏"之初衷,一切以抗日大局为重……

孙蔚如是杨虎城的两大心腹将领之一,资格虽没有冯钦哉那么老,但心思更缜密,所以杨虎城有事更多的和他商量。西安事变后,冯钦哉叛离,杨虎城出国,他就成为陕军的主帅。

孙蔚如接任了陕西省政府主席,第17路军被缩编为第38军,孙蔚如任军长,成为陕西省的军政主要领导人,他以极大的耐心、平和的策略,煞费苦心地协调各方面的关系,保护了西安事变的成果,迎接了抗日战争的到来。

1937年7月7日,侵华日军发动了"卢沟桥事变"后,以闪电般的速度攻城略地,1938年3月,日军牛岛川岸师团兵临山西黄河北岸的风陵渡,孙蔚如将军率部请缨抗战,并向国民政府和陕西民众盟誓:"余将以血肉之躯报效国家,舍身家性命以拒日寇,誓与日寇血战到底!但闻黄河水长啸,不求马革裹尸还!"

1938年7月，蒋介石命令第17路军改编为31军团，任孙蔚如为军团长，所属部队全部离陕东渡，开赴晋西南抗日第一线，以坚守中条山、保卫黄河安全为任务。蒋介石严令孙蔚如，在任何情况下都不得退过黄河，要拼命死守。不久，又将31军团改为第4集团军，孙蔚如任总司令，当月，一支由3万多名"陕西楞娃"组成的队伍夜渡黄河，开进了黄河北岸的中条山。

中条山位于山西南部、黄河北岸，呈东北西南走向，东北高西南低，横广170千米，纵深50千米，抗日战争全面爆发后，随着山西各主要关隘的相继失守，中条山的战略地位愈加重要。对中方来说，此为根据地，进能扰乱敌后，牵制日军兵力；退可凭险据守，积极防御，配合整个抗日战场。就日方而言，这里是其南进北侵的重要"桥头堡"，既可渡河南下，问津陇海，侵夺中原；又可北上与其在山西的主要占领地相连接，改善华北占领区的治安状况，所以，中条山地区被视为抗日战争时期"关系国家安危之要地"。

1938年，冀察战区总司令卫立煌率部26万人进入，将中条山分为东西中三段，西段由孙蔚如第4集团军把守，中段由曾万钟第5集团军驻守，东段由刘茂恩第14集团军驻守。第4集团军在中条山坚持抗战近3年，先后粉碎了日军的11次大扫荡，使日军始终未能越过黄河，进入西北，而第4集团军也有2万余人牺牲在中条山下、黄河岸边。日本军部的作战报告也不得不声称"守备中条山之支那部队虽属杂牌，但其战斗力颇强，不可轻敌"。

1939年6月，日军酋长牛岛川岸在遭到上司痛斥后，向坚守中条山的中国军队发动了规模空前的大扫荡。目的是将该处守军第4集团军所辖38军、96军一举歼灭，为今后扫荡中条山，进攻豫陕奠定有利基础。此次战役，无论是兵力、武器、空中、地面，日军的实力都远远高于中国军队，特别是飞机、战车、远程山野炮都是中国军队根本没有的，按照日军既定的目标，这场战役将以"在茅津渡聚歼38军"结束。

1939年6月6日拂晓，日军分兵9路向中条山发起猛烈攻势，在"六六战役"持续的近半个月时间内，日军集结大量部队对驻守中条山的第4集团军发起进攻，驻守部队经过竭力抵抗，曾多次粉碎日军的进攻，但日军攻打陌南兵力之众多，火力之集中让中国军队一开始就处在了非常被动的地步。这场战役敌军火力强大，只有赵寿山的第38军在望原苦战，将敌击退，守住了阵地，其余各军阵地先后失守，我黄河沿岸守军面对突然变化的局势，最终因伤亡巨大，无力支撑，退出中条山。在整个"六六战役"中，驻防于中条山的第4集团军虽然英勇抗击了日军的进攻，使得主力部队可以成功突围，但是距离主力部队较远的部队，则伤亡惨重，最后在弹尽粮绝的情况下，大部分士兵牺牲在了战场上，浴血奋战而未能突出包围的部队八百新兵们被日军逼到黄河边的土崖及岸边，宁死不屈，相继跳崖或扑入黄河，几乎在八百壮士投河的同时，在相距十余里的马家崖，177师工兵营200多位士兵也为捍卫中国军人的尊严而集体扑进黄河……

据说当时八百壮士集体投河的这一幕，曾被山里的村民亲眼目睹，后来据一位村民讲，他至今还记得最后一名士兵跳河的情景，那是一位旗手，他的双手紧紧攥着他部队的军旗，军旗已经被枪弹撕裂，他仍然双手高擎着。他在跳河前吼唱了几句秦腔，是《金沙滩》中杨继业的两句：两狼山——战胡儿啊——天摇地动——好男儿——为国家——何惧——死——生啊……

据调查和文献记载，在芮城、平陆、夏县、垣曲黄河河面百余千米，遗体漂浮达3日之余。在"六六战役"中，芮城县老庄村南窑、许家坡、方家一带，共有1000余人跳入黄河，主要是第96军177师的后勤人员、学兵队和部分溃退部队，其中800人的学兵队是一群孩子，年龄皆在16至18岁之间，入伍还不到3个月。3天后，孙蔚如总司令在黄河滩召开公祭大会，将士一律臂挽黑纱，孙司令面对黄河，眼含热泪，攥拳起誓：此仇不报，我孙某自当引颈自戮，以谢国人！

由于西北军3万将士在中条山的抗战前线与日寇浴血奋战，牢牢地钳制住了日军的进攻势头，阻止了日寇铁蹄践踏大西北。可以说，正是这些"陕西楞娃"的英勇抗战，陕西和整个大西北才得以确保。我们永远会铭记着他们——在抗战中为国英勇捐躯的"陕西楞娃"，巍巍的中条山就是天地为他们立的丰碑！

日本"钢军"覆灭记

——血战昆仑关

抗战之初，中国开辟了由越南海防、河内经滇越铁路、桂越公路通往云南、广西的国际运输线，进口作战物资和各种设备，日军占领上海、厦门、广州、海南岛、汕头以后，滇越公路和桂越公路更成为中国由海外运进军事物资的主要通道。1939年4月，日本海军提出"攻占南宁，切断通过该地的中国对外贸易路线，并开辟海军指向内陆的航空基地"。

1939年底，日军决定发动桂南作战，于当年11月中旬，日军为切断中国西南交通运输线，11月17日在防城、北海登陆，进占钦州，发起对华南的攻击。

11月24日，号称"钢军"的日军板垣第5师团之中村正雄12旅团进占南宁，一个月后，又攻陷桂南战略要地昆仑关，切断了国民政府取得国际援助的重要通道，也直接威胁到中国西南大后方的安全。日军认定，切断中越交通线必然使中国丧失抵抗能力，从而可以很快结束侵华战争，日军大本营陆军部作战部长富永恭次宣布："这是中国事变的最后一战。"

中国国民政府责成桂林行营收复南宁，为此，由蒋介石的爱将杜聿明率领的国军机械化第5军奉桂林行营电令向南宁附近集中，准备进击由钦州、防城登陆北进之敌。桂林行营将部队划分为北、东、西三路。其中以第38集团军指挥第5军和第99军为北路军，负责昆仑关正面和侧后的攻击。

昆仑关位于南宁东北50千米处，周围是连绵的山岭，地形险要，构成南宁的屏障。那山虽然不大，但是笋石林立，断岩绝壁，地形具有"一夫当关，万夫莫开"之势，在军事上自古以来就是兵家必争之地。12月16日，杜聿明奉命率第5军反攻昆仑关，这是第5军组建以来第一次参加的大规模战役，杜聿明要求各师长："督促本部官兵奋勇向前，一举消灭敌人的'钢军'，打出我们第5军的威风来,让日本鬼子知道中国机械化部队的厉害!"

杜聿明统率的第5军是当时中国唯一的机械化军,下辖三个师,此外还有直属的两个步兵补充团、两个战车团和装甲车搜索团、工兵团、汽车兵团、重炮团、辎重兵团等部队,装备精良,全军约5万人。杜聿明鉴于敌军孤军深入,暂时无后续部队增援,他决定以郑洞国荣誉第一师担任正面主攻,戴安澜第200师为总预备队,随时准备支援荣誉第一师正面战斗,邱清泉新编第22师迂回敌后进出南宁以北,以截断昆仑关之敌,使郑、戴两师放手围攻。

12月18日拂晓,中国军队的反攻作战打响,中日双方最精锐的部队交手。杜聿明指挥郑洞国荣誉第一师在炮兵和战车掩护下向昆仑关发起攻击,迅速突破前沿,向日军主阵地推进,与日军在各据点展开激烈争夺,占领了大部分山头阵地。

同时,杜聿明命令邱清泉新22师向日军侧后迂回,攻占公路桥,切断了昆仑关日军的退路。

19日午后,日军在大批飞机的掩护下,进行反攻,昆仑关又被夺去。此后,双方反复争夺阵地,得而复失、失而复得。

敌我两军就昆仑关要隘反复争夺,伤亡甚众。20日上午,日军第5师团第21旅团长中村正雄指挥第42联队两个大队由南宁出发增援昆仑关,被中国军队层层阻击,中村正雄于24日中弹,次日伤重毙命。昆仑关残敌被我四面包围,弹尽粮绝,成为瓮中之鳖,但他们仍然凭着"钢军"武士道精神负隅顽抗。

日军这时已处于我军的四面包围之中,其弹药给养尤为困难,几陷于绝境。在我军的沉重打击下,这支曾经骄横不可一世的日本"钢军"的士气开始下降了。在我军缴获的日军作战日记中曾有这样的记载:"数日以来,当面之敌对我猛烈攻击,其战斗力为对华作战以来从未遭遇者,因此伤亡极重,实足寒心。"

12月28日至30日,邱清泉新22师一部,以凌厉的攻势,三度突入关口,占领了全关和敌军的最后一个堡垒,31日昆仑关战场所有零星抗拒之敌全部肃清。经过 18 天的激战，至 12 月 31 日，中国军队终于攻克昆仑关，将敌大部歼灭，取得了昆仑关大捷。据日本战后公布的材料显示，此役日军第 12 旅团班长以上的军官死亡达 85% 以上，士兵死亡 4000 余人，战机被击落 20 余架，旅团长中村正雄在昆仑关南 5 千米的九塘被郑洞国师第 3 团击毙。

中村正雄死前在日记本上写道："帝国皇军第 5 师团第 12 旅团，之所以在日俄战争中获得了'钢军'的称号，那是因为我的顽强战胜了俄国人的顽强。但是，在昆仑关，我应该承认，我遇到了一支比俄国人更强的军队。"

"昆仑关大捷"，其实中国军队的伤亡比日军更多：荣誉第一师一万人撤下战场的时候，战斗兵只剩 700 人。第 5 军负伤万余人，阵亡 5600 余人，生死不明 800 余人，另伤亡及失踪的杂役兵 6416 名，共计伤亡约万人。

杜聿明在昆仑关纪念碑碑文里说："攻坚之苦、牺牲之烈殆兴军以来所罕有，而攻坚克险实开抗战之先河。"

昆仑关战役中国军队取得重大胜利，这是中国军队在对日军攻坚战中取得的首次胜利，中国军队全歼日寇一个精锐旅团，并击毙其指挥官，这在抗战历史上尚无二例。捷报传出，举国欢腾，杜聿明在胜利之后，在巍峨的昆仑关上，建立了一座"陆军第 5 军抗日阵亡将领纪念碑"，含着热泪亲笔书写了 400 多字的悼念碑文，以悼念那些为国捐躯的英勇将士。

孙立人的扬名杰作

——仁安羌之战

仁安羌大捷，是一个闻名世界的战役，是近代史上中国军队第一次和盟军并肩作战所取得的荣誉，是盟军在第一次缅战中唯一的大胜仗，同时更是一个奇迹。中国远征军以一个团的兵力解了 7000 英军之围，救出 10 倍于我军的友军，充分表现出中国军人作战精神的英勇与坚强。

太平洋战争爆发后，日军入侵缅甸，根据英国的请求和《中英共同防御滇缅路协定》，中国远征军于 1942 年春入缅作战。

由于英国"保印弃缅"的策略失误，英军节节败退，导致英缅军第一师及装甲第 7 旅 7000 余人在仁安羌油田被日军包围，断粮缺水，处于绝境，缅甸英军总司令亚历山大向中国远征军紧急求援。

仁安羌位于缅甸中部，是缅甸重要的石油原产地，1942 年 4 月，日军第 33 师团一个步兵连队在缅甸向导带领下，采用隐蔽的穿插战术，穿过英印军布下的三重防线，抢先占领仁安羌油田西北的滨河大桥，堵住了英缅大军的退路。

英军从仰光一路撤退，军心涣散，总司令甚至断定日本人使用了空降战术才截断了后路，总司令一面命令炸毁油田，一面匆匆组织突围。

但突围完全是徒劳的，英缅军除在阵地前面丢弃了大约 2000 具尸体外，却始终没能向前移动一步。

英军 7000 多人被不明人数的日军包围，向中国军队发出了求救电报，中国远征军司令部命令距仁安羌最近的在曼德勒驻守的新编 38 师解围。敌人有多少谁都不知道，按常理推测，日军至少也应该有 7000 人。当时新编师全师才 7000 多人，而且分散在不同的防区，一时能调动的只有 113 团 1000 多兵力，孙立人果然勇敢过人，他命令 113 团星夜驰援仁安羌被围英军。第一次赴缅作战的中国远征军，当时还没接收多少美英装备，主要以原有装备为主。救兵如救火，113 团在团长刘放吾带领下连夜奔赴，在 17 日的黄昏时分，到达拼墙河北岸，在距河 5 英里的地方，进入准备攻击的位置，当晚就展开了猛烈的战斗。

突然出现的中国军队打了日军一个措手不及，中国军队与之血战三昼夜，克复了仁安羌油田全部区域，取得仁安羌之役的胜利，此役 113 团还救出被日军俘虏的英缅军官兵、外国传教士和新闻记者等 500 余人，死里逃生的英缅军败兵丢下车辆和武器向北溃退，113 团亦主动撤出战场。战后中国军队才得知，日军也只有一个联队 1000 多人的兵力，除少量逃脱，大部被歼。

中国军队战死 204 人，伤 318 人，少校营长张琦在冲锋中牺牲。

仁安羌之战是中国远征军入缅后第一个胜仗，41 岁的孙立人师长因此役获得英国皇室勋章一枚。仁安羌胜利后，英军逐步向印度转移，新 38 师由仁安羌转移到乔克柏当附近，掩护英军撤退。

仁安羌的捷报，惊动英伦三岛，迅速传遍世界各地，受到各同盟国的赞誉，孙立人将军成为中国远征军的英雄。孙立人将军后来得到美国总统罗斯福授予的"国会勋章"，英国首相撒切尔夫人在 1992 年 4 月访问美国时，特向当年率团具体指挥部署解救英军、定居在美国的 93 岁的刘放吾团长致以亲切慰问，感谢他 50 年前在仁安羌战役中，拯救英军的功绩。仁安羌战役已经过去了半个多世纪，但此役史实中有两个问题至今仍说法不一，有待于澄清。一个问题是：仁安羌油田之战，日军的兵力究竟是多少？另一个问题是星夜驰援仁安羌被围英军的 113 团团长究竟是谁？

激战在"魔鬼居住的地方"

——胡康河谷战役

1943 年 10 月，为配合中国战场及太平洋地区的战争形势，重新打开中印交通线，中国驻印军总指挥史迪威将军制订了一个反攻缅北的作战计划，代号为"人猿泰山"。计划从印缅边境小镇利多出发，跨过印缅边境，首先占领新平洋等塔奈河以东地区，建立进攻出发阵地和后勤供应基地；而后翻越野人山，以强大的火力和包抄迂回战术，突破胡康河谷和孟拱河谷，夺占缅北要地密支那，最终连通云南境内的滇缅公路。担任主攻任务的是郑洞国指挥的中国驻印军新一军，下辖孙立人指挥的新 38 师和廖耀湘指挥的新 22 师，兵力近 3.5 万人。

10 月 20 日上午 11 时，前哨战在新平洋以西无名高地打响，新 38 师搜索连在行进途中与日军的一个大队遭遇，双方立即抢占有利地形，并几乎同时向对方开火。按照以往的经验，日军一个大队（营）的战斗力相当于或超过中国军的一个师，此次战斗一开始，日军根本不把区区一个连的中国士兵放在眼里，立即向中国军占据的无名高地发起冲锋。搜索连是新编第38师的开路先锋，全连兵员300余人，配备迫击炮12门，反坦克炮3门，轻重机枪25挺，士兵清一色"M4汤姆"式冲锋枪。战斗一打响，该连即沉着应战，将敌人放入射程内，充分发挥火力优势予以杀伤。当日本兵端着三八大盖气势汹汹扑上来的时候，骤然间冰雹般的迫击炮弹便劈头盖脸地砸下来，暴雨般的机枪子弹构成一道密不透风的火墙，把气焰嚣张的日本兵打得晕头转向。轮到中国军反冲了，只见头戴钢盔的中国士兵更是个个争先，勇不可当，他们充分发挥自动武器近战的长处，把手持步枪的日本人打得血肉横飞。下午，另一连的中国士兵及时赶到，两路一齐夹击，日军丢下200多具尸体，仓皇而逃，前哨战初战告捷，中国驻印军首创对日军以少胜多的战绩。

10月29日，新38师112团占领新平洋，进入胡康河谷，在拉家苏、于邦、临干一线展开，开始了胡康河谷战役。胡康河谷，缅语为"魔鬼居住的地方"，它位于缅甸最北方，由达罗盆地和新平洋盆地组成，山高林密，河流纵横，雨季泛滥，当地人将这片方圆数百里的无人区统称"野人山"。中国驻印军对胡康河谷太熟悉了，几年前中国远征军败退时，闯入这块禁区，损失惨重，遗尸无数，新38师在野人山中见到的是遍地第5军将士的白骨，常常是一堆白骨围着枪架而坐。

新38师的当面之敌是田中新一中将指挥的日军第18师团，下辖第114、55、56联队，共有兵力3.2万人，该师团是日军的一支王牌部队，以凶顽闻名，参加过进攻上海和南京的作战，是制造南京大屠杀的元凶之一，它在新加坡曾以3万多人迫使8万多英军缴械投降，后投入缅甸作战，有"丛林作战之王"的称谓。

日军第18师团发现中国军队入缅后，立即调整部署，以114联队守密支那，以第55联队、第56联队向前线增援，师团指挥部亦向前开进。11月初，新 38 师 112 团第一营和第二营进至于邦附近时，与日军第 18 师团第 55 联队遭遇，双方在加拉苏四周山头展开激战。112 团占据山头，居高临下，拥有各种口径迫击炮 60 门，轻重机枪 110 挺。日军虽然兵力占优势，但迫击炮不到 20 门，机枪只有 10 余挺。

第一天，中国军队的迫击炮几乎主宰了战场形势。日军进攻屡屡受挫，连指挥部也挨了两发炮弹，正在指挥作战的第 55 联队副队长平田一郎大佐被当场炸死。日本人强攻不成，遂改变战术，以一个大队迂回到 112 团阵地后方，断其归路，再以不断佯攻小股袭扰，以吸引中国军打枪打炮消耗弹药。

果然，一连数日后，中国方面还击渐趋稀疏，炮兵射击亦变得十分零落。第 5 天黎明，日本人开始大规模集结部队，日军第 55 联队长丸山房信大佐亲自上阵，准备发起最后的总攻。然而就在这时，一队美国飞机隆隆地出现在战场上空，将弹药准确地投在中国军的山头和阵地，此后一个月，112 团靠砍巴蕉树藤取水和美国运输机的空中补给，与整整一个联队的日军对峙 50 日，日军第 55 联队伤亡近千人，却始终未能攻破两个营的中国军阵地，丸山房信大佐在写给第 18 师团长田中新一中将的报告中惊呼："加拉苏高地之战是一个前所未有的战例，中国人的变化是惊人的，希望能引起师团长阁下的重视……"

12 月 24 日上午 9 时，新 38 师向于邦发起全线进攻，经过 6 天的激战，新 38 师全部夺占了于邦的日军阵地，日军 55 联队丢下 300 多具尸体，仓皇向后退却，日军难以理解，昔日那支溃退之师何来如此神力。

战后日本的战史是这样记载的："在九州编成，转战中国，素有把握的第 18 师团，与中国军战斗最自信，岂料胡康河谷的中国军队，无论是编制、装备，还是战术、技术，都完全改变了面貌，使我军损失惨重，全军不禁为之愕然。"

1944 年 1 月 28 日晨拂晓，从新平洋起飞的美军飞机开始对达罗日军阵地实施猛烈轰炸，8 时左右，新 22 师战车营的坦克纵队出现了，钢铁洪流就像一把尖刀插进敌人阵地，撕裂敌人的防线，然后掩护步兵反复砍杀，并不失时机向纵深突进,这是中国抗战史上第一场由中国人操纵的向日本人进攻的机械化战争,现代化优势在中国人一边。坦克手们驱使着铁甲战车,猛烈地扫荡敌人的阵地和步兵,驱逐他们,追逐和碾压他们,把他们打得失魂落魄,中国步兵紧跟在坦克后面,利用钢铁屏障的掩护,肃清各个死角,占领敌人工事和阵地。1月31日,一队坦克冒着敌人炮火快速冲进了达罗镇,钢铁履带反复碾压着设在小镇上的日军第18师团司令部,将日军师团参谋长濑尾少将及数十名军官碾成了肉泥,虽然师团长田中新一逃出了该镇,但师团关防大印却落在了中国士兵手中,因此达罗之战就成为日军第18师团战史上的奇耻大辱,2月1日,新38师占领太白加、达罗。太白加战斗的胜利,使中国驻印军在缅甸境内站稳了脚跟,开辟了向纵深地区进攻的道路。

日军第18师团自达罗、太白加一线后撤后,改变防御部署,将第55、56联队成梯次配置,分别占据胡康河谷中心地带的孟关和瓦鲁班地区据守,3月4日,新22师攻克孟关,继续发展进攻,日军被包围在瓦鲁班周围的狭小地段,3月8日中午,新38师第113团、战车第一营和美军拉加哈德突击队向瓦鲁班发起攻击,9日占领瓦鲁班,歼灭日军第18师团大部,胡康河谷战事以中国驻印军全胜而结束。

中国远征军永远的荣耀

——腾冲光复记

腾冲城位于滇西边陲,古称"腾越",西部与缅甸毗邻,历史上曾是古西南丝绸之路的要冲。由于地理位置重要,历代都派重兵驻守,明代还建造了石头城,称之为"极边第一城"。

腾冲城是滇西重镇,四周有四座高山拱卫,飞凤山耸立于东,宝凤山雄峙于西,来凤山横枕于南,蜚凤山屏障于北,历代墨客骚人称这种地形为"四凤求凰"。

1944年5月，待命滇西的中国远征军为了配合中国驻印军反攻缅北，打通滇缅公路，主动发起怒江战役，战役在5月11日深夜发动。乘着月色，中国远征军第20集团军下属的5个师成功强渡怒江天险，次日开始仰攻战略要地——高黎贡山，经过数日的血战，远征军成功攻克来凤山，将日军第56师团148联队以及大批日军守敌堵在腾冲城内，远征军旋即对腾冲城形成四面合围之势。

腾冲城池方圆约4平方千米，城墙为明代所建，高7米，厚4米，由青石砌成。自1942年5月10日起被日军占领腾冲，由日军的56师团第148联队5000多兵员盘踞坚守，日军守备队对外号称"黑风队"，队长藏重康美大佐，日军在占领期间，搜刮当地的各种物资，还储备了大量的武器弹药。

此时，所有由北而南溃逃的日寇与腾冲守城日军合编为一个混成连队，由148联队长藏重康美大佐指挥，死守腾冲城。

腾冲城是滇西最坚固的城池，易守难攻。加上日军经过两年多的经营，在两地筑有坚固工事及堡垒群，是一块极难啃的硬骨头，"黑风队"队长藏重康美自称腾冲城池是"摧不垮炸不烂的阵地，称固若金汤，万无一失的城防工事"，守城日军奉命死守至10月底以待援军到来。光复腾冲重任，由霍揆彰的第20集团军承担，霍揆彰部下辖53军、54军，预备二师，约4万人，7月2日拂晓，第20集团军对腾冲外围据点发动全面进攻，各部队战斗至12日，已逼近城垣，8月2日，第20集团军发动全线攻城。

由于腾冲城地势险要，城墙高达8米，又为高强度岩石结构，居高临下，易守难攻，战场形势对于我远征军将士极为不利！前几波云梯攻势皆以失败告终，远征军损失惨重。激战至8月6日，通过"飞虎队"派遣的轰炸机的帮助，终于将城墙炸开数个缺口，随即我军以4个整师兵力纷纷突入城内，却遭到日军的侧防火力点的猛烈射击，伤亡剧增，第20集团军针对日军的这种战法，采取逐屋、逐街进攻的逐步"蚕食"战法，一步步向前推进，战至9月初，突然8架日机飞临我军上空俯冲扫射，指挥部当即令空军5个编队参战，在腾冲县城上空与日机相遇，展开激烈的空战，将日军飞机全部击落，从此日机再也不敢前来助战。

由于腾冲城内街巷稠密，房屋相连，顽敌利用民房家家设防、巷巷筑堡，战斗异常惨烈，每前进一尺，都要付出惨烈的代价，正如《远征军会战概要》所言"攻城战役，尺寸必争，处处激战，我敌肉搏，山川震眩，声动江河，势如雷电，尸填街巷，血满城垣"。由于伤亡惨重，又将防敌增援的130师投入攻城战役，经42天的浴血奋战，全歼腾冲日寇守敌。

日军代理联队长大田大尉焚烧队旗后自杀，远征军于1944年9月14日光复腾城。

腾冲城将破之日，城内死守的第56师团的日军组织了一次决死突围，城墙缺口里的日本兵蜂拥而出，中国军队的自动火器像镰刀一样割扫着他们，突围者中只有零星几个人活了下来，卫生兵吉野孝公是其中之一，从腾冲城逃出十余日后，吉野孝公被中国军队在丛林里俘虏，被俘后当他知道自己是腾冲城"全员玉碎"的漏网者后，觉得十分耻辱，决定以自杀尽忠，结果被中国军人发现而没有死成。

腾冲战役历时42天，扭转了缅甸抗战的战局，它粉碎了日本军国主义妄图长期占领滇西、威胁中国抗战大后方——西南地区、以挽救其失败命运的迷梦，此役全歼日军4000余人（其中包括曾参与"南京大屠杀"的日本148联队），为7年前在罹难的南京父老报仇雪恨！远征军20集团军9000多名将士也为此壮烈殉国。

战斗结束后，第20集团军总司令霍揆彰巡视城区，看到掩埋队正在收殓阵亡官兵，不禁哀思如潮，吟成一绝："曾同甘苦好兄弟，身去功成起我悲。手醛清浆酬国土，临风不觉泪交垂。"腾冲之战体现了一种"焦土抗战"的民族精神！曾被徐霞客誉为"迤西所无"的明正统年间建成的石城荡然无存。战前有着火山岩坚固的方城城墙、号称"世界玉石之都"的古城腾冲，就此毁于战火。战斗结束后，这里每一棵树干上都有三个以上的弹孔，没有一幢房子可供人临时避雨之用，可见当时战况之惨烈！

1944年冬抗战即将胜利之际，腾冲人民为纪念在攻克腾冲阵亡的将士，在腾冲城外西南约1000米的小山冈上修建了一座国殇墓园，内埋4800余位阵亡将士的忠骸，于右任亲为墓园题词"天地正气"，并在位于腾冲城内东来凤山小长坡建造了"陆军第54军198师攻克腾冲阵亡将士纪念碑，将此次战役中英勇牺牲的第20集团军官兵和盟军官兵的姓名刻于碑上，共9618人，另建忠烈祠，陈列记录作战照片和阵亡将士遗物。腾冲，这个中国西部云南的一座边陲小城，因抗战后期中国远征军发动的腾冲反攻战役而在中国抗战史上留下了凝重的一笔。

"我们仍在战斗！"

——布列斯特要塞坚守实况

1941年6月22日，苏德战争爆发。

在德军入侵苏联的三个集团军群中，其中央集团军群的任务是越过布格河，占领明斯克，直指莫斯科。而位于布格河东岸的布列斯特要塞首当其冲，成为德中央集团军的第一个攻击目标。6月22日凌晨2时，布列斯特要塞的四周和国境线其他的地方一样寂静，德军第45步兵师第一线突击部队在夜幕的掩护下，悄悄潜伏在布格河西岸的预定攻击位置，布列斯特要塞中熟睡的苏军怎么也想不到，一小时后战争将会首先从他们这里爆发！

凌晨3时15分，猛然轰鸣的炮声打破了夏夜的宁静，苏德战争爆发了。德军集中了12个炮兵营的重炮重点轰击布列斯特要塞，同时德国空军的俯冲战斗轰炸机也准时越过边境对布列斯特要塞投掷炸弹，布列斯特要塞霎时间笼罩在炮火硝烟之中。在强大的火力支援下，德军第45步兵师经过短促战斗，迅速穿越过捷列斯波尔要塞和沃伦要塞，直扑中心堡垒。

第一批抵达中心堡垒的德军士兵惊讶地发现，尽管经过德军强大的火力打击，中心堡垒四周的营垒仍然完好无损，即使是500毫米火炮发射的重达一吨的炮弹对堡垒造成的破坏也不是十分理想，隆隆的炮声和剧烈的爆炸声只是将守卫堡垒的苏军从睡梦中唤醒，使其能够迅速进入战斗位置，第一批攻入中心堡垒的德军很快被清醒过来的苏军实施的逆袭而挫败，守卫者一举将德军赶出了中心堡垒。

战役爆发的第一天，要塞的4座主要堡垒就被渗透进来的德军分割包围。而几乎所有的高级指挥官此时都不在要塞，因而这些陷入德军重围，天天承受着最猛烈火炮轰炸的红军守备部队之间几乎不存在任何联系，在缺乏弹药、食品和水的情况下，这些部队仍然在孤军奋战，并不断发动反冲击。他们的坚守不仅牵制了大量德军部队，还挡住了德军第二装甲集群唯一的补给通道，并给德军以重大杀伤。

为了占领这座久攻不下的不屈要塞，德国人从6月27日起，使用了包括600毫米超大威力迫击炮在内的重炮炮兵群，对要塞进行了持续2天的疯狂炮击。2吨多重的巨型炮弹咆哮着飞向要塞，穿透了2米多厚的堡垒侧壁，在惊天动地的爆炸声中把构成要塞的巨大石块抛向天空，在1942年的塞瓦斯托波尔大炮击之前，这是苏德战役中最为猛烈的炮击。

从苏德战争爆发的那一刻起，德军一路猛攻到苏联境内400多千米外的明斯克，而在布列斯特这座始建于1833年的古老边境要塞中，残酷的战斗始终没有结束，而远在千里之外的苏联红军指挥部，却并不知道自己边境线上的布列斯特要塞还有红军战士在顽强地抵抗着。布列斯特要塞的捍卫者们，创造了一个"第二次世界大战"史上的神话，在一个孤立无援的古堡里，面对几倍于自己的敌人，仅用步兵轻武器，在敌战区抵挡了法西斯德军的强大攻势30余天，战后在要塞墙壁上发现了许多苏联军人题词："宁当玉碎，永别了，祖国！"

整个布列斯特要塞捍卫战，苏军付出2500人阵亡的代价，另外有一大批官兵被俘，但是他们也带给德军重大伤亡。捍卫战迟滞了德军步兵的进军速度，造成大批德军步兵无法及时参加别尔斯托克——明斯克战役，使很多苏军部队能够从德军的包围圈中突围撤退。德军在布列斯特要塞内没有能够获取一面要塞守卫苏军单位的军旗，在最危险的时候，苏军塞门约克少尉和另外两个战士将自己部队的军旗埋藏在科布林碉堡东部壁垒西边一个废墟里，15年后，塞门约克回到布列斯特，找到了那个位置，将那面光荣的旗帜又挖掘出来，现在它被陈列在布列斯特要塞纪念馆中。

曼施坦因的经典之战

——克里米亚战役

克里米亚半岛位于苏联欧洲部分南端，这里是连接欧洲和中东的重要海上通道，在它的南部海岸，与土耳其遥遥相对，西部则是罗马尼亚和保加利亚。苏德战争爆发后，希特勒即指示南路德军尽快攻占克里米亚，并通过刻赤海峡进入高加索。这一行动既可以避免以克里米亚为基地的苏联空军对罗马尼亚油田构成的巨大威胁，又能够促使土耳其在政治上靠近德国，纳粹元首希特勒特别重视对克里米亚的作战，他决定由冯·曼施坦因领导的第11集团军负责对整个克里米亚的作战行动。

曼施坦因是纳粹德国在第二次世界大战中众多高级将领中的一位最优秀、最出色的野战部队司令，指挥过很多精彩的战役，但这个任务对于他的第11集团军来说无疑是过分的沉重，当时仅有10万人马，外加两个罗马尼亚军，而且没有装甲师，同时还担负着攻占罗斯托夫的任务，但他的优势是掌握着制空权，守卫着克里米亚的苏军则拥有两个集团军共30万人，外加防守坚固的塞瓦斯托波尔要塞。总攻于9月24日展开，第11集团军面对着苏联第9和第18集团军，战役进行了一个多月，参加攻击的德军各师都付出了惨重的代价，到了10月25日，德军已是筋疲力尽了，"战斗的胜负好像是摆在刺刀的边缘上一样"，稍微一坚持不住，胜利就会倒向敌方一边"。

结果是苏军最先顶不住了，10月28日，苏军防线开始崩溃，曼施坦因指挥疲惫不堪的部队向苏军发起不间断的追击，到11月16日，除了半岛南端的塞瓦斯托波尔要塞外，整个克里米亚都落入了德军之手，20万苏军中有10万被俘，其余的撤到塞瓦斯托波尔要塞内。

　　克里米亚危机引起了斯大林的注意，苏军以17个步兵师、3个步兵旅、两个骑兵师又两个骑兵旅、4个独立装甲旅，近30万人的兵力，在其侧后的刻赤半岛登陆，腹背受敌的曼施坦因灵机一动，玩了一个小花招，他将主力悄悄的向刻赤半岛转移，正面只留下少量部队虚张声势监视守军，德军撤开了刻赤半岛正面之敌，舍近求远从防守薄弱的南部出击，以一个漂亮的右路突破彻底歼灭兵力数倍于己的苏军，此次战斗德军一共俘虏了18万苏军，只有少量苏军逃掉，曼施坦因因此被晋升为一级上将。

　　缓了一口气的曼施坦因就要开始想办法解决这个500年要塞名城塞瓦斯托波尔了，1942年6月7日拂晓，曼施坦因下令对塞瓦斯托波尔要塞发动攻击，德军炮兵对事先标定的苏军堡垒发起空前猛烈的射击，同时，空军也纷纷扑向既定的目标，这是一场惨烈残酷的攻坚战。夺取塞瓦斯托波尔要塞，曼施坦因改强攻为奇袭，于6月29日凌晨派突击队在苏军认为根本不可能发起进攻的地点，秘密渡过塞瓦斯托波尔湾，从南岸攀登上岩石绝壁，突然袭击苏军阵地背后。然后他指挥德军主力在猛烈的炮轰之后发起大规模进攻，使城内苏军陷于腹背受敌的困境。在德军几个师步兵发起冲锋后，苏军凭借坚固的阵地进行了异常顽强的抵抗，塞瓦斯托波尔要塞地形特别险恶，上面布满了无数小型防御工事，其中最著名的有"高尔基一号"炮台，这些防御工事令德国步兵伤亡惨重。曼施坦因后来回忆道："无论是大型据点，还是小型碉堡，苏军常常打到最后一人一弹为止。"苏军表现出来从来没有过的顽强，寸土必争，每一个碉堡和每一条堑壕，都要经过浴血苦战才能获得。7月4日，退到半岛顶端的9万多苏军残部看到海军的接应已经毫无希望，终于投降。德军缴获火炮460门，其他战利品不计其数。德军也付出了惨重代价，死亡约2.4万人，至此，曼施坦因终于征服了整个克里米亚半岛，他因此被希特勒晋升为德军元帅。

曼施坦因的巅峰之作

——哈尔科夫反击战

1942年11月，在苏德战场的南翼，上百万的苏军向被已拖在斯大林格勒达4个月之久的德国陆军第6集团军，及其侧翼掩护部队发动了钳形攻势。随着苏军钳形攻势在30万德军后方的合拢，苏德战场的战略转折开始了。1943年2月1日，被苏军包围在斯大林格勒的第6集团军残部，在其司令保卢斯陆军元帅率领下向苏军投降，2月2日，在斯大林格勒地区轰鸣了200多天的炮声终于停止了。

取得了斯大林格勒胜利的苏联军队并没有停止进攻，从高加索到顿河上游，从俄罗斯南部到乌克兰，苏军都进行了激烈的反攻，在漫长的暴风雪肆虐的大地上，红军的装甲洪流仍在滚滚向前，斯大林决定乘胜追击德军，光复南部重镇哈尔科夫。此时在苏德战场南翼作战的红军分为两个主要突击方向，苏军名将瓦杜丁的西南方面军将攻击德南方集团军群南翼的顿涅次盆地以吸引德军主力，而戈利科夫将军的弗罗兹尼方面军则直指德军北翼哈尔科夫。两个方面军共约60万人，而面对的德军只有23万人，优势巨大。

空前的胜利使统帅部的头脑再次发热，如此重大的进攻竟然没有准备任何的预备队来应付突发事件，这就为这场战役的发展留下了失败的隐患。2月8日，苏军西南方面军所属第60集团军攻占了库尔斯克，2月9日，又攻占了别尔戈罗德，2月16日，沃罗涅日方面军以三个集团军的兵力，击败了由德军原山地步兵第一师师长兰茨将军指挥的"兰茨"战役集群，攻占乌克兰工业重镇哈尔科夫。对苏军来说，哈尔科夫不仅是苏联第6大城市，而且还是一个曾令他们蒙羞的伤心之地。就在9个月前，苏军西南方面军向在哈尔科夫的德军发动攻击,结果却撞上了实力强大的德军"克莱斯特"集团军集群,苏军损失惨重,被寄予极大希望的苏军向哈尔科夫进攻战役却变成了德意志军队的进攻战役序曲。

在苏军发动攻击的初期,德军的战略思想同1942年初是一模一样的,也就是掘壕固守,正面对抗。希特勒对这种防守的效果十分迷信,因为正是这一策略使德军在1942年初免于崩溃,但1943年的苏军已非昔日可比,经过近两年战争的考验,在付出了无比沉重的代价后,苏军已经开始走向成熟,德军新成立的顿河集团军群总司令曼施坦因吃惊的发现,俄国人已经能够很熟练地运用各种装甲战术突破德军防线了,防守他们要比一年前困难得多,尤其是在兵力差距如此大的情况下。对于在苏德战场作战两年,从摩托化军军长升到陆军元帅的曼施坦因来说,现在所面临的情况是从来没有过的艰难,他指挥的南方集团军群的防线在上面提到的两个苏军方面军的猛攻下支离破碎,整个战区摇摇欲坠。就在苏军占领哈尔科夫的同时,苏军已经逼近了曼施坦因的司令部——位于第聂伯河大河弯处的重镇扎波罗热。面对越来越聪明的对手,就必须用更高明的策略,曼施坦因决定布置一个陷阱,以土地作为诱饵,不断的撤退诱引苏军深入,他要将一个大规模的撤退转变成一个合围歼击作战,将追击中的敌军分别歼灭。因此他拒绝了希特勒要他收复哈尔科夫的命令,前线的德军于是开始慢慢的后撤,并以漂亮的逐次抵抗拖延苏军的进攻速度,这一手显然迷惑了苏军,他们无不认为德军在经历大败后,已经元气大伤了,于是愈加大胆地往前冲。

苏军向西南方向的大迂回攻势,给曼施坦因提供了一个大好战机,他可以集中起自己全部的机械化部队,击打敌军毫无防备的右翼。曼施坦因决定暂时不去理会哈尔科夫的沃罗涅日方面军,而集中兵力吃掉冒进的苏军西南方面军,然后回过头去,击溃哈尔科夫方向的苏军,并重新夺占该域。这个大胆的作战方案,不管对希特勒还是苏军来说,都来得有些突然,最终希特勒还是认可了曼施坦因的计划。2月19日,希特勒向南方集团军群的部队宣布了反攻决定,并且宣称,在这个离德军边界1000多千米的地方,将决定德军现在和未来的命运，因此，希特勒要求部下，在反攻战斗中要"勇敢、沉着、忠于职守"。

苏军对于他们所身处的险境此时还浑然不觉，包括西南方面军司令员瓦杜丁将军在内的苏军将领们一致乐观的认为，德军在冬季大反攻后已经被打得丧魂落魄，只要红军继续追击，他们就会一路逃过第聂伯河，至于反突击则是根本不可能的。应当说，曼施坦因本人此前进行的南线德军大撤退，就是为了引诱红军孤军深入，远离后勤基地，现在他的目的已经达到了。1943年2月19日，德国人的"虎"式重型坦克开始转动沉重的装甲炮塔，快速运转的履带在俄国大地的茫茫白雪上碾过一道道深深的辙痕，在威力巨大的88毫米坦克炮指向的地方，恶战在即。在2月20日以前，4个来自法国的满员的党卫军师赶到前线，德军反击兵力的集结已经完成，2月20日，德军的反击开始了。攻击异常顺利，苏军万万没有想到德国人还能发动反击，截止至3月2日，西南方面军所有前方部队均遭重创，其中波波夫坦克兵团被全歼。在击溃西南方面军后，德军主力迅速北旋，把北部的弗罗兹尼方面军拦腰斩断，其攻击矛头第三坦克集团军遭到沉重打击，至3月5日，除第六骑兵军外，基本被全歼，到3月14日，德军重新夺回哈尔科夫。

在哈尔科夫失守之后，红军第三集团军于3月17日凌晨突围，在损失了大量兵员、丢弃了众多装备后，这支疲惫不堪的苏军部队终于撤到北顿涅茨河左岸，并被就地编入了西南方面军。第二天，德国"大日尔曼"摩托化步兵师攻占别尔戈罗德，对曼施坦因来说，目前最大的目标就是趁着苏军的溃退，而解冻季节还没有开始之际，尽可能多的从苏军手里多抢占一些地盘，此后一直到3月22日，苏军沃罗涅日方面军一直都在德军的追击下向后溃退。德军南方集团军群的反攻使苏军丧失了它在俄罗斯南部和乌克兰好不容易获得的主动权。苏军此役损失约24万人，其中阵亡和失踪10余万人，伤约14万，坦克大炮损失无数。德军伤亡5万左右，此战被誉为是曼施坦因的巅峰之战。以如此悬殊的兵力，获得了如此大的战果，曼施坦因得到了橡树叶骑士十字勋章。

但到了 3 月 23 日，由于德军兵力的不足，加上冰雪开始融化，道路泥泞不堪，且苏军新增援上来的三个集团军已经开到，德军不得不停止追击。而退过了北顿涅茨河的苏军沃罗涅日方面军则沿着河岸，在库尔斯克南部的奥博扬地区建立了阵地，在经历了几个月的厮杀后，互有胜负的苏德两军终于在哈尔科夫之战中消耗完了体力，彼此都已经无法再组织起大规模进攻。于是沿着整个东部战线，精疲力竭的苏德两军都转入了防御，在双方完成休整和补充之前，苏德战场将进入一个短暂的"休战期"，曼施坦因在哈尔科夫取得的胜利，暂时解除了苏德战场上德军的不利形势，使战局僵持下来，而第三帝国也因为此战役得以多苟延残喘两年。

"生命之路"

——列宁格勒从地狱到天堂的涅槃

列宁格勒，原名彼得堡，位于波罗的海芬兰湾东岸，涅瓦河河口，它共有 42 个小岛，由 423 座桥梁连接，是仅次于莫斯科的俄国第二大城市，列宁格勒是苏联重要的工业中心和交通枢纽，它不仅在政治上有"苏联第二首都"之称，而且在军事上的地位也十分重要，由于它与芬兰相邻，位处边境，故此在苏德战争中被希特勒列为要第一个攻占的重要目标。

1941 年 6 月 22 日凌晨，德军按照"巴巴罗萨"侵苏计划，分南、中、北三路在苏联西部国境线上发动了大规模的突然袭击。德军"北方"集团军群第 18、16 集团军和坦克第 4 集团群共 23 个师，以及芬兰东南集团军和卡累利阿集团军共 15 个师 3 个旅，由德军第 5 航空队及芬兰空军共 1600 多架飞机进行支援，企图从南面和北面向列宁格勒进攻，迅速歼灭列宁格勒方向的苏军，攻占列宁格勒。在"巴巴罗萨"计划中，攻占涅瓦河上的这座城市被看作是"刻不容缓的任务"。

为了确保能够一举拿下列宁格勒，希特勒任命曾经指挥德军突破法国"马其诺防线"的陆军元帅冯·莱布为"北方"集团军群指挥官,并限令冯·莱布务必根据"巴巴罗萨"计划的规定日期,在1941年7月21日之前拿下列宁格勒,希特勒狂妄地宣称,届时他要前往列宁格勒"皇宫广场"检阅军队。

1941年7月至9月,希特勒的北方集团军以优势兵力突破苏军抵抗,进抵苏联第二大城市列宁格勒郊外和苏芬界河拉多加湖一带,距市区只有5千米,该市在陆上被北面的芬兰军队及南面的德军所包围,一举切断了列宁格勒同苏联内地的联系,希特勒妄图迫使列宁格勒不战而降。9月8日,德军占领什利谢尔堡,这就完全切断了列宁格勒与苏联各地联系的所有交通线,列宁格勒保卫者的处境更加困难了,现在他们只能经过拉多加湖和空中与外地保持着有限的联系。9月16日,位于列宁格勒以南18千米,当年曾是老沙皇避暑胜地的普希金落入德军之手,17日,列宁格勒一条电车线路的终点站亚历山大罗夫卡失守。这时,德军离列宁格勒市中心的皇宫广场仅有14千米,德军的大炮已经能够直接轰击列宁格勒市区了,真可说是名副其实的"兵临城下"了。

面对德国军队的进攻,苏联西北方面军总司令伏罗希洛夫元帅向当地军民发出号召:"在列宁格勒大门口,用我们的胸膛阻挡敌人前进的道路。"作为斯大林的代表赶到列宁格勒的朱可夫元帅否定了一切退却计划,只是说一句话,那就是:"一步也不能后退,后退就意味着要枪毙!"

兵临列宁格勒城下的德军,在苏军的顽强抗击下,已成了强弩之末。自从1941年9月德军兵临城下之后,尽管希特勒能够从望远镜里看见城里圣伊萨克斯教堂的穹形屋顶和海军部大厦的尖顶,但德军却再也不能越雷池一步了。当进攻部分被阻止及德国第四装甲军团被调往莫斯科后,德军开始准备围困该城,决定严密封锁列宁格勒,妄图以饥饿和恐怖征服列宁格勒,希特勒咬牙切齿地说:"要把列宁格勒从地球上抹掉,即使列宁格勒要求投降,也绝不接受。"11月8日德军占领了提赫文后,从苏联内地向列宁格勒运送粮食的运输线完全被切断,它使300万列宁格勒军民陷入了一场前所未有的饥饿"大灾难"之中,列宁格勒城内每天都有数以千计的人因饥饿而丧生,为此列宁格勒付出了近百万人的宝贵生命。

自从列宁格勒与苏联内地的铁路交通被完全切断后，拉多加湖就成了列宁格勒唯一能从外界获得粮食和其他一切必需品的水上生命线，可现在拉多加湖也仅仅剩下中间一段宽约65千米的水域不在德军炮火的射程之内，在面临被困死的危急关头，列宁格勒方面军军事委员会就作出决定，立即沿着靠近什利谢尔堡海湾那段已冰封的湖面，从西岸的鲍利索瓦—格里瓦车站和拉多加湖车站至东岸的列德涅沃修建一条冰上军用公路，列宁格勒军民的唯一出路就是不惜一切代价牢牢地控制住拉多加湖南岸地带，并迅速采取果断措施，组织冰上运输。就是这条昼夜通行的冰上公路在1941至1942年间冬季列宁格勒处于饥饿围困最艰难的期间，连接了拉多加湖东西两岸的运输线，成了列宁格勒赖以取得外界支援的唯一通道，苏联政府和人民通过拉多加湖的冰上公路成功地组织了对城市和军队的供应，因而被列宁格勒军民誉为他们的"生命之路"。

在"生命之路"刚通车时，拉多加湖的冰层还不是十分紧固，有些地段的冰层厚度只有240毫米。卡车驶过时，冰层发出嘎吱嘎吱地响声，随时都有被压裂的危险。在寒冷中行驶的司机不仅注意力要高度集中，而且还得把驾驶室的车门打开，以防万一遇到冰裂时能够迅速跳出驾驶室。

由于采取了各种强有力的措施，经拉多加湖"生命之路"运进列宁格勒的货物量开始一天比一天多起来了，货运的速度也一天比一天快起来了，随着运进列宁格勒的粮食日益增多，市内的粮食储备有所增加。1942年4月，列宁格勒方面军政治委员日丹诺夫有一次很风趣地对人们说："好啦！现在我成为一个富人了，因为我已有了12天的粮食啦！"就这样，传奇般的拉多加湖"生命之路"，终于使列宁格勒军民战胜了饥饿的威胁，从而彻底挫败了希特勒妄图困死列宁格勒人的计划。这座英雄的城市，曾经在长达900天的时间里依靠神话般的"生命之路"，粉碎了法西斯德军野蛮的围困和封锁，取得了列宁格勒保卫战的最后胜利。

阿拉曼战役

——蒙哥马利大胜"沙漠之狐"

1940年7月，意大利乘英法在西欧失败之机从埃塞俄比亚进犯东非英军。1941年1月，英军对意军发动进攻，收复了东非的失地，并在北非重创意军，俘敌13万。1941年2月，希特勒命令隆美尔将军率德国非洲军团进入北非地区，前往援救一败涂地的意大利军队。隆美尔是第二次世界大战中德国最负盛名的将领，对北非战局，他认为"最好的防御就是进攻"，指挥他的装甲部队冒着沙漠风暴勇猛穿插，全速前进。英军猝不及防，节节败退，德军直逼亚历山大和苏伊士运河。隆美尔率领两个师的军队在北非仅仅用了两个星期就让英军之前两个月的战果丧失殆尽，因此名声大振，并被晋升为元帅，而英军则称隆美尔为"沙漠之狐"，并且谈"狐"色变。

1942年6月，隆美尔挥师夺占英军补给中心——托布鲁克、马特鲁港，英军损失5万余人，德军前锋推进到埃及北部距开罗只有350千米的阿拉曼地区。但由于盟军控制了地中海的制空、制海权，驻北非德军因兵力及装备补给不足而无力继续向前推进，被迫转入战略防御。8月4日，丘吉尔果断任命伯纳德·蒙哥马利中将继任第八军团司令。蒙哥马利抵达阿拉曼前线后，提出了"打过阿拉曼，活捉老狐狸"的口号，在美国武器的大力支援下不断加强军事力量，积极备战。

1942年9月23日，隆美尔判断英军不敢再发动进攻，因而离开部队，飞回德国养病，接替隆美尔指挥的是乔治·施登姆将军，蒙哥马利获得这一情报后，制订了"轻足行动"计划，开始了大反攻，著名的"猎狐"行动由此拉开序幕。

"轻足行动"这个名字是有来源的，此次战役首先出击的是步兵，因为他们的重量太轻了，所以不会触发反坦克地雷，在步兵向前推进的同时，工兵会为随后的装甲部队开辟一条安全通道。

1942年10月，德意军队在北非共驻军12个师，10万余人。他们防守在阿拉曼西南从地中海沿岸至卡塔拉盆地之间的地带，而英军此时在北非已拥有11个师和4个独立旅，总兵力达23万，并且英军掌控着战场的制空权。

　　10月23日夜，英军发起进攻。首先实施炮火准备，随后步兵向德意军阵地南北两翼发起进攻。25日，英军在战线北部突破了敌军防御阵地，迫使南线德军增援，双方在阿拉曼的大沙漠上展开了一场坦克大战。

　　人们这样形容战场上的景象："沙漠在热浪中抖动。它只能被看作一个被高爆炸药爆炸时产生的尘土笼罩的地方，一个被燃烧着的坦克和卡车产生的烟弄得很昏暗的地方，一个被无数枪支的火光照亮的地方，一个红色、绿色和白色曳光弹满天飞的地方，一个在轰炸中震颤的地方，和一个被双方的炮火弄得震耳欲聋的地方。"

　　经此一搏，隆美尔只剩下30辆坦克了，而蒙哥马利手上却仍握有600辆坦克的强大攻击力量，这次坦克大战的结果被后人称作"彻底击败了德国坦克"。尽管双方损失了大约同样多的坦克，但是这个数量对于英军来说只是一小部分，对于隆美尔来说则几乎是全军覆没。11月3日，隆美尔下达了撤退的命令，但随即接到了希特勒要他不惜一切代价死守、绝不能后退的命令，希特勒在电报中说："不胜利，毋宁死，别无其他的道路。"隆美尔无奈，只好暂时放弃了后撤计划，传达命令坚守阿拉曼，指望能够出现奇迹。

　　不过，隆美尔很快就失望了，就在他的命令传达不久，就有报告说，非洲军司令冯·托马将军正率领部队向西撤退，眼看英军就要完成对德军的包围，犹豫不决的隆美尔再也顾不上元首的命令了，终于下定决心撤退，11月4日，隆美尔在战局不利的情况下命令向西撤退，没有运输工具的4个师的意大利军队经过战斗后不得不向英军投降。

　　由于担心隆美尔惯用的"回马枪"，蒙哥马利行动十分谨慎，最终没能完成对德军的包围，1942年11月7日，蒙哥马利下令停止追击，阿拉曼战役宣告结束，英军取得了胜利。德军4个精锐师、8个意军师被歼，伤亡2万，被俘3万，损失坦克450辆、大炮数千门。英军也付出了沉重代价，伤亡1.35

万人，损失坦克500辆、大炮400门。

　　这场战役的胜利成为第二次世界大战中北非战场的转折点，在战略上，使德国占领埃及，控制苏伊士运河和中东油田的希望破灭。在军事上，保证了盟军从中东通往苏伊士运河供应线的畅通。在精神上，此役对盟军坚定信心有着重要作用。用丘吉尔的话说："在阿拉曼战役前，我们从未打赢过一仗；但在阿拉曼战役后，我们所向无敌！"

巴丹半岛的陷落

——揭秘第二次世界大战中美军的最大投降行动

　　1941年12月8日，就在珍珠港事件发生后的10个小时，部署在菲律宾克拉克机场的美国远东空军也遭到同样的命运，日军飞机连续对马尼拉附近美军的克拉克空军基地进行了狂轰滥炸，将机场上整齐排放的18架B-17式飞机以及55架P-40式飞机炸得支离破碎。短短的数分钟，100余架美机就这样轻而易举地被击毁了，美军亚洲舰队不得不仓皇南下逃往爪哇海。

　　菲律宾位于西太平洋，北望中国台湾，南临荷属东印度，扼太平洋、南海和印度洋的交通要冲，战略地位十分重要。美国在菲律宾的克拉克和甲米地建有亚洲最大的空军、海军军事基地，构成日军南进的障碍并威胁日本本土安全，为了控制日本本土与东南亚之间的海上交通线，并为进攻荷属东印度创造条件，日军发动了菲律宾战役。日军于12月10日起，分别在菲律宾的阿帕里、维甘和黎牙实比登陆，向菲律宾首府马尼拉方向挺进，美菲联军根本挡不住日军的进攻，麦克阿瑟一无空军二无海军，只好放弃拒敌于海边的如意算盘，撤到马尼拉附近的巴丹半岛，在巴丹半岛重新布置了防线。

　　巴丹半岛是一个只有25英里长、20英里宽的小半岛，麦克阿瑟将8万多美菲军集中在这里，准备同日军展开持久战。1月10日，本间雅晴指挥日军开始进攻巴丹，日军原以为巴丹半岛最多只有2.5万名美菲军，炮声一响，他们一定会拔脚就跑。可是战斗打响之后，美菲军不但没有"拔脚就跑"，反而向被惊雷般的炮火轰散了的日军猛扑过去，只用了48小时就把担任主攻的第65旅团歼灭了2/3，本间雅晴不得不下令停止对巴丹的进攻。

由于美菲士兵在向南方逃跑的过程中，丢掉了他们急需的大部分军需给养，很快就出现了给养不足，并且有4/5的兵员患上疟疾，指挥美军北吕宋部队的温莱特将军对此写道："持续的饥饿，夜以继日的热蒸汽，令人望而生畏的疟疾和伤病员不断地呻吟声残酷地折磨着我们这些人。"在这样的形势下，巴丹的陷落只是个时间问题了。罗斯福为保全面子，以免麦克阿瑟将军当了日军的俘虏，便命令他把军队交给温莱特中将指挥，让他到澳大利亚去担任新成立的西南太平洋地区盟军总司令。3月11日晚，麦克阿瑟携夫人和4岁的儿子，乘着巴尔克利上尉的鱼雷艇偷偷地离开了科雷吉多尔。13日天刚亮的时候，在棉兰老岛北岸登陆的麦克阿瑟脸色苍白，眼圈发黑，他对巴尔克利说："你们把我从虎口中救了出来，我是永远不会忘记的。"他表示要给送他的人申请银星勋章。东条英机得知麦克阿瑟逃跑的消息大为恼火，他本来打算生擒麦克阿瑟让他到东京游街的，只可惜麦克阿瑟跑得太快。

由于日军在东南亚其他战场接连胜利，日军的两个新来增援师团到达菲律宾，4月3日，日军向巴丹守军发动了最后的总攻。远在澳大利亚的麦克阿瑟将军向温莱特将军下达了全线反攻的命令，但是，他的部队不可能服从他这种异想天开的命令，前线已经彻底崩溃。在日军的强大攻势下，只有海军少数官兵撤退到小小的科雷吉多尔岛。4月9日清晨，巴丹前线守军司令爱德华·金少将下令巴丹美军竖起白旗，率领7万余人的巴丹守军投降——这是美军历史上缴械投降的最庞大的一支队伍，这一天，巴丹半岛陷落。巴丹守军的投降，震惊了华盛顿，考虑到弹尽粮绝的实际处境，当天，罗斯福总统亲自给坚守科雷吉多尔岛的温莱特将军发布新的指令，改变了以前战斗到底决不投降的命令，授权温莱特将军可根据实际战况和后勤供应状况，自行做出决定。

本间雅晴决心给菲律宾战役画上一个完美的句号，他动用 100 门大炮包围了小小的科雷吉多尔岛，并接连进行毁灭性炮击达 3 个星期之久，经过炮击和轰炸，日军摧毁了岛上美军的炮兵阵地，炸毁了供水设施，中断了用水供应。5 月 5 日，温莱特向华盛顿发出了最后一封电报，他这样写道："请告诉全国，我的部队和我本人已经完成了所有人类能够做的一切，我们捍卫了美利坚合众国和她的军队的优秀传统……，我带着深深的遗憾和对我顽强的军队的无限自豪去见日军指挥官了……再见了，总统先生！"菲律宾的美菲部队停止了抵抗，在整个巴丹战役中，美军投降人数约有 7.8 万人。

　　美军在菲律宾的惨败，对于麦克阿瑟是刻骨铭心的奇耻大辱，他发誓要报仇雪恨，在离开菲律宾时他狠狠地掷下一句话："我还要回来！"他的这个愿望两年后实现了。1944 年 10 月 20 日，麦克阿瑟率部在莱特岛登陆之后，在菲律宾总统的陪同下，他站立在雨中大声地发表了演讲："菲律宾人民，我，美国陆军五星上将道格拉斯·麦克阿瑟回来了！"

"提早的严冬"

——德军兵败莫斯科

　　自从 1941 年 6 月德军对苏联发动"闪击战"后，三个多月内突入苏联境内 600~800 千米，苏军接连失败，损失坦克 2000 辆，飞机 1000 架，兵员 50 多万，处境十分被动。在这种情况下，希特勒认为德军若能迅速攻占莫斯科，就会迫使苏联投降，于是他于 9 月初发出第 35 号训令，要求中央集团军群 9 月底进攻莫斯科，在冬天到来之前占领该地，并将此行动的代号定为"台风"计划。

　　1941 年 10 月 2 日，德军以 180 万人、1700 辆坦克、1.4 万门火炮和 1390 架飞机的优势兵力，在广阔的战线上发动了莫斯科大战，不到半个月的时间，就合围了苏军的两个重兵集团，俘获苏军64万人，到10月20日，德军坦克部队前锋兵临莫斯科城下，"台风"行动初战告捷。

这时的莫斯科已成为德军的空袭目标，莫斯科防空部队同德军空军作了顽强战斗，10月间，德军对莫斯科进行了31次空袭，共有2000架飞机参加，其中278架被击落，只有72架闯入莫斯科上空。11月底到12月初，德军付出了惨重的代价，在亚赫罗马地域前出到莫斯科运河，莫斯科附近的战斗变得越来越激烈，德军遇到苏军顽强抵抗，苏军派了无数新兵和自愿者，甚至是妇女营，每个人都说着一句话："俄国虽大，但已无路可退，我们的身后就是莫斯科！"

上帝似乎偏向俄罗斯，1941年的冬季，比往常来的都早，提前一个月严寒就降临到苏联的大地，而且这一年的冬季就算以俄国人的标准来看都异常的寒冷。11月27日，气温在两小时内骤然下降了20℃，一下子跌到了-40℃，漫天的鹅毛大雪终日不停。由于认为在入冬前就能结束战事，德军的冬季装备、保暖衣服和白色伪装服都不足，德军陷入了艰难的境地，火炮的润滑油被冻住，步枪枪栓被冻油卡死，坦克和其他履带车辆因没有防滑器，经常在冰冻的雪地上打滑，身着单衣冻得浑身麻木的德军官兵食不果腹，数以千计的德军士兵被冻成残废，大批人员染上了使人寒战不止、全身无力的伤寒，伤病损失比战场上造成的损失还要严重，天气的变坏使德军的攻势锐减。由于日益增多的战斗减员、冻死、冻伤、减员以及严峻的后勤补给使得德军官兵一片惊慌，许多人惶惶不可终日。德军被迫全线停止前进，12月8日，希特勒签署了在苏德战场全线包括莫斯科方向转入防御的训令。

1942年1月，气温持续下降，最后竟降至-52℃，德军士气严重受挫，而苏军则士气高涨。早在秋季期间，朱可夫就已从西伯利亚和远东地区调回了一些装备精良的部队到莫斯科，一直留待反击之用，此时德军进攻能力显然已经衰竭，苏军最高统帅部认为转入反攻的时机到了。1941年12月5日，朱可夫带领20个集团军共百余万人的苏军实施自开战以来的首次大规模反攻，其中最主要的攻势集中向德中央集团军群。12月6日，攻势在莫斯科地区全面展开。各路德军战线皆被苏军迅速突破，进攻莫斯科的德突击集团被击溃，德军面临着崩溃。希特勒发来严令，要求惊慌失措的德军死守每一个居民地，一步也不准后退，直到最后一兵一卒。

1月8日，苏联西方面军、加里宁方面军和布良斯克方面军同时实施了进攻战役，但由于缺乏实施大规模进攻行动的经验以及缺少快速兵团，因而未能全部完成所赋予的围歼德中央集团军群基本兵力的任务。2月初，来自西欧的德军增援部队和中央集团军群北翼部队，分别实施反突击，苏军的态势开始恶化。4月20日，苏军最高统帅部命令撤回了外线作战部队，各部队转入防御，会战至此结束。此次战役德军损失人员50余万，坦克1300余辆，火炮2500门，不得不改闪击战为持久战。

莫斯科保卫战是苏德战争中一次大会战，它打破了希特勒吹嘘德军天下无敌的神话，是德国东线走向灭亡的开始，为斯大林格勒战役即第二次世界大战的转折奠定了基础，同时也使英美等西方国家意识到了苏联在第二次世界大战中的重要作用，从而促进了反法西斯同盟的形成。

苏德战场的攻防战
——德米扬斯克之围

1941年11月，德军发动了旨在攻占莫斯科的"台风作战"行动，但攻势在严酷的冬天及来自西伯利亚的红军预备队面前很快停滞了，德军的进攻刚刚停止，就遭到了苏军的大举反攻，苏德战场的态势已经转化为德军进入战略防御阶段。大规模的德军被包围在口袋里了，而且是大量的团、师甚至军一级的德军主力部队，这些部队是从莫斯科的大门口撤退回来的，很快这样的战术退却就演变成了一场战略撤退，并且有可能再次演变成为一场大溃败。不过局势在希特勒的一道强硬的命令下没有恶化下去，元首命令他的士兵们不许再后退半步，就地转入抵抗，将部队配置在一些战略要地和城镇周围，使其形成一个个"刺猬"，这种思想后来形成了所谓"要塞"战术。

1942年1月，德军列宁格勒方向上的北集团军群被苏军合围在几个口袋形阵地中，其中德军第16集团军第二军以及党卫军"骷髅师"共约12万人，被苏军包围在德米扬斯克地区，一时间难以逃脱，这就是著名的德米扬斯克口袋。这是自战争开始以来陷于合围的最大规模德国重兵集团，但苏联人对包围这么多德国人还远远没有准备，要一下子吃掉这样一个强大的重兵集团，对于苏联人来说是不可能办到的。苏联人这个时候也没有足够的能力实施进一步的穿插、渗透，尤其没有足够的装甲集团来实施分割歼灭德军。

2月22日，希特勒宣布德米扬斯克战区为要塞，他把这个包围圈视为验证其新战术的实验场，为此德空军不惜血本调来了大量的运输机。来自德国本土以及中央集团军群的大量飞机开始飞往距离德米扬斯克约250千米的普里斯考，由于每架飞机一次只能装载22吨物资，而包围圈内德军的需求量每天至少300吨物资，为此，不少德国飞行员只好每天出动2~3架次，由于没有战斗机掩护，这些运输机只能采用20~30架的密集大编队，以自身的火力抵御苏联战斗机的袭击。在飞临包围圈时，他们还将遭到苏联地面火力的猛烈射击，红军士兵动用他们所能使用的一切武器向天空倾泻弹药。这迫使德国人在很多情况下必须实施夜间空运。在3月，德国人又在德米扬斯克以北的彼斯基建立了一个应急机场，除了运送物资外，德国运输机还运走了大量伤员，并在3月将约10个营的补充兵力送进了包围圈，其中包括3月7日投下的400名党卫队补充兵，这次行动是在党卫军全国领袖希姆莱的亲自干预下实施的。

得到空运物资保障的德军继续在严寒中抵抗着苏军的进攻，并把所有的战马都杀了吃肉，到了3月20日，党卫军"骷髅"师已伤亡了1.2625万人，有战斗力的兵员只剩下9689人。除了战斗伤亡外，严寒和开始流行的疾病在这个地区也确确实实让德国人付出了代价，在整个瓦尔代—德米扬斯克地区，德军战死6300人，受伤2.25万人，而冻伤为2400人，患病3.14万人。

在古德里安的陈述下希特勒同意包围圈内的德军突围，由党卫军第二装甲军前去营救，为了突出苏军的包围，德军在3月开始靠向扎卢奇耶以北，部署在这里的党卫军"骷髅"师部队在师长艾克指挥下充当突围主力，他们企图在一个叫做拉穆舍沃的村庄打开缺口，而在包围圈外，大量从西线和德国本土，以及北方集团军群其他部队开来的德军也赶到了战场。苏联人当然也得到了补充，但其质量低劣得几乎没法使用。其第一突击集团军补充兵员的年龄竟然在46~47岁之间，其体力自然无法和年轻力壮的德国部队相比，所受的训练更是几乎为零。

3月19日，德国人在合围圈外的旧鲁萨地区已经集中5个师，他们被交给赛德利茨中将，交给他的任务是从旧鲁萨向拉穆舍沃进攻苏军第11集团军的结合部，以接应正在包围圈内突围的德军，这次行动被称为"通道"。4月14日，拥有大量新锐部队的赛德利茨发动了猛烈的进攻，在付出较大损失后，德军在4月21日取得了突破，在拉穆舍沃村附近打开了一个宽4千米，长40千米的狭窄通道，4月23日，他们和包围圈内的德军取得了联系。

在这之前，包围圈内的党卫军"骷髅师"师长艾克给包围圈外负责营救行动的党卫军第二装甲军军长保罗·豪赛尔发去电报，电报中只有简短的几句话："我们期待着你们，不要让我们失望。"而保罗·豪赛尔的回电更是戏剧化："我们也正在等着你们，也不要让我的小伙子们失望"。德米扬斯克包围圈内的德国人终于逃了出去，苏军全歼德军的一切努力付诸东流。在1942年1月7日到5月20日，红军西北方面军为此付出的代价高达24.55万人，其中纯减员8.9万人，伤病1.6万人。不过德军在德米扬斯克也付出了惨重的代价，其中"骷髅"师只剩下6700人，加上突围的陆军部队也只有1.4万人。

在5月，他们沿着苏联人原来的包围线外侧，建立了一条约70千米长的防线，由在4月20日晋升为党卫队地区总队长的艾克统一指挥，这个党卫军武夫和他的部队在合围圈中以顽强的战斗成为德军得以坚持的支柱，使原来对武装党卫军颇为不屑的陆军部队刮目相看，甚至第16集团军司令布施也在事后专门对艾克提出了表扬。而希特勒也从"骷髅"师以及在洛扎茨克阻止红军前进的"帝国"师出色的表现中发现，不顾及伤亡的武装党卫军往往比陆军更能胜任他赋予的使命，以此为契机，希特勒在1942年对他的武装党卫军进一步强化，并把高性能的坦克交给他们。

德米扬斯克包围战役最后以德军的成功突围而告终，战役表现出了德国军人顽强的作风以及苏军战役合围的经验不足，它也是党卫军扬名的一战。德米扬斯克的解围给德国宣传机构提供了极好的素材，尤其是对德军坚守起到决定作用的大规模空运更成了德国人赖以夸耀的资本。正是依靠空中运输，德国士兵才能获得食物和药品以维持体力，并取得战斗所必需的弹药，客观地看，如果不是德国运输航空部队的巨大努力，德米扬斯克的德国军队很有可能会遭到全军覆没的命运。毫无疑问，德国空军运输力量在整场战役起到了决定性的作用！从某种程度上讲，德军的胜利可以说是运输机飞出来的胜利，为此战役特意颁发的德米扬斯克战役臂章的主体装饰上就是双剑交叉架的滑翔机，这也充分体现了这种武器在这场战役起到的举足轻重的影响。

第二次世界大战德军最惨烈的突围战

——切尔卡瑟战役

切尔卡瑟突围战时"维京"师的师长、武装党卫军上将赫伯特－奥托－吉勒，假如不是身上笔挺的军装和刺眼的勋章，他更像大学里的教授，实际上吉勒是武装党卫军中最善战和获得荣誉最多的指挥官之一。

自1942年夏天以来，南线一直是苏德战场上的焦点，双方最大最强的主力集团在这里展开着激烈的厮杀，1944年初，苏联两个方面军对德军的卡涅夫突出部形成夹击之势。为掌握主动权，苏军不顾冬春泥泞地形，决心拔除这枚钢钉。

1月28日，以苏联近卫第5坦克集团军为首的精锐部队完成了对突出部德军的合围，史称"切尔卡瑟钢铁口袋"，德军两个军近6万人被困，其中唯一的装甲师是著名的武装党卫军"维京师"。

卡涅夫突出部宽130千米，面积大约10000平方千米，苏军计划以乌克兰第一方面军从该突出部底部北面，乌克兰第二方面军从南面实施向心突击，合围德军。为此红军集结总兵力约15万人，对两登陆场间的卡涅夫突出部德军形成合击之势，为了取得向南布格河自由行动的权利，苏军决心拔除这个突出部。

从军事上讲，德军应该放弃这个突出部，拉平战线较为有利，但是希特勒却不答应那样做，他认为这个突出部在苏联乌克兰第一方面军和第二方面军之间打入了一个楔子，甚至于还幻想以此为跳板对苏军发起反击，由于其固执己见，曼施坦因只能下令德军不得后撤，务必死守切尔卡瑟突出部。

时值冬春，雨雪不断，道路泥泞翻浆，不适合大部队作战，可苏联人却偏偏选定这个时候进攻，在他们看来，恶劣的气候恰恰是攻击突然性的保证。苏军的想法是有道理的，对这时的德国统帅部来说，固守东线是最重要的任务，面对卡涅夫的危险形势，无论是陆军总参谋部还是在南翼作战的南方集团军群司令官曼施坦因都有所认识，但一方面由于希特勒坚持保住这个突出部，另一方面德国人也没有料到苏联人会在解冻季节动手，因此德军几乎没有采取防御措施。

当希特勒得知德军被围时，他认为这是奇耻大辱，他严令切尔卡瑟的德军固守待援，同时命令曼施坦因组织精锐装甲部队解围，歼灭围困切尔卡瑟的苏军，解围的任务交给胡贝中将的第三装甲军团下属的第1、第16、第17装甲师和武装党卫军"希特勒警卫旗队"装甲师。

德国元帅曼施坦因决心集结兵力，在解围的同时重创苏军，不幸的是他高估了此时手中握有的实力。自2月10日至2月15日，10余万德军与更多的苏军殊死血战，解围的德军部队连续突击，但在各个方面均占优势的苏军面前损失惨重,再也不能继续前进,只能靠被围德军自己的力量突围了(为了拯救被困的同胞,"希特勒警卫旗队"装甲师流尽了最后一滴血。当该师奉命后撤休整时,全师只剩下3辆坦克和4门突击炮)。

包围圈内外的德军仅距离不到10千米,但是这最后几千米的路程,对突围业已精疲力竭的德国军人而言,是无论如何也走不完的,曼施坦因无奈地电告被围部队:救援部队力量已经耗尽,你部只能自行突围,曼施坦因的这封电报无疑于敲响了他们的丧钟。

风雪交加、连夜血战中的被围德军心情异常沉重,心情极为沮丧的被围德军最高指挥官施特默尔曼将军最后决定把突围的时间定于16日晚上,因为那时地面冰冻,比较有利于行军,同时晚上能见度极差,有利于德军隐蔽自己的行动。当晚,下起了暴风雪,能见度仅10~20米,被困德军丢弃了所有火炮、辎重,含泪放弃了2000余名重伤员。施特默尔曼将军布置好突围步骤后,平静地对部属说:"我将与后卫部队在一起,兄弟们,包围圈外见。"

他们以"维京"师为先头,在坦克掩护下企图悄悄突围,但很快就被苏军发现,在照明弹照射下,苏军坦克和夜航轰炸机向德军纵队猛烈开火,暴风雪之夜突起腥风血雨。德军车辆在炮火中燃起了熊熊烈火,大批的士兵和战马被苏军坦克碾成肉饼,紧跟其后的骑兵又冲上来猛砍猛杀,甚至连投降德军举起的双手也被劈掉。当幸存德军密密麻麻地拥到苏军阵地前,又被机枪成排扫倒。

被围德军在2月17日中午冲到格尼洛伊提基河边,友军就在彼岸——但是,没有桥,也没有船。在放弃了所有重装备后,德军自发组织起来,维持秩序,3.5万人在浅水区成功渡河。

尽管后卫部队殊死抵抗,傍晚时苏军最后一次封闭了包围圈,让德军高层感到安慰的是,这场战役没有成为第二个斯大林格勒,被围的近6万德军官兵中,最后有4万人脱险。战斗结束了,沿着德军突围的路径,德国人尸横遍野。

苏军统帅科涅夫大将来到战场,眼前的情景使他十分震惊。他在战后回忆中叙述道："我在战争中见过数不清的血腥场面，但很少见过在如此小的区域里有那么多德国人的尸体。"

苏军打扫战场时，在战况最激烈的高地上发现了施特默尔曼将军的尸体，手里紧紧握着一支步枪，他的制服血迹斑斑，但胸前的勋章却熠熠生辉，他的身旁，横七竖八地躺着维京师的后卫营——担任阻击任务的这支小部队，以尽数战死的代价，换来了大量同胞的生还。

苏联人默然良久，他的勇敢赢得了对手的尊敬，科涅夫亲自下令以全副军礼安葬了这位从容倒在后卫阵地上的德国将军。

最后的疯狂
——阿登战役

1944年深秋，战争从东西南三面向德国本土逼近，德军最高统帅部秘密地策划了一次大规模的反攻计划，这个计划是由希特勒亲自设计的，他试图通过欧洲西线战场的最后一次攻势，迫使盟军从德国本土撤出，重新夺回西线主动权。

12月中旬，德军在阿登地区集中了"B"集团军群的25个师，共25万人，火炮和迫击炮2600余门、坦克和自行火炮900辆、飞机800架，希特勒还重新任命了已经退休的龙德施泰特元帅为西欧总司令，负责指挥这次反攻。经验丰富的德军西线总司令龙德施泰特元帅和B集团军司令莫德尔元帅对希特勒的计划深表忧虑，然而当11月3日两人从希特勒的特使约德尔上将手中接过"莱茵河卫兵"详细作战计划时，上面有希特勒的亲笔字迹："不得更改。"命运已经决定了。

由于盟军未考虑到德军在阿登地区进行反扑的可能性，因而未在该地区加强防守，在长达115千米的战线上，只部署了美第一集团军的5个师，共

8万多人。结果使德军在阿登地区的兵力、兵器占有很大优势。1944年12月16日拂晓，在密集炮火准备后，德军兵分三路发动突袭开始反击，在反击之前，德军还实施了两个特别行动以配合正面进攻，一个是代号"鹰"的空降作战行动，目标占领美军后方的公路交通枢纽；另一个代号"格里芬"行动则由德军特种部队第150装甲旅执行。他们装扮成美军，在德国大部队到来之前潜入盟军阵地，尽可能地制造混乱和破坏，占领战略要地，使美军陷于混乱。之后，德军发起了猛烈进攻，顺利地在美军防线打开一个大缺口，于12月22日进抵马斯河。

17日早上，盟军最高指挥部急调美军第82和第101空降师火速增援，19日又命令巴顿将军指挥的美军第三集团军北上驰援巴斯通，坚守阿登地区的美第一集团军则接到命令不惜一切代价顶住德军进攻，坚守到援军到来。22日，德军交给坚守巴斯通的美军第101空降师一封劝降信，希望他们放弃抵抗，第101空降师代理师长麦考利夫准将只回答了一个字："呸！"闻听此事的巴顿哈哈大笑说："想不到麦考利夫还真有语言天赋啊！"

阿登战役前，统领英国军队的蒙哥马利非常乐观："目前德军在所有战线上都在打防御战；他们的处境已不可能使他们发动大规模的进攻战了。"蒙哥马利虽然没有猜对前半部分，却猜对了后半部分。"莱茵河卫兵"计划是一种天才的设计，然而现实却很残酷，现实的德军早已不是两年前的德军了，正如蒙哥马利所言，它已无力发动大规模的进攻战了，德军进攻的势头很快就被盟军止住了。盟军为阻止德军越过马斯河，迅速加强了阿登地区的防御力量，就德军方面的态势发展而言，使局势逆转的是敌人的空中活动。当12月21日和22日天气转晴时，英美空军完全控制了德军补给线。尽管德国空军飞行员作了最大的自我牺牲，还是无能为力来减轻地面部队的负担，这些来自空中的猛烈袭击使作战部队最急需的弹药和补给品的输送灾难性地被耽搁了，燃料补给尤其受影响，进攻部队的燃料简直是用了今天就没有明天的，在德军先头部队距马斯河只有4000米的时候，盟军终于阻止了德军的前进。

德军受阻后继续调集兵力，对巴斯托涅和斯特拉斯堡发起了新的进攻，1945年1月1日，德军出动1000多架飞机对盟军的机场进行了几个月以来最猛烈的轰炸，盟军的260架飞机被毁，为彻底击退德军反扑，盟军于1月3日转入进攻，经过激战，于1月8日击退了德军，其间英国首相丘吉尔于1月6日致电斯大林，希望苏军发动大规模进攻相配合，苏军于1月12日至14日，在北起波罗的海、南至喀尔巴阡山的1200千米的战线上，对德军发起强大进攻，希特勒不得不被迫把准备派往阿登地区的后备兵力6个装甲兵师调往东线，这使得德军再也无力在阿登地区继续维持进攻了，盟军乘机迅速推进，于1月底将德军赶回反扑前的阵地，至此，第二次世界大战中德军规模最大的一次反扑被彻底粉碎。

阿登战役是西线规模最大的一次阵地反击战，有60多万名德军、近65万名盟军参战，美军伤8.1万人，亡1.9万人，英军伤1400人，亡200人，德军则有超过10万人伤亡、被俘或失踪，阿登战役使德国消耗了最后的精锐部队，再也没有后备力量可以补充，因而成为德军在西线发动的最后一次进攻。

死神的镰刀

——塞班战役中的坦克战

"敌人的力量主要依靠他们的坦克。很明显，我们同美国军队的战斗就是同他们的M3和M4坦克之间的战斗。"这是日本第32军司令官牛岛满中将在1945年春准备率领他的部队在冲绳同美军进行最后的决战时说的话。

塞班战役中的坦克战是在太平洋战场上美、日间规模最大的一次坦克大战。塞班岛是马里亚纳群岛的主要岛屿，面积122平方千米。守岛日军为第31集团军所辖第43师团、第47独立混成旅团等，以及海军中太平洋舰队司令部所属第55海军警备队、横须贺第一特别陆战队等共4.3万余人，战前塞班日军的作战方针是在滩头打歼灭战，主要依靠的力量是部署在塞班岛的日军第九战车联队的坦克和海军特别陆战队战车中队，共拥有坦克约60辆。1944年6月15日美军在塞班岛登陆时，海军陆战队坦克营已经完成了重组，由原来装备54辆轻型坦克改为装备46辆M4A2中型坦克。在这次战斗中，每个坦克营还加强了14~24辆M3A1喷火坦克，当时在塞班岛登陆的有美国海军陆战队第二和第四两个坦克营。

1944年6月15日凌晨，随着美国海军第一发炮弹降临在塞班岛，塞班战役正式打响了。铺天盖地的炮弹和炸弹呼啸而来，震耳欲聋的爆炸声似乎把"塞班都要震塌"了，这样的"钢铁风暴"持续两个小时，扫清日军障碍后，美国第二海军陆战队登陆作战正式开始。下午，美国海军陆战队第二和第四坦克营在塞班岛登陆，很快就分成小群，对进攻日军坚固据点的陆战队员进行火力支援。6月15日夜，日本海军部队发动了夜袭，日本海军特别陆战队的三辆两栖坦克首先行动，在北部海滩登陆，试图从侧后反击，给美军以突然打击。但美军对日军夜袭的战术已习以为常，早就作好了准备。美军的照明弹让特二式内火艇暴露在美军巴祖卡反坦克火箭筒和坦克炮的炮口下，待日军坦克进入射程内，火箭筒和坦克齐射，三辆两栖坦克还没发挥作用，就被美军无情的炮弹摧毁了。这次战斗是太平洋战场上第一次大规模使用巴祖卡火箭筒，使日军坦克手开始面对另一个不利条件。

黎明时，日军第9战车联队4中队还是根据原计划行动了，一同行动的还有海军特别联队一个95式战车中队（10辆）以及配属的步兵部队。在日军的反击中，有三辆坦克冲向美国第二师海军陆战队六团一营和二营的结合部。此处地形开阔平坦，便于坦克运用，但地面有些凸起，日本坦克的行动受到影响，开始日军冲击的较为顺利，但不久两辆坦克就被"巴祖卡"变成了废铁，第三辆坦克继续向前冲，这辆车运气太好了，突破了美军防线，躲过了美军一发又一发火箭弹，一直冲到了距离六团团部80米处都没被击毁，这可吓坏了美军，日军坦克继续前进，已经前进到了离团部78米了，美军士兵开始祈祷，76米！马上就要冲到团部了，但最终这辆坦克还是没逃脱被击毁的命运，在离团部75米时，被美军击毁，团部的人员才松了口气。此时日军在海滩上的其他坦克悉数被美军击毁。与此同时，美国海军陆战队的坦克营也已登陆塞班岛，虽然登陆部队装甲部队还没完全到达，但已足够了，无论在数量和质量上，日军战车都无法相比，何况日军在此时已损失了特别海军陆战队的所有坦克，第9坦克联队4中队也损失4辆坦克。

6月16日，不甘心失败的日军又发动夜袭，为了这次反击，日军第9战车联队剩余44辆坦克倾巢出动，3时30分随着日军坦克嗡嗡的发动机声响起，日军的反击开始了。日军约1000名步兵和44辆战车疯狂冲向美军海军陆战队六团的阵地，日军战车嗡嗡的发动机声音暴露了目标，美军不时发射的照明弹把漆黑的天空变成白昼。这次反击已失去了突然性，但日军仍然盲目的前进，开始时日军还比较顺利，日军集中坦克的战术初步得到成效。美军赶忙呼叫坦克支援。美军的5辆M4坦克和4辆M3半履带坦克歼击车前来支援，得到支援的美军顶住了日军的进攻。在美军强大的火力下，日军瓜岛的悲剧又再次上演，136步兵连队被美军消灭在了阵地外围，虽然日军这次集中使用了坦克，但由于伴随冲锋的步兵几乎全部被消灭在美军阵地外，日军战车失去了步兵的引导，有很多坦克迷了路没去进攻美军阵地，四处溃散，美军抓住这个机会，痛击了日军战车部队，日军的反击再次宣告失败。只有12辆战车在这次战斗中幸存下来，但美军一步步的逼进日军最后的防线，24日这些残存下来的战车大部分被美国海军陆战队M4A2坦克击毁，剩下的也被美国陆军的M5A1收拾掉了，日军第9战车联队就这样结束了战斗使命。

塞班的战斗对于太平洋战争前期的战斗来说有了完全的不同，塞班战役证明，坦克的作用在太平洋战役中是无法衡量的，海军陆战队和陆军都认为在下一步战斗中需要更好地完善步坦协同战术，陆战队也开始对他们的坦克采取一些加强措施，来抵御日军的自杀性反坦克战术，包括在坦克侧面绑上厚木板以防磁性地雷。

太平洋战场的坦克战，没有欧洲坦克战旷日持久的时间，也没有北非坦克战眼花缭乱的艺术，但有一个共同点，同样激烈，其中在塞班爆发的这场太平洋战争最大的坦克战，它影响了后来的菲律宾坦克战，使山下奉文得出一个观点——不要集中己方坦克作战。

荡寇孟拱河谷

——歼灭日军"丛林之王"

1943年10月，为配合中国战场及太平洋地区的战争形势，重新打开中印交通线，中国驻印军总指挥史迪威将军制订了一个反攻缅北的作战计划，代号为"人猿泰山"。计划突破胡康河谷和孟拱河谷，夺占缅北要地密支那，最终连通云南境内的滇缅公路。

1944年4月至6月，中国驻印军在缅甸北部对号称"丛林之王"的日军第18师团等部展开了进攻，担任主攻任务的是郑洞国指挥的中国驻印军新一军，下辖孙立人指挥的新38师和廖耀湘指挥的新22师，兵力近3.5万人。4月下旬，经过了一系列激战的中国驻印军已攻到达布杰班山一线。布杰班山是拱卫孟拱河谷的天然防线，长达20英里的布杰班山只有一个狭窄的天然险隘——沙都渣，沙都渣的两旁都是悬崖绝壁，万难飞渡，大有"一夫当关，万夫莫开"之势，建筑中的中印公路干线即将从此谷中直穿而过。沙都渣是守卫孟拱河谷的大门，中国驻印军首先要打开孟拱河谷的这道大门。

自1942年日军占据孟拱河谷以来的两年之间，日军在沙都渣修筑了无数坚固工事，且派了重兵把守，中国驻印军若沿公路挺进，必处于仰攻地位，而且部队无法展开。驻印军决定由新22师从正面佯攻，新38师113团从左翼翻越险峻的库芒山脉迂回抄向布杰班山后路，112团一营则在113团更外侧施行更深远的迂回。

新 38 师在此前已多次以侧翼迂回赢得胜利，日酋田中新一早已领教了，然而布杰班山脉奇险无比，当地人称之为"无顶之山"，还有一首歌谣，谓"无顶之山，永不能至顶"。田中认为无论如何大部队无法翻越，他万没料到，驻印军 113 团以无比坚韧之毅力，历 14 日终于迂回成功，28 日占领了沙都渣后边的拉班，切断了沙都渣日军的退路。完成对沙都渣四面包围的态势后，新 38 师和新 22 师两面夹击，此战双方士兵距离在咫尺之间，火炮完全失效，双方唯以刺刀、手榴弹格斗，中国将士不计生死，奋力拼杀，只用一天就占领了布杰班山天险沙都渣，歼灭日军近 6000 人。廖耀湘将军对参战官兵奖励备至："我官兵忠勇壮烈，实国军革命精神与中华好男儿崇尚武德之表现。"并且明令嘉奖，表示对此役官兵："致其无上之敬意！"

孟拱河谷长约 110 千米，平均宽度约 10 千米。孟拱城位于孟拱河、南因河汇合处，有铁路、公路通密支那及曼德勒。日军第 18 师团残部退守孟拱河谷后，得到该师团和第 56 师团各一部增援，分别据守高利、英开塘及卡盟等地。5 月 3 日，天气转晴。根据廖耀湘的要求，史迪威将军抓住有利时机，下令对英开塘日军发动陆空联合总攻。下午 1 时，首先以美空军 36 架战机盘旋于英开塘上空，轮番对日军阵地俯冲轰炸，地面战车第一营随即出动 57 辆轻中型战车超越步兵战斗线攻击前进，以轻中型战车交互掩护，突入敌人阵地，纵横驰骋。

入夜以后，日军因伤亡惨重，乘夜幕掩护偷偷向南逃窜，但被廖耀湘的部队及时发觉，迅即集中火力猛烈射击，将其歼灭大部，仅有少数残兵逃往马拉高，此役共击毙日军 400 余人，缴获武器弹药甚多。

5 月下旬，中国远征军击溃日军第 18 师团主力和第 56 师团一部，攻占瓦兰地区各据点，随后新 38 师第 114 团向孟拱城发起进攻，另两个团向加迈迂回，日军见中国远征军势不可当，紧急调遣原防守密支那的 114 连队主力和第 56 师团 146 连队一部前往孟拱城增援。

史迪威即以新 30 师之 88 团，新 50 师之 150 团和美军梅利尔特种团长程突袭密支那，5 月 17 日，150 团突袭密支那机场，日军对突如其来的中美部队茫然失措，仓皇抵抗。中美联军经过4小时的战斗，完全肃清了机场上的敌人。盟军立刻从空中运补重武器、粮弹和增援部队新30师之89团。但由于攻击兵力过少，只150团一个团，无力攻克密支那，以后日军援兵源源赶到，战机已失。

5月23日，驻印军完成对孟拱城的包围，24日，攻克日军外围各据点后，新编第38师突入城垣，此时的中国驻印军早已是今非昔比，士兵清一色"M4汤姆"式冲锋枪。只见头戴钢盔的中国士兵个个争先，勇不可挡。他们充分发挥自动武器近战的长处，把手持老式步枪的日本人打得血肉横飞，经两昼夜激战，将孟拱城中的日军大部歼灭，日军残部向密支那及沙漠方向撤退。此役，中国驻印军共击毙日军6800余人、俘180余人。

至此中国远征军已歼灭孟拱河谷日军主力，密支那城外的盟军亦无须再两面作战和全依赖空运补充，仅剩密支那尚待攻克。

日军从卡萨以53师团128联队和补充完的53炮兵联队向密支那增援，在密支那以南被中国驻印军113团和114团伏击，激战三天，大部被歼灭，从此密支那日军再无援可期。但是日军指挥官水上源藏少将按照第33军军长本多政材"死守密支那"的命令，依然负隅顽抗，作困兽之斗。

密支那为缅北第一重镇，系缅甸铁路北部终点，有公路通孟拱、曼德勒及八莫，地形险要，是缅北重要的交通枢纽，并为中印公路之重要通道，日军第18师团第114联队主力及第56师团一部在这里构筑坚固工事据守。7月7日，在抗日战争爆发7周年的纪念日，身处密支那前线的郑洞国、孙立人等将领向中国远征军下达了总攻令。

7月13日，中国远征军攻入市区，随即开始与日军逐个房屋、逐条街道地进行艰苦争夺，经过20天的激战，8月2日，日军在密支那的最高指挥官水上源藏被逼到江边的一棵大树下拔枪自杀，8月3日肃清了密支那的残敌，占领了整个市区。此役，共击毙日军3000余人，俘70余人。经过80天的艰苦激战，中国远征军以上万名官兵的宝贵生命，换来了整个亚洲战场具有战略转折性意义的胜利。

孟拱河谷战斗，中国远征军歼灭日军第18师团全部，及第53师团和第56师团各一部，共击毙日军两万多人，一雪两年前兵败缅甸的耻辱。廖耀湘在胜利后，立即致电蒋介石说："此次敌重武器及军用车辆遗失之巨，人员死伤疾病转于沟壑者之众，狼狈溃散惨状，有甚于两年前国军野人山之转进。追昔睹今，因此痛雪前耻，官兵大奋。"中国远征军终于取得了缅北战役的最后胜利。

第二次世界大战最后一役

——虎头要塞攻坚战

虎头要塞位于黑龙江省虎林市虎头镇，西起火石山，东至乌苏里江，与俄罗斯的伊曼隔岸相望，南起边连子山，北至虎北山。中心区域正面宽12千米，纵深6千米。主阵地猛虎山由中猛虎山、东猛虎山、西猛虎山三个丘陵组成，周围是沼泽地带，形成难以通行的天然屏障。其牢固程度、完备程度、现代化程度堪称第二次世界大战之最，号称"东方马其诺防线"，被公认为是侵华日军在亚洲的最大军事要塞之一。

"九一八"事变后的第二年，关东军即拟定了侵略矛头直指苏联的《对苏攻势作战计划》，日军东北边境要塞就是这个计划的一部分，按照对苏作战计划，在此驻扎重兵，秘密修建地下要塞，以作为攻苏的战略基地。为了将它建成"北满第一永久要塞"，日军耗资数亿，强征中国劳工10多万，共用时10年（地下工程于1939年基本建成，整个要塞工事到1943年才告完成）。在这10年中，有数以万计的中国人被秘密押到这里充当劳工，建成了庞大的进攻防御体系，当年修筑秘密要塞的劳工被秘密杀害的传说在民间流传了半个多世纪，但一直没有见证人和史料记载。

当时，日本关东军认为：虎头要塞之坚固、守备兵力与火力配备之雄厚，远胜过法国的马其诺要塞,将其夸耀为"东方的马其诺防线""可坚持6个月不怕围困的坚固要塞"。甚至狂妄宣称:"当日苏爆发战争,只要在虎头坚持三天,即可打赢日苏战争。"多年来,史学家们习惯于将第二次世界大战结束的时间定在日本天皇无条件投降的那一天,即1945年8月15日,而后人研究发现,1945年8月30日才是战争真正结束的时间,并且在此之前的数天内,发生了一场规模宏大、场面壮烈的要塞争夺战,这场争夺战的"导火索"却是一个当地农民无意中"点燃"的。

1945年8月9日,从凌晨1时开始,强大的苏联红军在大炮和飞机掩护下,苏联红军第35集团军向虎头要塞发动了猛烈的进攻,使日军防御体系支离破碎,各自为战。由于苏军战前侦察情报工作不细,投入战斗仓促,加之对我国境内的地形不熟,南路苏军本来是向郧山和胜山要塞攻击的,由于驻守要塞的与后方切断了通信联系的日军第132旅团第783大队没有与苏军交火,因此苏军没有发现这一部分日军,直接向中国境内追击日军而去,这使得黑龙江东宁境内日军第132旅团第783大队近2000人得以隐蔽下来。

1945年8月11日,被当地人称为"张大胆"的人去捡战场上的破烂,他拿着一把破旧的日军战刀到处挑来戳去,企图寻找值钱的东西,在一片废弃的建筑中,他一不小心挑开了一处日军伪装的枪眼兼通气孔,发现了一群手端刺刀的日本兵,吓得撒腿就跑,并向驻扎在石门子的苏军报告了这一情况,一位懂中国话的苏军军官向张福忠详细地了解了情况。

8月12日,苏军第一方面军后续集团军部队以及从老黑山追击日军的苏军某部,奉命围歼张福忠发现并报告的漏网日军要塞。日本关东军第783国境守备大队凭借着虎头要塞进行殊死的抵抗,战斗异常激烈和残酷,日军守备队虽不足2000名,但火力较强,在战斗的紧要关头,日军不惜一切代价组织敢死队与苏军血拼,给苏军造成了很大的伤亡,苏军没有预料到,工事严重毁坏、弹药不足的日军仍有如此顽强的抵抗力。

8月15日中午时分,日军官兵收听到了日本天皇宣布无条件投降的"玉音广播",但是守备司令官大木正大尉拒不相信:"关掉收音机!哪里是陛下的广播,分明是削弱友军战斗力的谋略性广播",他的话给司令部定了调,将虎头要塞的日军推向了死亡的深渊。

苏军飞机向日军阵地撒布日本天皇的投降诏书,但要塞的日军认为这是苏军在欺骗,继续抗击苏军,苏军用汽车、装甲车从江边运来了大量毒气筒和鼓风机,利用地下工事露在地表的换气孔、烟囱等通孔向洞中鼓吹毒气。龟缩在洞中的日军,不少人因中毒窒息而死,少数头戴防毒面具的日军士兵苟延残喘地死守在洞口,这一天是日军损失最惨重的一天。

8月17日,日本关东军司令部通告关东军全部向苏军投降,东北全境解放,但在虎头要塞,激烈的战斗并没停止。苏军出动了多辆中型战车、自行火炮、火箭炮继续扫荡日军,逼近要塞洞口,直接用火炮轰击地下要塞中的残敌。战斗一直持续到8月26日,负隅抵抗的日军才全军覆灭,2000多名日军官兵及开拓平民全部葬身于虎头要塞中,1945年8月30日,胜洪山顶最高处挂起了白旗,第二次世界大战的最后一场战斗结束了,虎头守备队仅剩的53名日军官兵被苏军俘虏。号称"东方马奇诺防线"的日军要塞,并没有挽救侵略者失败的命运,相反却成了埋葬他们的坟墓!但苏联红军也付出了沉重的代价,阵亡了1000多名战士,虎头战役成为第二次世界大战的最后一战,第二次世界大战的终场帷幕终于在虎头这里落下了。

这场战斗发生在日本宣布投降前后,本是可以避免的,如苏军可以围而不攻战术来消磨敌军斗志,损耗其给养,达到不战而屈人之兵的目的,可苏军偏偏选择了强攻的作战样式,使本不知日本已投降真相的日军只好拼命抵抗,参加虎头要塞攻坚战的苏军(先后投入两万余人)为此付出了1000余名官兵的生命。1945年8月,那场空前惨烈的要塞攻坚战,由于日军负隅抵抗,最终使第二次世界大战的结束时间比日本宣布无条件投降整整迟缓了11天,因此虎头要塞被国内外有关专家、学者称为——"第二次世界大战的最后激战地"。

第三章

碧海风波

斯卡帕湾的幽灵

——"皇家橡树"号沉没之谜

斯卡帕湾位于英国最北端奥克尼群岛境内的半封闭水域，由该群岛里的主岛、霍伊岛、南罗纳赛岛与一干小岛包围，是一良好的天然海湾，长约24千米，宽13千米，面积130平方千米，为一封闭型海湾。有三条航道通大西洋和北海。第二次世界大战开始后，英国巡洋舰、战列舰和航母等大型战舰纷纷停泊在斯卡帕湾。斯卡帕湾戒备森严，在7个入口中有6个设有防潜网，还布设有水雷场。只有第7入口处航道狭窄、水下岩石密布，没有设防潜网。

1939年9月1日，纳粹德国突然袭击波兰，拉开了欧战的序幕。作为波兰盟国的英国于9月3日对德宣战。9月4日，英国首次动用轰炸机空袭德军战舰。海上力量处于弱势的纳粹德国决定孤注一掷，对拥有世界强大海上力量的英国海军进行一次绝密的偷袭行动。

1939年10月13日晚上，在英国东北部的斯卡帕湾地区，在耀眼的探照灯下，一艘由德军上尉普里恩指挥的德国U型潜水艇悄悄地沿着英吉利海峡曲曲折折的海岸线，顺着斯卡帕湾的潮水前进。U-47号潜艇利用北海的夜色，躲过英国东北沿海反潜部队的警戒，悄然钻进斯卡帕湾。普里恩此行的目标是英国海军的"皇家橡树"号战列舰。

U-47号潜艇潜入斯卡帕湾时发现，潜行越来越难，沿途不仅航道狭窄，还散落着英军故意布设的沉船。艇长普里恩不得不使尽浑身招数，小心翼翼地躲过英军布设的一道道水下关卡。潜艇为了不暴露自己，不时刮着周围的障碍物。有的艇员紧张得要命，以为撞上水雷了。午夜，随着潜艇钻到航道防御中心地带，艇员们更是紧张万分，总觉得已被英军发现，随时可能遭到英军强有力的攻击。然而，什么事情也没有发生，英国海军对其战舰的安全并不太在意——斯卡帕湾被认为是潜艇根本无法到达的地方。

潜艇在整个死亡航道整整缓慢潜行好几个小时，于10月14日凌晨抵达袭击位置。普里恩惊奇地发现，偌大的港湾几乎空荡荡的，纳粹德国的情报曾说，港口停泊着10多艘大型战舰，包括航母、战列舰和巡洋舰等此时全无踪影。原来，纳粹10月12日派飞机侦察斯卡帕湾军港后，引起了英军高度警惕。为了防止意外，英军随即下令港湾内多数战舰转移。然而，纳粹10月13日并没有派飞机侦察，U-47号潜艇根本就不知道港湾的战舰情况有变。普里恩的潜艇沿着大陆海岸继续向前航行，终于发现了两艘巨大的战舰，普里恩命令潜艇缓慢靠近并仔细观察。根据船上烟囱、三角桅杆和炮塔的外型，普里恩判断出这应该是"皇家橡树"号战列舰。紧接着又发现了不远处的另一艘战舰，普里恩认为是"反击"号（实际上是排水量为6900吨的"飞马"号水上飞机母舰），U-47号潜艇开始向这两艘大型战舰靠近。

那艘大型战舰正是英军战列舰"皇家橡树"号，该舰全长大约180米，满载排水量达3.4万吨，是英国威力极大的海上炮击平台。凌晨1时许，U-47号潜艇齐射了三枚鱼雷，其中两枚射向"皇家橡树"号，另一枚射向水上飞机母舰。几分钟后，一枚鱼雷击中战列舰，另外两枚鱼雷没有命中目标。正在战列舰上酣睡的英军水兵听到爆炸后，猛地惊醒过来。然而，他们首先想到的不是自己遭到袭击，而是认为战舰发生了事故。这些水兵认为，强大的港湾防御固若金汤，纳粹德国潜艇不可能有机可乘。水兵们还认为，战列舰作为钢铁堡垒，潜艇是奈何不了的。更有甚者，军港指挥官认为战舰遭到了纳粹德国战机夜袭，急忙发出空袭警报，开始全力组织部队防空作战。这个时候，如果英军迅速在港湾内组织反潜防御作战，那么，后面的惨剧或许可以避免。

U-47号潜艇齐射三枚鱼雷后，本以为迎来了杀身之祸，开始迅速往外逃命。然而，潜艇外逃了一段距离后惊奇地发现，英军并没有派战舰进行追杀。潜艇看到"皇家橡树"号并没有沉没，决定再来一次袭击。潜艇没费多大力气，就再次潜行到"皇家橡树"号附近。1时22分许，纳粹潜艇再次齐射三枚鱼雷。"皇家橡树"号这次没那么幸运，随着巨大的爆炸声，海面上烈焰冲天浓烟滚滚，该舰在10分钟后即告沉没。舰上包括英国皇家海军第二舰队司令布拉格若夫在内的24名军官和809人丧生，只有375人生还。

普里恩注视着"皇家橡树"号沉没，下令迅速撤离，1时28分，U-47号潜艇全速逃命而去。2时15分，潜艇逃出了英军控制的斯卡帕湾。10月17日，U-47号潜艇抵达德国威廉港。德国海军司令雷德尔与邓尼茨已经在码头上等候。艇员们登岸后，邓尼茨为所有人都亲自颁发了铁十字勋章，普里恩也被授予一级铁十字勋章。当天下午所有艇员都乘坐专机飞往柏林并得到了希特勒的亲自接见，希特勒亲自为普里恩佩戴上骑士十字勋章，并称赞这次奇袭斯卡帕湾作战行动的成功是"德国海军潜艇部队作战历史上最为引以自豪的战绩"。当天晚上，U-47号潜艇全体艇员都与希特勒共进了晚餐。

U-47号潜艇成功击沉"皇家橡树"号战列舰无疑是人类战争史上最精彩的战例之一，人们认为：这次的事件标志着交战双方实力对比的天平开始朝德军潜艇一方倾斜。

被舰炮击沉的唯一航母

——英国皇家海军"光荣"号

"光荣"号航空母舰于1915年5月1日开工建造，1934年5月1日到1935年7月23日进行了改装，加长了飞行甲板，1940年6月8日从挪威撤退时被击沉，这是战列舰巨炮击沉航空母舰的唯一战例。

1940年6月初，英法联军在法兰西战役中的失败已成定局，为了保卫岌岌可危的英国本土，丘吉尔首相被迫做出了从挪威北部的纳尔维克撤回其全部武装力量的决定。纳尔维克的撤退进展很快，所有法国、英国、波兰的军队连同大量的物资和装备都已装上船，编成三个护航队驶往英国，而没有受到敌人的阻挠。

6月3日,英国海军的"皇家方舟"号和"光荣"号航母驶进刚刚占领的纳尔维克港,为撤退护航队提供掩护,8日早上,在回收了本舰舰载机和皇家空军的格罗斯特"斗士"和"飓风"战斗机后,"光荣"号开始向英国返航。由于在回收战机的过程中"光荣"号耗费了过多的燃料,无法与其他军舰一起高速返航,只好在"热情"号和"阿卡斯塔"号这两艘驱逐舰的护卫下,用巡航速度向西航行,途中为了节省燃料,"光荣"号将18座锅炉中的6座熄火,航速相应降低到17节。

挪威北部和斯卡帕之间的这部分海域一向被认为是最安全的,"皇家方舟"号和"光荣"号在一二艘驱逐舰护航下往返过多次,全部安然无恙。但没有料到偏偏就在最后一次遇上两艘德国主力军舰——"沙恩霍斯特"号和"格奈森诺"号。"沙恩霍斯特"号和"格奈森诺"号是两艘仓促建成的军舰,它们不伦不类,其排水量与英国的战列舰相当、速度与战列巡洋舰相当、装甲厚度又大于战列巡洋舰,可火力又介于战列巡洋舰和巡洋舰之间,其结果是英国的战列舰追不上,巡洋舰打不过,战列巡洋舰与之较量又要吃亏,因为它们具有以上意想不到的古怪特点,使其像两条鲨鱼,既凶猛,又难捉。当时德国海军并不知道盟军的撤退计划,只见盟军云集纳尔维克,便派了"沙恩霍斯特"号等舰专门袭击来往于北海的防御能力薄弱的补给船,行动代号为"朱诺"。

此时的"沙恩霍斯特"号和"格奈森诺"号在6月8日刚击沉了一艘油轮和运冰船"奥拉马"号,正继续在海上搜寻新的战利品,下午4时,"沙恩霍斯特"号前桅瞭望平台上的古斯少尉候补生正集中精力努力观察,突然他在目镜中发现了一缕淡淡的黑烟("光荣"号是以煤做燃料,它的烟远远就能被人看到),古斯立即激动地抓起电话向舰桥报告,一时间,"沙恩霍斯特"号上几乎所有的望远镜全部转向右舷,16时56分,"格奈森诺"号自己也发现了右舷的英国编队,两艘德国战舰立即全速驶近侦察,它们看见的黑烟正是英国的航空母舰"光荣"号编队所在位置。

此刻载满了飞机的"光荣"号航母，竟然对德国的战列巡洋舰的逼近毫无察觉，尽管皇家海军的舰船已经发出了航线上有德国大型舰只活动的通报，"光荣"号还是没有足够重视，也没有组织有效的空中巡逻，当时它判断德国舰只已经返回了特隆赫姆。"光荣"号当时搭载有10架"海斗士"舰载战斗机和6架"箭鱼"鱼雷机，另外，还有10架皇家空军的"飓风"和10架"斗士"战斗机。

"光荣"号已经历经了几个月的海上巡航，为了让疲惫不堪的舰员好好休息一下，"光荣"号的奥尔斯舰长不但没有命令进行飞行侦察，反而将战备等级降为最低的4级战斗准备，结果此时"光荣"号桅顶的观察哨无人值班。直到17点，"光荣"号才发现了从西方出现的两艘奇怪的船，但"光荣"号仍然没有立即警觉过来，只是派出"热心"号前去核实目标身份，同时命令将5架"箭鱼"提升至飞行甲板，准备起飞侦察，直到17时20分，"光荣"号才发觉大势不妙，当他们发现前方逼近的是德国的"沙恩霍斯特"号和"格奈森诺"号时，一切都已经晚了。

下午5时30分，"沙恩霍斯特"号首先在2.8万米处首次齐射，在这个距离上，"光荣"号的120毫米单管炮是完全无用的，护航的两艘驱逐舰也勇敢地插到航空母舰和德国战列巡洋舰之间施放烟雾，设法掩护"光荣"号逃离。"光荣"号一边发出战斗警报和求救信号一边加速，试图避开德国舰队，它笨拙地向左转向，躲进"阿卡斯塔"号散布的烟幕中，直到现在，它的飞机仍然没有起飞一架，被提升到飞行甲板上的两架"箭鱼"还挂着深水炸弹，这对德军战舰来说真是千载难逢的进攻机会，两艘德国战列巡洋舰加速追击，英国皇家海军的"阿卡斯塔"号在舰长格拉斯弗德海军中校指挥下，全速避开"沙恩霍斯特"号的炮火，同时将所有的烟雾筒都投进海中施放烟雾，舰长将命令传给各个作战岗位："我们至少可以给他们一些颜色看看。"

这时，"光荣"号上的两架"箭鱼"飞机已经换上鱼雷准备起飞了，双方都意识到动作必须快，生死就在一线间，没有等到飞机起飞，"沙恩霍斯特"

号于17时37分齐射中，1发283毫米穿甲弹终于在2.4万米的距离上命中了"光荣"号飞行甲板中部。炮弹在飞行甲板中央炸出了一个大洞，它的前飞机棚以及甲板也被"沙恩霍斯特"号的280毫米舰炮击中起火，将"飓风"式飞机烧毁，并使鱼雷不能由舱下吊上来装在轰炸机上，"光荣"号再也不可能起飞飞机了，不仅如此，这发命中弹还诱发前机库大火，四散的弹片击穿了两座锅炉的进气道。现在的"光荣"号已经丧失了自身的一切抵抗能力，只有寄希望于两艘小小的驱逐舰的保护才能脱险了。

两艘驱逐舰面对强敌毫不畏惧，它们的战术是在航空母舰和德国战列巡洋舰之间拉上一道几千米长的烟雾，以隔断德国人的视线，然后转向进入己方一侧烟雾中，再穿出烟雾或隔着烟雾向战列巡洋舰发动鱼雷攻击，"阿卡斯塔"号在烟雾后向"沙恩霍斯特"号和"格奈森诺"号发射了一批又一批的鱼雷，但都没有命中。此时两艘德国战列巡洋舰的炮火却越来越准确，"光荣"号接连中弹，全舰燃起大火并逐渐向右倾斜，17时56分，1发283毫米炮弹命中"光荣"号舰桥，将包括奥尔斯舰长在内的几乎全部舰桥军官炸死，只得由副长洛威中校接替指挥，此时"热心"号的烟幕逐渐将"光荣"号裹得严严实实，几分钟后，德国战列巡洋舰就因丢失目标被迫停止射击。

两艘德舰严密监视着烟雾线，当再次发现"热心"号舰艏穿出烟雾时，"沙恩霍斯特"号上的9门280毫米主炮和12门150毫米副炮一顿猛射，一颗炮弹击中了"热心"号的机器舱，舰上的鱼雷手阵亡，"热心"号中弹后主机停车，舰身向左舷倾斜，18时17分，"热心"号在完成了第7次毫无成效的鱼雷攻击后，再也支撑不住开始下沉，5分钟后，"热心"号倾覆沉没，它的主桅已经被打垮，但它的120毫米舰炮却一直从战斗开始响彻到没入水中的一刹那。"热心"号沉没后，"沙恩霍斯特"号上的全部舰员都松了口气，这回他们总算可以不受干扰的对付英国航空母舰啦。此时大风已吹散了屏蔽"光荣"号的烟幕，"格奈森诺"号重新开始射击，并接连命中，18时34分，"光荣"号仅剩的一个护卫"阿卡斯塔"号向"沙恩霍斯特"号左舷发射了剩余的4条鱼雷。

英国驱逐舰反击机会完全出乎"沙恩霍斯特"号的意料，而且也不相信在这么远的距离会受到鱼雷的攻击，因此没做什么躲避动作。一条鱼雷击中"沙恩霍斯特"号，浓烟腾空而起，巨大的水柱向上直冲。击中"沙恩霍斯特"号的是英国改进型重型舰用鱼雷，战斗部装有365千克混合烈性炸药，爆破威力等效于450千克左右的TNT炸药，"沙恩霍斯特"号战列巡洋舰的防雷系统设计要求是防御250千克TNT当量的水下爆破，按照德舰的一贯表现，实际性能可能超过设计要求，但肯定无法抵御450千克TNT当量的鱼雷。被鱼雷击中导致"沙恩霍斯特"号的C炮塔失灵并进水2500余吨，"沙恩霍斯特"号中雷后暂时停止射击，"格奈森诺"号马上将火力从奄奄一息的"光荣"号转移到"阿卡斯塔"号上来。由于"沙恩霍斯特"号的教训，"格奈森诺"号格外小心谨慎，它始终避免进入"阿卡斯塔"号鱼雷射程以内，随后两艘德国战列巡洋舰密集的副炮火力覆盖了"阿卡斯塔"号。两艘德国战列巡洋舰的炮火越来越准确，"光荣"号接连中弹，全舰燃起大火并逐渐向右倾斜。19时8分，"光荣"号发生了剧烈的爆炸后沉没，"阿卡斯塔"号于9分钟后步了"光荣"号的后尘，在"光荣"号东北约4000米的洋面上消失，19时22分，"格奈森诺"号舰下达战斗结束命令。

在海军的发展史上，航母是战舰的克星，"光荣"号是唯一被舰炮击沉的航母。对英国人来说，这是一场悲哀的失败，如果"光荣"号能保持1~2架飞机的空中巡逻，完全可以避开被屠杀的命运，说不定还能召唤其他英舰将两艘德国军舰一举围歼，好心的奥尔斯舰长因为自己的仁慈付出了太大的代价，他确实让自己的部下舒服地休息了几个小时，但却换来了1000多条生命死亡的最终结果。

这是一场海上骑士般的海战，在这次海战中，"热心"号和"阿卡斯塔"号的勇敢行动也赢得了德国水兵的钦佩和赞誉，"阿卡斯塔"号沉没后，马沙尔中将曾命令德国军舰将主桅上的战旗降下一半，全体舰员立正向其致敬。3艘英国军舰沉没后，约有900人爬上了救生艇，但由于害怕遭受攻击，德国军舰没有救捞一名英国水兵就匆匆撤退，而其他英国军舰根本不知道

"光荣"号遭此劫难,虽然当时适逢极昼,但北极地区蜡烛般的太阳根本无法带给英国落水舰员多少温暖,绝大部分缺乏食物的幸存者体力慢慢耗尽,直至冻僵死亡。

这次战斗是人类仅有的主力舰与正规航母交战并获得全胜的战例,其中"沙恩霍斯特"号对"光荣号"的精确射击,也创下了第二次世界大战舰炮命中海上航行目标的最远纪录。1941年5月,英国海军终于一雪前耻,报了这一箭之仇,在挪威海岸以北70海里处,孤独的"沙恩霍斯特"号在茫茫大海上露出了它巍峨的身躯,4艘英国驱逐舰将鱼雷一条条地投入冰冷的海洋,爆炸声此起彼伏,"沙恩霍斯特"号燃起的大火照亮了天空,这艘巨舰已是伤痕累累,整条船笔直地没入了大洋。事后通过统计来自各方面的资料发现,"沙恩霍斯特"号遭受的打击是令人震惊的——数百发炮弹在它的身上爆炸,在对它进行攻击的55条鱼雷中至少有17条直接命中!英军指挥这场海战的弗雷泽中将对手下官兵说道:"先生们,如一天你们被派遣到这样一艘军舰上,参加这么一场实力悬殊的战斗,我希望在场诸君能向'沙恩霍斯特'号官兵那样轰轰烈烈地作战!"

"潜艇杀手"

—— "英格兰"号

1941年12月8日,日本突然向珍珠港内的美国太平洋舰队发起突袭,"俄克拉荷马"号身中两条鱼雷和数枚炸弹,不久后沉没。英格兰少尉不幸成为了舰上几十名遇难者之一。英格兰少尉阵亡后,他的母亲H.B.英格兰夫人满怀悲伤之情,在国内发起了一个捐资造舰的行动,她积极的向民间募捐,目标是用这笔资金为美国海军建造一艘新的战舰,最后她本人也亲自捐助了一笔不小的款项。1942年,海军当局决定用英格兰夫人募捐来的资金建造一艘新的护航驱逐舰，1943年9月26日，舰体建成，在旧金山下水，同年年底军舰全部建成，装备给了英格兰少尉生前所在的太平洋舰队，舰队用英格兰少尉的名字命名的这艘新的护航驱逐舰，正式舷号是DE635。1944年3月12日，"英格兰"号在首任舰长帕德莱顿少校的指挥下，来到了硝烟正浓的南太平洋战场，加入了西南太平洋舰队的作战序列。

1944年5月14日，由武内少佐指挥的日本"伊-16"号潜艇，满载大米从特鲁克港起航，驶向布干维尔岛的布因，去给那里的一支已弹尽粮绝的日军送粮。途中，武内少佐用无线电向总部的小和田少将报告"伊-16"号潜艇的方位。不料，日军的无线电报被美国海军情报部门截获，并破译了出来，美国西南太平洋舰队司令部即刻命令所罗门群岛图拉吉港的第39护卫舰分队出击。5月18日，分队长汉斯中校率"英格兰"号、"乔治"号和"拉比"号3艘护航驱逐舰驶向"伊-16"号潜艇必经的航道，守候伏击。

下午1时左右，"英格兰"号护航驱逐舰上的声呐兵用声呐第一个发现了"伊-16"号潜艇，并测出了它的方位。当"英格兰"号护航驱逐舰与"伊-16"号潜艇的距离缩短至360米时，舰长发出了命令："深水炸弹，定深40米，放！""刺猬"式深水炸弹呼啸着飞向前方，钻进大海，在海面上溅起的浪花，组成了一个圆圆的图案，很快，水下响起了爆炸声，但目标没有被命中。武内听到爆炸声后，立即下达了命令："快深潜！用蛇行行驶摆脱敌舰追击！""伊-16"号潜艇的潜逃并未逃过"英格兰"号护航驱逐舰上声呐兵的耳朵，接着，定深60米的一排深水炸弹射出，可是仍然被武内指挥"伊-16"号潜艇躲过。"英格兰"号连续攻击了4次，都被狡猾的"伊-16"号逃过，幸运的是，舰上的声呐始终死死地咬住了它。下午14时23分，"英格兰"号发起了第5次攻击，一排"刺猬弹"齐刷刷地落到目标区的海面中，几秒钟后，一连串爆炸声在水中响起，只听见从海洋深处传来一声闷雷似的巨响，舰长知道深水炸弹已命中了目标。20分钟后，海面上浮出了木板、污油、废罐头、大米袋。"伊-16"号潜艇在"刺猬"式深水炸弹的打击下发生大爆炸，葬身于大海深处，这是"英格兰"号创纪录时的第一个猎物——日本"伊–16"号潜艇。

5月20日,日本第51潜艇分队司令加户大佐率7艘潜艇离开塞班海军基地,日夜兼程,驶往美国海军舰队必经的航道,马努斯岛东北海域,伺机攻击美军舰队,日本第51潜艇分队的行踪又被美国海军情报部门侦察到了,美国第39护卫舰分队再次奉命出击,"英格兰"号、"乔治"号和"拉比"号护航驱逐舰紧急出航,驶往马努斯岛东北预定海域。5月21日,"乔治"号上的雷达首先发现了一艘正在水面行驶的日本"吕–106"号潜艇。分舰队司令汉斯中校当即下令3艘护卫舰前去围堵。

"吕–106"号潜艇发现情况不妙,马上紧急下潜,在海面上消失了,"乔治"号和"英格兰"号护航驱逐舰同时向潜艇下潜的地方发射深水炸弹,但都没有命中目标。原来狡猾的"吕–106"号潜艇下潜后,并不降速潜伏,而是在水下向"英格兰"号驶去,企图利用"英格兰"号的尾流作掩护,逃脱美舰的追击。"英格兰"号舰长识破了敌人的伎俩,立即命令掉转舰首,用声呐罩住"吕–106"号潜艇,接着射出了深水炸弹几分钟后,"英格兰"号上的人们听到了熟悉的闷雷似的巨响,"吕–106"号潜艇沉入了海底。

5月22日,"英格兰"号又击沉了一艘日本"吕–104"号潜艇。5月24日,"英格兰"号护卫舰再显身手,击沉日本潜艇"吕–116"号。5月26日,"英格兰"号护卫舰再露锋芒,击沉日本潜艇"吕–108"号。为了全歼这一海域中的日本潜艇,美国的"斯彭利尔"号和"黑泽伍德"号护卫舰也来参战。5月30日凌晨,"黑泽伍德"号护卫舰发现了一艘日本潜艇,汉斯中校当即命令"乔治"号、"拉比"号和"黑泽伍德"号一起去围歼日本潜艇。

3艘美舰用"刺猬"式深水炸弹发射炮和舰尾滑道发射深水炸弹,可是,那条日本潜艇都狡猾地躲过了深水炸弹的攻击,被发现的那条潜艇,是日本第51潜艇分队司令加户大佐乘坐的"吕–105"号潜艇,它在3艘美国军舰的围歼下,已在水下潜航了25个小时,艇内氧气即将耗尽,急需补充新鲜空气。入夜后,加户命令"吕–105"号潜艇借着夜色的掩护,悄悄地浮出水面换气。不想"吕–105"号潜艇浮出水面的位置,正好位于"乔治"号和"拉比"号护卫舰之间。两舰虽同时发现了"吕–105"号潜艇,但由于相距太近,无法向潜艇开火,等两舰调整好方位,加户已命令潜艇紧急下潜,3艘美舰再次施放深水炸弹,可就是无法命中目标。

"英格兰"号护卫舰在距"吕–105"号潜艇1800米处用声呐再次发现了目标,并紧紧地跟踪着,7时30分,"英格兰"号上的"刺猬"式深水炸弹齐射,几分钟后,海面下传来了猛烈的爆炸声!爆炸点太深了,以至水面上连一个旋涡都没有,"英格兰"号在目标海域继续搜索,耐心等待。终于,他们看见了浮出海面的潜艇残片,这艘与美舰周旋了30多小时、躲过了21次攻击的"奸鼠"终于一命呜呼。

"英格兰"号护航驱逐舰在12天的战斗中,连续击沉6艘日本潜艇,而自身却丝毫无损,这在世界海军史上是空前的,因此,"英格兰"号获得了"战果最显著的猎潜舰"的美誉,"英格兰"号因此殊功,荣获总统奖章。在太平洋战争中,"英格兰"号除了总统奖章外,还获得10枚作战勋章,为盟国战胜日军立下大功。海军作战部长奥内斯特·金将军保证,在美国海军舰艇序列中,将永远保留"英格兰"号的英名。1945年10月15日,"英格兰"号被宣布退出现役,1960年10月6日,美国海军一艘新的驱逐舰DLG-22号下水服役,按照金将军的诺言,该舰被命名为"英格兰"号。

装甲战舰

——"格拉夫·斯佩海军上将"号

"格拉夫·斯佩海军上将"号是德国海军仅有的3艘袖珍战列舰中最具传奇色彩的一艘,因为打响了第二次世界大战中的第一场海战而备受各方关注,当年的"格拉夫·斯佩海军上将"号袖珍战列舰风光无限,它是德国在受《凡尔赛和约》限制下独创的一种"装甲巡洋舰",它凭借33门火炮和

8具鱼雷发射管和极大的行驶速度，曾独自扼守南大西洋的水面交通要道，成为第二次世界大战初期恶名远播的"海上杀手"。

"格拉夫·斯佩海军上将"号虽名为"袖珍"，但其火力却大大超过了一般的重巡洋舰，厚重的装甲使它能抵挡203毫米巨炮的轰击，一旦失手，它又能开足马力，以28节的高速溜之大吉。对盟国海军来说，这艘袖珍战列舰就是一头凶恶、灵活的"海上鳄鱼"，神出鬼没地威胁着海上的运输船只。

在第一次世界大战中，德国军舰曾经在日德兰大海战中使强大的英国海军吃够了苦头，第一次世界大战后，英美等国彻底肢解了德国的公海舰队，还在1919年6月28日签署的《凡尔赛和约》中添加了许多防范德国海军重新崛起的条款，条款中明确规定："战败的德国不准建造和拥有一艘无畏型的战列舰"，然而没过多久，英美等西方列强于1922年2月6日在美国华盛顿召开会议，会上签署的《华盛顿条约》却意外地给德国海军舰队的复活带来了一线希望，该条约允许德国海军设计建造排水量不超过1万吨、可以携带280毫米口径舰炮的军舰，这为后来德国袖珍战列舰的诞生留下了不可多得的机会。

雄心勃勃的德国人想尽办法，如何在《华盛顿条约》允许的范围内充分发挥当时的技术优势，设计建造一种介于战列巡洋舰和重巡洋舰之间的新型装甲战舰。简单地讲，该级舰的火力比当时的任何一艘装备203毫米火炮、只有轻装甲防护的一万吨级条约型重巡洋舰都要强，高达26节的航速比当时的战列舰要快，使其能避免与之交火，能够进行远洋破坏交通运输作战。德国海军于1926年决定"德意志"级总共建造5艘，但实际上"德意志"级只建造3艘，分别为"德意志"号、"舍尔海军上将"号和"格拉夫·斯佩海军上将"号，这3艘袖珍战列舰的建成使德国人有了一支初具规模的舰队。

1939年9月3日，英国对德正式宣战。当天邓尼兹派出的U-30号潜艇便初战告捷，击沉英国邮轮"雅典娜"号，由此大西洋海战拉开序幕。当时，英国舰队的实力远非德国舰队能比，英国立即封锁了德国的北海沿岸及波罗的海的出口，不过对英国人的这一举措早有预料，在战争开始前，"格拉夫·斯佩海军上将"号袖珍战列舰和另一艘袖珍战列舰"德意志"号及部分潜艇派到了海上，战争一爆发它们便立即向同盟国的运输商船发起了频频的袭击。从8月底离开家乡威廉港进入南大西洋阵位后，到1939年12月中旬，"格拉夫·斯佩海军上将"号已先后击沉了9艘敌方商船，这几条永沉海底的运输船让"格拉夫·斯佩海军上将"号名声大噪。只要这艘袖珍战列舰出动，在它航程之内的任何运输船只都不再安全。一时间，"格拉夫·斯佩海军上将"号的恐怖阴影笼罩着整个南大西洋。

英国皇家海军对"海狼"——德国海军的潜艇无可奈何，但对付德国的袖珍战列舰却很有一套，为保护海上交通大动脉的安全，英国海军派出3艘巡洋舰"埃贾克斯"号、"阿基里斯"号和"埃克塞特"号，专门追踪"格拉夫·斯佩海军上将"号，这一追就是数月。

猎人也有成为猎物的时候，"格拉夫·斯佩海军上将"号的风光很快就到了头，紧随而来的是无法逃脱的厄运，1939年12月13日黎明，3艘英国巡洋舰假扮成商船瞄准机会，在南大西洋上蒙得维的亚附近海域伏击了"格拉夫·斯佩海军上将"号，首先给这艘德国战舰出其不意的打击，第二次世界大战中的首场海战也由此拉开了帷幕。

"埃克塞特"号、"埃贾克斯"号和"阿基里斯"号重巡洋舰布成"品"字形战阵，向"格拉夫·斯佩海军上将"号猛烈轰击。德国人也不甘示弱，前、后两座主炮塔的6门280毫米大炮和船舷的8门150毫米副炮全力还击，战斗一直持续到深夜，参战的双方战舰都遭到对方猛烈的炮击。"格拉夫·斯佩海军上将"号也损失惨重，舰上有36名船员丧命，60名伤员中也有数人伤重不治，而战舰必须进行修理才能继续投入战斗。

德国人在雷达的引导下，找准英国舰队的缝隙，居然钻出了包围圈。在走投无路的情况下，汉斯·朗斯多尔夫舰长指挥战舰驶向中立国乌拉圭的蒙得维的亚港。"格拉夫·斯佩海军上将"号急需补充燃油和修理破损，返回德国似无可能，只得暂时躲避在蒙得维的亚港内，12月15日，英国一艘重巡洋舰已赶来支援，此外，英国还虚张声势，散布了还有一支中型舰队等待在拉普拉塔河口的谣言，汉斯·朗斯多尔夫舰长信以为真，以为自己已被团团围困，按国际法规定交战方舰船只能在中立港口停留72小时！"格拉夫·斯佩海军上将"号在规定时间内根本无法修复，其实只要硬挺着在港内不出，舰上官兵的生命便可以保全，但这个死硬的纳粹舰长选择了另一条路。

星期日下午，随着朗斯多尔夫的一声军令："格拉夫·斯佩海军上将"号拔锚启航，驶向港外。一出港口，他立刻发现，辽阔的海面上，威风凛凛地耸立着7艘英国战舰，它们正高昂着炮口，严阵以待，朗斯多尔夫意识到再战也无生还的可能，便下达了沉船的命令。8时44分，站在救生艇上的朗斯多尔夫最后看了一眼自己的战舰，按下了遥控起爆器，早已装在舰上的炸药轰然爆炸，遮天蔽日的浓烟瞬间吞噬了不可一世的"海上杀手"。纳粹德国海军的"皇后"自沉了，至此，"格拉夫·斯佩海军上将"号自参加第二次世界大战到灭亡经历了短短三个月的时间。尽管在战争中"格拉夫·斯佩海军上将"号对英、法等国造成的物质损失并不算太大，但它成功地吸引了大量英国军舰和辅助舰只的注意力长达3个月之久，而如果这些舰只用于其他海域作战可能会取得更好的战果，从这个角度来看，"格拉夫·斯佩海军上将"号取得了不小的战绩。

朗斯多尔夫舰长在"格拉夫·斯佩海军上将"自沉后，于1939年12月19日饮弹自尽，他的尸体在20日早上被发现，全身被包裹着自己军舰的旗帜，随后他被就地埋葬在那里。英国前首相温斯顿·丘吉尔在他关于第二次世界大战的著作中这样描绘朗斯多尔夫舰长的行为——"格拉夫·斯佩海军上将"号受到勇猛果敢的指挥，战术神出鬼没，成为德国海军最为活跃的海上袭击舰。

从2004年2月起，以乌拉圭为主的多国潜水员开始打捞这艘充满传奇色彩的袖珍战列舰，然而进展并不太顺利，迄今为止，由埃克托尔·巴多率领的打探队只捞出一具300千克的青铜雄鹰，这是"格拉夫·斯佩海军上将"号的舰首像。

大炮巨舰时代画上句号

——纳粹海军的最后一仗

"沙恩霍斯特"号战列巡洋舰是第二次世界大战中德国最著名的水面舰只之一，它于1935年5月在威廉港始建，1936年10月下水，它的下水曾轰动一时，纳粹头子希特勒曾亲自参加了它的下水仪式，1938年1月"沙恩霍斯特"号正式服役，"沙恩霍斯特"号取代"格拉夫－斯佩"号成为纳粹舰队的旗舰。

由于德国设计人员缺乏经验，这艘仓促建成的军舰，存在着很多缺陷，不伦不类。其排水量与英国的战列舰相当、速度与战列巡洋舰相当、装甲厚度又大于战列巡洋舰，可火力又介于战列巡洋舰和巡洋舰之间。其结果是英国的战列舰追不上，巡洋舰打不过，战列巡洋舰与之较量又要吃亏。因为"沙恩霍斯特"号具有以上意想不到的古怪特点，使其像条鲨鱼，既凶猛，又难捉。"沙恩霍斯特"号战列巡洋舰是第二次世界大战中德国海军最富有传奇色彩、战绩最大的舰只。虽然它最终还是落得了长眠海底的悲剧性结局，但是它的存在曾长期令盟国海军头疼不已，而且首创了以舰炮击沉航母的战例。

1943年下半年，德国在苏联已陷入困境，在这种背景下，盟国前往苏联摩尔曼斯克的护航运输队又重新恢复。当海军元帅邓尼茨接到飞机报告，由19艘商船编成的JW-55-8护航运输队正以8节航速通过挪威海时，他手中唯一能够动用的大型战舰只有"沙恩霍斯特"号战列巡洋舰了。为了切断苏联这条海上补给线，邓尼茨通过无线电报向前线指挥作战的海军少将埃里希·贝下达了作战命令："敌人试图通过为俄国人提供粮食和武器的重要商船队为我们的东线圣战增加困难。为此，我们必须向我们的东线部队提供帮助。我们寄希望于'沙恩霍斯特'号上的无敌重炮群。我相信你们的进攻意志。"并称，"一旦英海军主力出现，便立即撤出战斗。"

当邓尼茨派"沙恩霍斯特"号出击时，他只知道JW-55-8护航运输队已从苏格兰的埃韦湾启航，护航兵力单薄，事实上，皇家海军早就做好了跟埃里希·贝少将摊牌的准备。

1941年5月，一支英国舰队在格陵兰岛附近将德国的U-110号潜艇逼出水面，英国人在潜艇的电报柜中找到了密码电报，英国几百名数学专家利用这些电报顺利破译了德军使用的"恩尼格玛"密码系统，从此英国人可以接收和破译德军总部发往舰船的大部分电报内容，"沙恩霍斯特"号刚一出动，英国方面就已获得了准确的情报。英军新式战列舰"约克公爵"号和它的姊妹舰组成"二号战斗编队"向挪威海域全速前进，舰上官兵都意识到，这是全歼德国海军的重要一役，也许是第二次世界大战结束前与德军进行的最后一次大规模海战，此时英国海军已稳操胜券。

26日7时30分，德国舰队驶抵熊岛东南约40海里洋面，"沙恩霍斯特"号在航行中雷达损坏，成为了一只冰海的瞎蝙蝠，这为英国战舰提供了极佳的机会。"沙恩霍斯特"号没有找到护航运输队，遂掉头南下，去搜索护航运输队。9时许，英国"一号战斗编队"拦住了它的去路，双方进行了短暂的交火，"沙恩霍斯特"号被命中数发炮弹，9时46分，埃里希·贝向邓尼茨拍发了一份电报："和敌巡洋舰交火，敌舰配有火炮瞄准雷达。"

为保存实力，埃里希·贝紧急下令撤出战斗，14时30分，下达返航命令，此时"沙恩霍斯特"回程不到200海里，20时许，它就可以返抵挪威海岸。

"沙恩霍斯特"号因为雷达损坏，正在黑夜中摸索前进，三座炮塔均处于静止状态，它完全没有意识到前方以"约克公爵"号为旗舰的英军"二号战斗编队"的炮口正在迎接它的到来。此时"沙恩霍斯特"号正在挪威海岸以北70海里处向东高速前进，在它的北面大约10海里处是英国的巡洋舰队（3艘巡洋舰），正与它向东平行航行，在它的舰尾偏南方向是英国"约克公爵"号战列舰、一艘巡洋舰和4艘驱逐舰，英舰正在对它形成包围之势，约翰牛张开的大口就要合上了，英国皇家海军占绝对压倒优势，单是"约克公爵"号战列舰的10门356毫米火炮，一次齐射就能朝"沙恩霍斯特"号发射7吨穿甲弹。

　　昏暗的天光下，能见度大约为1.2万米，"沙恩霍斯特"右舷瞭望员举起望远镜，目镜中出现了一团隐约的暗影，他放下望远镜，揉揉眼，再次扫视着那个可疑的方向，"正前方，发现敌舰！"他惊叫道。在这片暗无天日的洋面上，英德双方舰只正相向而行，不期而遇了。午后，德舰首先发现了英国巡洋舰，279毫米主炮立即瞄准了英舰"贝尔法斯特"号，下午4时54分，一颗照明弹从皇家海军轻巡洋舰"贝尔法斯特"号上呼啸着钻入夜空，转瞬间黑暗的天空变得如同白昼一般，孤独的"沙恩霍斯特"号在茫茫的大海上露出了它巍峨的身躯，许多从未见识过"沙恩霍斯特"号威严的英国水兵不禁啧啧称奇。而"沙恩霍斯特"号的官兵也仿佛魔法般的一下子涌到了甲板上，此时的"沙恩霍斯特"号已然陷入数艘英国军舰的合围之中。"准备战斗！"舰长埃里希·贝发出了命令，他知道此时此刻只有虎口拔牙般地拼命了，素质优良的德国水兵们在战斗警报声中快速进入战位，只等那决定生死的时刻到来，埃里希·贝下达了攻击命令，曾经将英国海军光荣号航空母舰送入地狱的279毫米炮弹离膛而去，巨大的水柱将"贝尔法斯特"号团团围住，英舰毫不逊色地展开了反击，一场激烈的海战在风雪交加、怒涛汹涌的冰海上拉开了序幕。当两舰的距离只剩下14海里时，1发360毫米炮弹已经向德舰射来，双方旋即转入了最重量级的死拼，当"沙恩霍斯特"号从左舷的浪谷中跃起时，它那279毫米炮开始喷出了道道橘红色的火球。甲板上翻起团团白色的硝烟，经冷风一刮，四下乱窜。双方的距离实在是太近了，尽管"沙恩霍斯特"号具备航速上的优势，可是仍然无法逃脱英舰"约克公爵"号火炮的射程，360毫米巨炮炮弹不断地在它周围爆炸，被击起的水柱将它牢牢罩住，"沙恩霍斯特"号自然不会坐以待毙，283毫米巨炮对英舰还以颜色，这是人类历史上最残酷、最激烈的海战之一，交战双方中的任何一次准确的命中都可以导致对手的彻底毁灭。

　　"沙恩霍斯特"号此时的目标只有一个，那就是比它更壮、更猛的"约克公爵"号战列舰，只有背水一战消灭这艘皇家海军的新型战列舰才有可能改变自己垂死的命运。于是279毫米巨炮直指"约克公爵"号,"沙恩霍斯特"号还击的炮火准确命中了"约克公爵"号的桅杆,但这发炮弹没有炸开,只是将约舰桅杆上的雷达天线砸断。一名英勇的英国军官顶着狂风冒死攀上桅杆将天线修好,而"沙恩霍斯特"号趁机赶快逃跑。此时"沙恩霍斯特"号处境不妙,没有雷达什么也干不成。一艘盲目乱撞的德舰,和一个实力不明、目光锐利的对手较量,只能甘拜下风。

英舰的立世之本是更为有力的炮火及更为强壮的舰体,而德舰所能依赖的是更高的机动性能和日耳曼士兵高超的战斗技能。到现在为止,他们已经成功地两次命中英舰"诺福克"号、一次击中"约克公爵"号。但是随着战斗的持续,素有优良传统的皇家海军愈发表现出骁勇善战的本色,英舰队上下都明白今天将是改变历史的一天,一发紧似一发的炮弹向着"沙恩霍斯特"号射去,"沙恩霍斯特"号航速增大到了31节。它和英舰拉开了距离,然而仍未逃出"约克公爵"号的火炮射程,伴随一声巨响,舰桥前方迸出一道强光,一座主炮中弹起火,接着一团浓密的黑烟从"沙恩霍斯特"号舰艏的主炮炮台上腾起,并在几十米的高空中幻化为明亮的橙色火光,"沙恩霍斯特"号终于被击中了!英舰官兵深受鼓舞,命中率也不断升高。又一发炮弹准确地击中沙舰舰艏的另一个主炮炮台,第三发炮弹则击中了"沙恩霍斯特"号位于吃水线上的锅炉房,炮弹击穿了一根通向轮机的重要的蒸汽管道,"沙恩霍斯特"号的航速一下子从30节降到了10节。

"左舷,两艘敌舰!"它们是英国驱逐舰"索马斯"号和"野人"号,正以30节高速破浪而来,"右舷,敌舰两艘!"英国驱逐舰"蝎子"号和"斯托尔德"号已切断"沙恩霍斯特"号的前进航线,英国人左右展开围了上来。

"蝎子"号和"斯托尔德"号各发射了8条鱼雷,"沙恩霍斯特"号成功地规避了15条鱼雷,但舰桥附近还是被一条鱼雷命中,舰体水线下闪出一片强光,一根根白色的水柱冲天而起,飞溅的海水卷上甲板,冲刷着已遭破坏的前主炮炮塔。"索马斯"号和"野人"号也冲到"沙恩霍斯特"号右舷1海里处,冒着猛烈的炮火,一连发射了12条鱼雷。有3条鱼雷命中目标,冰冷的海水从德舰装甲板的数个破口涌进舱内，将来不及逃走的舰员毫不留情地淹死。19时，"约克公爵"号追上了逃跑的德舰，再次用356毫米主炮进行轰击。第一次齐射，就击中了"沙恩霍斯特"号。第二次齐射，又撕开了它的鸭尾梢和水上飞机库。上层建筑和下甲板中弹起火，"沙恩霍斯特"号成了一座烈火地狱，整个战舰都被浓烟烈火笼罩着。

意识到自己的末日到了。面色铁青的埃里希·贝一边命令轮机兵进行紧急抢修，一边给邓尼茨及"元首"发电。他的电文如下："只要我们还有最后一发炮弹，我们都将坚持战斗！"

4艘英国驱逐舰将鱼雷一条条地投入冰冷的海洋，远处的爆炸声此起彼伏，"沙恩霍斯特"号燃起的大火照亮了天空，这艘巨舰如今已是伤痕累累、一片狼藉再也不能动弹了。"约克公爵"号及3艘巡洋舰再度出场，此时它的猎物仍在做最后的挣扎，虽然已经无法对英舰构成任何威胁了。英舰继续将无情的炮弹不断地抛投到"沙恩霍斯特"号身上，突然沙舰身子向南方发生了倾斜。晚上7时12分，"贝尔法斯特"号终于敲掉了沙舰最后一座主炮炮塔，令英军司令感动的是，仅剩下两门150毫米副炮的沙舰还在继续战斗。

19时11分，埃里希·贝收到了邓尼茨的回电："潜艇部队和驱逐舰部队正火速赶赴战场。"埃里希·贝瞧了瞧电文，嘴角露出了一丝苦笑，一股寒风裹着浓烟从裂缝钻进了舰桥，迷眼呛人，他随手扔掉了电文。舰体的倾斜加大，使150毫米炮无法开火。埃里希·贝舰长打开了扩音器："全体注意，穿救生衣！"片刻，他又补充道："弃舰！"45分钟后，"沙恩霍斯特"号舰艉猛地向下一沉，整条船笔直地没入了大洋。事后通过统计来自各方面的资料发现，"沙恩霍斯特"号遭受的打击是令人震惊的——数百发炮弹在沙舰上爆炸，在对"沙恩霍斯特"号进行攻击的55条鱼雷中至少有17条直接命中！

伴随"沙恩霍斯特"号一起沉入冰海的共有1968名德国官兵，几百人在它沉没时跳进了大海，冰冷刺骨的海水使得落水官兵在几分钟内便失去了知觉，接着便溺水而亡。英国驱逐舰在茫茫冰海上全力搜寻幸存德军，"蝎子"号和"无比"号两舰总共只救起了36名冻僵了的水兵。他们浑身沾满油污，死死地抓着救生筏，正用一种毛骨悚然的声调，哼着一首古老的歌："水兵的坟墓不会开出鲜花。"

据史料分析，由于通信困难和错误的导航，德军未能及时地搜寻到英军编号为JW-55B的物资舰队，导致了德军著名的战列巡洋舰"沙恩霍斯特"号于1943年12月26日在挪威北部的北角海域被英军击沉。沙舰的死亡出击是最后的一次传统模式的海战，沙舰的沉没为大炮巨舰的历史划上了凄婉的句号，在这以后，潜艇与航空母舰的作用愈加明显，并将海战的作战方式推入了一个崭新的阶段。

"复仇者"拦截德日水下交易

——"I-52"号潜艇沉没之谜

第二次世界大战中后期，日本军方希望从德国获得新武器和新技术，而德国则需要来自日本占领区的原材料和战略物资，但双方的陆路交通被阻断，德国方面派出的船只只能取道大西洋与日本交换物资。对于潜艇的水下运输，日本人并不陌生，1943年初，日本海军就秘密派遣一艘编号为I-8的大型潜艇，成功地完成了从日本到欧洲的货物运输任务。尝到甜头的日本人开始建造更大型的潜艇，为建立与德国之间的水下秘密运输线作准备。

1944年1月20日，日本海军副参谋长电告日本驻柏林海军武官：I-52潜艇将于3月16日从日本佐世保起航，途经台湾海峡，在新加坡作短暂停留后，将于下旬赶往最后的目的地———法国洛林。潜艇中载有大量德国急需的战略物资，其中锡、钼、钨等贵重金属228吨，鸦片288吨，奎宁3吨，生橡胶54吨。此外，海军副参谋长还在电报中特别强调了艇上还载有146

根金条，重达两吨，分装在49个金属密封箱内，要求德国必须作好护卫和接收准备，确保万无一失。

I-52是日本研制的一艘可运载300吨货物的大型潜艇，1943年底，I-52潜艇在日本海军基地建造完成，它航速11节，续航能力特别强，不需中途加油，航程就可达1.9万千米，并可携带三个月的生活给养。为了自卫，潜艇的前甲板上还装了1门140毫米的火炮，在日本人看来，有了I-52，建立一条穿越大西洋的水下运输线将万无一失。经过紧张的准备，在司令官龟雄宇野的指挥下，于1944年3月16日离开日本佐世保军港，秘密驶往控制在德国手里的法国港口洛林。由于I-52仅有一艘且是第一次远航，德国海军及日本驻德海军武官对它都很不熟悉，于是便频频请求东京电示I-52的外型特征，以便接收。1月29日，东京海军总部电告柏林："艇外部特征极为特殊，未设停机坪，艇身前甲板装有一门140毫米火炮。"德军与日本驻德海军武官终于弄清了I-52的特征细节，不过，他们没有想到，盟军几乎是与此同时搞清了潜艇的相关情况，原来，日德之间的无线电报已全都被盟军情报部门截获并破译了。

按事先与德国人的约定，5月15日，I-52绕过了非洲好望角，进入大西洋，这艘自以为能瞒天过海的日本潜艇没想到的是，美军司令部的海图上已经赫然标出了它要与德国潜艇接头的精确位置！6月23日19时30分，德国U-530潜艇首先到达会合点，焦急地等待了将近4个小时后，U-530的声呐兵终于听到了I-52的螺旋桨声，两艘法西斯潜艇立刻浮出水面，U-530艇艇长肯特少校放下一条橡皮艇，将领航员、无线电操作员和无线电台送上I-52，2小时15分钟后，双方才交接完毕。与此同时，停泊在90千米外的美国第10舰队的小型反潜航母"博格"号，已经下令泰勒上尉驾驶"复仇者"式鱼雷轰炸机急速升空，直扑I-52潜艇。

2时45分，泰勒上尉驾驶的"复仇者"式鱼雷轰炸机突然出现在海域上空，并用探照灯搜寻海面。U-530匆忙潜入深水，逃到了安全海域，然而，I-52可没有那么幸运，泰勒上尉的"复仇者"出现在它头顶上时，它正在海面上以12节的速度慢悠悠地散着步，听到鱼雷机巨大的轰响声，龟雄司令官才命令紧急下潜，但龟雄的命令还是下晚了，泰勒上尉驾驶着"复仇者"式鱼雷轰炸机轰鸣着飞过I-52的艇艏，在潜艇的艏、艉两处分别投下一颗威力巨大的深水炸弹，然后，又瞄着匆匆躲进水中的潜艇投放了一枚Mk24鱼雷。此后，U-530就再也没有收到过来自I-52的信号，日本驻柏林海军武官还抱着一丝希望，期望能够举行一个隆重的庆祝仪式，然而，随着时间的推移，I-52生还的希望越来越渺茫，8月30日，德国海军正式宣布：I-52失踪，可能被盟军击沉。

美国军界一直把第二次世界大战中攻击日军I-52潜艇作为一次成功击毁潜艇的战例，为此，当时执行轰炸任务的泰勒也获得了海军颁发的飞行十字勋章。I-52的沉没是第二次世界大战中盟军无线电情报战成功的范例，在此之前，日德已经有18艘物资运输潜艇被盟军击沉，而I-52的沉没无疑是对日德最沉重的打击。

"孤独的北方女王"

——"提尔皮茨"号战列舰

在那个风起云涌的两次世界大战海上战场，战列舰无疑是一种力量的象征，也是一个时代的代名词，虽然它的时代已经过去，但它带给你的那种无法匹敌的震撼感让人永远无法忘记，德国海军于1936年10月动工建造，1940年12月服役的"提尔皮茨"号战列舰，就在第二次世界大战中演绎了许许多多的故事。

"提尔皮茨"号战列舰是以"德国海军之父"、德意志帝国海军元帅阿尔弗雷德·冯·提尔皮茨命名的"俾斯麦"级战列舰，它是德国海军最具威力的"俾斯麦"号战列舰的姊妹舰，这一级别的战列舰，德国一共只生产了两艘。"俾斯麦"号被击沉后，它成了德国海军手中的一张王牌，素有"北方孤狼"之称。

"提尔皮茨"号标准排水量4.2万吨，航速30节。舰上武备计有380毫米主炮8门，150毫米副炮12门，105毫米高射炮16门，37毫米高射炮16门，20毫米高射机关炮20余门，曾经饱尝过"俾斯麦"号苦头的英国人，对它是谈虎色变。在"俾斯麦"号被击沉后，德国海军意识到出动大型水面舰只在没有空中掩护的情况下深入大西洋破交是一种不切实际的想法，所以他们改变策略，将"俾斯麦"号的姊妹舰"提尔皮茨"号派往纳粹海空力量较强的挪威伺机出击，以图配合潜艇与航空兵切断盟军的北极航线和大西洋航线。这一策略最初十分有效，为了防止"提尔皮茨"号可能进行的偷袭、保护北极航线和大西洋航线，皇家海军包括战列舰和航空母舰在内的大量大型舰只都被牵制北冰洋水域，这对皇家海军在其他战场的作战产生了相当程度的不利影响。

希特勒曾对海军司令雷德尔元帅说过："如果哪一艘德国军舰不是在挪威沿海，那它一定是在错误的地方。"1942年年初，"提尔皮茨"号被调往挪威，驶入了位于挪威中部的特隆赫姆港。当时，在通往苏联北部港口摩尔曼斯克的航线上，频繁地航行着一支支满载战争物资的同盟国护航运输队。"提尔皮茨"号停泊的挪威海岸，就处在这条航线的附近。它犹如一个拦路强盗，随时都可能突破对方的警戒幕，袭击盟国的船队。为此，英国不得不在北海水域始终保持一支相当雄厚的兵力，其中包括两艘新型战列舰和一艘航空母舰。

1942年9月26日，在完成了全部训练和调试后，"提尔皮茨"号开始了服役后的第一次作战任务，"提尔皮茨"号离开阿尔塔峡湾北上，开始截击北方航线船队的行动，目地是为了要切断盟国支持苏联的"北极航线"。

鉴于威胁北极航线的德军大型水面舰艇只剩下"提尔皮茨"号战列舰，为消除这一威胁，苏军于2月11日晚出动15架挂载1000千克重磅炸弹的重型轰炸机，飞往"提尔皮茨"号的锚泊地挪威阿尔塔峡湾。由于苏军飞行员地形不熟，天色又黑，最终只有4架飞机发现德舰并实施了攻击，投下的炸弹只有一枚近失弹给德舰造成了轻微损伤。为了能够彻底或者暂时消除"提尔皮茨"号的存在对盟军战略造成的不利影响，皇家海军的将领们决定主动出击，将"提尔皮茨"号与和它协同作战的"沙恩霍斯特"号与"吕佐夫"号一并消灭在它们的基地。

这三艘军舰均躲藏在挪威北部的阿尔塔峡湾，峡湾群山环抱，为这些军舰提供了一道理想的天然屏障。峡湾的入口处密布雷阵，在锚地中布设有多组反潜网和防雷网。为了防止盟国空袭，在峡湾周围的群山上还配置了大量的高射火炮，所有这些不利因素都提高了突击作战行动的难度。在权衡了各种可行的方案后，皇家海军决定出动X型微型潜艇对"提尔皮茨"号进行偷袭。为了消除北方航线上的心腹之患，英国人在飞机进行轰炸依然不能奏效的情况下，决定效法意大利海军进行水下突袭。英国人开始投入大量精力研制代号为"X"的袖珍潜艇。X型袖珍潜艇，长14.6米，直径约1.8米，艇员4人。耐压艇体内装有一部供水上航行的柴油机和一部供潜航用的电动机。主要攻击武器是两个各装4000磅炸药的金属筒，分别固定在主艇体外左右两侧。攻击的程序和方法是：X型艇由母艇（潜艇）拖曳至目标区，然后脱离母艇，驶向目标舰，抵达目标舰后，将炸药筒解下，置于目标舰的下方，再迅速撤离。

1943年9月11日下午，11日至14日，天高气爽，英军6艘潜艇先后驶出基地，各自拖带一艘X型艇，这一天海上风平浪静，潜艇航渡一帆风顺。各艇均以较高的航速驶向目标区。22日凌晨4时，在通过了铺设在军舰周围的防鱼雷网后，两艘X型艇接近了目标"提尔皮茨"号，这两艘X型艇先后在该战舰的下方放置了携带的爆破装置，设置的时间到了，巨大的爆炸将"提尔皮茨"号震离水面，使它遭到了较严重的破坏，该舰因此瘫痪了6个月才恢复了战斗力。这次袭击是成功的，"提尔皮茨"号在相当长的一段时间内失去了战斗力，其后果是深远的。

同年12月，"沙恩霍斯特"号铤而走险，单枪匹马地向北极水域出击，很快就被英国舰队击沉了。如果"提尔皮茨"号没有受伤，与它一起协同作战，战斗结局也许就会迥然不同。

尽管"提尔皮茨"号战列舰已被英国皇家海军击伤，暂时躲避在挪威阿尔屯港"养伤"，但是它的存在依旧是皇家海军的心腹大患，"提尔皮茨"号随时可以伤愈复出，这对盟军在1944年为开辟第二次世界大战战场而即将展开的欧洲登陆计划来说是一个严重的威胁，丘吉尔首相特别指示英国海军，务必将其击沉或重创。1944年初，英国海军就决定在"提尔皮茨"号修复被X艇所造成的损伤之前再次发动袭击，力求击沉或重创它，以彻底消除对北极航线的威胁。由于德军采取了更为严密的防范措施，X型艇已难再奏效，所以英军准备以航母舰载机进行攻击。

4月3日，6艘航空母舰出动了总共41架攻击机（不包括战斗机）前往攻击"提尔皮茨"号。"提尔皮茨"号被命中大小共15弹，从1944年8月22日起到8月29日，英军舰载机先后4次对"提尔皮茨"号进行大规模空袭，但都没有造成德舰多大的损害。

直到1944年4月，"提尔皮茨"号才蹒跚南驶，在它离开峡湾后，英国的陆基飞机蜂拥而来，轮番轰炸，使它屡受创伤。

这一年11月12日，英国空军出动轰炸机携带专门设计用来对付大型军舰的5.5吨的"高脚柜"超级炸弹，两枚"高脚柜"直接命中"提尔皮茨"号的舰体，4枚近失弹在船体附近爆炸，"提尔皮茨"号终于被炸沉在挪威特罗姆塞以西4海里的林根峡湾哈依岛南侧海域，结束了它短暂的一生，有902人随舰沉没。

为了击沉这艘超级战列舰，英军前后曾出动过人操鱼雷、袖珍潜艇。还组织过13次大规模空袭，出动过600架次飞机，终于如愿以偿，战后，一家从事废钢铁贸易的公司，在向挪威政府支付了12万克郎后获得了"提尔皮茨"号残骸的所有权。

有"北方孤狼"之称的"提尔皮茨"号从未参加过任何一场堂堂正正的海战，但是作为一艘超级战舰，虽然只待在港内，但却吸引了大量英国和部分美国的海军力量为其前往苏联运送战争物资的船队护航。它的存在本身就是莫大的威胁，迫使英国海军本土舰队在北海部署了大量的兵力，丝毫不敢掉以轻心，其兵力不敢放手在其他作战方向。在1942年7月期间，它的出航迫使盟军的PQ-17护航运输船队解散了护航队，召回了护航舰，最后使得失去保护的运输船遭到惨重损失，而"提尔皮茨"号在这场战斗中竟然一炮未发就收到全功，这就是它的价值！由于它长期部署在北方海域，又缺乏其他大型水面军舰的配合，形单影孤，得到了"北方孤狼"的称号，同时由于它的孤单与尊贵，人们又把它称为"孤独的北方女王"。

舰载航空兵时代的开端

——突袭塔兰托

塔兰托军港，位于意大利酷似长靴的亚平宁半岛足跟脚弓处的塔兰托湾东北部，舰队从塔兰托出发，可与西西里岛遥相呼应，严密控制东地中海，如此得天独厚的自然条件，加上完善的后勤保障设施，使塔兰托毋庸置疑地成为意大利最重要的海军基地。以该港为基地的就有4艘战列舰、8艘重巡洋舰、5艘轻巡洋舰、16艘驱逐舰、4艘护卫舰、21艘潜艇、8艘高速鱼雷艇以及其他舰艇多艘，正因为塔兰托驻有如此多的军舰，尤其是锚泊的战列舰和重巡洋舰几乎占意大利海军的70%，所以有人说，如果把意大利海军比作是一柄宝剑的话，那塔兰托就是锋利的剑刃！1940年7月15日，意大利战列舰"杜伊里奥"号完成了现代化改装，8月2日，新型战列舰"利托里奥"和"文内托"号编入舰队，它们是意大利最优秀设计家和卓越工艺的杰作，标准排水量4.4万吨，装备381毫米大炮9门，航速达30节，在当时是最快的战列舰，这样塔兰托军港中的意大利舰队的力量大大增加。

第二次世界大战爆发后，随着法国的战败投降，英国所面对的战争局面就显得异常严峻，英国海军所面临的形势也非常不利，原来根据与法国的协议，英国海军主要负责在大西洋上进行护航作战和封锁北海海域，阻止德国海军主力舰队进入大西洋，而在地中海与意大利海军角逐的使命则由法国海军来承担，但现在，英国海军将要在大西洋和地中海上，同时迎战德国和意大利海军，而且此时正是德国海军潜艇海上破坏交通活动非常猖獗，英军不得不投入大量的护航反潜兵力，再要分出部分兵力对付意大利海军，颇有些捉襟见肘。1940年8月底，英国海军从本土舰队抽调"光辉"号航母、"勇士"号战列舰、"卡尔丘特"号和"考文垂"号巡洋舰加强地中海舰队实力，这才稍稍缩小了双方兵力对比上的差距。

意大利海军深知自己虽然在兵力对比上具有较大优势，但缺乏空中掩护和支援，与英军对阵绝对没有便宜，所以，海军司令坎皮奥尼采取消极避战的策略，只是在为北非航线护航时才出海，而且只要一发现英军有所动作，就立即掉头返航，龟缩于塔兰托军港，任凭英军如何引诱，就是闭门不出。意大利海军躲在塔兰托港内拒不出战，为尽快消除意大利舰队对英国地中海护航运输船队的威胁，英国舰队的坎宁安上将决心袭击意军港塔兰托，皇家海军决定打上门去，坎宁安上将决定利用舰载航空兵，向塔兰托港进行空袭，从空中攻击龟缩在塔兰托军港的意军舰队！

这个计划最早是由地中海航母部队司令利斯特少将提出来的，原来利斯特在战争爆发前任地中海舰队"暴怒"号航母舰长时，曾制定过空袭塔兰托的方案，此时英国人开始着手于这个方案的实施。1940年11月6日，英国海军的"卓越"号航空母舰在4艘战列舰、两艘巡洋舰和多艘驱逐舰的伴随下，从亚历山大港开到了地中海中部，11月11日晨，从马耳他起飞的美制马里兰式双发远程侦察机拍来了照片，从照片上看，意海军的战列舰停泊在格兰德港，而巡洋舰、驱逐舰停泊在皮克洛港，港四周有300门高射炮、探照灯和阻塞气球，港中还设有防雷网，防御十分严密。英国舰队航空兵司令利斯特少将命令"卓越"号从距塔兰托170海里的海域派出两批飞机，第一批12架，第二批9架，对塔兰托实施两次攻击，19时30分，"卓越"号开到预定位置，此处距塔兰托170海里，利斯特少将命令舰载机出发，19时45分，"卓越"号增速到28节，逆风急驶，第一攻击波——12架"剑鱼"机飞离甲板，在皎洁的月色下，向塔兰托飞去。当天夜幕降临后，塔兰托已经两次拉响防空警报，那是一架英军侦察机引起的，这架侦察机盘旋监视，使意军两次拉响警报，倒使意军对防空警报有了几分麻木，20时30分，夜袭塔兰托战斗开始了。

攻击在23时开始，第一批次空袭由队长威廉森少校率领12架"旗鱼"鱼雷攻击机，组成4个飞行小组穿出云层，从海洋方向冲进港口。意大利高射炮喷射着猛烈的火舌，天空布满火网，意军探照灯的光柱不停地转动，红、黄色曳光弹像喷发的火山。12架"剑鱼"、两架"旗鱼"攻击机飞到港湾东面拦阻气球屏障外投下照明弹，照明弹由小降落伞悬挂，在1400米高度开始燃烧，使整个军港耀如白昼。鱼雷从阻塞气球的钢索间穿掠而过，迎着刺目的探照灯光和密集的弹雨，向格兰德港内的战列舰冲去。威廉森少校驾着的鱼雷攻击机被意军高射炮击中栽进大海，驾驶员威廉森少校和领航员斯卡利特上尉从坠海的飞机中及时爬出，游上岸后被意军俘虏，但是，飞机坠海前发射的鱼雷却命中了意军战列舰。另一个机队从西北方向进入港内，立即对停泊在港内的意军战列舰进行了攻击，两枚鱼雷命中了意军"利托利奥"战列舰。在两个鱼雷攻击机机队袭击意军战列舰的同时，4架携载炸弹的"旗鱼"式攻击机开始轰炸港内意军的巡洋舰、驱逐舰和海军码头，瞬间，意军塔兰托军港像一个被捅翻的马蜂窝，乱作一团。第二攻击波接着进行，两架攻击机投下24枚照明弹，把海港夜空照得通明，5架鱼雷攻击机投射5枚鱼雷，其中1枚命中已遭重创的意军"利托利奥"战列舰，使其舰体折断，沉入大海，有一枚命中另一艘意大利战列舰，使其动弹不得。

12日凌晨，英军在回收了所有飞机后，突击群与掩护群会合，然后全速返航，平安回到亚历山大。

此战，英军仅出动21架飞机，在65分钟时间里，击沉战列舰1艘，击伤战列舰3艘，巡洋舰和驱逐舰各1艘，英军仅有两架飞机被击落，两架被击伤。一艘航空母舰加上21架"老掉牙"的舰载攻击机，在一夜之间就改变了地中海战场上的力量对比，扭转了整个地中海地区的战局，充分显示了航空母舰在现代海战中的巨大作用，完全可以说，奇袭塔兰托，将以舰载机的揭幕之战而名垂青史！意大利海军在此次奇袭中，主力舰只几乎损失了一半，可谓元气大伤，而且此后再未恢复，迫于英军的巨大威胁，被彻底吓破了胆的意大利海军将幸存的军舰撤离塔兰托，分散到北部港口，将地中海的制海权拱手让出！

在此后的一个月里，英军地中海舰队在地中海上活跃异常，严重遏制了意大利至北非的海上运输，同时有力掩护了己方海上运输，从而保证了北非英军在1940年12月取得了空前大捷！

遭欺骗的冤死鬼

——澳军"悉尼"号巡洋舰

"悉尼"号巡洋舰曾是澳大利亚海军的骄傲，第二次世界大战期间屡立奇功，1941年11月19日，"悉尼"号完成护航任务后回港时，竟然被伪装成荷兰商船的德国军舰"鸬鹚"号击沉后失踪，而船上645名官兵竟然无一人生还，这成了一个至今未解的谜。

1941年11月19日下午4时许，在澳大利亚西北沿海，排水量达9000吨的"悉尼"号轻型巡洋舰正从护航任务中返回母港墨尔本，这时，一艘荷兰商船进入了"悉尼"号的视野，澳大利亚的水兵们万万没想到，自己遇到的就是纳粹最大的海上假货船"鸬鹚"号。

鼎鼎有名的"鸬鹚"号是原为德国汉堡－美洲公司的货船"斯蒂尔马克"号，1938年于基尔的克虏伯－日耳曼尼亚船厂下水，1940年，"斯蒂尔马克"号被德国军方征用，改造成辅助巡洋舰，自1940年10月投入使用以来，"鸬鹚"号就一直在南太平洋和印度洋以货船的模样"招摇撞骗"，干着偷鸡摸狗的勾当。在遇到"悉尼"号之前，假货船"鸬鹚"号已经"战果累累"，总共击沉了10艘戒心不足的盟军商船，总吨位达5.6万多吨，此时在澳大利亚西海岸鲨鱼湾以西的海域，悬挂荷兰国旗伪装成荷兰商船的"鸬鹚"号被排水量7000多吨的皇家澳大利亚海军"悉尼"号轻巡洋舰发现了，"悉尼"号一边追赶"鸬鹚"号，一边向"鸬鹚"号发信号，以确定其身份，并试图进行检查。

说实在的，"鸬鹚"号的任务并不是用于海上作战，尤其是面对这样一艘先进巡洋舰，德国人希望能够蒙混过关，当"悉尼"号向德船靠近时，德国人看见他们准备发射观察飞机，如果那样的话，"鸬鹚"号的身份就将暴露了，因为在它的甲板上堆放着许多水雷。但"悉尼"号上的水上飞机又被拖回原位，这时"鸬鹚"号戴特默斯舰长对下属说："啊，船上的午茶时间到了，现在他们要说旅途愉快了。"正在德国人庆幸时，突然"悉尼"号打来旗语，坚持要德船升起秘密信号旗。

就在"悉尼"号还在为上船检查做准备的时候，眼看无法蒙混过关的"鸬鹚"号升起了德国旗，并首先在几百米的近距离内向"悉尼"号猛烈开火，并发射了两枚鱼雷。德舰上6门150毫米重型舰炮突然轰击澳舰，"悉尼"号舰桥和甲板上的水兵当场全部被炸死，两个前炮塔也被炸毁，战斗只进行了大约5分钟，澳舰就遭到了重创，"悉尼"号整个被大火包围，舰艏等处被炸塌，一艘完全没有防备的巡洋舰离它认为的"荷兰商船"实在是太近了，而后者一分钟内就变成了一艘战舰。

"悉尼"号上没死的水兵们随后用后部炮塔上的152毫米口径火炮开始还击，"鸬鹚"号原为货船改装，速度很慢，一旦遭到攻击，很容易被击中，不仅如此，德舰为了像货船那样增强欺骗性，没有安装防护装甲，因此，一旦被击中，很容易造成重创。双方射击持续了半小时，"鸬鹚"号受到致命伤，交火中，"鸬鹚"号军械库和轮机舱艏先中弹，烟囱被击毁，最终失去动力，德国人意识到全完了，不得不做弃船的准备，当船员们都上了救生艇离开后，"鸬鹚"号被引爆自沉。而"悉尼"号在激战中船尾被击中，在行驶了一段路程后，螺旋桨轴断裂。据"鸬鹚"号幸存者回忆说，"悉尼"号在海上漂浮了一段时间后，随即传来了几次巨大的爆炸声，就从视线中逐渐消失了，"悉尼"号携带着645名官兵包括舰长约瑟夫·伯恩内特一起沉没了。"鸬鹚"号393名舰员中，78人丧生，其余的315人包括舰长获救，幸存的德国官兵在澳大利亚西海岸的阿巴罗尔豪斯岛登陆，随后被澳大利亚军队抓获，于战争结束后被释放回国。

"悉尼"号是一艘轻型巡洋舰，长169米，宽17.3米，最高时速32节，1934年首次出海。第二次世界大战爆发后，"悉尼"号被派往地中海，在与意大利海军的多次交战中立下战功。1940年，"悉尼"号在一艘英国驱逐舰的协助下击沉了意军快速巡洋舰"科尼奥尼"号，一个星期后，又击沉了一艘小型意大利油轮。此后，"悉尼"号多次执行袭击港口和拦截意大利商船的任务，并屡创辉煌战绩。1941年2月，"悉尼"号回到澳大利亚，在印度洋执行巡逻和护航任务。然而，澳大利亚没有料到的是，回到家门口的该舰居然成为澳大利亚有史以来最大的海上悲剧。几十年来，澳大利亚人一直难以相信：一艘德国"商船"居然能够使用老式的舰炮击沉一艘现代化巡洋舰！"悉尼"号的沉因始终没搞清，也许是燃烧的大火引发了它的弹药库而导致了爆炸，但令人一直无法理解的是，破旧的德舰尚且能使大部分人生还，而现代化的"悉尼"号那么多人居然没有一人能够逃生！

"悉尼"号遭击沉使澳海军损失惨重，其沉没地点长期以来也一直是个谜，第二次世界大战后，虽然澳大利亚海军多次试图寻找"悉尼"号的残骸，但每次都无果而终，直至60年后澳大利亚政府才宣布，一支寻找"悉尼"号的研究队伍在珀斯以西800千米处发现当年与"悉尼"号同归于尽的德国"鸬鹚"号战舰，这成了寻找"悉尼"号的重大突破口。随后，在距"鸬鹚"号残骸12海里，距当时交战地点8海里的2470米深的海底找到了"悉尼"号的残骸，根据澳大利亚1976年通过的《历史沉船法》，历史沉船的挖掘将受到法律保护，政府可以宣布沉船周围200公顷海域为保护区，任何水下活动都被禁止。"悉尼"号的法定所有者是澳大利亚皇家海军，目前海军表示暂时没有打捞计划，不过，他们计划在悉尼举行纪念活动，让"悉尼"号阵亡官兵的家属缅怀先人。

"远东之盾"与"大和之矛"

——日英新加坡海战

1941年12月10日，85架日本战机仅用两个小时，就将英国以"威尔士亲王"号战列舰和"反击"号战列巡洋舰为支柱的Z舰队击沉，1942年4月5日，重新组建的英国Z舰队再次被日本318架战机击沉，大英帝国的海上力量被日本轻松击溃，为日军控制太平洋创造了有利条件。

英国海军"威尔士亲王"号战列舰是"乔治五世国王"级战列舰的二号舰，也是太平洋开战前英国最先进的战列舰，为区别英国旧式战列舰中同名的级别而称为"新乔治五世"级。该级别是按照伦敦海军公约而设计的，始建于1937年初。这一级别共5艘，为"乔治五世"号、"威尔士亲王"号、"约克公爵"号、"安森"号以及"豪"号，"威尔士亲王"号在太平洋开战的第三天被日军飞机击沉，也是该级别中唯一战沉的一艘。

马来半岛为太平洋和印度洋的分界线，称为"远东直布罗陀"的新加坡更是扼守着太平洋与印度洋之间航运要道马六甲海峡的出入口，也是阻挡日军夺取荷属东印度（现印尼）石油的天然屏障。大英帝国已经在新加坡经营多年，其章宜海军基地更是规模不凡。但第二次世界大战开战后，英国已无余力顾及这块属地，在新加坡的部署已降到了最低的程度。

1941年下半年，德军转向东线进攻苏联，大英帝国本土所受的压力已逐渐减少，同时日本南下太平洋的意图日趋明显。为了维护英国在远东殖民地的利益，8月，在大西洋宪章会议上，丘吉尔决定在远东承担更多的义务，并向罗斯福保证将派出一支令人生畏的、快速的、高级的战列舰和航空母舰特混舰队前往新加坡,以瓦解日本海军的活动。随后,丘吉尔不顾海军部的反对,派遣"无敌"号航母、"威尔士亲王"号战列舰、"反击"号战列巡洋舰和护航舰直奔远东。

12月4日,英舰队抵达新加坡,12月8日,日本偷袭珍珠港的同时,由日本马来的小泽舰队负责掩护日本登陆舰队准备在马来半岛登陆,远东舰队司令菲利普斯中将决定由"威尔士亲王"号、"反击"号和4艘驱逐舰组成Z舰队截击日本登陆部队。此时的Z舰队处于日本海军陆基航空兵的攻击范围内,而又没有空中掩护和支援,但菲利普斯对自己这支舰队有信心,还从来没有像"威尔士亲王"号这样强大的战列舰被飞机打败过的先例。

日军对Z舰队的到来早有准备,驻西贡机场的第22岸基航空部队(有140多架"97式"攻击机和36架"零"式战斗机)已做好战斗准备。12月8日,从西贡起飞的日军航空兵多次空袭马来半岛尚未被日军占领的机场和新加坡航空基地,使英军的250架飞机损失殆尽。12月8日下午,菲利普斯中将在没有空中掩护、敌情不明的情况下率领Z舰队冒险出航,12月10日,Z舰队被日机发现,由于没有战斗机掩护,英舰被动挨打,"反击"号和"威尔士亲王"号多处被炸弹和鱼雷击中,相继沉没,菲利普斯以下舰上官兵840人葬身海底,从此,英国海军对日军在马来半岛作战行动不再构成威胁,此战显示了航空兵在海战中的巨大威力,表明战列舰称霸海洋的时代行将结束,水面舰艇编队没有空中掩护已难以在海战中夺取胜利。

1941年12月10日晨,英国首相丘吉尔床边响起了急促的电话铃声,听筒里传来第一海务大臣达德利·庞德的语无伦次、低沉又悲惨的声音:"首相,我不得不向您报告,'威尔士亲王'号和'反击'号都被日本飞机炸沉了。"

丘吉尔哀叹这是对他"一生中最沉重和最痛苦的打击"。英国Z舰队的覆灭可以说是武器发展的必然结果,过去的海上霸主战列舰终究不敌新兴的航空力量,英国Z舰队的覆灭,使日军夺得了马来海域的制海权和制空权,为日军海上输送任务的顺利完成提供了保障,更为日军全面占领马来亚、新加坡等国提供了有利条件,对英国在远东的军事地位产生了灾难性的影响,使英美两国在一段时间内失去了在太平洋远东地区的制海权。

海战史上首次航母对决

——珊瑚海海战

1942年初，日本联合舰队还沉浸在胜利之中，在日本看来，美国的经济潜力虽大，但转入战时状态还需要一个过程，预计美国1943年夏季才可能组织反攻，而日本完全有时间进一步推进战线，扩大防御圈，控制澳大利亚就是这一战略的反映。

1942年春，日军占领东南亚广大地区后，决定向西南太平洋推进，夺取新几内亚岛的莫尔兹比港和所罗门群岛的图拉吉岛，以掌握该地区制海制空权，切断美利坚合众国通往澳大利亚联邦的海上交通线。1942年2月初，日军占领了澳大利亚东北的俾斯麦群岛的拉包尔基地，3月初占领了新几内亚的莱城、萨拉莫阿。按计划随后即应对图拉吉和新几内亚东部的莫尔比兹港实施登陆。但由于美国航母的活动，这一计划就被推迟了。直到4月底，第5航空战队（"翔鹤"号和"瑞鹤"号）、第五巡洋舰队（"妙高"号和"羽黑"号）从印度洋归来，进攻图拉吉和莫尔比兹港的计划才随即开始。

5月初，日本第四舰队司令井上成美海军中将派高木武雄海军中将率领"翔鹤"号和"瑞鹤"号航空母舰（舰载机共125架）及重巡洋舰3艘、驱逐舰6艘从特鲁克岛出发，原忠一海军少将率"祥凤"号轻型航空母舰和重巡洋舰4艘、驱逐舰1艘从拉包尔启航，掩护登陆船队驶向目标。实际上，前来迎击的美第17和第8特混舰队已先于日机动编队进入珊瑚海，通过破译密码，已知日军即将对莫尔比兹港实施登陆，同时其先遣队将先占领图拉吉，并基本掌握了日方投入的兵力。因为对盟军来说，集结必要的兵力对付来敌并不容易。"萨拉托加"号被日潜艇击伤，在西海岸修理，"企业"号和"大

◇二战风云

黄蜂"号在袭击东京的返航途中,可供使用的就是第8特混舰队"列克星敦"号和第17特混舰队"约克城"号航母,另有8艘巡洋舰和13艘驱逐舰,由弗莱彻统一指挥,两支舰队5月1日进驻珊瑚海。

5月6日到7日,日本"翔鹤"号和"瑞鹤"号派出舰载机搜索敌人,舰载机发现并击沉油船和驱逐舰各1艘,同时,美舰载机攻击日军登陆船队和护航编队,93架美国战斗机和轰炸机经过半个小时的轮番进攻,"祥凤"号已中了13颗炸弹和7条鱼雷,井泽下令弃舰,标志着日本帝国海军在这里丧失了第一艘大型舰只。

5月7日,美日双方舰队刚好处于相互攻击范围,但双方由于技术原因而没有发现对方,相互错过了先发制人的时机,下午日本再次派出舰载机搜索敌人,在暮色中,几架迷失方向的日本飞机甚至错误地试图在"约克城"号上降落,但由于识别信号不对,被高炮手发现并将其中的一架击落入海,另外几架慌忙逃入黑夜中。

5月8日,命运注定搜索的飞机几乎将同时发现彼此的目标。8时15分,美军飞行在最北边的侦察机发回报告:"敌人的航空母舰特遣舰队在"列克星敦"号东北约175英里的海面上以25海里/小时的速度向南行驶。"仅仅几分钟以后,美国航空母舰的无线电台收到了日本人兴高采烈的报告,显然表明他们自己也被发现了。

8日上午,双方航空母舰编队在200海里距离上出动舰载机群展开激战。美军出动飞机约70架次,对高木舰队发动攻击。"瑞鹤"号航空母舰逃进雷雨区,免遭袭击;"翔鹤"号航空母舰被两颗炸弹击中,失去作战能力。日本出动飞机约90架次,对美舰发动攻击。"列克星敦"号航空母舰被两条鱼雷击中该舰左舷,又被两颗炸弹击中,后因燃油气体泄漏发生爆炸而沉没,已经降落到该舰的36架飞机也随之沉入大海。"约克城"号航空母舰也被击伤。这场遭遇战只持续13分钟,日本人飞走的时候,兴高采烈地报告他们替前一天"祥凤"号的失败报了仇,毫不含糊地击沉了一艘"大型航空母艘"和一艘"中型航空母舰"。

美第17特混舰队"约克城"号上虽然尚有轰炸机和鱼雷机27架、战斗机12架，但已入夜，弗莱切无意再战，遂率队撤离战场。在这一天的战斗中，美国损失飞机约70架，日本损失飞机约上百架。此次海战是战争史上航空母舰编队在目视距离之外的远距离以舰载机首次交锋，也是日本海军在太平洋战争中第一次受挫。从战术得失来看，日本海军取得了珊瑚海海战的战术上的胜利，但日本海军由于损失的飞机和飞行员无法立即得到补充，日军的武力扩张第一次遭到遏制，被迫中止对莫尔兹比港的进攻。日本海军第5航空战队的这两艘航母原本要参加中途岛计划，由于"翔鹤"号受损、"瑞鹤"号严重减员，削弱了日军在即将举行的中途岛海战中的实力。

"祝贺你们在最后两天中取得的光荣成就"，尽管尼米兹向弗莱切发出了这样的电文，但珍珠港的司令部中笼罩着阴郁的气氛，因为"列克星敦"号沉没了，但日本联合海军受到了多大的打击还很难判断。尼米兹宣布这是"一个具有决定性深远意义的胜利"，意义究竟多么深远，在后来的一个月里还无从知道。其实说得具体一点，"翔鹤"号受损、"瑞鹤"号严重减员，而第5航空战队的这两艘航母原本要参加中途岛计划，但现在已无法实现了。否则在中途岛美日航母的比例将是4∶6，而不是3∶4，而从一个月后的中途岛大战看，这种差别绝对是非常重要的。

决定日本命运的5分钟

——中途岛战役

中途岛属波利尼西亚群岛，位于太平洋中部，檀香山西北2100千米，为珊瑚环礁，周长24千米，环抱东岛和桑德岛，陆地面积5平方千米，该岛距美国旧金山和日本横宾均相距2800海里，处于亚洲和北美之间的太平洋航线的中途，故名中途岛。其特殊的地理位置决定了它战略地位的重要性，中途岛距珍珠港 1135 海里，是美国在中太平洋地区的重要军事基地和交通枢纽，也是美军在夏威夷的门户和前哨阵地，中途岛一但失守，美太平洋舰队的大本营珍珠港也将唇亡齿寒。

1942 年 4 月 18 日，美军杜立特航空队空袭东京后，日本认为威胁来自中途岛，山本五十六遂决心实施中途岛战役，企图夺取中途岛，迫使美军退守夏威夷及美国西海岸，同时诱歼美国太平洋舰队以保障日本本土的安全，中途岛战役定于 6 月 4 日。日本在珊瑚海海战之后的仅仅一个月就已经把中途岛拟定为下一个攻击目标，这不仅能报美国空军空袭东京的一箭之仇，还能敞开夏威夷群岛的大门，防止美军从夏威夷方面出动并攻击日本，日本海军想借此机会将美国太平洋舰队残余的军舰引到中途岛一举歼灭。为达到这个目的，日本海军几乎倾巢而出，投入大半兵力，舰队规模甚至超越后来史上最大海战莱特湾海战时的联合舰队，是日本海军在第二次世界大战中最大的战略进攻。

然而，山本所不知道的是，5 月中旬，美军从破译的日本海军电报中就已掌握了他进攻中途岛的企图，并已做好了充分的准备，不仅加强了岛上的防御力量，尼米兹还准备了以 3 艘"约克城"级航空母舰为主力，再加上约 50 艘支持舰艇的舰队，埋伏在中途岛东北方向，准备攻击前往中途岛的日本舰队。与此同时，19 艘潜艇部署在中途岛附近海域，监视日舰行动，网撒下了，就等着山本五十六这个猎物光临了。

6 月 4 日凌晨 6 时整，南云忠一舰队的 108 架战斗机发起了空袭中途岛的第一攻击波，当第一批战机加速穿越晨空向目的地飞去时，第二攻击波的飞机也聚集在航空母舰的甲板上伺机而动，南云忠一在飞机起飞时，并不知道美国航空母舰就在他的翼侧。日军以损失 6 架战机的很小代价完成了第一次攻击，中途岛损失惨重，机场、油库、海上飞机滑行坡道、营房、餐厅等处均遭毁坏，并有 15 架美战机被击落。8 时，日侦察机的报告发现美军 5 艘巡洋舰和 5 艘驱逐舰，南云忠一的参谋长草野主张第二波攻击中途岛，回头再来对付这 10 艘军舰组成的普通舰队，然而几分钟之后，日侦察机又发回一份语意模糊的电文：

"敌舰似乎由一艘航空母舰殿后。"

确认美方航空母舰阵容之后，南云忠一处于进退维谷的境地，第二航空母舰战队司令山口多闻海军少将向南云忠一建议"立即命令攻击部队起飞"，可此时空袭中途岛的第一攻击波机群返航正飞抵日本舰队的上空，第二批突击飞机换装鱼雷还没有完成，如果马上发动进攻，那么油箱空空的第一攻击波机群会掉进海里。南云忠一权衡再三，决定把攻击时间推迟，首先收回空袭中途岛和拦截美军轰炸机的飞机，然后重新组织部队以进攻美军特混舰队。但这至少需要一个小时的时间，美军飞机将完全可能利用这段时间发起对南云忠一舰队的袭击，如果美机恰巧在日军为飞机补充弹药和油料之时进行轰炸，日舰将面临致命的打击。这是一种危险的方案，但南云忠一却认为这是正统的战略战术，他希望毕其功于一役，而又尽可能减少损失，他是在赌博，他不太相信美国舰队会抓住稍纵即逝的战机。

战局就在这短短的一小时内急转直下，幸运女神给处于劣势的美国人助了一臂之力，美军终于抓住了这个千载难逢的战机，8时左右，筹划已久的对日攻击战开始了。一队由15架鱼雷机组成的编队，独自向北搜索，终于发现了南云忠一编队，不幸的是，这组美机燃油耗尽，而且无战斗机掩护，在舍生取义、勇敢地冲向目标的英雄壮举中，被日"零"式战机和高射炮火纷纷击落。与此同时，由"企业"号起飞的14架鱼雷机和由"约克敦"号上起飞的12架鱼雷机在袭击日舰"苍龙"号和"飞龙"号的战斗中均遭重创，更为可悲的是，美机所投鱼雷竟无一命中日航空母舰，就在美军败局将定的时刻，却出现了戏剧性的转折，从"企业"号上起飞的33架"无畏"式俯冲轰炸机，在预定海域没有发现目标，搜索了一个小时也一无所获，由于燃料不足，正准备返航时，却突然意外地发现了一艘日军驱逐舰，美机飞行员认为，这艘驱逐舰或许能够帮助他们找到日航空母舰，于是他们紧随日舰而行，果然在6000米高空中，他们发现了由4艘航空母舰组成的蔚为壮观的南云忠一的舰队，"企业"号的33架"无畏"式俯冲轰炸机，分成两个中队分别攻击"赤城"号航空母舰和"加贺"号航空母舰，接踵而来的是

17架从"约克城"号航空母舰上起飞的"无畏"式俯冲轰炸机则专门攻击"苍龙"号航空母舰。此时的日舰正处于极易受攻的境地，甲板上到处是鱼雷、炸弹以及刚加好油的飞机，而且保护航空母舰的"零"式飞机已经全部升空，正在四处追杀美国鱼雷轰炸机，这正是美军求之不得的有利时机，于是"无畏"式俯冲轰炸机对日本航母开始了无畏的攻击。

南云忠一的一念之差，终于招致了日本海军350年来最大的悲剧，就在第一架日本战斗机将要飞离飞行甲板时，美机的攻击已然从天而降，一切都是那么巧合，日军航母上堆满的易燃易爆的物品只要沾上点火星，就足以把这个钢铁巨物送入海底。美军飞行员犹如大发横财一般痛快淋漓地轮番攻击，连续投弹，顷刻之间，日舰上火光冲天，烈焰升腾，日军的3艘航空母舰刹那间变成了三团火球，堆放在机库里的飞机以及燃料和弹药引起大爆炸，惊人的爆炸声此起彼伏火光直冲云霄，短短的5分钟，日本3艘航空母舰被彻底炸毁了，转眼之间，威武一时的南云忠一的舰队只剩下"飞龙"号航空母舰独撑危局了。

日本航空母舰编队遭受的毁灭性打击，令"飞龙"号的司令官山口多怒不可遏。他在接替了南云忠一的空中作战指挥权之后，毫不犹豫地对美航空母舰发动了反击，"飞龙"号发动两次进攻后，舰员们疲惫不堪，战斗力大减。但山口仍决定黄昏时再次出击，给美舰队以最后的致命一击，正在这时，斯普鲁恩斯派遣的一支俯冲轰炸机分队神不知鬼不觉地冲向"飞龙"号，一连串重磅炸弹呼啸而下，四弹命中目标，"飞龙"号在尚未对美舰造成致命一击之前，先遭毁灭，于21时23分葬身汪洋，"飞龙"号的沉没，标志着显赫一时的南云忠一的舰队主力的彻底倾覆。远在300海里外的"大和"号战舰上的山本五十六眼见大势已去，痛苦地向庞大的日本舰队发出了承认失败的电文，撤销了中途岛作战计划，失去了空中掩护的日本舰队狼狈撤回。中途岛海战改变了太平洋地区日美航空母舰实力对比，日军仅剩重型航空母舰1艘，轻型航空母舰4艘，更加要紧的是，在这一战中，日本损失了大量有经验的优秀飞行员，从此日本在太平洋战场开始丧失战略主动权，战局出现有利于盟军的转折，这场海战可说是太平洋战区的转折点。

日本帝国海军的象征

——"大和"号的下场

"大和"号战舰是日本帝国海军联合舰队辉煌时期的象征，它拥有7.2万吨排水量和27节航速，装备有150多门不同型号火炮的最强大火力，包括9门18.1英寸口径的巨炮，它可以在22.5英里的射程内击穿3200毫米的装甲，它自身的装甲也是"无畏"级战列舰中最厚的，当时世界上任何战舰几乎都无法击穿，可谓坚不可摧，这艘战舰是世界上最大的战列舰，也是日本征服世界之梦的象征。日本决定建造"大和"号这样的巨型战列舰，主要是出于在太平洋上与美国海军决战的考虑，旧日本帝国的海军认为，要想在西太平洋战胜美国海军，就必须组建以战列舰为核心的海上打击力量，在海上截击美国舰艇编队。由于日本海军在军舰的数量上无法与美国抗衡，因此只能力图在单艘军舰的战斗力上超过美国。

1942年2月12日，"大和"号接替"长门"号战列舰成为日本联合舰队旗舰，"大和"号舰龄最短，排水量最大，火力最强，装甲最厚重，被誉为无坚不摧、固若金汤的海洋钢铁城堡。因此迷信大舰巨炮制胜论的日本海军对它的期望值很大，认为凭借像"大和"级战列舰这样的单舰威力就可驰骋太平洋，与美舰队抗衡了，然而在美航母特混舰队的打击下，"大和"号终其一生几乎是无所作为。

日本帝国海军联合舰队的主力、超级战列舰"大和"号是当时世界上最大的战列舰，号称"永不沉没的战列舰"，一直作为前联合舰队司令官山本五十六海军大将的旗舰。1942年6月，"大和"号作为联合舰队旗舰参加了中途岛海战出师受挫，战列舰舰队和航空母舰舰队分开使用，4艘航空母舰全军覆没，而"大和"号则在300海里以外无所事事。

1944年6月，太平洋战争的形势已经变得对日本越来越不利。"大和"号参加了马里亚纳海战。在这场航空母舰大战中，"大和"号第一次用主炮向来袭的美国飞机发射"03型"防空弹。1945年3月26日，美军开始实施冲绳岛登陆战，日本出动大量自杀飞机攻击美国舰队的同时，企图出动包括"大和"号在内的水面舰艇舰队支援冲绳日军的作战，对此联合舰队司令部表示反对，但日海军军令部却以"大和"等舰的出击事关海军"荣誉"为借口，坚持出动该舰，4月5日，军令部正式下达了命令"大和"号自杀性出击作战的"天一号作战"命令。1945年4月6日，联合舰队司令官丰田副武海军大将下达作战命令：以"大和"号战列舰、"矢矧"号巡洋舰和8艘驱逐舰组成海上特攻队，协助日空军和陆军，歼灭冲绳岛附近的美国护航运输队和特混编队。这是联合舰队最后一支舰队，也是世界海战史上空前绝后的"自杀舰队"，在美机肆虐横行的大海上，在无空中掩护的情况下，进行最后一次有去无回的攻击，而"大和"号上的燃油只能保证其航行到冲绳岛，这是一张驶往地狱的单程船票。

4月6日下午6时许，在日本沿海的美国潜艇"线鳍鱼"号发现并报告"大和"号动态，当晚，接到"线鳍鱼"号潜艇报告的美第58特混舰队司令米切尔中将，命令麾下的4支航空母舰特混大队迅速北上，进行拦截，4月7日晨美搜索机报告发现"大和"舰队。

在冲绳以东海域的"邦克山"号航空母舰上，第58快速航母特混舰队的指挥官米切尔海军中将，被这一场最后的史诗般对决所吹响的号角深深吸引，他面容苍白、憔悴，与他的外号十分形似，就叫"白头海雕"。米切尔感觉到这将是一场战列舰与航空母舰之间激动人心的终极对决，尽管此前航母参与了太平洋上几乎所有的大型战役，但在此前的大小战役中，只凭空中力量是否能战胜一支强大的水面舰队，还没有得到有效证明，这场战斗将是永远平息这场争论并证明上述问题的最佳机会。4月7日10时，美280架舰载机起飞，向"大和"号舰队发起进攻，12时，"大和"号上的雷达发现美军飞机编队，几分钟后美国战机开始进行攻击，首先是日护航驱逐舰"滨风"号被炸弹击中沉没，"大和"号左舷被两条鱼雷击中，右舷舰尾命中两颗炸弹，后部无线电室被炸，雷达室被炸成两半。

对于大多数参加此次攻击"大和"号的美军飞行员来讲，这是他们第一次见识到从18英寸巨炮中发射的"03型"防空弹，这些庞然大物每一个都和一辆小轿车那么重，圆锥形的弹体在飞近的飞机周围爆裂、燃烧。由于没有雷达引导，尽管这些防空炮火犹如风暴一般，但炮手们实际只能乱射一气，只有少量不走运的飞机被击中，其他大部分都能规避。下午13时，美军第二攻击波的100余架美机到达，对"大和"号进行了狂轰滥炸，"大和"号舰体左舷中部被三条鱼雷命中，使其舰体左倾达7°~8°，几乎与此同时，由于美机投下的一枚450千克重的航空炸弹炸毁了"大和"号排水阀门，使该舰无法进行排水作业。

最关键的尾部海水控制中心也被一颗鱼雷和炸弹击中，这就迫使"大和"号不得不将海水灌入右舷引擎舱以保持平衡。虽然海水涌进能够校正倾斜，但将会使"大和"号失去更多的动力，同时也意味着右舷引擎舱内的300名船员将因此失去生命。舰长有贺幸作以近乎哽咽的声调发出了命令，阀门打开了，几秒钟后，汹涌而入的海水夺取了引擎舱内的每一条鲜活的生命，但这一孤注一掷的所有成效，也仅仅是亡羊补牢。

14时12分，"大和"舰左舷中部和后部又被两条鱼雷命中，舰体倾斜达16°~18°，"大和"号舰长有贺幸作发出了弃舰命令，很快，"大和"号就已完全横倾并开始下沉，海面顿时形成一个深达50米的大漩涡，许多落水的船员被卷入了巨大的漩涡中，下沉20秒后，"大和"号主炮弹药库爆炸，海面上冲起了巨大的水柱，其沉没地点在日本九州岛西南，德之岛西北，东经128度04分，北纬30度43分。此役，"大和"舰队只有4艘驱逐舰带伤逃回佐世保军港，6艘舰只沉没，"大和"号及其护航舰上超过4000名船员阵亡，日本帝国海军的象征"大和"号伴随着日本征服世界之梦就此结束了它的短暂的生旅。

作为世界上最强大的战列舰"大和"号，终其一生毫无建树，最后只落得个当"自杀"舰的作用，既是日本的悲哀，也是战列舰的悲哀。

最短命的航母

——日本"信浓"号

"信浓"号航空母舰是当时世界上排水量最大的航空母舰，"信浓"号服役后第一次正式出航仅仅 20 小时就被美军潜艇的鱼雷击沉，更是创造了世界舰船史最短命的航空母舰的纪录。

战争到了 1944 年末，日美的海上军事力量已经有了极大的差距，在经历了 5 场航母大战以后（珊瑚海海战、中途岛海战、第二次所罗门海战、圣克鲁斯海战和马里亚纳海战），曾经强大联合舰队的主力航母或沉或重伤，能够作战的已经很少，日本海军已经到了穷途末路的地步。

"信浓"号最早是作为快速装甲航母来设计的，原本是超级战列舰大号系列的第 3 艘，它在"大和"号和"武藏"号动工之后的 1940 年 5 月开始动工，地点是日本的横须贺造船厂。但是在施工期间，日军在中途岛遭到惨败，4 艘重型航母被击沉导致日军航母机动力量大大减少，日本海军方面处于无奈，只能下令将已经完成一半建造计划的"110 号舰"改建成航母。

无舰可用的尴尬局面和帝国即将灭亡的危局，使得日本海军严令"110 号舰"必须在 1944 年内改建成，造船厂方面只得不分日夜赶工并尽量忽视次要的流程，由于此前横须贺工厂的许多熟练工人都被杀鸡取卵式的征召入伍，因此这次不仅使用了民间船厂工人和海军轮机学校的学生，甚至连民间中学生都被动员进厂。

在建成"110 号舰"就是拯救日本的信念下，"110 号舰"果真也比预定时间提前 5 个月"完工"了，其实该舰仍然有大量细节部分没有完成，建成后的"110号舰"正式命名为"信浓"号。

由于赶进度，使许多建造工作都是匆匆完成；再加上原材料短缺、熟练技术人员少，建造质量根本无法保证，这为日后实际使用留下了极大隐患，"信浓"号航空母舰于1944年11月完工。

整个改装过程中，仅加装的防护装甲就消耗钢材1.7万吨，满载排水量竟然高达7.2万吨，是第二次世界大战中吨位最大的航空母舰。

"信浓"号与其他航母相比，最大的特点是装甲防护力强，该舰采用的是"大和"级战列舰的舰体，具有严密的水下防御，设计有三重舰底，水线处有厚200毫米的装甲带，为此不惜耗费上万吨的钢材，全舰划分为1147个水密隔舱，以保证遭到水下攻击时海水不会大量涌入舰体，从理论上讲，"信浓"号拥有当时最强的水下防护能力。

由于此时美军飞机对京滨地区的空袭越来越猛烈，海军决定将"信浓"号转移到相对安全的内海军港。

1944年11月28日13时32分，"信浓"号搭载着大部分官兵、一些舾装工程人员和其他乘员，在第17驱逐舰队的"滨风"号、"矶风"号和"雪风"号三舰的护卫下离开了横须贺，在三艘驱逐舰队护卫下的"信浓"号，小心翼翼地按"Z"字形航线前行着，虽然这种走法较费时且操纵麻烦，但相对直航还是更容易给原始的潜艇鱼雷火控系统制造麻烦。

由于那天当晚美军有B-29的轰炸任务，美国潜艇"射水鱼"号受命准备救助可能被击落的美军飞行员，后来因计划取消，正在海上游弋待命，突然，艇长恩赖特中校从潜望镜中看到了一个小岛，起初他还以为这是日本海域的一个刚刚出现的火山岛，不久他才发现这是一艘军舰！在不远处正以20节的速度按"Z"字形航线航行，这其实就是"信浓"号航空母舰在进行它的处女航。发现了目标，艇长恩赖特十分高兴，经过仔细观察以后，恩赖特根据它的巨大身躯判断是日军的一艘油轮，潜艇对付油轮是手到擒来的活，恩赖特下令潜艇全速前进追击该舰。由于"信浓"号走的是"Z"字路线，所以尽管整个编队速度较美潜艇快，但却不能摆脱以近乎直线行进的"射水鱼"的跟踪。接近目标后，恩赖特中校断定那是日军一艘2.8万吨的"飞鹰"型或"大凤"型航空母舰，此后的时间里，"射水鱼"号一直跟踪日军航母适机下手，苦于航母进行反潜规避，不断改变航向，在错过三次攻击机会后，"Z"字形航行的日军航母刚好通过"射水鱼"号正面1400米外、70°方位，处于完美的攻击位置。

一分钟后，在日军航母走出最后一个"Z"字形的一刹那，"射水鱼"号的首部鱼雷发射管以8秒的间隔向目标连续发射了4枚鱼雷，稍后又以间隔25秒的频率再度射出第5、第6枚鱼雷。在射出的6枚鱼雷中有4枚准确地击中了"信浓"号，此时是夜里3时，"信浓"号舱室被撕开了10多米宽的口子，海水汹涌地灌了进去，"射水鱼"号紧急下潜到121.92米的潜水极限躲避攻击，随即高速脱离了战场。

"信浓"号舰长阿部俊雄认为4条鱼雷对于"信浓"号这样庞大的航母来说不算什么，加上担心继续遭到潜艇攻击，于是航速未减，给损管造成很大不便，按照日本海军的传统，舰艇在服役之前，要对他们实施专门的配置教育和基本训练，而"信浓"号19日服役，20日出港，新舰员在紧急情况下，连舱门都找不到，更别说进行损管堵漏排水注水了，"左舷全群注水"命令下达不久，防御指挥官、内务长三上治男中佐发现军舰的倾斜居然又开始增加，他不知道，惊慌的水兵并没有按照命令及时向左舷全群注水，更令他吃惊的情况就在这个时候发生了，升降口水密门关闭后，边缘居然露出了两厘米多的缝隙！显然，这个舱室要么没有经过气密试验，要么测试根本就不合格，现在他知道一切都完了。当晚10时28分，阿部俊雄大佐下令弃舰，同时3艘驱逐舰开始转移"信浓"号的船员，30分钟后，"信浓"号沉没，"信浓"号的2515名船员只有1080人被救，有1435人遇难。至此，随着第一次航行不足20个小时，当时世界第一巨舰"信浓"号就沉没，这也是世界历史上由潜艇击沉的最大一艘战舰，与它同级的"武藏"号在莱特湾海战被击中20余条鱼雷后才沉没，而"信浓"号才中了4枚就迅速沉没了，一方面是船员的抢救能力不足，再就是为了提早完工而在质量上没有严格把关所致。

不过从战争的情况来看，一艘"信浓"号已影响不了战局的发展了，它的命运在它下水时起就已经注定了。

沉没的马赛曲

——第二次世界大战中的法国海军

1940年5月10日，西欧战役开始，海上战斗尚未打响，法国却从陆地上溃败了，素有"欧洲大陆第一强国"之称的法国，在第二次世界大战中仅支撑了50多天就放弃了抵抗，于1940年6月22日晨，在巴黎郊外贡比涅森林福熙元帅的专车上与德国代表团签订了《法德停战协定》。

《法德停战协定》的签订，改变了法国的命运，也改变了法国海军的命运。根据《法德停战协定》规定：法国舰队除为了保卫法国殖民地利益而留置那一部分外，应一律"在指定的港口集中，并在德国或意大利监督下复员和解除武装"。根据这条协定，法国海军这支世界第四大海军，被迫封存在土伦、阿尔及尔、奥兰港和卡萨布兰卡等几个港口，等候对自己命运的宣判，它的不幸，也由此开始……

可叹的是，法国海军遭到的首次打击，不是来自征服者的德军，而是来自昨天的盟友英国海军，英国首相丘吉尔不能容忍强大的法国海军力量有一天成为威胁英国本土或威胁其海上运输线的可能性存在，要么拥有它，要么消灭它。于是在他的授意下，英国制定了旨在夺取和控制法国海军，代号为"弩炮计划"的军事行动。7月3日，英国针对法国海军发起"弩炮"行动，包括3艘战列舰在内的一大批法国舰艇被毁，1297名法国水兵被打死，341人受伤。令法国人无法接受的是，打败他们的德国人尚且允许法国人保留自己的海军，而几周前还并肩作战的盟友英国人却要对法国人赶尽杀绝，这使英法这对昔日的盟友反目成仇，法国海军从此视英国为宿敌。

在此之后，贝当元帅的维希政府将海军主基地设于靠近统治心脏且濒临地中海的土伦港。幸存的法国舰队大部分聚集于此，约有135艘舰船，包括约80艘远海舰船与55艘小型港口船舶，其中还有战斗力完备的"斯特拉斯堡"号轻型战列舰。在火炬战役开始后，土伦的法国舰队再次陷入危机，盟军开始与达尔朗谈判，目的就是想要夺取法国海军舰队，丘吉尔曾对艾森豪威尔表示："如果我能见到达尔朗的话，尽管我极仇恨他，但我若能以爬行一哩路来使他把舰队带到盟军这边来，那我也欣然照办。"

1942年11月，维希政府三军总司令达尔朗出于对德国人的极度憎恨，下令在土伦和达喀尔的法军剩余舰队迅速开往北非，但是在土伦的法国舰队不愿与英国舰队一同作战，他们无法原谅英国人在米尔斯克比尔和达喀尔所犯下的罪恶，土伦舰队司令拉波尔德海军上将坚决拒绝了达尔朗的要求，英国人为他们当年的行动付出了代价。

1942年由于德国在地中海局势迅速恶化，希特勒认为占领法国南部并夺取法国舰队有助于抵抗盟军在地中海可能的登陆行动，立即下令占领全部法国，并计划夺取在土伦的法国舰队。11月27日清晨，希特勒完成了他的前期准备，他下令夺取土伦法国舰队的"里拉"行动开始，德国装甲部队开始进入土伦城，德军在港口附近部署了炮兵，并在土伦港外的水域敷设了水雷，将法国土伦舰队几乎困在港中。

在"里拉"行动开始前，德国海军总司令雷德尔元帅试图说服希特勒，以武力夺取法国舰队是一个错误，作为一名从最初级的水手升至元帅的军人，雷德尔知道他的法国同行会做出什么，但希特勒没能听取他的劝阻。

此时英国已经派出一支强大的海军舰队开到土伦港外，随时准备帮助法国舰队出逃，但出于对英国人的刻骨仇恨，几乎没有法国舰艇愿意与英国人"同流合污"。舰队司令拉波尔德再次重申："没有任何外国人会登上任何一艘法国舰。"为了保证舰队不落入德国人手中，他把各舰舰长召集到办公室，要求他们保证，他们的舰船绝不会落入外国人手中，两位拒绝保证的驱逐舰舰长被饬令上岸，解除了职务。

如果说盟国未能得到法国舰队的话，那么德国人也是如此。面对德国人的包围，高傲的法国海军拒绝了英国人的援助，他们不愿意向敌人屈服，不论他们是德国人还是英国人，他们选择了一条最悲壮的方式——自沉。在德军冲入土伦港时，已经被剥夺了航行能力的法军战舰集体悬挂法国海军旗，同时引爆了安放在舰体内的炸药！

11月27日当天，拉波尔德在"斯特拉斯堡"号上发出了他最后的命令："破坏！破坏！破坏！"这一指令在信号灯、无线电与通信小艇上一次又一次地被通知给各舰舰长，按照预先的计划，整支舰队迅速展开行动，在短暂的交火后，德军恢复了理智，试图用谈判方式稳定法国水兵的情绪，并夺取舰队。一名德军军官靠近战舰，用法语喊道："上将！我们的司令要求您完整地放弃战舰！"而愤怒的拉波尔德在舰上回应道："该舰已经沉没！"

舰长鸣响了汽笛，随着这个信号的发出，安放在各处炸药的引线被点燃，这支曾经是世界第四的海军用充满悲壮色彩的自我毁灭实践了自己的誓言，也捍卫了自己的荣誉。法国人的高傲决定了他们不会向自己的敌人投降，法国海军的荣誉决定了他们的命运。当执行夺船任务的德军很礼貌地询问可否让他们上船时，每艘舰上的官兵都很客气地邀请他们光临，德国人虽然登上了一艘又一艘的战舰，但只能无可奈何地眼睁睁地看着它们在一点点沉没。所有在港口的驱逐舰都被它们的舰员炸毁并沉没在它们的系泊处，港内数十艘小型船舶也被自沉，在被毁灭前，它们的舰炮还摧毁了附近的海岸炮台。

法国海军履行了高傲而固执的弗朗索瓦·达尔朗在1940年许下的承诺："他们的舰艇决不会落入德国人之手。"土伦港中的135艘舰船中，只有大型驱逐舰"虎"号、"猎豹"号以及4艘潜艇仍然幸存。法国舰队自沉海底是第二次世界大战中最悲痛的一幕，诚如戴高乐所言，"在1940年时，海军的确具有头等作用"，在法国本土的抵抗失败后，如果法国政府退到北非坚持抗战，那么盟国仍然能够处于比较有利的地位，英法海军联合起来完全能够彻底控制地中海，隆美尔根本就不会有在北非黄沙中展现自己卓越智慧才干的机会。"——如果真要是那样的话，恐怕也不会有戴高乐展现自己卓越智慧才干的机会了。

美军最倒霉的战舰

——"波特尔"号驱逐舰

"波特尔"号在美国海军中的名气，不是因为其战功，而是因为其所遭遇的倒霉经历。"波特尔"号是美国海军第二次世界大战期间赶造的驱逐舰，1942年5月开工建造，同年9月建成下水。1943年7月该舰正式服役，编入大西洋舰队。

舰上的125名水手和他们的"波特尔"号一样，都是崭新的，大多数人从高中校园或自家农场直接爬上了军舰，他们甚至从来没见过海军军服！新水手们只训练了短短4个月，就接到了出海执行任务的命令，"波特尔"号真是美国海军史上最幸运的战舰，刚刚服役4个月便被委以为总统护航的重任。

1943年11月，美国总统罗斯福、英国首相丘吉尔和苏联统帅斯大林聚会德黑兰，这就是历史上著名的"三巨头"德黑兰会晤。这次会晤意义深远，它巩固了同盟国之间的合作，保证了反法西斯战争的胜利，罗斯福总统、美国军方高级将领以及其他美国高层重要领导80多名，乘坐"依阿华"号战列舰赶往德黑兰，由3艘驱逐舰和另两艘护航航母组成了护卫编队，看着坐着这么多大人物的"依阿华"号，"波特尔"号上的水兵们开玩笑说："如果希特勒能把这艘4.5万吨的战列舰击毁，那他就中大奖了！"说者无意，可随后发生的一件事，却差点让这句话成为现实。

11月14日，编队驶近百慕大海域，"依阿华"号战列舰舰长决定在这里让总统和高官们解解闷儿，演示演示自己的战舰如何防御敌人的空中进攻。准备过后，几只巨大的气象气球被释放到空中，"依阿华"号上凡是能对空射击的舰炮都对准了它们猛轰，罗斯福总统在甲板上看得兴致勃勃，5000米外"波特尔"号的沃尔特舰长和手下的水手们也看得心痒难耐，他们也很想挤过去凑凑趣儿，但无奈自己名气太小，只能在外围放放哨。上帝也许看穿了"波特尔"号的心思，特别让几只气球从"依阿华"号编成的火网中漏出来，慢慢飘进它的射程。"机会来了"，沃尔特舰长大喜，立即命令水兵们各就各位，向气球射击，并同时进行鱼雷发射训练，"能不能露脸全看这次了！"

甲板的炮位上，水兵们专心地轰击飘浮的气球，"波特尔"号舰长沃尔特命令全体舰员进入战斗状态，模拟发射鱼雷，甲板下的鱼雷舱里，两名水兵开始进行鱼雷发射操作，他们得把鱼雷发射管里的推进火药拿出来，因为这只是训练，不需要把鱼雷发射出去。像往常一样，他们先得为鱼雷找个目标，"依阿华"号当然是首选，因为它又大又明显。一切准备就绪，随着沃尔特舰长命令："鱼雷——发射！"谁也没想到的事发生了，甲板上所有的人都发出了惊讶的"呜喔……"声！一枚鱼雷竟窜入水中，直奔罗斯福总统乘坐的"依阿华"号而去！那枚鱼雷最多只用两分钟就能跑到"依阿华"身边，到那时，就算它是战列舰恐怕也得在劫难逃了！

"右舷有鱼雷！不是演习！不是演习！右舷有鱼雷！""依阿华"上一片大乱，苦着脸的"威利"号舰长和水兵远远地瞧着人仰马翻的上司们，欲哭无泪。谢天谢地，"依阿华"号肥胖的身躯转了一个完美的弯，与鱼雷擦肩而过。"轰"的一声，鱼雷在"依阿华"号舰尾300米处爆炸，激起了一股冲天水柱！"波特尔"号被勒令脱离舰队，就近停泊在百慕大海军基地，全体舰员被拘留调查，这事在美国海军史上仅此一例。经过调查，这只是意外操作事故，"波特尔"号驱逐舰就此出了名，凡是与它相遇的舰只都会跟它开个不大不小的玩笑："别开炮，别开炮！我不是总统！"

鉴于"波特尔"号如此不光彩的表现，美海军部决定将这艘战舰调往最偏远的阿留申群岛，此后的一年中，"波特尔"号竭力挽回损失的声誉，但不论多么努力，这艘战舰注定是多事之舰。

一次演习休整期间，该舰一名水手上岸喝得大醉，谁也没有留意，这位醉汉登舰后一闪身，闯进了主炮炮塔，众人阻拦不及，此人竟然拉动了127毫米主炮的发火闩！炮弹出膛，不偏不倚，径直落到了基地司令家门前的花园！这一天，基地司令恰巧正在家宴请全体参演指挥官及他们的夫人！说来也巧，所幸没有人受伤，唯一受到伤害的是"波特尔"号，炮打司令又给它多添了个笑柄。

1945年，太平洋战争进入最后阶段，美国海军部决定将"波特尔"号从阿留申调往菲律宾海域，参加对日最后作战。冲绳战役期间，"波特尔"号担任最危险的防空雷达哨任务，这一次，"波特尔"号表现不错，击落了6架日军战机，引导舰队击落7架。然而，厄运似乎不愿意放弃最后一次戏弄"波特尔"号的机会，1945年6月10日晨8时15分，日军一架老旧的九九式舰载轰炸机忽然朝着"波特尔"号撞下来，"波特尔"号防空火炮猛烈开火，准确命中日机，可令人意想不到的是，这架被击中的自杀式战机坠海后落在"波特尔"号身边，巨大的水下爆炸将"波特尔"号整个托出了海面，旋即又重重地砸落下来，顿时，"波特尔"号全舰多处起火，动力全失，水管断裂，经三个小时抢救，舰长不得不下令弃舰，弃舰后仅12分钟，"波特尔"号即倾覆，迅速沉入了海底，之后，"波特尔"号被美国海军部从作战序列中永远除名。"波特尔"号驱逐舰的确是一艘不平常的战舰，它是美国海军史上最幸运的战舰——刚刚服役4个月便被委以为总统护航的重任；它还是美国海军史上最乌龙的战舰——例行演习时竟向自己总统乘坐的军舰射出致命的鱼雷；它更是美国海军史上最悲惨的战舰——不但曾经全体舰员被拘，自己被击沉，最终还被海军永远除名。

第四章

长空迷云

笕桥上空的 4∶0

——中日"八一四"空战

1937年8月14日，弱小的中国空军在杭州湾上空，首次和侵华日军航空队展开空战，这场罕见的"空中肉搏"，几乎震惊了整个世界。

1937年8月13日，日军对上海发动攻击，淞沪战事爆发。8月14日上午，中国空军开始对进犯上海的日军重要目标连续轰炸，并袭击了设在上海日商公大纱厂内的日军军械库。为了报复中国空军，日本海军第三舰队司令长官谷川清中将命令驻台北的鹿屋航空队立即出击。同日下午14时50分，日军精锐木更津航空队和鹿屋航空队从台北出发，18架"三菱96"式轰炸机分两批往杭州上空飞来，目标直指笕桥机场。

迎战日机的是中国空军第四大队，该大队曾于8月7日奉命移防河南周家口，8月13日，航空委员会又密令其赶到杭州，8月14日下午，第四大队的27架"霍克-3"式驱逐机先后飞抵笕桥机场，这些飞机经长途航行着陆后，多数还未来得及加油，敌机逼近的警报就拉响了，从南京接受命令后赶来的大队长高志航看到紧急信号后，立即跃入机舱，第一个驾机直上蓝天，其他战机也先后起飞，准备迎战。

20分钟后，日军轰炸机飞到笕桥机场，在500米高空，开始投弹，但命中率不高，仅炸中机场的一些设施和加油车，正在4000米高空搜索敌机的飞行员们听到轰炸声，立即穿云下降，发现敌机正在杭州湾上空疏散队形，日机这样做是为了便于各自搜索轰炸目标，但也等于自行解除了轰炸机群强大的空中交叉掩护火力，为中国空军各个击破提供了良机。

这时，杭州一带上空因受台风影响，乱云飞舞，中日飞机在云雾中展开了一场大厮杀，高志航首先咬住了一架敌机，他在分队长谭文的配合下，把一串仇恨的机枪子弹射了出去，敌机中弹，拖着长长的黑烟坠向地面，这是中国飞行员在空战中击落的第一架敌机。随即在机场东端，中队长李桂丹击落第二架敌机，与此同时，四大队22中队在安徽广德上空也与来袭的敌浅野机群相遇，中队长郑少愚追敌至钱塘江上空，命中一架敌机，日军飞行员跳伞，地面警卫部队抓到了三个俘虏，其余的敌机见势不妙，落荒而逃，其中一架重伤的日机，未及回到台湾松山机场，就在基隆附近坠海。

当天世界各大报纸和通讯社，都以惊人的速度详细报道了此次战况，中国空军首战大捷，从此，世人不得不对这支弱小的空军刮目相看，就连日军飞行员也承认中国"飞将军"是"一流的勇士"，接着国内迅速掀起了"空军热"，每有空军的新闻，报童不用满街跑，只要站在街头一喊，报纸很快就被抢光，当时男孩子能当上空军，姑娘能嫁给飞行员，是人们公认的荣耀。就在中日首次空战不久，日本鹿屋航空联队队长、海军航空大佐石井义剖腹自杀。

这是中国空军首次参战，他们从中国空军的诞生地——浙江杭州的笕桥机场起飞，直飞上海参加战斗，当天就取得击落日机4架、击伤1架，而我方零伤亡的辉煌战果，取得了中日空战的首次胜利，一举粉碎日军航空兵不可战胜的神话，增强了中国军民抗战的必胜信心。当时的国民政府为纪念这首次空战的胜利，也为了进一步激励前线的士兵们英勇抗击日寇，鼓舞全国人民的抗战热情，故将这一天定为"空军节"，第四飞行大队被命名为"志航大队"。

鲜为人知的苏联"飞虎队"

——苏联援华航空志愿队

抗战初期，中国空军仍处于初建阶段，国内的航空工业也刚刚起步，中国空军装备的几百架飞机大多是从美国、意大利、德国、英国、法国等国购进的。经过几个月的战斗，到了 1937 年 11 月初，中国空军剩下的飞机不到 36 架，只能用"拆东墙补西墙"的方法组装一些飞机。

相比之下，日本已自行生产了 1500 多架军用飞机，包括多种型号的轰炸机、战斗机以及侦察机，战场的形势万分危急。国民政府开始寻求外援，当时美国人与日本人搞得正热火，将大量钢材等战略物资提供给日本，助纣为虐，大发战争财，蒋介石见求助美国无望，只能将目光投向苏联。

早在 1934 年 10 月，蒋介石考虑到一旦抗战全面爆发，中国将难以从海上获取外援，因而私下派清华大学教授蒋廷黻赴苏，同苏联外交副人民委员斯托莫里雅科夫密谈，希望改善中苏关系，从苏联获得军事援助。之后，蒋介石又多次派人同苏联方面接触。1931 年"九一八"事变后，苏联一直担心日本北上，与西路的德国遥相呼应，形成对苏联的东西夹击。面对日益恶化的国际环境，扼制日本在亚洲的扩张成为苏联的战略选择，1937 年 8 月 21 日，中苏两国正式签订了《互不侵犯条约》。

此后，苏联开始向中国提供经济贷款和军事援助，并派遣军事专家和志愿航空队参加中国的抗日战争。

1937 年 9 月初，时任苏联国防人民委员的伏罗希洛夫接到命令，要求他立即从苏联空军现役部队抽调战斗机和轰炸机机组人员，组成援华航空队奔赴中国。为了保密，援华航空队的飞机运送到中国时，机翼和机身上的苏联空军徽标被抹去，漆上了国民政府的青天白日徽，方向舵上也涂上了蓝白相间的斑马条纹，为避免过分刺激日本，援华航空队以志愿的形式帮助中国抗战，此秘密行动被命名为"Z 计划"。

1937 年 10 月，从苏联的阿拉木图经兰州到汉口的航线通航，10 月下旬，第一批苏联志愿航空队先后到华，第一批共有空、地勤人员 254 名，分别组成以基达林斯基领导的轰炸机大队和库尔丘莫夫为首的战斗机大队。途经凉州时，库尔丘莫夫不幸因飞机失事殉职，普罗科菲耶夫接替指挥战斗机大队。此后，苏联志愿航空队的兵力不断扩充，最高峰时，达到战斗机、轰炸机各 4 个大队。

当时，中国空军的飞机在淞沪会战中几乎拼光，急需补充，本来中国空军已向欧美国家订购了363架飞机，但到1938年4月仅得到85架，其中还有13架未装好，在这关键时刻，苏联大批的飞机源源不断地运进中国，苏联的援助，对中国空军来说，真可谓雪中送炭。

虽然严格保密，空中转场也被要求保持无线电静默，但日本情报部门很快侦察到苏联空军援华的情报，在之后的空战中，日本也曾抓获被击落的苏联援华飞行员，但又忌于苏联的强大实力不敢撕破脸皮，对于苏联援华抗日，双方彼此心照不宣。苏联援华志愿航空队到华后，即在国民政府和苏联军事顾问团的领导下开始参加对日作战。航空队装备的都是当时最先进的战机，性能比日制飞机优越，因而初期对日空战战绩颇佳。1937年12月1日，大队长普罗科菲耶夫率领的第一批苏联志愿飞行员刚在南京机场着陆，日机突然来袭，苏联战机紧急升空作战，击落数架敌机，初战告捷，给了日本空军一个下马威。

1938年4月，国民政府情报部门截获敌后谍报，称日本海军木更津航空队飞抵芜湖机场。木更津航空队由日本天皇亲自命名授旗，与鹿屋航空队一起并称为日本空军的两张王牌，国民政府情报部门最终判定木更津航空队将在4月29日日本"天长节"那天参与轰炸武汉，以此给天皇祝寿。我方遂决定将计就计，在"天长节"那天，通过空中设伏对来犯之敌迎头痛击。4月29日下午，日机果然在芜湖起飞准备轰炸不设防的武汉，我方布置在彭泽、九江一带的监视哨立即将日机型号、数量、起飞时间等情报向武汉上报。武汉则不动声色地做好了迎战准备。各种战机依次升空，然后兵分两路，一路盘旋升高，占据有利高度；一路飞往预定空域设伏。2时左右，披着伪装色的日机分两个空中梯队如期而至，木更津航空队为第一梯队护航。木更津航空队发现中伏后，阵脚不乱，迅速散开，企图驱逐我方战机为其轰炸机扫清空域。日机远程奔袭油料有限，我方战机果断与之展开空中缠斗。

苏联航空队的伊–15和伊–16勇闯敌阵，忽高忽低，各施所长，不时有日机拖着长长的尾烟栽向地面。日军第二梯队见大势已去，扔掉炸弹掉头逃跑。3架日机突出重围侥幸逃离,后来也因缠斗时间过长油料耗尽而全部坠毁。这一仗以36∶5的战绩我方大获全胜。

1938年5月30日,9架日本轰炸机出现在汉口机场上空,苏军立即起飞迎敌,随着两架日机冒着浓浓黑烟栽向地面,又来了近百架日机试图掩护剩下的轰炸机返航,但逃跑途中仍有14架日机被击落,苏军援华飞机只损失了两架。

1939年6月,苏联空军又有志愿航空队4个大队来华支援,由库里申科和科兹洛夫各率领一个由20架重轰炸机组成的轰炸机大队进驻成都,由苏普伦和柯基那基各率领一个由伊-15和伊-16驱逐机组成的驱逐机大队进驻重庆,这大大增强了中国抗击日寇的空中力量。

到1939年10月,苏联空军援华达到最高峰,当时在华航空人员达425人,苏联驻华空军顾问阿尼西莫夫、副顾问胡鲁耶夫、参谋长伊里茵也常驻成都,并经常与中国空军共同研究对日空战的对策,鉴于轰炸重庆的日机主要集结于汉口,故决定派驻成都的重轰炸机去袭击日机在汉口的基地。

10月3日下午2时35分,苏联援华航空队12架重型轰炸机在库里申科上校的率领下,从成都起飞楔形编队,一路保持无线电静默,高速接近汉口。机场上200余架战机整齐排列,宛如受阅。作战时机千载难逢,苏联援华航空队的轰炸机以迅雷不及掩耳之势俯冲轰炸,弹仓里的高爆弹、杀伤弹、燃烧弹带着尖厉的呼啸声扑向地面。

据苏联方面的统计,日方至少有60架飞机被完全炸毁,另有接近100架受伤。日本空军苦心修整经营达一年的基地被炸得面目全非!基地司令官冢原二四三少将严重受伤,鹿屋航空队副队长小川、木更津航空队副队长石河等4名校官和一名尉官当场被炸死,200余人负伤,日军哀叹这是"事变开始以来最大的损失"。而苏联轰炸机仅一架受轻伤,在凯旋途中,苏联轰炸机利用机载机枪与从孝感机场起飞追来的日军战斗机交战,结果顺手牵羊又击落日机3架。

汉口大捷战绩辉煌,并创造了第二次世界大战空战史中炸毁敌机数量第二的骄人纪录，有人甚至称为"中国空军（实为苏联志愿援华航空队）的台儿庄大捷"。日本王牌飞行员坂井三郎当时正在汉口机场值勤，后来他在《"零"式战机的命运》一文中回忆："敌军（指苏联飞机）投弹之准确，轰炸之猛烈，脱离战场之快速，可谓空前绝后，从无如此的干净利落。"并称1938年10月3日这一天为"罪恶的厄日"，直言此役为"日本空军的大败笔"。

苏联援华志愿航空队的战绩主要在1938年取得，1939年后由于飞机老化落后，战斗减少。1941年4月13日《苏日中立条约》签订后，苏联向日本保证不再支持中国抗战，苏联志愿航空队结束援华使命，仅仅两个月后，苏德战争爆发，由于国内战事吃紧，苏联志愿援华航空队也陆续回国参加卫国战争。中国人不会忘记，全面抗战最初两年，苏联志愿援华航空队对中国人民的支援，从中国天空、江河中消失的200余架日机、数十艘舰船，是他们在中国抗战史上留下的辉煌的一笔，他们是抗战的功臣，也是中国人民的朋友。

送给天皇的"生日礼物"

——武汉空战

1938年2月至5月，在抗日战争中，中国空军和苏联空军志愿队在湖北省武汉地区空域共同抗击日军飞机空袭武汉的三次空战。

1937年12月南京失陷，国民政府迁都重庆，但在"九省通衢"的华中重镇武汉仍有许多重要机关，所以武汉仍是日军的轰炸重点。当时驻防武汉、孝感地区的空军有第三、四、五航空大队和苏联志愿航空队。在1937年8月国民政府与苏联签定互不侵犯条约，同时援助国民政府性能较好的伊-15（包括伊-153、伊-15比斯）和伊-16战斗机并派出志愿航空队。在此之前国民政府空军损失惨重，几无战斗力，第四大队大队长高志航也牺牲在日机的轰炸下。

　　日寇军事统帅在占领南京之后得意忘形，竟狂妄地认为只要攻占武汉，控制了中原大地，似乎就能让中国屈服。所以早在1937年的9月中旬，在调集主力向徐州进攻的同时，日本海军航空本部就秘密策划了从空中进袭武汉三镇的详尽作战计划，企图通过对武汉的空中袭击，摧毁我军作战指挥体系、军事生产基地和空军机场等，达到瘫痪中国军队交通运输的目的，为下一步从地面大举进攻武汉创造条件。

　　4月29日是日本的"天长节"，即天皇的生日，为庆祝天皇生日，日军决定再次空袭武汉。然而，此前中国空军已从一名被击毙的日军飞行员的笔记本中获悉了这一重要情报。不明就里的日军出动36架重型轰炸机，在12架战斗机的掩护下，一路杀气腾腾飞临武汉。敌机来袭的消息迅速传到设在汉口机场的中国空军第4大队指挥所，大队长李桂丹急令第4大队所属的第21、第22和第23等三个中队，立即全部起飞，迎战日机。

　　第4大队组建于1936年10月15日，原驻扎在河南周家口机场，1937年8月14日，在大队长高志航的率领下开赴华东抗日前线。同一天，第4大队在杭州首次与日机交战，就取得4∶0的战绩。此后，第4大队越战越勇，又连续击落几十架日机，不幸的是，1937年11月21日，高志航大队长正准备率领转场至周家口机场的第4大队起飞迎敌时，一群日军攻击机突然飞临机场上空，高志航英勇献身。高志航牺牲后，李桂丹接任第4大队大队长的职务，他把第4大队改名为"志航大队"，立志要为死去的同乡、战友报仇，机会终于来了。

　　这一天，日机来得太快，第4大队刚在汉口上空集合，尚未编好队，大批日机已逼近武汉上空，水平方位为武汉东南，高度约4000米。大队长李桂丹当机立断，指挥战机立即投入战斗，第22、第23中队担任主攻，第21中队负责掩护，顷刻之间，一场激烈的空战打响了。在武汉上空第4大队只有9架战斗机，敌机在数量上占有绝对优势，面对劣势，中国的9架战机冲入敌机群展开混战，空战中21中队的董明德、杨弧帆、柳哲生、刘宗武四机协同作战首开纪录，击落日战斗机一架。柳哲生在协同战友击落一架敌机后又单独作战击落一架敌机，该中队其他战鹰又击落3架敌机，其中陈天民驾驶着才从兰州接收来的伊-152战斗机，直插敌机群中，开战5分钟就击落敌机一架。在遭到敌人5架九六式舰载战斗机围攻时，陈怀民的座机中弹起火，他沉着地紧握操纵杆，扭转机身猛烈撞向日本海军第二航空队高桥宪一的九六式舰载机，高桥宪一当即机毁人亡。陈怀民撞机后曾经翻身出舱准备跳下，却不料伞衣被烈火燃着，身子自3000米高空坠落，直插江心……

许多百姓闻讯后坚持在江中反复打捞多时，直到6月初，英雄的遗体才从淤泥中浮现，人们在烈士的飞行服里找到一块怀表和留给母亲家用的一枚大洋。陈怀民少尉在其两年的飞行作战生涯中，曾经先后击落3架、击伤4架敌机。他至少两次受伤迫降，有一次跳伞后被树枝挂住，造成重伤，但他事后对人说："打仗就不能怕死，我上了天就没有想到要回来，否则，作战中就会挫伤自己的意志。"在当天的近30分钟的战斗中，中国空军共击落日机21架，令日军颜面尽失。次日，闻讯的冯玉祥将军被陈怀民的英雄事迹深深感动，写诗赞道："舍身成仁同归尽，壮烈牺牲鬼神泣。"武汉如今还有一条陈怀民路，以纪念这位以身殉国的空军英雄。

就在战斗处于胶着状态之际，中国空军另外一支编队赶来增援，顿时士气大振，日军编队见势不妙，纷纷向汉阳一带逃窜，中国空军飞行员哪里肯舍，调转机头一阵穷追猛打，所采取集中局部优势兵力各个击破的战法见效明显，只见日军飞机在空中纷纷开花，地面升腾起坠落时的浓烈黑烟。中国战斗机越战越勇，不给残敌丝毫喘息机会，一直追歼至黄陂东湖仓予埠、黄花涝以及后湖一带。"二一八"武汉大空战取得11：5的战绩，是自首都南京失守以后，中国空军在空战中取得的第一次一边倒的伟大胜利，胜利的喜讯迅速传遍武汉三镇的大街小巷，百万军民无不欢呼雀跃。21日，武汉各界举行万人集会和游行，以"庆祝空捷，追悼国殇"，这次空中大捷极大地鼓舞了军心和民心，也更加激励了广大军民高涨的抗战热情。

这场以机群对机群的大规模空战，只进行了 30 分钟，国民政府空军击落 12 架日机（10 架战斗机、两架轰炸机），这也是我空战史上十分辉煌的一页，但我空军也付出了很大的代价，其中大队长李桂丹、中队长吕基淳、飞行员陈怀民、巴清正、王怡、李鹏翔等人壮烈牺牲，20 日，在武汉举行两万多人参加的追悼大会，武汉各界在汉口总商会公祭殉国空军将士。直到 5 月 31 日，日军才出动 36 架战斗机和 18 架轰炸机袭击武汉，但又被击落 14 架，至此中国空军在武汉空战中已经击落日机 47 架，不但狠狠打击了日军的嚣张气焰，也大大鼓舞了中国人民的抗战士气。

"空中飞虎"

——抗日战争中的美国援华志愿队

"飞虎队"——正式名称为美籍志愿大队，又称中国空军美国志愿援华航空队，第二次世界大战期间在中华民国成立，由美国飞行人员组成的空军部队，在中国、缅甸等地对日作战，在中国的抗日战争处于异常艰难困苦的危险时刻，给予了中国人民最无私的支援。从那时起，直至第二次世界大战结束前夕，这支航空队尽管在编制隶属甚至名称上有很多变化，但有一点没有变，即它一直在陈纳德直接指挥下在中国战场与日军作战，为中国争取抗日战争的最后胜利立下了功勋。

"飞虎队"创始人是美国飞行教官克莱尔·李·陈纳德。1937 年 5 月，陈纳德作为国民党的航空顾问来到中国，陈纳德是一位杰出的空战战术家，也是优秀的特技飞行员，因为听力受损、患有支气管炎和低血压，他实际已经被美国陆军航空队停飞，退役时还仅仅是一名上尉。

1937 年 7 月 7 日，日军对中国发起全面侵略战争，横扫中国陆军，眼见得日本的飞机在中国的天空上耀武扬威，不可一世，陈纳德在写给他的朋友黑格·汉森的信中这样写到:"朋友,我可以保证……如果中国人有100架好的飞机和100个训练有素的飞行员,他们就可以消灭日军的空中力量。"从那时起,他就为组建一支援华飞行队而奔走。不过看来陈纳德有时候确实很可笑,因为中国至少需要1000架飞机才能掌握一定的制空权。

1940年底,国民政府派代表团前往美国为飞虎队购买军机,美方在华盛顿的伯灵空军基地为中国客人和他们的顾问陈纳德展示了"寇蒂斯"P-40"战鹰"飞机,负责飞机展示的飞行员是约翰·阿里森少尉,陈纳德后来在他的回忆录《战士的自述》中写道:阿里森5分钟的展示,比我之前和以后看的任何人都更多的展示了P-40的性能。他降落后,中国客人指着这架P-40露出笑容,说:"我们需要100架这种飞机。"我说:"不,你们需要100个这样的飞行员。"陈纳德向来看人不走眼,阿里森是那种有着惊人天赋的飞行员,后来,阿里森驾驶P-40追随陈纳德在中国作战,他第一次参加空战,就击落了两架日本飞机,也有的说他当时击落了3架,但是第3架飞机一直没有得到证实。

"飞虎队"是在那个特定的历史环境之下的一个政治产物,它是由美国军人组成的空军部队来中国帮助中国人民的抗日战争。由于政治上的原因,他们是以民间身份来中国的,不代表美国政府,不代表美国军队。他们一共有300多人。这些军人是一批有叛逆性格的年轻人。彼特·莱特,当时刚从海军航空学院毕业的年轻飞行员,当时是在北大西洋舰队"冉杰"号的航空母舰服役的一个不知天高地厚的新兵,1941年7月1日,他手里晃动着调令,走进舰长指挥室。得意扬扬地跟他的长官说:"你看!罗斯福总统的调令,调我去中国执行特殊任务。"他说的话很牛气,年轻人就是这个样子,他自认为有了这个调令,可以在临走前要要高调,气气长官。这位长官一听到彼特的话就发火了,他生气地对手下说,"少尉彼特·莱特目无长官。先把他关起来,调查这份调令真假以后再处理他。"这一下可把他吓坏了,"冉杰"号航空母舰就要出海了,一出海就几个月,如果把他的事情调查出来有了下落,他根本就不能赶上7月8日去中国船。这时候他得罪了长官,更是别想在军队里混了，所以彼特真是急坏了。第二天早上他千拜托万恳求，让给他送饭的勤务兵打电话通知白宫特使俄温先生才把他从软禁中救出来。类似他的情况，美国海军和海军陆战队一共流失了60多名飞行员。

接队员时，陈纳德从昆明赶了过来，这批小伙子早就听说他了，当他们看到长官陈纳德时，有点儿目瞪口呆，不知道谁叫了一声："哇，老头子！"大家哄堂大笑。这话真的很贴切，在这批二十几岁的小伙子眼里，51岁的陈纳德算是老人，这个名字就成为"飞虎队"队员对他的爱称了，大家传达他的命令时张嘴闭嘴就是"咱们老头子说……"。

在"飞虎队"刚建立时，陈纳德根据队员飞机上的漫画，将飞虎队编成了三个中队：第一中队由前陆军驾驶员组成，队长是罗伯特·桑德尔，即"亚当和夏娃队"，第二中队外号"熊猫队"，杰克·纽柯克指挥，第三中队由陆、海军和海军陆战队的驾驶员组成，命名为"地狱里的天使"，由阿维特·奥尔森担任中队指挥官。

P-40飞机是飞虎队的主要装备，也是太平洋战争初中期美国陆军的主力战机。第二次世界大战期间，P-40主要对手是日本"零"式战斗机。对比而言，日本的飞机轻巧灵便，但美国的P-40的射程远。根据这两种战机的特点，陈纳德决定取长补短，采取迂回战术，绝对不能和他们面对面在空中绞杀。两机一组，打了就跑，有点儿胆小鬼的味道。陈纳德对不以为然的手下说："只要人活着就有机会打敌人。"

1941年12月7日，陈纳德率第一中队和第二中队到了昆明。20日，防空台侦测到一批日机向云南飞来，陈一白将军急告陈纳德所有战机都升空迎击。由于战争初期，国民政府的战机和飞行员在作战中损失较大，使得本已珍贵的战机和飞行员难以得到补充，而难以组织空中力量截敌，日军有时甚至在无战斗机保障护航的情况下，就出动轰炸机起飞进行轰炸。当天，入侵日机10架，被击落6架，击伤3架，志愿队无一架损失，志愿队初战告捷。昆明各报相继报导战斗经过，称美国志愿队的飞机是"飞虎"，志愿队此战一举成名，被称呼为——"飞虎队"。

1942年2月3日，宋美龄致电陈纳德，要他出任驻华空军指挥官，军衔升为准将，陈纳德从一个鲜为人知的退役陆军航空上尉，一跃成为世界各国的新闻人物。在美国，太平洋战争开始后，各个战场上的消息都不佳，战争正处于黑暗的时刻。这时突然冒出陈纳德带领一小批空军队员，取得辉煌胜利的消息，立即引起美国人民的轰动和兴奋，陈纳德顷刻之间成为美国家喻户晓的英雄，获得"飞虎将军"的美称。

1942年7月4日，美国独立纪念日，美国志愿队奉命在这天的午夜12时解散。颇具讽刺意味的是：美国志愿队这一天仍在空战！整整一天，陈纳德都在发布命令和拟订公文。工作结束后，陈纳德参加了美国志愿队工作结束仪式——告别宴。1943年，志愿航空队改为第14航空队，除了协助组建中国空军对日作战外，还开辟了号称死亡之路的"驼峰航线"，为突破日本的封锁，把大量的战略物资从印度接运到中国做出了贡献。

瓜岛"仙人掌"

——美国海军陆战队的 VMF-223 中队

瓜岛战役是太平洋战争中的一场重要战役，美日两国海军的较量以及经典的登陆作战，至今都令许多人记忆犹新，然而很多人并不知道，瓜岛上有一支神秘的美军航空队，对这场战役的结果起到了至关重要的作用。他们对制空权的牢牢把握，保证了美军最后的胜利。

日军在中途岛战败后，虽然被迫暂时停止了对东南太平洋一些岛屿的进攻，但为了重新夺取战略主动权，进逼美军的反攻基地——澳大利亚，仍坚持继续对新几内亚的莫尔兹比港作战。由于瓜岛是控制所罗门群岛岛链和邻近海域的一把钥匙，所以日海军为了加强在南太平洋的空中打击力量，扩大空中支援的区域，于1942年6月底派遣工兵部队在瓜岛修建机场，至8月

5日修建工程基本完毕。8月7日那天,一架日本"零"式战斗机快速掠过瓜岛上空,飞行员正在寻找的是日本工兵部队三天前刚刚竣工的前进机场,日军已决定在这个新基地部署中程轰炸机,从东面切断澳大利亚的盟军抵抗力量。令日本飞行员大为震惊的是,机场跑道两侧跑动的都是美国人。原来,美国海军陆战队第一师在前一天突然登陆,岛上日本工兵部队退入丛林待援,瓜岛机场已经完好无损地落入了美军之手。

占领了瓜岛机场的美军修建大队开始在日军的空袭下拼命工作,他们在日军不间断的炮击中修好了一条跑道,为纪念在中途岛作战中战死的特级飞行英雄亨德森中校,将瓜岛机场命名为"亨德森"机场,接下来的日子,双方在这里展开了人类战争史上最为惨烈的瓜岛争夺战。

日军第25航空队出动了51架飞机,于当日对瓜岛实施了空袭,但遭到美军60多架舰载战斗机的有力拦截,被击落19架,未取得什么战果。次日,即8月8日,第25航空队又出动41架飞机奔袭瓜岛,美军舰载飞机紧急起飞拦截,日军飞机不顾损伤,好不容易突破了美机的拦截,飞临瓜岛海域的盟军舰队上空,最终炸沉"埃里奥特"号运输船,炸伤"贾维斯"号驱逐舰。美海军被迫撤退,登岛美军部队陷入孤立。日军认为,瓜岛上的美军已不足为虑,他们可以随时全歼美军。但日本人想错了,8月20日,陆战队航空兵第23航空大队12架道格拉斯"无畏"式俯冲轰炸机和19架格鲁曼F4F"野猫"战斗机前来增援瓜岛。谁也不会想到,这些被称为"仙人掌"飞行员的年轻人在此后的6个月里将在这里成为太平洋战场的焦点人物。

亨德森机场的生活艰苦乏味,简易机场雨天就成了一汪泥浆,不下雨就到处灰尘翻滚,飞行员们见到机场四周长满了仙人掌,就将自己称为"仙人掌"航空队。他们整天飞行,吃的是猪肉罐头、脱水土豆和从日本人那里缴获的大米,日本的水上飞机常来骚扰,它们胡乱扔几颗炸弹,有时是日舰抵近,进行一阵炮击,都搅和得他们晚上没法安睡。和海军陆战队一样,飞行员之中也有许多人传染上了疟疾或痢疾,有的人同时遭受这两种疾病的折磨。

进驻后不到 12 个小时，"仙人掌"部队就打垮了日军步兵的一次进攻，次日"仙人掌"飞行员驾机轰炸了附近的拉包尔和新不列颠日军基地，美国飞行员希望用这种特殊的方式宣告自己的到来，在与日军战斗机的第一次交锋中，史密斯上尉指挥的 4 架 F4F"野猫"式迎战 13 架日本"零"式，虽然初战没有取得战绩，但"仙人掌"飞行员由此树立了与"零"式交战的信心。

仙人掌航空队的队长史密斯上尉当时 27 岁，日军偷袭珍珠港时，史密斯的部队正从夏威夷前往威克岛，但威克岛陷落了。随后他被任命为新组建的 VMF-223 首任队长。中队当时装备的是当时美国海军的主力战斗机——F4F"野猫"。这种由格鲁曼公司设计的舰载战斗机机身粗短，头部如啤酒桶，起落架主轮收在机身两侧，6 挺 12.7 毫米机枪分装在梯形中单翼上，除机身构造坚固外，其性能不如日军三菱公司造的"零"式战斗机。由于战争初期，装备日军航母的"零"式战斗机在多次海空大战中战果惊人，以致大多数美军飞行员认为，千万不能与"零"式进行一对一的格斗空战，史密斯的飞行员均为没有空战经历的新手，对"零"式战斗机更有一种恐惧感，只有中队副卡尔上尉在中途岛曾击落过一架"零"式战斗机。事实上，"仙人掌"飞行员是在付出了惨重的代价之后才找到了与日军战机周旋的有效战术，由于总是处于数量上的劣势，他们总是将轰炸机和登陆舰只作为主要攻击目标，尽力避免与"零"式纠缠。当然，"零"式战斗机也不是想躲就躲得了的，在激烈的缠斗中，总是会有"零"式忽然窜起来咬住你的尾巴，好在美国人最大的优势是他们离基地的距离较近，只要能成功跳伞，大部分"仙人掌"飞行员都能被高效率的搜救队或当地友好土著找到并返回基地重新投入战斗，而日本飞行员就远没有那么幸运了。

虽然"仙人掌"航空队的大多飞行员都还是一群没有任何战斗经验的新手，"野猫"式战斗机的性能也比日军的"零"式战斗机稍逊一筹，但是由于美军确保控制住亨德森机场，抢占了地利，而远在拉包尔的日军航空兵在飞往瓜岛途中没有任何中转基地，"零"式战斗机受到燃料和航程限制，在瓜岛上空只能停留 15 分钟，为了对抗"零"式，美军在所罗门群岛的海岸侦察哨一刻不停地监视瓜岛上空,在日机到来前两个小时就向机场提出敌袭报告,使美机就能够抢在日机来临之前半小时左右起飞,在日军飞行航线上抢占有利位置和高度,以逸待劳。史密斯在1942年8月30日,为了保卫瓜岛不受轰炸机和战斗机的攻击,带领战友们,成功击落了来袭的22架"零"式战斗机中的14架,失去"零"式保护的日本轰炸机,在还没抵达瓜岛前就被迫撤离了。当史密斯的中队被轮换下来离开瓜岛时,他一共击落了19架敌机,被授予了荣誉勋章。

尽管日本人对人数有限的瓜岛美军不屑一顾,但他们很快发现美军的防御能力越来越强,而支持美国人的核心力量就是那些"仙人掌"飞行员,激烈的战斗使"仙人掌"飞行部队的损失率异常之高。至9月10日,岛上美军战机仅剩下3架海蛇式、22架俯冲轰炸机和11架"野猫"式。同日,日军向机场南端发动猛攻,日军共出动了60架战斗机和72架中型轰炸机支援地面部队大举进攻,力图一举夺回机场。美国海军紧急派来22架增援战机,"仙人掌"亦紧急升空阻击日军。29日,新乡上尉率队掩护从拉包尔出发的木更津航空队的18架"陆攻"轰炸机空袭瓜岛,美军出动"野猫""空中眼镜蛇"等24架战机进行拦截,新乡专心保护"陆攻"的安全,尽量避免卷入空战。率队返航后,新乡接到拉包尔第26战队司令部电报:"本日战果太小,明日要进一步努力。"这使新乡甚为愤怒,决定次日全力投入空战,并扫射亨德森机场。8月30日,新乡只派6架"零"式战斗机保护"陆攻",自己率18架"零"式战斗机于8时从布卡起飞,直扑瓜岛。新乡将空战指挥交给日高上尉后,带僚机俯冲去扫射机场。在混战中,史密斯先后打掉了3架日机,当他和僚机进入雨云向东飞行时,发现两架低飞的日机,史密斯立即冲过去将长机一举击落,这就是日军指挥官新乡上尉的座机。

当月从日本轻型航空母舰"龙骧"号起飞的飞机再一次光顾亨德森机场,"仙人掌"航空部队的飞机紧急起飞升空后,一举击落21架来袭日机后,"仙人掌"航空部队越打越勇,又顺着逃走的日机一直追到"龙骧"号上空,"龙骧"号怎么也没想到自己的舰载机却引来这么一大批美机,顿时先乱了阵脚。在美"无畏"式俯冲轰炸机和"野猫"式战斗机的轮番攻击下,"龙骧"号先后中了 10 枚 500 千克炸弹和两条鱼雷，很快便在海面上消失了。

在艰苦卓绝的 6 个月瓜岛争夺战中，"仙人掌"部队共损失了 277 架战机，94 名飞行员阵亡，但他们与友军一起共击毁了 900 架日军飞机，击毙日军精锐飞行员 2400 名，此后，日本人再也没能弥补他们在人力资源上的惨重损失，而年轻的美国飞行员却在这里获得了必胜的信心。在尔后的瓜岛海空战全过程中，"仙人掌"航空部队以其战绩而被赞誉为美军在西南太平洋上"不沉的巨型航空母舰"，为美取得整个瓜岛作战胜利作出了突出贡献。从 1942 年 8 月到 1943 年 2 月，不起眼的"仙人掌"部队顶住了日本航空兵精英的进攻，使战局陷入僵持。此时日军已有两万人或战死或死于疾病和饥饿，而美军死伤也近 6000 人。日军大本营认为赢得瓜岛付出的代价实在太大，决定撤出剩余的 1.1 万多名士兵。

对于瓜岛战役和亨德森机场在第二次世界大战中的历史地位，一位历史学家有这样一段精辟的论述："对于亨德森机场的重要性，日军的疯狂进攻就是最好的注脚。由于丢掉了这个战略机场，他们丢掉了瓜达尔卡纳尔，接着就是所罗门和整个新几内亚和俾斯麦群岛及他们的北方基地。在人类战争史上还尚未有那么多军舰、战机和战士因为亨德森机场这样区区几平方英里的空地而送命。"

残骸成了后来者的地标

——"驼峰"航线

70 多年以前，1945 年 5 月至 8 月，在中国西南部，中美两国人民并肩抗击日本法西斯，由此展开了一场特殊的较量，开辟了一条被称为"驼峰航线"的国际战略空运通道，投入飞机 2000 余架，在云南至印度汀江开辟了世界航空史上最惨烈的一条"死亡战线"，为中国抗日战场运送 80 余万吨军用物资，其间，共有609架飞机坠毁、近2000名飞行员牺牲。至今仍有许多坠机残骸散落在高黎贡山自然保护区一带。

在中国抗日航空烈士的30块纪念碑的60面上，一共刻着3300个烈士的名字，其中有2200个美国人，这些年轻的美国飞行员，把他们年轻的生命献给了中国的天空。每一个中国人都会对他们表示崇敬，他们什么都没有留下，唯一留在这个世界上的只有纪念碑上这些名字。

1942年，日军切断中缅公路，中国对外的一切物资运输中断，美国总统罗斯福下令：不惜任何代价，开通到中国的路线，由于海陆已无通道，只能开辟空中航线，于是著名的驼峰空运诞生了。"驼峰航线"西起印度阿萨姆邦，向东横跨喜马拉雅山脉、高黎贡山、横断山、萨尔温江、怒江、澜沧江、金沙江，进入中国的云南高原和四川省。航线全长800~1000千米，地势海拔均在4500到5500米上下，最高海拔达7000米，当时很多飞机满载货物时只能飞4000米高，山峰起伏连绵，犹如骆驼的峰背，故而得名"驼峰航线"。

1942年5月，滇缅公路被用来运送军事用品、汽油和其他货物。在1942年4月和5月，日本占领缅甸，有效地切断了滇缅公路。为了打破日军对中国的封锁，保持国民政府所要求的战略物资的不间断供应，中美两国政府被迫在印度到云南之间，开辟出一条战略物资转运的空中航线。"驼峰航线"是世界战争空运史上持续时间最长、条件最艰苦、付出代价最大的一次悲壮的空运。

"驼峰航线"途经高山雪峰、峡谷冰川和热带丛林、寒带原始森林以及日军占领区；加之这一地区气候十分恶劣，强气流、低气压和冰雹、霜冻，使飞机在飞行中随时面临坠毁和撞山的危险，飞机失事率高得惊人。有飞行员回忆：在天气晴朗的时候，我们完全可以沿着战友坠机碎片的反光飞行。他们给这条撒着战友飞机残骸的山谷取了个金属般冰冷的名字"铝谷"。因此，"驼峰航线"又称为"死亡航线"。从1942年直至1945年日本投降，几乎每天都有近100架飞机穿梭往返在白雪皑皑的喜马拉雅山上空。不计成本、不计代价、不分昼夜，24小时换人不换机飞行。坠毁就坠毁，被日机击落就击落，谁能过去就过去。一架飞机，一直要飞到最后的坠毁！到抗战结束前，"驼峰"空运几乎每天都要坠毁几架甚至十几架飞机！"驼峰"等同于"残酷""死亡"，飞越"驼峰"就等于向着地狱扑去。

自从1942年3月仰光沦陷直到1945年史迪威公路开通之前，中国通往外部世界的道路已基本上中断。如何将抗战所需的大批物资、弹药运进中国成为当务之急。早在1942年10月8日，陈纳德在写给美国总统特使温德尔·威尔基的信件中，就提出开通"驼峰航线"的建议。

驼峰运送行动是世界上规模最大，时间最长的空中战略桥梁，"驼峰航线"这一空中桥梁的空运行动一直持续到战争结束。在长达三年多的艰苦飞行中，中国航空公司总共飞行了8万架次，运送了85万吨的战略物资、战斗人员3.35万人，有利地支援了中国同胞，英勇抗击日本侵略者，为取得最后胜利提供了有力保障。可以说，没有"驼峰航线"，整个抗战局面就要重新改写！中美两国为开辟和维持"驼峰航线"提供了巨大的人力、物力，并付出了重大的牺牲。中美两国飞行员用鲜血和生命开辟的"驼峰航线"，是铸造在世界屋脊之上的一座历史丰碑，他们的英雄业绩，永远载入了中国抗日战争和世界反法西斯战争的光辉史册。

哈勒欣河上空的"不死鸟"

——斯科巴里欣

由于地缘政治上的冲突，日俄在近代曾多次开战，两国在1904年在中国的东北爆发全面的日俄战争，结果日本战胜，中国的东北落入日本的势力范围，俄国亦被迫把库页岛南部割让于日本。

1931年，日本关东军发动"九一八"事变，全面占领中国东北三省之后在1932年成立了听命于日本的伪满洲国，伪满洲国与外蒙古为邻，并分别有日本及苏联的驻军,日苏双方在不少的地段存在边境纠纷。

1939年5月,日本为侵略外蒙古和苏联的远东地区,经常在东起伪满洲国边境城市诺门坎,西至外蒙古哈勒欣河东岸地区进行武装挑衅,并借口蒙古牧民侵犯哈拉哈河边界挑起军事冲突,双方在这一地区集结大量兵力。5月11日,哈勒欣河战役爆发。战争一开始,日陆军航空队便投入大批兵力夺取了制空权,苏空军参战后,通过空战很快夺回制空权,空中态势发生根本性改变。

1986年,苏军《红星报》记者采访了曾在哈勒欣河对日空战中首次成功地创造了迎面撞击敌机奇迹的苏联英雄斯科巴里欣。斯科巴里欣出生于莫斯科,后经推荐参加了苏联空军,在与蒙古国接壤的苏联后贝加尔地区服役。

1939年日军侵略外蒙古时,斯科巴里欣担任后贝加尔第22歼击机航空兵团飞行副大队长。1939年5月,斯科巴里欣所在的飞行大队奉命全部转场到外蒙古境内的巴音图门机场,参加与日军航空兵的作战。

开战之初,诺门坎的苏联航空部队是由第70战斗机联队和第150轰炸机联队构成的第100混合飞行团。关东军为了得到制空权,于13日投入了第24战队,在20日记录了第一次击落苏方侦察机。22日苏军出动了100余架战机进行了反击,事情发展到这一步,诺门坎上空的战斗已经演变成了双方的大空战。

5月24日,苏联空军又出动了5批飞机与日本空军作战,斯科巴里欣的伊-16歼击机大队与友邻部队的一个伊-15歼击机大队准备联合作战,对付气势汹汹的日本空军飞机。由于伊-15飞行速度较慢,斯科巴里欣率领的伊-16提前飞抵集合空域,等待伊-15的到来。

可是,等了很长时间也没见伊-15的踪迹,于是斯科巴里欣决定率机返航。但在返航途中,他们也没有遇见伊-15歼击机大队。原来,伊-15歼击机大队在前往集合空域的途中,被日本空军的飞机全部击落了。于是,此战况立即汇报到苏联国防人民委员部,国防人民委员伏罗希洛夫指示赴蒙参战的苏联空军停止一切行动。

1939年6月12日，日军发动了第二轮攻势，派出强大的机群对苏蒙军的阵地进行突击。已经得到了增援的苏军立即出动了60架伊–15歼击机截击，空中一片混乱，双方不时有油料耗尽的飞机退出战场，立即又有新的兵力加入战斗，这次空中交战持续了整整8个小时，苏军损失了34架飞机。

6月18日，朱可夫被苏军统帅部任命为第57特别军军长。6月19日，苏机轰炸阿尔山、甘珠尔庙和阿木古郎附近的日军集结地，500桶汽油被炸起火。关东军司令部急调第一坦克师团和第二飞行集团支援前线的第23师团，此次调来的飞机共有180架。6月21日，日军第二飞行集团团长嵯峨彻二中将把他的司令部从新京迁至海拉尔，调来4个飞行团，集中17个战斗轰炸机和侦察机中队。

6月22日，苏联空军的95架歼击机与日本空军的120架歼击机在哈勒欣河上空展开了空战，双方在诺门坎地区上空大战3天，近60架飞机被打落在大草原上，在这一仗中，斯科巴里欣首战告捷，一举打下数架敌机，因而被提升为大队长，苏联空军飞行员终于在哈勒欣河上空第一次战胜了日本空军，此后，苏联空军牢牢地掌握了制空权。在与日机空战中，苏联飞行员表现出勇敢、顽强的精神和高超的技能。在参战飞行员中，有26人因战功卓著被授予"苏联英雄"称号，在斯科巴里欣服役的22团里，有11名飞行员获此殊荣。

日军为了夺取战场制空权，从国内抽调了有经验的飞行员到这一地区参战，为了打击日军的嚣张气焰，苏联大本营同意了朱可夫的要求，给他派来了21名荣获"苏联英雄"称号的飞行员。

领队的是朱可夫在白俄罗斯军区已很熟悉的著名飞行员斯穆什克维奇，同时送来了新型飞机伊–16和"鸥"型飞机，同时还从境内陆续抽调了8个大队200架最先进的伊–16歼击机，以加强其在作战地区的空中优势。

6月26日，苏军出动了一个歼击航空兵团共50架伊–16飞机对日军干珠尔机场实施强击，在接近机场时遇到60架日军歼击机的拦截。伊–16歼击机在远距离发射火箭弹，日军飞行员对这种远射程大威力武器毫无戒备，中弹的飞机当即凌空爆炸，短短几分钟便有6架日机被击中。

空战持续两个多小时，直至双方油料耗尽，这次交战苏军以损失两架飞机的微小代价换取了击落19架日机的胜利。

6月27日凌晨3时，137架日机在海拉尔机场起飞，偷袭苏军机场，6时20分，日军机群到达塔木察格布拉格机场上空，进行狂轰滥炸，机场顿时黑烟覆盖，日军作战部队向关东军司令部报告击落苏机99架，击毁地面飞机25架。

7月初，苏、蒙联军在哈拉哈河西岸发起反攻时，苏空军突击日军在哈勒欣河上架设的浮桥，切断日军向东岸撤退的通道。7月上旬，日军航空兵又配合骑兵和坦克部队支援步兵的大规模进攻，双方混战不休。

在此期间，苏方出现了以斯科巴里欣率先以机相撞战例，苏联政府对在哈勒欣河上空空战中撞击敌人的苏联空军飞行员给予了高度评价，授予上尉斯科巴里欣、大尉库斯托夫、中尉莫申苏联英雄称号。斯科巴里欣开创了第二次世界大战中首个以战机相撞的战例，因而一举成名。

8月20日，苏蒙军队发起了全歼日军第6集团军的总反击，这天清晨，苏军153架轰炸机在100架歼击机的掩护下开始突击。苏军机群飞过敌军前沿，主要突击敌炮兵阵地和装甲部队集结地，由于此时日本空军已处于完全被动地位，因此只能眼巴巴地看着阵地被蜂拥而至的苏军飞机炸得支离破碎。21日凌晨，日军出动了临时拼凑起来的40架轻型轰炸机和少量重型轰炸机，在20余架歼击机的掩护下，准备突然袭击苏军后方集结的重兵集团，早有准备的苏军几个N-16歼击机中队闻讯后立即起飞，刚刚开始轰炸的日军机群发现苏联飞机，慌忙扔下炸弹返航，苏军航空兵紧追不舍，在追击中又击落敌轰炸机10架，歼击机6架。

9月15日停战协定签署的当天，双方还通过突击对方机场争夺制空权，导致在机场上空发生大规模空战。苏军200余架歼击机与日军180架战斗机还进行了一场空前规模的空战，日机被击落20余架。诺门坎的航空战以当天日本空军第四次对苏军的塔木斯克机场空袭宣告结束，诺门坎事变也在当天达成停战协议后落下了帷幕。

诺门坎空战是苏联在参加第二次世界大战前夕进行的一场规模较大的空战，不仅沉重打击了日军航空兵的嚣张气焰，夺取了这一地面的制空权，同时又为航空兵支援地面部队作战积累了宝贵的实战经验，而斯科巴里欣也在这次战役中一举成名，因其撞落敌机自己安然返回而被人们称为哈勒欣河上空的"不死鸟"。

"夜间女巫"

——卫国战争中的苏联女子航空团

女战斗机飞行员，这个特殊的群体无论在哪个国家都会引人注目，其实女性从事飞行的历史和男性相比，几乎不相上下。1910 年，法国就出现了世界上第一个女飞行员雷蒙德男爵夫人，在此以后，美国、法国、英国等国家就不断有女性投入到飞行领域之中。

苏联是第一个吸收女性飞行员加入战斗行列的国家，卫国战争期间，在遭受了巨大的人员伤亡之后，苏联政府号召所有没有孩子的妇女投入到这场战斗中来，苏德战争爆发以后，将近 1000 名妇女参加了苏联空军，她们中有许多人在前线浴血奋战，就像她们的男性战友一样在保卫祖国的战场上与敌人厮杀。人们常说"战争让女人走开"。而这些苏联女飞行员的经历告诉了世人："女人与战争是密不可分的，女人在战争中表现出的意志和力量更是惊人的。"

1941 年 10 月的一个清晨，上千名女兵一起乘坐一列闷罐火车向东进发，那一刻的汽笛声中，炮火声夹杂着姑娘们的低吟声从此回荡在她们的耳畔："再见，莫斯科，我们将为你而战。"由于在卫国战争中人力损耗巨大，苏联迫不得已让女飞行员驾驶作战飞机，当时苏联红军组建了三个完全由妇女组成的战斗航空团——586战斗机航空团、587昼间轰炸机航空团和被德军称为"夜间女巫"的588夜间轰炸机航空团，在战争的岁月里，这三个团中诞生了许多被德国兵称为"恐怖天使"的苏联优秀女飞行员。

第588夜间轻型机团所装备的是Po-2教练机，这种双翼木制战斗机被姑娘们戏称为"带发动机的降落伞"。德国人常常这样谈论这个团："我们最不能理解的是，苏联空军中最令人感到头痛的却是女人，这些女飞行员无所畏惧，她们能一夜接着一夜地驾驶着航速缓慢的双翼轰炸机袭击我们，有时候甚至整夜不让我们睡觉。"第588夜间轰炸机团的作战行动十分成功，三年内一共飞行2.4万架次，有23人次获得"苏联英雄"称号，12人获得"红旗勋章"。德国人给该团起了一个绰号为"夜间女巫"（即北欧神话中的夜晚骑木头扫把杆飞行的巫婆），这些勇敢的姑娘为赢得此绰号而感到骄傲。

Po-2的设计起于1927年，尼古拉·波尔卡波夫于同年受命设计一种用于飞行员基础训练的教练机，在当时的技术条件下，Po-2教练机被设计成双翼机，敞开式双座舱，加装了发动机消声消焰器和机枪，可携带300千克炸弹，在卫国战争中，简陋到极点的Po-2发挥了其他飞机不能取代的作用，大量的Po-2组成夜间轰炸机团，一到夜晚就飞临敌人的战线、机场等目标进行袭扰，虽然轰炸本身不会给敌人造成多大损失，但使德军整夜不能安眠。那时，格尔曼和她的战友们一晚上要飞6~10次，扔完炸弹，回来加油装弹，然后又直接飞回去。标准的攻击模式是在距离目标还很远的时候关闭发动机，靠Po-2良好的滑翔性能飞临目标上空，当德军听到风吹Po-2翼间张线的啸声时，飞机已经就在他的头顶上了。攻击完毕后，Po-2再重新启动引擎跑掉。格尔曼开始和叶夫多基娅搭档，在她牺牲后，马古巴·苏尔塔拉诺娃（也是苏联英雄）成了她的飞行员。

Po-2飞得很慢很低，但是极不容易被击落。德军的地面雷达或机载雷达对Po-2也无可奈何，一是飞得太低，信号被地面杂波湮没，二是Po-2绝大部分材料是木材，对雷达波反射很小。德军的早期红外线探测装置因为M-11发动机功率很小，红外特征不明显而无法探测到。德军的夜间战斗机 Bf-109、Fw-190 最低速度远大于该机，即使发现 Po-2，只要 Po-2 向旁边来一个转弯机动，敌人的夜间战斗机必然冲到 Po-2 前面，不得不再绕一个大圈再来寻找。这种"猫捉老鼠"的游戏，绝大部分以战斗机的失败而告终。况且，Po-2 飞得离地面很近，几乎是掠地飞行，敌军战斗机不可能飞得这样低，敌方战斗机根本无法攻击，地面炮火也无法跟踪射击，所以 Po-2 的女飞行员们屡屡获得成功。德军司令部曾经许愿，只要飞行员击落一架 Po-2 即可获得铁十字勋章。

战争使这些 20 岁出头的女飞行员们逐渐成熟，她们学会了因陋就简，并巧妙地与敌人周旋。她们不但会用旧降落伞为自己缝制胸罩，也学会了以难度极高的超低空飞行来准确的轰炸目标。娜塔莎后来成了一名出色的轰炸手，她利用自制的瞄准器，超低空飞行至德军坦克的上空，再给敌人以致命的一击，她的机翼上常常挂着德军坦克的残骸。"为了不被发现和躲避敌军的高射炮，我们在接近目标前必须关掉引擎，滑翔飞行。"娜塔莎回忆道："当我预感到敌军有所察觉，并准备开炮向我射击的那一瞬间，真是恐怖至极。"

对于这些苏军女飞行员来说，被俘比死亡更为可怕，尽管每次空战都意味着经受一次生死的考验，但她们的飞机上从不配置降落伞，因为她们具有强烈的爱国热情及民族自尊心，她们宁可战死疆场，也不愿落入法西斯的手心去任人摆布。在一次空袭行动中，8 名女飞行员驾驶的飞机被敌人高射炮击中，她们毫不犹豫地驾驶飞机呼啸着冲向敌军阵地，与敌人同归于尽，这使那些以铁的纪律和残忍性格著称的德国兵也闻风丧胆。

这些夜间轰炸航空团的姑娘们平均每晚执行 15 次任务，虽然获得了一些战果，但是也付出了惨重的代价。对于那些对女子航空团没有特别了解的人根本不能想象这些妇女在战场上像男人一样的战斗，她们的事迹也从来没有专门被记录、传颂过，事实是，这些女子航空团负责地勤的姑娘们一年四季无论面对各种恶劣气候，她们都要亲自把 60 千克重的压缩空气拖拽到飞机上以准备再次出击，拖拉着火药桶、武器、保养飞机、装填炸弹、维修自己的飞机，等等，她们要忍受风霜、暴晒、压力、焦虑、饥饿和疲劳。

最值得骄傲的是1943年6月的战斗，那次福米切娃的中队得到了空军总部的赞赏。9架Po-2轰炸机在战斗机的护卫下，到库班执行任务。期间护卫战斗机离开轰炸机去追逐敌人的飞机。8架别的德国战斗机想乘虚而入，Po-2轰炸机向敌机猛烈开火，打下了4架敌机。而5架Po-2轰炸机被打下，但是机组人员都安全回到基地，这件事成了苏联报纸的头条。

作为防范措施，德军第四航空团临时组建了一支夜间战斗单位，第一驱逐航空团第10中队，在探照灯的帮助下，"梅"式110的驱逐攻击给缓慢而老旧的苏联Po-2夜间袭扰机造成了极大的损失，这些Po-2夜间袭扰机很轻易的就被飞机上的机枪和地面的炮火所击中，飞机脆弱的外壳让它们不堪一击，驾驶员也没有逃生的余地，因为在1944年夏季以前，这种飞机的驾驶员一直没有配备降落伞，不少飞行员因此而牺牲。伊莲娜作为晚间轰炸大队的女上尉，指挥两个飞行中队的20架飞机和240名女兵，她当时最大的痛苦是她不忍心但又不得不下令让那些朝夕相处的女战友们上天执行任务，而这样的任务往往意味着有去无回。

随着苏联红军向高加索推进，德军节节败退，女子飞行轰炸队的作用也就越发突出，她们有时一晚上连续轰炸六七次，在漆黑的夜空往返穿梭，成千上万的德国官兵还在酣睡时，就被炸得血肉横飞，德军惊恐的称她们为"恐怖天使"，伊莲娜为自己消灭法西斯的使命而自豪，并获得了苏联的荣誉勋章。1943年1月6日，经过女子战斗航空团全体队员的不懈努力和顽强拼搏，她们终于得到了苏联将士的尊重与认可，并获得了近卫46夜间轰炸航空团的新部队番号。据苏联军方统计，该团共计执行飞行任务2.4万架次，在敌方上空投下了3000吨炸弹。这个团的23名女飞行员获得了苏联英雄金星奖章，在苏联空军战斗航空团中没有一个团能获得如此重大的殊荣。

苏联的勋章奖章非常多，但没有一个比得上苏联英雄的金星奖章，获得者同时被授予列宁勋章，是苏联最高荣誉。在一次联席会议上，所有男军官都不自觉地将目光注视在了两位女同志身上，这并不是因为她们都是标准的俄罗斯美女，而是因为两人胸前那枚金光闪闪的"金星勋章"——那是每一名飞行员都想要获得的荣誉！在卫国战争期间，苏联涌现了很多像她们这样的女性，她们在战争年代所表现出来的巨大勇气为她们赢得了社会的尊敬，就像苏联男飞行员曾经对他们的女战友说过的那样："即使我们把地球上所有的花都摆放在你们的跟前，也不足以表达我们对你们英勇之举的敬意。"

在三年的战争中，这些姑娘们完成了2.4万架次飞行，向敌方阵地投下了10万颗炸弹，战火纷飞的日子使这些苏联女飞行员都不适应安逸和平的生活了，她们不无感慨地说："我们赢得了勋章，却失去了生活的乐趣与美好的梦想。"她们开始羡慕那些留在国内的女伴们，因为她们都顺利地完成了学业，并建立了美满的家庭，战争阴云在这些女兵心中留下了难以磨灭的痕迹。然而，她们对自己的选择却从未后悔过，因为比起一般苏联女孩，她们真正领略了战争的激烈与残酷。同时，她们也感到无比幸运，能够在这场旷日持久的战争中为保家卫国做出贡献。苏联女兵在第二次世界大战中所发挥的重要作用是不容低估的，我们将永远记住那些在战争中为了自己的祖国而献身的女兵们！

"斯大林格勒白玫瑰"

——苏联美女飞行员莉莉娅

莉莉娅·利特维亚克，1921年8月18日生于莫斯科，世界上空战纪录最高的女战斗机驾驶员，第二次世界大战时期苏联战斗英雄，曾荣获"苏联英雄"称号。168次出战，单独击落敌机12架，联合队友击落了3架敌机，是第二次世界大战女飞行员里击落敌机数量最多的一个，被德国飞行员称为"斯大林格勒白玫瑰"，她也是世界上第一名王牌女飞行员。

1942年，苏联著名女领航员玛林娜·拉斯科娃说服斯大林，在红军中组建了三个完全由妇女组成的战斗航空团——586战斗机航空团、587昼间轰炸机航空团和被德军称为"夜间女巫"的588夜间轰炸机航空团。在这三个战斗航空团中，一些人成为传奇式的人物，其中便包括莉莉娅·利特维亚克。

莉莉娅·利特维亚克14岁时，她瞒着父母悄悄在当地的飞行俱乐部学习飞行技术。一年后，她已经学会了独自驾驶飞机。1941年6月，苏德战争爆发。当莉莉娅听说玛林娜·拉斯科娃在组建一个完全由妇女组成的飞行团时，她马上报了名。很快，莉莉娅和她的同伴被送到了伏尔加河下游的一个小镇。在那里，她们接受了半年的密集训练。莉莉娅在训练过程中表现出了精湛的飞行技术。她的技术不仅优于其他队友，连指导她的男教练都要逊色三分。结束训练后，莉莉娅和队友们组成了586战斗机团，在距离斯大林格勒200英里远的萨拉托夫开始了战斗。

由于飞行技术高超，莉莉娅被派往男飞行员的战斗机团。曾经先后参加过286战斗机团、437战斗机团和87战斗机团的战斗。1942年9月。鉴于莉莉娅的出色表现，她和其他七名战友被派往286战斗机团。队长巴拉诺夫认为女飞行员根本吃不消繁重的作战任务，因此拒绝接收女飞行员，不论莉莉娅如何解释，巴拉诺夫一概不允。这时，队中王牌飞行员阿列克塞·索洛马丁帮了莉莉娅，她被允许做索洛马丁的僚机。在后来的日子里，莉莉娅和索洛马丁渐渐萌生了感情，结成了一对比翼双飞的恋人。

要赢得男队友的尊重，女飞行员需要证明自己的能力，这对莉莉娅来说显得尤其困难，因为她的美貌常常掩盖了她的能力，她长着一头金发，有着迷人的双眼，和大多数年轻女子一样，她的身上也保留着爱美的天性在接受训练的时候，她一开始拒绝剪去自己的长发，她还曾经把皮靴的一部分拆下来做成飞行服的毛皮领子，由于修改军服被认为是破坏国家财产，她为此被关了禁闭。

莉莉娅热爱自然，喜欢花朵，常常到机场附近采野花，带回来插在飞机座舱里，因为莉莉娅的名字和俄语百合花的发音相近，战友们都亲切的称她为百合。她在自己驾驶的飞机机身两侧分别画了一朵百合，德军把百合误认为是玫瑰，因此称她为"斯大林格勒白玫瑰"。

1942年9月13日，莉莉娅生平第一次击落了梅塞施密特Bf-109战斗机和容克Ju-88轰炸机两架敌机，成为了世界上第一位击落敌机的女性。她击落的第十个猎物，是一个有二十几架纪录的德国王牌飞行员，这家伙跳伞被俘后，提出想要见一见击落他的对手，当翻译请来了身高1.50米的金发女郎莉莉娅时，他怎么也不肯相信这就是把他击落的那个人。

1943年1月底，莉莉娅和另外两个女飞行员一起来到战斗最激烈的斯大林格勒前线，加入了296战斗机团。2月中旬的时候，她已经击落了5架敌机，为此赢得了一枚红旗勋章，并被提升为中尉。在随后的3月和7月，她的飞机被击中过两次，一次迫降，一次跳伞，但都被抢救了过来，在一次训练新飞行员的任务中，她的爱人索洛马丁不幸坠机身亡，而她亲眼目睹了这悲剧性的一幕，对她造成了极大的打击，在承受失去爱人的痛苦之时，莉莉娅的体力也经受了很大的考验。

几次死里逃生之后，她最终还是没能摆脱死神的纠缠。1943年8月1日，9架苏联飞机在莫斯科南部城市奥利尔地区与40余架敌机交锋，莉莉娅的雅克-1战斗机击落了两架敌机，但终因寡不敌众，被敌军击落。"斯大林格勒白玫瑰"就这样永远地凋谢在了祖国的天空，莉莉娅牺牲的那天离她22岁生日还有14天。莉莉娅的牺牲使基地人员无不为之垂泪，由于遗体始终未能找到，大家并没有为她举行葬礼。

在卫国战争期间，苏联涌现出了很多像莉莉娅这样的女性，她们在战争年代所表现出来的巨大勇气为她们赢得了世人的尊敬。就像苏联男飞行员曾经对他们的女战友说过的那样："即使我们把地球上所有的花都摆放在你们的跟前，也不足以表达我们对你们英勇之举的敬意。"

1976年，莉莉娅的遗体最终被两个男孩在德米特里耶夫卡村的田野里发现，就在坠毁的雅克-1战斗机翅膀下面。遗体身穿飞行茄克，口袋里还装着证件。1989年，苏联为莉莉娅举行了庄严的葬礼，戈尔巴乔夫总统于1990年追授莉莉娅"苏联英雄"称号。在顿涅茨克以东90千米的库拉斯尼，人们为纪念这位伟大的女战士，建造了一座高大的纪念碑，碑上是她的半身雕像。她迷人的笑容，永远留在了人们的心中。

空袭"日本的珍珠港"
——特鲁克

"特鲁克"在马来语中的意思是"云中之山"。与其他的珊瑚岛有所不同，特鲁克岛是整个特鲁克群岛中最大的一个，该岛形状呈三角形，中间有一个礁湖，是舰船停泊的天然之地，它不仅是加罗林群岛的心脏，还是日本在南太平洋防线的心脏。经过20多年的经营，特鲁克成为日本在其本岛之外的最为重要的海军基地，太平洋战争爆发后，日本联合舰队的主力部队也长时间驻扎在该处，战略地位相当重要，有"日本的珍珠港"或"日本的"直布罗陀"之称。

第二次世界大战的太平洋战争期间，特鲁克岛一直披着神秘的色彩。在这座形势险要的岛上，日军在礁湖的深水中建立了潜艇基地，不断地把这些海底魔爪伸向各个海战战场，伸向盟军海上交通线。湖面上经常云集着成百艘杀气腾腾的舰只，一有风声，立即出动，岛上建有大型机场，几百架日机构成强大的攻击力量，在突出地面的山头上，日军修筑了坚固的防空掩蔽部和炮火阵地，密密麻麻的大口径岸炮，组成了强大的防空防御屏障，日本把它称之为"不沉的航空母舰"。

1942年7月，中途岛海战刚刚结束，山本五十六就将他的联合舰队司令部迁至特鲁克港，从此，这里成了日本帝国海军的大本营。1944年2月10日黄昏，美军两架"B-24"飞机飞临特鲁克岛上空侦察，带回了令人垂涎欲滴的情报："特鲁克港云集着上百艘日本舰船"，美机在特鲁克上空的出现，引起日军联合舰队司令古贺的惶恐与不安，此时此刻，战局对日本十分不利,日军已在太平洋各群岛节节败退。于是,三十六计走为上,几天之后,他下令联合舰队撤离特鲁克港。日舰队主力撤离后,岛上驻有陆军第25师团主力,机场上有近300架飞机,港湾尚有不少舰船和货船。

占领特鲁克既是美军在太平洋反攻作战的重要一步,更是美国总统罗斯福亲自制订的"车轮计划"中的关键一步。1944年2月,美军开始进行马绍尔群岛战役之时,美国太平洋舰队司令切斯特·尼米兹上将马上就意识到特鲁克日军的众多飞机将对美军进行的反攻构成严重威胁,于是他决定利用美军的空中优势彻底荡平特鲁克的日军,解决掉特鲁克日军的威胁。许多计划人员认为作战要冒大风险,他们估计,这将是太平洋战争中第一次大规模空战。据此,斯普鲁恩斯抽调了6艘战列舰、10艘巡洋舰和将近30艘驱逐舰为9艘航空母舰护航。

1944年2月12日,美国海军第58特混舰队的9艘航空母舰在60多艘护航舰艇的保护下悄悄驶离海军基地,向前方进军。由于美军实行了严格的保密制度,除了米彻尔将军和少数几个人外,大部分人员一直到2月16日特混舰队即将抵达攻击目标时,才知道此次攻击行动的任务就是空袭特鲁克。2月17日6时43分,200多架新型美国海军舰载作战飞机相继从5艘航空母舰上起飞,呼啸着向特鲁克飞去。大约26个月之前的一个早晨,涂着红色旭日标志的日本飞机就是这样扑向珍珠港的,现在"日本的珍珠港"也要遭受同样的命运了。尽管美军发动攻击的迹象已经很明显,日军居然也疏于防备,特鲁克的日军依然被打了个措手不及。此时的特鲁克虽然有数量多达300多架的飞机,但是大部分飞行员却请假外出,大多数飞机还停在机场上。停靠在港口内的舰只多没有做好启航的准备,这不禁让人想起了当年美国在珍珠港的情景。另外,美国此时不仅在飞机数量和质量上占有巨大优势,而且在飞行员素质上也占有巨大优势。

美国飞机首次飞临特鲁克的上空时空中也基本上没有任何戒备,当警报响起后,日本人仓促应战,据美国F6F战斗机的飞行员宣称,看见有日本飞行员是穿着睡衣在驾驶战斗机。日军的防空火力虽然反应也说得上迅速但没有什么准头，空中的美国战斗机追逐着匆忙起飞的日本飞机，这些飞机显然没有什么战斗力，空中不时有被击落的飞机坠下，在混战中美军也发生了一些飞机被己方飞机误击，造成不必要的损失。与此同时，美军舰上炮火万炮齐轰；美军轰炸机又不断俯冲轰炸。呼啸而下的炸弹把特鲁克岛上的防御设施炸得支离破碎，一片狼藉，粗大的椰子树齐齐地切断，珊瑚沙被卷上天空。岛上大火熊熊，黑烟翻滚，乌烟瘴气。

海面上，日军也是一片凄惨混乱景象，日轻巡洋舰"那珂"号拖着黑烟负伤逃跑，驱逐舰"太刀风"号、"舞风"号也不顾一切地逃窜，那些毫无防范能力的一群群货船、油船急如丧家之犬，在四散逃命中相继被击毁。

第一波攻击结束，特鲁克暂时恢复平静。日军趁这工夫赶紧抢救伤员、清理障碍、修复防御工事以抗击美军可能再次发起的攻击。下午3点多钟，美军舰载攻击机第二波攻击再次降临被炸得满目凄凉的特鲁克。日军仅有几架飞机起飞迎战，其他飞机已被美军基本消灭，这几架飞机很难对抗强大的美国舰载机机群，一眨眼的工夫就再也看不到日本飞机了，没有了空中威胁，美军飞机在特鲁克上空随心所欲的进行轰炸，它们躲开地面防空火力的射击，将所携带的鱼雷和炸弹全部扔在了特鲁克，特鲁克已被炸得体无完肤，基本丧失了作为一个军事基地的重要价值。由于特鲁克地位的重要，它遭受的攻击使日本朝野上下感到十分震惊，为加强特鲁克的防御，古贺峰一于2月20日下令将拉包尔的航空兵力调往特鲁克方向，结果日本在外南洋的航空兵力被抽空，拉包尔也就此失去作用。日本的"绝对国防圈"还没有建设完成其前哨基地就相继被攻破，日本的战败现在看来也仅仅是时间的问题了。

"猎杀孔雀"行动

——"绝密电"葬送山本五十六

日本海军联合舰队司令山本在"伊号作战"结束后,决定利用一天时间视察巴拉尔、肖特兰和布因等前线基地,以激励士气。山本的副官渡边海军中佐草拟了日程安排,亲自把它送到第8舰队司令部,他要求派信使把日程表送去,但通信军官却说,必须用无线电报发出,渡边不同意,担心美国人能截收到电报,并可能破译。通信军官说不可能,这部密码4月1日才启用,不可能破译,绝对安全,因此最后还是用无线电发出了。

1943年4月13日黄昏,位于拉包尔的第8方面军司令部里,终于发出了极其机密的无线电波。这一决定山本命运的绝密电波,飞越了辽阔的南太平洋海空,到达了日军在北所罗门群岛的各部队。驻守肖特兰岛的日本第11航空队司令城岛高次接到电报后很气愤地对手下讲:"在风云变幻的前线,怎么能把长官的行动计划用如此冗长的电文发出来!只有傻瓜才这样做。这事太愚蠢,等于是公开邀请敌人。"事后城岛高次还飞往拉包尔面见山本,请求山本不要前行,但被山本拒绝!

正如渡边所担心的那样,电报发出片刻就被美国人截获并破译。4月14日,上午8时,美太平洋舰队的情报官员爱德华·莱顿中校到尼米兹的办公室向他作了汇报。尼米兹上将获悉,山本将于4月18日早晨6时,乘坐一架中型轰炸机由6架战斗机护航离开拉包尔,于8时抵达巴拉尔岛。尼米兹看完电报后抬头笑道:"我们是不是想办法活捉他?"

"他是他们之中出类拔萃的。"莱顿答道。

"山本是日本少壮派军官以及士兵崇拜的偶像。日本人的心理状态你是清楚的,这将使所有日本人大吃一惊。"尼米兹下决心活捉山本五十六,他随即电告这个地域的司令官哈尔西将军,并授权他起草作战计划。这个任务既得到海军部长诺克斯，也得到罗斯福总统的批准。4月15日，尼米兹批准哈尔西的作战计划，并祝他"顺利、丰收"。

1943年4月18日，是个星期日，黎明时天气晴朗潮湿。这一天，对于日本和美国来说，都是个难忘的日子。因为正是在一年前的4月18日，"大黄蜂"号航空母舰载着杜立特的B-25轰炸机群首次轰炸了东京。一年后，鬼使神差，又赶上了这一天！

一大早，山本五十六司令长官身穿雪白的海军新军装，左右胸襟悬挂着大将的胸章，当他走近他的座机——三菱公司制造的"一"式轰炸机时，转向拉包尔的海军司令草鹿任一中将，交给他两个卷轴，请他转交第8舰队的新任司令，这是山本书写的明治天皇的诗。

山本的座机于东京时间8时整准时离开拉包尔，同机的有他的秘书、舰队军医长和航空参谋，宇垣参谋长乘坐另一架三菱造"一"式轰炸机，机内还有另外几位参谋人员。渡边中佐眼看着两架飞机消失在空中，对自己未能与司令长官同行颇感失望。

两架崭新的"一"式轰炸机在3000米的高度向南飞去，相距之近以至使宇垣参谋长都在担心机翼要碰撞。有6架"零"式战斗机在他们上空护航，真是一次愉快平静的飞行。经过3个多小时的飞行，布干维尔在左下方出现后不久，机群开始降低飞行高度，准备在巴莱尔机场着陆。突然一架"零"式战斗机出列，向右急转——远处10多架P-38正向北飞来，随即6架"零"式急速爬升，与美机的掩护组缠斗起来。而美机的攻击组则朝两架"一"式轰炸机猛扑过去，两架"一"式轰炸机见势不妙，急剧下滑，企图以超低空摆脱攻击，美机的攻击组哪肯放过，紧盯不放。这时高空的"零"式才意识到上了当，有3架"零"式不顾一切俯冲下来，但为时已晚，山本座机已经被击中，燃起大火，转眼之间化为一团火球坠入布干维尔岛茂密的丛林。山本座机坠毁的一刹那，截击功臣兰菲尔看得非常清楚，他永远也不会忘记，"轰炸机全身橄榄绿色，比树叶的颜色还深，擦得锃亮，在阳光下闪闪发光"，后来他在回忆这惊心动魄的一刹那时这样说。

当时乘坐二号机、幸免一死的参谋长宇垣中将，后来在其战地日志《战藻录》中，对这段经历作了如下记述："当我机降低高度紧贴原始密林飞行时，敌机与我护航战斗机展开空战，数量4倍于我之敌，无情地逼近我庞大的'一'式轰炸机。我机迅速来了个90°以上的躲避急转弯。一号机向右，二号机向左，两机分离开来，间距增大了。

"作了两次躲避转弯之后，我向右方眺望，想看一看山本长官搭乘的一号机如何。哎呀，在距离大约4000米处，一号机紧擦着原始密林，喷着浓烟和火焰，慢速向南下方坠落。我脑子里想，完啦！飞行参谋站在我的斜后方过道上，我拉了拉他的肩膀，示意让他注意长官的座机。这是我们同他的永诀。这个过程只有20秒钟左右。因敌机袭来，我机又做了一个急转弯，这时再也看不见长官的座机了。我急切地等待恢复水平位置，心中充满了忧虑，担心事情的结果，尽管其必然结果是可想而知的。当我定睛再看时，座机已无影无踪，只见原始密林中升起了冲天的黑烟。啊，万事休矣！"

几乎和山本座机遭攻击的同时，参谋长宇垣的座机也遭到了巴伯中尉的攻击。只见巴伯不顾俯冲下来的"零"式机的扫射，不失时机地向宇垣的座机射出了一排密集的子弹。当他向轰炸机开火时，看到这架轰炸机在颤动，但仍然毫不手软地继续射击，一直把它的机尾垂直翼打断为止。宇垣座机的飞行员双手拼命搬住操纵杆，仍不能制止住飞机往下冲，转眼间便掉进了大海。伏击战仅仅历时三分钟，到9时38分，布干维尔岛上空周围又恢复了原来的寂静。

1943年4月18日，是日本联合舰队司令山本五十六被美国空军击毙的日子，这位曾经在太平洋上兴风作浪，并为日本取得赫赫战功的海军大将之死，使日本海军损失了最优秀的战略家和海军舰队统帅，日军将山本之死列为"甲级事件"，并开始进行调查，日军也曾怀疑过密码被破译，就故意拍发草鹿任一中将前往前线视察的电文，作为试探，但美军识破了日军的伎俩，在电文提及的时间和航线上，没有出现一架美机。因此日军认为密码绝对可靠，山本之死纯属偶然……

库班大空战

——苏德争夺制空权的殊死拼杀

1943年夏，苏军在苏德战场中央方向和西南方向展开了新的强大进攻，这一进攻有利于在北高加索重新发动进攻。北高加索方面军奉命肃清德军塔曼集团。为达此目的，计划从陆地和海上对新罗西斯克实施突然突击，攻占该市后向上巴坎斯基发动进攻，以便对防守"蔚兰色防线"的集团构成从南面进行包围的威胁。当时，德军由于地面兵力不足，便企图借助空中力量来固守塔曼半岛。

1943年4月下半月至6月初，在苏德战争中，北高加索方面军航空兵以及黑海舰队航空兵一部对德军实施了数次空中交战。

在库班战役中，苏军的意图是，夺取苏德战场南翼制空权，为支援地面军队解放塔曼半岛创造有利条件，参战兵力为北高加索方面军航空兵和黑海舰队航空兵部分兵力，共有飞机1100架左右，由方面军空军司令员韦尔希宁中将指挥。而德军则希望使用空中力量消灭梅斯哈科登陆场苏军，破坏苏军进攻，守住塔曼半岛，参战兵力为第四航空队，作战飞机近1400架，由第四航空队司令里希特霍芬指挥。在双方的空军中，德军轰炸机占优势，苏军歼击机占优势，整个战役包括三次空中交战和一次突击机场作战。

4月17日，库班战役的第一轮大角逐同时在陆地、海面和空中爆发，其中尤以空战最为激烈。德国空军第4航空队在这小小的空间中投入作战飞机近千架次，猛烈轰炸登陆场，支援步兵作战，其出击机场多在克里米亚和库班半岛上，距前线仅50千米到100千米，因此出动强度非常高，异常猛烈的火力风暴不时向"小地"登陆场刮去。苏军空军第4集团军最初出动了300架次的飞机阻击敌军的空地攻势，打得十分顽强，但由于力量占劣势，其基地又是在150千米到200千米以外的克拉斯诺达尔，因此一度陷入被动。

苏军坐镇前线指挥的大本营代表、空军司令诺维科夫元帅决定大规模增兵库班，扭转被动局面。他从统帅部大本营调来了轰炸航空兵、歼击机航空兵，使苏军的飞机出动数量增加到一天900多架次。

从4月17日至24日，在历时8天的激战中，德军共损失飞机182架，其中152架被歼击机击落，30架被高炮击落，德国空军被迫转入防御作战。苏联元帅格列奇科在回忆录中写道："在反击德军对梅斯哈科的各次冲击中，我方空军起了重要作用。它以密集袭击的方法牵制了敌人的进攻，迫使敌空军降低了活动的积极性。"德军第17集团军也不得不承认"俄国航空兵从登陆兵上陆地域到诺沃罗西斯克所采取的进攻以及对我方机场进行的猛烈攻击，均表明俄国空军的力量有多么强大"。

5月26日晨，苏军在经过40分钟猛烈的炮火准备和用340架飞机进行的航空火力准备后，第56集团军和第37集团军在基辅村和莫尔达维亚村之间的方向上转入进攻，在此之前的几分钟内，强击机在突破地段施放了烟幕。由于实施了卓有成效的炮火准备和航空火力准备，苏军仅用6小时就突入德军防御纵深3~50千米，德军统帅部为了阻滞苏军的攻击，决定把所有的航空兵都集中到战场上空。

在进攻的头3个小时，德军航空兵就出动飞机1500架次，从中午开始，在苏军进攻部队的上空出现了一批又一批的敌轰炸机，在这一天的黄昏时，德军600架轰炸机对苏军实施了20分钟的突击，苏军歼击机同德军航空兵进行了激烈的空战，但由于德军航空兵兵力比苏军多出1.5倍，苏联歼击机并没能完全制止德军的活动，德军又暂时夺取了制空权。

在库班空战中，苏军主要使用的战机是IL-2这种"飞行坦克"，IL-2在德军中有个外号叫做"黑死神"，它以其坚固的装甲和强大的火力而闻名于世，这种飞机战时产量高达36163架，在世界战争史上高居第一。

当然东线的那些"德国战鹰"们是不会放过这种猎物的，但出乎意料的是这块硬骨头实在不太好啃，德军JG52第一大队的沃尔特·托特军士是这样描述的："它飞得是如此之低，以至于我们无法捕捉到它的薄弱点——机身下的散热器。我们从两边不停开火，瞄准的是对方的尾翼，但直到尾翼被打掉后，这架飞机还在飞行！这时轻型防空火力从地面袭来，我们不得不在树顶高度放弃了追逐。这些鸟儿是最难对付的目标，如果你从后面攻击它，子弹只能从机身那坚固的装甲上弹开，而那个驾驶员简直是坐在一个装甲澡盆里！"

5月27日晨，为了保持制空权，德机在这一天内竟出动了2700架次，由于德军航空兵连续不断的袭击，使苏军白天进攻和机动很困难。苏军元帅格列奇科回忆当时情况时说："在进攻的第一天，就感到我们的歼击机太少了，无法抗击敌人航空兵的大规模空袭，它们往往被敌人歼击机缠住，让敌人轰炸机溜进来。"

从5月26日至6月7日，为了打击德国航空兵的活动能力，苏军加强了对德军机场的夜间突击，苏军的这个措施使德国航空兵的活动能力有明显的下降，苏军歼击机又重新成了库班河天空的主人。

从5月20日至29日，苏德空军共进行了两轮交战，苏军飞机一天之内出动达到了1300架次，首次库班空中交战是在新罗西斯克附近小地的梅斯哈科地域登陆场进行激战过程中发生的，德军企图在该登陆场消灭第18集团军登陆集群，苏军航空兵的顺利行动和对第18集团军可靠的空中掩护，打破了德军这一计划。以后几次空中交战分别在克雷姆斯卡亚镇、基辅斯卡亚镇和摩尔达万斯卡亚镇等地域展开。库班空中交战过程中进行了多次持续数小时的激烈空中战斗，双方广为增兵，有几天，编队空中战斗约达50次，双方都有30~50架以上的飞机参加。

苏军重新占领克雷姆斯卡亚后，航空兵将主力用于执行消灭德军纵深目标的任务，不分昼夜地对敌人后方目标的交通线进行突击，同时以部分兵力继续支援地面部队进攻。在4月29日至5月10日这段时间里，空军第4集团军、黑海舰队航空兵和远程航空兵共出动飞机1万多架次，其中半数以上是对战场上德军地面部队和技术兵器进行打击。同时，苏联空军在这段时间内还消灭德机368架，完全获得了库班河上空的制空权。

在苏德双方进行第一次空中交战的同时，苏联空军机群于4月17日到29日突击了高加索地区德军的18个机场，击毁德机260架。在历时50多天的库班空战中，苏军航空兵共出动飞机3.5万架次，击毁德军飞机1100架，其中800多架是在空中击落的，苏军损失飞机约为德军的一半。

通过空中交战，苏军夺得了苏德战场南翼的制空权，为夺取整个苏德战场的战略制空权打下了基础，为进而夺取整个苏德战场的制空权铺平了道路。

"大炮鸟"传说

——"死亡天使"汉斯·鲁德尔

"你是德国人民所曾拥有过的最伟大和最勇敢的军人"，1945年1月1日，希特勒对一位德国飞行员说。这位飞行员的名字叫：汉斯·乌尔里希·鲁德尔。在当时，这个名字已经成为传奇＋勇气的同义词，更是第二次世界大战德国空军的象征。

"斯图卡上校"鲁德尔，第二次世界大战德国空军中的超级坦克杀手，举世闻名的"斯图卡之王"，他的战绩远远超过地上的同行，他获得了第三帝国所有可以获得的勋章，他甚至得到了为他专门制作象征德军最高荣誉的勋章，在东部战线，他被称为"死亡天使"。

汉斯·弗里希·鲁德尔1916年7月2日生于德国东部施林津，是一位神职人员的长子，他的梦想是成为一名体操教师，但新生的德国空军对于当时的年轻人似乎更有吸引力，于是鲁德尔在1936年志愿加入空军。

经过两年的飞行训练，他被推荐到俯冲轰炸机部队，伴随着苏德战争的打响，1941年6月，他执行了第一次俯冲轰炸任务，在接下去的18个小时内，他一共执行了4次战斗任务，出色的飞行技术为他赢得了一枚一级铁十字勋章。

1941年9月23日，鲁德尔的连队袭击了珂琅施塔德港湾中的苏联舰队。在袭击中，鲁德尔用1000千克炸弹击沉了苏联战列舰"马拉"号，炸弹命中了"马拉"号的弹药库并把它炸成了两截。

1942年1月中旬，他的出击次数已达到500次，并因击沉3艘敌舰而从司令官冯·里奇特霍芬空军二级上将手中接过骑士勋章。

德军陷入斯大林格勒血战时，鲁德尔正在国内克林堡州的勒希林空军试验机场试飞新型的Ju-87G"斯图卡"，这种新型号专为反坦克设计，机翼下装有两门37毫米长身管自动火炮，所以又被称作"大炮鸟"。

1942年9月，鲁德尔接受了第二俯冲轰炸连队第一中队第一分队的指挥权，在斯大林格勒地区执行战斗任务，那时他的分队经常被派去对付苏联坦克，鲁德尔的Ju-87G成为苏联坦克兵的噩梦。1943年7月库尔斯克大战中，鲁德尔率领第二对地攻击航空团直接支援保罗·豪塞尔的党卫军装甲军团。他乘坐的那架"大炮鸟"飞临战线侧翼的苏联坦克集群上空。当天一名苏军前线炮兵观测员向军长递交了一份报告，描述了他所经历的最恐怖的一天："德国飞机从头顶冲下来……拉起时高度只有不到10米，我看得见飞行员的脸……炮声、闪光，那飞机在我们坦克的浓烟中穿行，它又来了……不断有战友牺牲，我们的坦克部队消失了……"由于他击毁了大量的苏军坦克，此时他已经成为了苏军飞行员觊觎的猎物，斯大林本人就曾悬赏10万卢布要鲁德尔的项上人头！如果谁能击落他将意味着莫大的荣耀。

鲁德尔一生被击落过30多次，但他自豪地宣称这全部是被地面炮火击中的，他没有被任何一架敌机击落过！德涅斯特河上的战斗也许是他最接近被敌机击落的一次了，1944年3月13日，苏联空军超级王牌，第69航空团指挥员列夫率领苏军第69航空团出击时，在德涅斯特河上空发现了由鲁德尔少校率领的德空军"殷麦曼"连队的三机编队。肖斯塔克夫率部下进行了坚决的攻击，德机一毁一逃，而他本人则死死"咬"住了鲁德尔的座机。鲁德尔极力想甩掉肖斯塔克夫，两人进行了一场惊心动魄的近距离追逐战。

在一连串的超低空急转弯中，双方都把飞机的性能和自己的驾驶技术发挥到了极致，然而决定命运的常常就是在那么一点点！

生死成败往往决定于一瞬间，最后幸运女神终于向鲁德尔露出了微笑。肖斯塔克夫因飞机坠毁身亡，而鲁德尔则死里逃生躲过一劫。

1945年2月，他的右大腿被防空火力击伤，随后被截肢。虽然他在装上了假肢以后返回了战斗岗位，战争结束时，他想带着他的分队进行一次自杀攻击，但被他的上级阻止了，理由是："在未来的日子里，祖国有可能还需要他。"这也是他唯一不进行自杀攻击的原因，德国战败后，他带领航空团向美军投降。

闪击战的利剑

——第二殷麦曼俯冲轰炸联队

闪击战——由古德里安创建的战争模式，也叫闪电战，它像漆黑的夜里突然闪电一样的打击敌人，攻势凌厉，似乎无往而不利。闪击战是第二次世界大战期间德军首先并且经常使用的一种战术，它是以制空权为前提，以装甲部队为决定性力量，不顾侧翼暴露的危险，向敌人后方做快速、大胆的袭击。闪击战充分利用飞机、坦克的快捷优势，以突然袭击的方式制敌取胜。它往往是先利用飞机猛烈轰炸敌方重要的战略设施——通信中心，把敌人的飞机炸毁在机场，取得制空权，并使敌人的指挥系统瘫痪。闪电战就是将奇袭、快袭集中一起，像闪电一样打击敌人。可以使敌人在突如其来的威胁之下丧失士气，从而在第一次巨大的打击之下就会立即崩溃。德军在第二次世界大战之初的闪击战中的两大法宝是——天上的斯图卡，地上的装甲。

新兴的德国空军为了即将到来的"闪电战"也紧锣密鼓地研制用来支援

陆军突击部队的俯冲轰炸机，这种新飞机称为"斯图卡"，在所有正式以"俯冲轰炸联队"命名的部队中，组建最早且最著名的是第二殷麦曼俯冲轰炸联队。

1933年希特勒正式掌权后，允许帝国航空部门开发俯冲轰炸项目，一年之后，德军162轰炸机联队正式组建成立，装备亨克尔He-50B型双翼战机进行俯冲轰炸训练。1935年3月，162轰炸机联队正式以"一战"王牌殷麦曼的名字被命名为"第二殷麦曼俯冲轰炸联队"，这对于全队官兵来说这无疑是一个巨大的鼓励，所有的人都为自己可以在右前臂戴上绣有"殷麦曼"的领口带而感到自豪，这位"一战"的传奇人物曾为德国赢得的了无数胜利与喜悦，此时这个传统落在了他们身上。

德国飞行员马克斯·殷麦曼中尉在第一次世界大战中击落过敌机15架，因作战地点多在法国北部的里尔上空而得名"里尔之鹰"，但真正让他闻名于世的绝不是这15架的纪录，这样的战绩在德国空军中根本排不上号。他真正的超人之处是他发明了著名的"向上跃升接半滚改平"机动动作，史称"殷麦曼转弯"，从而开辟了垂直机动的新领域，使空战真正成为一种全方位机动作战。到当代，这个动作还在格斗训练和特技表演中使用，名为"半筋斗翻转"或"上升倒转"。战史专家克里斯托弗·钱特说："空战史上的真正作战是从波尔克和他的伟大的竞争者马克斯·殷麦曼中尉开始的。"

作为以德军"一战"传奇英雄命名的一支王牌连队，第二殷麦曼俯冲轰炸联队从第二次世界大战爆发伊始就活跃在战斗的最前线，在此之后，在德国士兵之间开始流传"哪里有步兵，哪里就有我们的斯图卡"——"殷麦曼"俯冲轰炸机联队就此一炮打响，德军上下无人不知这支由"一战"英雄命名的王牌联队。从波兰、法国、英国、希腊、巴尔干，再到北非、苏联、东欧，从鼎盛至衰败，这个联队可以说几乎就是整个第三帝国兴衰史的缩影和再现，在6年之中，这支联队南征北战，为纳粹德国鞍前马后，赢得了无数的胜利，取得了骄人的战绩，可谓屡立奇功。

指挥第二殷麦曼俯冲轰炸联队创造传奇般战斗经历和骄人战绩的是联队长汉斯·卡尔·斯德普，他的继任者更是大名鼎鼎的汉斯·乌尔里希·鲁德尔，使这支用"一战"德军著名飞行员殷麦曼名字命名的联队成为第二次世界大战中德国空军最出名的部队之一。

在第二殷麦曼俯冲轰炸联队中涌现出许多像汉斯·鲁德尔、奥斯卡·迪诺特、鲍尔－维尔纳·霍泽尔这样的王牌飞行员，可谓英才辈出。它的指挥官汉斯·乌尔里希·鲁德尔被称为"斯图卡之王"，希特勒曾对这位新教牧师的儿子说："你是德国人民所曾拥有过的最伟大和最勇敢的军人。"在第二次世界大战期间的德军中，这个名字已经成为传奇加勇气的同义词，更是第二次世界大战德国空军的象征。第二次世界大战中鲁德尔共执行了2530次战斗任务，击落9架苏军飞机，在不到6年的战争中，他还摧毁了150个炮兵阵地，519辆苏军坦克，1000余辆其他各种型号车辆，击沉了战列舰"马拉"号，击伤了战列舰"红色10月"，还击沉了另外一艘巡洋舰和一艘驱逐舰，70艘两栖登陆舰，炸毁许多的桥梁、掩体和补给线。

在第三帝国四面楚歌、岌岌可危的末期，也只有这支联队敢于在鲁德尔的率领下在昼间出动，在毫无制空权且缺少本方保护的情况下，冒着密集的防空炮火攻击东线的苏联装甲铁流——然而这也只是螳臂当车的蚍蜉撼树之举，终究不能扭转这注定失败的结局，尽管这支联队身为纳粹所用，在战争史上写下了不算光彩的一笔，但是抛开政治因素，单以联队官兵的战术思想、作战经验及无畏勇气来讲，这些都是兵家认为的上乘之能——以至于为了纪念这支联队在军事上的光荣事迹，StG.2这个番号在战后也被德国空军坚定地保留下来。

地狱般的空战

——德军"神风"突击队为希特勒殉葬

众所周知，日本军国主义战争狂人曾在第二次世界大战后期组建过一批所谓的"神风"突击队，甚至改装出一批特别攻击飞机，用于以自杀方式、通过与盟军大型舰只或大型轰炸机的撞击手段来达到阻碍盟军的大反击以苟延残喘的目的。其实在第二次世界大战结束阶段，穷途末路的纳粹德国也试图用这种极端方法挽回失败的命运。这支德国自杀飞行部队的绰号叫"埃尔贝"，当时指挥该作战计划的是哈纳·赫尔曼上校。

被誉为德国"空中魔女"的女飞行员汉娜从1943年冬天开始研究自杀式飞机，在1944年2月28日，她以日本的"神风"突击队为例向希特勒建议建立一支有人驾驶的轰炸机部队敢死队。尽管汉娜曾经对所有人保证她自己也将带领此战斗队亲自上前线，但她的这个建议在德国空军之中遭到了极为强烈的反对，还好那个疯狂的元首保持了难得的清醒而拒绝了。

自1944年夏季以来，美国陆航第八军在对德国本土的战略轰炸中已逐步取得空中优势，德军江河日下的防空力量眼看就要失去招架之功。在这样的情况下，1945年初，绰号"野猪"的德国空军赫尔曼少将出人意料地向上级提出了一个十分荒谬的招术——撞击战术。该战术效仿日本人的"神风作战"，即利用低成本的单座单发战斗机参与夜间拦截作战，在不考虑参战人员生存的前提下，采用"一对一"的敌我损失交换，迫使盟军暂停或降低对德国城市的轰炸。赫尔曼把这种战术的代号叫"高楼"。

赫尔曼动用那些尚未出道的飞行学员，驾驶着战斗机以冲撞并与目标同归于尽的"自杀攻击"方式来对付盟军的四发动机的大型轰炸机。如此做法，竟与当时日本战争狂人的行径如出一辙！对德国而言，这是孤注一掷的最后一搏。在取胜无望的情况下，德国空军不得不谋求"极端手段"。对于这种不合常理的野蛮战法，尽管遭到一些人的强烈反对，但在纳粹高层的支持下，这项极端作战计划还是得以实施。希特勒默许了赫尔曼的作战计划，只是虚伪地要求参加自杀行动的成员必须"绝对自愿"。为了进行验证，赫尔曼亲自夜航试飞，按照他的设想，单座战斗机应提前埋伏在被空袭城市周边的空域中，待敌人机群逼近时，则一涌而出，并充分利用己方探照灯光和地面大火的反射光，以纯粹自杀的方式瞄准并攻击之……

1945年初，形势日趋险峻，赫尔曼迫不及待地向空军总部递交了从速实施自杀攻击的申请，并以个人名义起草了一份敢死队募集飞行员的文告。3月8日下午，该文告通过电传方式秘密发往战斗机改装部队以及一部分正处于整休训练的战斗机部队。据说，个别前线值班的战斗机部队也收到了该文告。

在这份文告中间，赫尔曼承认作战生还的概率是很低的，但仍希望为350架单座战斗机招募到2000名飞行员。3月24日，有关志愿人员已前往柏林以西100千米处的谢汀达尔空军基地报到。1945年3月11日，赫尔曼在柏林以西的施坦达尔机场成立易北特别司令部，有300余名德国军人报名加入，在他们签字的申请书上，赫然写有"返航机会为零""生还机会渺茫"等字眼。

司令部只提供基本的起降和编队训练，一份战后遗存的课程表显示，一名自杀飞行员的训练只有7天：一至两天起降和简单集合训练，两天编队飞行和起降复习，最后三天进行撞击和简单规避训练。之所以把训练时间安排得这么短，主要是出于飞行员心理状态的考虑——自杀作战不能等待太长时间，送炮灰上战场也要注意让他们在最佳的亢奋状态下出击。

托姆普夫是易北特别司令部中的少数幸存者之一，当时他不到20岁，是滑翔机飞行员，因为有家人在盟军空袭中丧生而加入自杀部队。他来到施坦达尔基地后受到优厚待遇，纳粹宣传部长戈培尔亲自给他们洗脑。司令部训练班负责人奥托·库内克少校曾是一名轰炸机飞行员，他非常清楚轰炸机的软肋在哪，所以在授课时特意让几个人站在学员面前，他们脖子上挂着轰炸机各薄弱部位的牌子。他要求飞行员们只能在极近的距离上才能开火，至少击落一架轰炸机后才能跳伞，必要时撞击轰炸机。

为了传授所谓的"撞机"经验，库内克专门找来在东线见识过苏联红军"空中撞击"的飞行员，以及日本提供的"神风"突击队作战资料，让学员汲取经验。在撞击作战中，撞击飞机必须尽一切可能提高速度，而减轻飞机重量是有效途径。库内克下令拆除用于撞击作战的飞机上的武器和额外设备，只留下两挺 MG13 机枪。以如此脆弱的火力，要打掉坚固的轰炸机，除了撞击别无他法。

当训练结束后，这些飞行员被分配到 4 个大队。分别部署在施坦达尔、比特菲尔德、莱比锡和加德雷根。佩尔茨、赫尔曼和德国空军司令部最终确定出击时间为 4 月 7 日。当撞击部队司令官布鲁纳少校就是否需要做特别准备咨询赫尔曼时，得到的答复居然是"什么都不要，只要一颗无畏的心"。埃尔贝部队实际上并没有，也无法实行必要的演练。4 月 7 日便匆匆派出 120 架自杀飞机升空拦截盟军机群！

4 月 7 日的德国天空充斥着云团，能见度只有 15 千米。盟军 1304 架轰炸机和 792 架护航战斗机乌云压顶般扑向德国。11 时 16 分，随着象征死亡的绿色信号弹升空，易北特别司令部的 185 架战机开始了"死亡之旅"。按计划，他们将从 11000 米的高度向盟军轰炸机群展开俯冲攻击，由于供氧装置已被拆除，德军飞行员必须忍受低温缺氧的折磨，一些人还没见到美军战机就昏厥了，飞机也随之坠毁。

12 时 30 分，德军自杀机群开始发起攻击。美军飞行员惊恐地看到，德军战机竭尽全力冲向美军轰炸机，在极近的距离上作着难以想象的危险动作。由于对手飞得太快了，而且全无畏惧，没在欧洲见识过自杀作战的美军飞行员一度因惊恐而忘记开火。在突然的打击下，美军战机编队发生混乱。第 452 大队的一架 B-17 轰炸机最先中招，一架德军飞机撞入机身后段，B-17 瞬间解体。紧接着，又有数架轰炸机化作火球，美军飞行员的耳机里充斥着撕心裂肺的叫喊声！

空战中，一些德军飞行员在最后关头奇迹般地逃离飞机。他们在撞击前的一刹那抛掉座舱盖和安全带，在几千米高空打开降落伞。然而，即便打开降落伞，一些飞行员仍没能活下来——他们没能把握好开伞高度，在 7000 米以上提前开伞，由此产生的长时间高空降落使他们遭受到缺氧和低温的折磨。

德军曾在地面发现几具被冻僵的自杀飞行员尸体。据档案显示，此次自杀作战中，德军损失 100 余架飞机，77 名飞行员丧生，而美军有 56 架轰炸机被毁。在这次昙花一现的特别攻击飞行之后不久，德国大本营就下达了中止执行的命令。据说剩下的埃尔贝部队成员在兵临城下、大军压境的危急情况之下纷纷向南方突围。一场形同螳臂挡车式的纳粹自杀飞行部队闹剧就此草草收场。战后，赫尔曼受到纽伦堡法庭的审判，但他只受到最低程度的量刑，之后被美国空军招募，研究如何防止第三次世界大战时苏联空军可能的"撞击战"。

纳粹之鹰

——"里希特霍芬联队"沉浮记

　　1935 年 3 月，德国空军重建时，为纪念"一战"时的英雄曼弗雷德·冯·里希特霍芬男爵（"红男爵"），将第一支组建的战斗机联队 JG-132 命名"里希特霍芬"，因为 JG-132 是德国空军的第一支空军队伍，第二次世界大战时德国的不少著名飞行员都曾经在队里接受训练。

　　3 月 14 日，德国空军重建时，希特勒发布了一道充满了激情的命令："我宣布这个以英雄的名字命名的'里希特霍芬联队'，将会在精神上与物质上共同承担起它神圣的责任。"

　　另一位也曾经在 1917 年 6 月担任第四战斗机中队中队长的空中英雄——罗伯特·冯·格莱姆上校（此人后来成为德国空军元帅）从冯·格莱姆少校手里接过了联队长的重任。格莱姆上校在"一战"时曾任波克战斗机中队中队长，并有 6 架的战绩。他于 1940 年 9 月 3 日离开了联队长的位置另谋高就。在其任职期间，他又在 JG-132 取得 18 架战绩，并于 1940 年 8 月 28 日获得了骑士十字勋章，这也是 JG-132 的第一枚。

　　1938 年 4 月 21 日，是"里希特霍芬"去世 20 周年纪念日，帝国元帅

◇二战风云

赫尔曼·戈林在为纪念"里希特霍芬"而修建的纪念碑两侧分别画有两架战斗机，一边是一架全红色的福克三翼机（正是曼弗雷德阵亡时所驾驶的机型），而另一侧则是涂有联队标记（镶嵌有红色的"R"的银色盾牌）的暗绿色的Bf-109，这块石头仿佛成了一座联结历史与现实的桥梁。

JG-132下属的4个大队分别于1939年至1940年上半年陆续建成。对于"里希特霍芬"联队的飞行员来说，没有比他们能装备德国最新型的He-51型战斗机更让他们高兴的事了，当年的夏天，联队的四个大队全都完全装备亨克尔公司的最新产品He-51。

1938年11月11日，德国空军的组织结构发生变化，其中的变化之一就是将现有的战斗机部队划分为重型战斗机部队与轻型战斗机部队，重型战斗机部队后来在战时演变为了驱逐机部队。"里希特霍芬联队"在这次整编时，失去了四个大队中的两个大队，这时诞生了一个新的联队——JG-131联队。在闪击波兰时JG-132还没有完全建成，只有一个中队短暂参战。1939年11月22日赫尔穆特·维克少尉，这位后来在不列颠空战中表现最出色的王牌飞行员取得了自己的第一个也是联队的第二个战绩——一架法国的P-36"鹰"式战斗机。JG-132的第一个战绩是在同一天由三中队的克利军士长取得的，除此之外，JG-132就没有部队参加这次战役。后来JG-20的第一大队被并入联队，联队的力量得到加强。在这一时期，战斗机联队JG-132主要的任务是在国内保卫德国的首都柏林。

波兰战役结束后，1940年春季，德国的战斗机联队开始准备西线战役，JG-132当时隶属南段面对法国边境的第三航空队。JG-132的战争生涯在德国进攻西线的低地国家和法国的时候正式开始。

值得一提的是，1940年4月25至26日夜间，JG-132在德国的西北海岸击落了英国空军的一架Hampden轰炸机，这也是德国空军所击落的第一架英国空军的夜间轰炸机。这时的"里希特霍芬联队"还是一支不成熟的队伍，在它的飞行员里有三分之二是刚刚跨出航校大门的新手，而他的四名主要指挥官，却有两人是"一战"时的飞行员。就是这样一支队伍正要参加德军对法国与低地国家的进攻。

1940年5月10日，西线战役开始，JG-132隶属于第三航空队，负责支援地面上的古德里安将军所领导的A集团军，进攻法国北部地区。JG-132所属的第一、三大队在这一过程中始终保护着地面部队而自己也没有更多的损失，而他们的战绩也达到了100架。敦克尔克战役开始以后，JG-132三个大队全都回到联队属下。他们在法国所击落的敌机数达到了235架。JG-132参加了著名的不列颠空战，驾驶Bf-109E型战斗机。战役期间赫尔穆特·维克成为了德国空军的一颗闪亮明星，在他的总共56架战果里，有42架是在这时取得的，在JG-132当时的战绩总排名是第一，在不列颠空战结束时，联队共有42位飞行员战死或被俘。

1941年7月8日，JG-132取得了第664次空战胜利，由此追平了"一战"时老"里希特霍芬"联队的战绩。1944年1月JG-132取得了第2000次胜利，但是美国空军轰炸机部队的到来为德国空军敲响了丧钟。

1944年6月6日盟军进行诺曼底登陆的时候，德军很偶然地在交战区域布署了19个战斗机大队，盟军的空中作战与对地面目标的轰炸，使得德方的各个大队，都遭到重大的损失。到6月的最后一天，在一个月以前还有150架战斗机的JG-132集中后只剩下了17架。7月，JG-132最后从诺曼底前线撤回。稍后，联队长率领剩下的部队返回德国。1944年11月，它们花费了8周时间重新装备。在这期间，他们参加了他们最后的战斗：帝国保卫战。

JG-132这时的两项主要职责分别是对地掩护和在西线空中作战。这时他们天天参与攻击美军的重型与中型轰炸机，这一时期联队的主力成了年轻的、只受过基础训练的、没有任何作战经验的飞行员。

1945年1月1日，JG-132参加了"底板行动"，这次行动是德国空军最后一次大规模地使用战斗机对盟军位于法国与低地国家的机场的大规模行动。此次行动的目的是给阿登地区的德国突击部队提供短暂的空中优势，但是结果却使德国空军遭受巨大损失。联队的90架战斗机从三个机场分别起飞后在Koblenz上空集合，没想到，他们还没有穿越敌人的防线，还在己方阵地上的时候，伤亡就开始了。对方的防空部队得到飞机接近的警报，于是大开杀戒。

当幸存者返回以后，损失情况为：23个阵亡或失踪（当日的统计），10人被俘4人受伤。这一比例在德军当日参战的11个战斗机联队也算是相当高的了，这对JG-132和德国空军来说都是致命的一击。

而到1月中旬，第一与第三大队也只执行一些有限的战斗，但是在盟军连继不断的作战中，联队的成员缺少经验与不熟练的问题日益突显，这使得他们的损失越发的加大。三四月份的时候，全联队能够使用的战斗机只有不到20架了，面对压倒性数量的盟国空军他们的失败已经不可避免。

1945年5月7日，JG-132在慕尼黑由联队长布林根（JG-132头号王牌，112架战绩获得者）率领向盟军投降，彻底结束了自己的战争岁月。

在第一次世界大战结束德国空军奉命投降时，戈林率领他的飞行中队的飞机回到达姆施塔特的一个空军基地。当戈林驾机驶近机场的尽头时，他将机身倾斜至翼梢碰到地面，他连续剧烈地抖动机身，直到"福克"式飞机成为一堆碎片，其他飞行员纷纷效尤。第二支"里希特霍芬联队"投降的时候没有重现当年戈林带领的飞行员们在降落的时候摔碎座机的壮举，他们平静地投降了。

落日余晖

——最后的王牌与"Ta-152"

1942年秋天，美国轰炸机"B-29"开始和皇家空军一起对德国进行大规模战略轰炸。此前，德国情报部门早就清楚地知道"B-29"的存在，德国空军认为："如果B-29对德国进行轰炸，现有的战斗机完全无力截击。因为在同温层中，现有的战斗机达不到这样的高度，即使勉强达到，也完全丧失了机动能力，更不要说发动攻击了。"

为了应对盟军的"B-29"，在1940年底前，福克·沃尔夫设计局在首席设计师库尔特·谭克博士，即Fw-190的总设计师领导下开始对Fw-190型战斗机系列进行研究改进，以提高其高空作战性能。

"Fw-190"战斗机系列的终极型号"Ta-152"战斗机就是为竞争帝国航空部的"极高空战斗机"而研发的。

尽管姗姗来迟，但"Ta-152"卓越的性能却并没有因此而埋没，在第三帝国最后的日子里，唯一装备了这种战机的Bf-109联队在短短8个星期的时间里，面对盟军绝对的空中优势，取得了不凡的战绩，成为日薄西山的第三帝国黄昏中最后一抹余晖。

"Ta-152"是纳粹德国在第二次世界大战末期由Fw-190发展的一种高空高速活塞战斗机，它是作为"最终解决方案"的极致之作。由于诞生时期偏晚，生产数量太少，并未在战争中发挥太大作用，但其优秀的性能仍获得了交战双方的一致赞赏，它与P-51H、喷火XIV一起被誉为终极活塞式战斗机，其各项飞行性能已经接近活塞式战斗机的极限。

"Ta-152的操控性能使得之前所有的德国战斗机黯然失色，在与盟军现役的战斗机的缠斗中，Ta-152是最优秀的！它极小的转弯半径和令人惊讶的爬升性能在我看来没有一种现役战斗机能和她媲美。"——这是"Ta-152"王牌约瑟夫·基尔军士长谈对"Ta-152"的印象。

Ta-152量产型于1945年1月开始列装参战，截至终战各型生产总数相加不足150架，列装部队的数量更少，大多数"Ta-152"在等待向部队移交时被盟军飞机炸毁在停机坪上。没有一个战斗机联队完全换装"Ta-152"，仅有小部分战斗机中队把"Ta-152"和"Fw-190"一起使用，主要用于"Me.262"轰炸机基地的保护任务，即在"Me.262"起飞和降落时在机场上空警戒以防止盟军飞机偷袭，其中最著名的就是JG-301"野猪"联队。代号"野猪"联队的Bf-109联队是德国空军中唯一装备了"Ta-152"的部队，在战争结束前的短短几个月内，"野猪"联队开始换装作业，原打算接收35架"Ta-152"，但最终只得到了 16 架。

在疲于奔命的东西两线同时作战中，"Ta–152"飞行员们得以与苏、英、美等国的战斗机遭遇，尽管由于种种原因，他们一般仅能以 6 架飞机出动作战，但直到 8 个星期后战争结束，仅有两名飞行员阵亡，而他们至少击落 9 架敌机。直到战争结束，作为高空战斗机设计的"Ta–152"从未在其设计初衷的领域一展身手——它们一次也没有在高空拦截过盟军的轰炸机和侦察机，但事实证明，即使在中低空的格斗中，"Ta–152"也不逊色于任何对手。

1945 年 4 月 14 日下午，因为有报告说，8000 米外西南方向的路德维希勒斯特铁路调车场有两架敌机正在进行低空攻击，3 架 Ta-152 被命令立即起飞，飞行员是队长奥夫海默中校、萨特勒军士长和约瑟夫·基尔军士长，起飞后的德机几乎立即就发现了敌机——两架"风暴"式飞机。正在这时，飞在前面的萨特勒军士长的飞机因机械故障一头栽向地面，此时空中的交战双方是 2∶2。超低空的混战开始了，"风暴"是一种很快的飞机，曾被英国人用来追逐德国的 V-1 飞弹，但现在，在不超过 50 米的低空，速度已不是什么优势。优异的盘旋性能才是一切之本，在急速盘旋中，约瑟夫·基尔军士长才意识到"Ta- 152"的妙处。依仗着"Ta-152"的优异的盘旋性，约瑟夫·基尔军士长咬住一架"风暴"并击中其尾部，这架"风暴"在大幅度的侧滚中失速坠毁。实在巧的是，"风暴"的坠毁地点离萨特勒军士长的残骸竟相距不足百米！两个名不见经传的飞行员，各自驾驶代表一方在欧洲战场上最先进的活塞式螺旋桨战斗机，像他们许许多多的同胞们一样，在和平的曙光即将来临之际，悄然离去，第二天人们以最高礼仪把他们并排安葬在纽施塔特—格列维的公墓。

在不到两个月的时间中，约瑟夫·基尔军士长共击落敌机 5 架，成为第三帝国历史上唯一的 Ta-152 王牌，他最后说："如果能早一些装备部队，多一些生产量，那么至少地面部队和大后方的城市也不会丧失空中支援，被炸得那么惨，第三帝国还能多活几个月甚至以一年……"

第五章

特战疑踪

现代特种部队的雏形

——第三帝国勃兰登堡部队

保罗·冯·莱托沃贝克，"一战"时，他是德属东非一支殖民小分队的司令。与协约国军队的数量相比，他的小部队显然是寡不敌众，在这种情况下，莱托沃贝克成功地使用了游击战术，困住了大量的英军部队，这批原本是可以用于欧洲战场的英军部队。这一经验对他的一名下级军官产生了深远的影响，这名军官是西奥多·冯·希普尔上尉——正是他创建了后来的勃兰登堡部队。

希普尔不但从老上级那里得到启示，他还对战争中产生的英雄事迹特别的向往，他借鉴了其他国家非正规作战的成功战例，并且深信非正规作战可产生的巨大作用。他的想法是由少数的优秀人员组成小分队，为正规部队开道。在实施进攻前甚至是在正式宣战以前，这些小分队可以先深入敌后，占领桥梁、道口以及主要的通信设施，他们可以散播假情报、炸掉供给仓库、攻打敌人的司令部，总的来说，是以少数人造成大的混乱局面。

对于小分队这种破坏活动，让国防军最高统帅部感到荣誉上的难堪。一些死板地追求传统作战原则的军官对这种活动常常报以轻蔑的态度，而且就连希特勒本人对这样的活动也不是很提倡。德国军官们把军人职业看的无比神秘、无比崇高，不仅一致把特种战争看作是对军人职业的亵渎，而且对他们个人的荣誉，乃至国家的荣誉也看作是一种侮辱，偷偷穿上敌人的军装是对自己军服的一种亵渎。

然而，德国的军事思想在迅速的发展，希普尔的这一想法与当时一个创造性的新概念相距不远，这一概念便是闪电战。闪电战的核心要依赖闪电似的速度和高度的灵活性来对付敌人在数量上的优势，这一战术与普希尔的战术思想是吻合的。

1938年底，应德国武装部队最高统帅部的要求，德国谍报局二处开始征召一支特种临时小分队，小分队的成员要求是自愿加入，这支小分队就是后来的勃兰登堡部队。加入勃兰登堡部队的一个先决条件是至少能流利的说一种外语，当时的一部分勃兰登堡队员能说多达6种语言，少部分人甚至能说一些鲜为人知的语言，如藏语、阿富汗语。招募来的人员能说多国外语说明了第三帝国的野心。

勃兰登堡队员必须要对欧洲各国当地的风俗习惯特别的熟悉，可以说欧洲所有的国家，没有勃兰登堡队员不熟悉的。因为他们对当地的风俗习惯特别的熟悉，很难把他们和当地的人区分开，所以他们可以毫不费力地融合到敌国民众中去。用一个德国谍报局特工的话来说，每一个进入俄国的勃兰登堡队员都知道如何像"俄国人一样地吐唾沫"。

1939年10月15日，这个特种部队的第一个组织建立起来了，叫做特种任务训练与建设第800中队。它的总部设在普鲁士的老城勃兰登堡，这个组织也因此而得名——勃兰登堡部队。勃兰登堡部队不是职业的特务和破坏分子，而是武装部队穿军服的人员，是因为具备专门的特长而招募来的，为执行特种任务而接受训练。他们的任务由最高统帅部决定，被派遣到具体的部队执行特种任务。

勃兰登堡部队的一个重要任务就是在战争爆发时快速夺取、控制敌方的桥梁交通枢纽。勃兰登堡部队是一支语言天才的部队，能够适应欧洲任何一国的化装侦察任务，完成正规军队无法完成的打击任务。

1940年4月6日，当时一个说丹麦语、穿着丹麦军装的勃兰登堡排占领了跨越小带海峡的一座桥梁，为德国军队入侵挪威扫清了道路。

1940年5月10日凌晨2时，威廉·沃尔瑟中卫及其他8名勃兰登堡队员假扮成3名荷兰警察护送6名被解除武装的德国军人，他们跨越边境进入到当时仍处于中立的荷兰境内，径直走到了位于河东岸的警卫房，迅速地制服了哨兵。与此同时，他们的"俘虏"蜂拥冲上铁路桥，迅速地切断了引爆线。几分钟后，第一辆德军的装甲列车隆隆的从桥上开了过去，为德军从北翼长驱直入比利时和法国奠定了基础。

从全局看，在德国谍报局计划要夺取的 61 个目标中，勃兰登堡部队成功地获得了 42 个，并转交给紧接而来的部队，在参与战斗的 600 人中，有 3/4 的人获得了铁十字勋章。阿道夫·希特勒感到十分的满意，他命令把特种任务训练与建设第 800 大队扩大到团的建制。

第二次世界大战中，特种部队的成功战例不胜枚举，其中德国党卫军勃兰登堡部队"波罗的海"连一部乔装成苏联内务部队，渗入到苏军后方 100 多千米，成功奇袭迈肯普油田是党卫军勃兰登堡部队苏德战争中一次漂亮的突袭作战，党卫军"勃兰登堡"部队以其狡诈和凶残赢得了荣誉，今天看来，不失为一种借鉴。

这支由弗克萨姆中尉指挥的 62 名能说一口流利俄语的渗透小分队夺取了比杰拉贾河的关键桥梁，为德军的装甲部队顺利在前线打开了突破口，弗克萨姆的突击队还占领了迈科普中心电报局，用官方口吻发布了一系列错误的命令，比如让一支苏军反坦克部队、一支炮兵部队和一支步兵部队在开往前线的途中撤回等等，这最后导致了苏军整个防线的崩溃。该突击队还成功阻止了苏军破坏油井和炼油厂的企图，为了达到目的，突击队成员"指责"担负爆破油井和炼油厂任务的苏军爆破分队错误执行命令而枪决了整个苏军爆破分队。

勃兰登堡团的战士们得到的奖章和官方的嘉奖比国防军别的任何一支部队都要多。勃兰登堡团得到了第三帝国高层的充分肯定。到 1942 年秋天，勃兰登堡部队已扩大到师的建制。

随着战争的推移，第三帝国的气数已日益衰败。为了填堵德军在战线上的漏洞，勃兰登堡部队被投入到惨烈的防御战中去，损失惨重。勃兰登堡部队已经在性质上发生了根本的变化，这支优秀的特种部队渐渐地退出了军事历史的舞台。

在战争中特种部队以自身的特点和绝技完成着正规作战部队无法完成的任务，在军事行动中特种部队甚至可以产生战略性的影响，用极小的规模产生极大的效果，起到四两拨千斤的作用。如今特种部队已是几乎世界各国军队的必备军种，创造着一个又一个的军事神话。在感叹特种部队英勇神奇的时候，不要忘了在历史上有这样一支部队，对特种部队的发展进程起着至关重要的影响，它就是现代特种部队的雏形——第三帝国的勃兰登堡部队。

"威塞尔演习"

——人类史上的首次空降战

丹麦位于波罗的海和北海之间，扼海上交通要冲。挪威地处斯堪的纳维亚半岛的西北部，北临巴伦支海，西滨大西洋，南起北海，战略地位十分重要。希特勒在进攻英、法之前，决定首先侵占北欧的这两个国家。德国占领了丹麦和挪威，就可以打破英、法对德国海军的封锁，使德国舰艇能畅通无阻地进入北海和大西洋，并可以在挪威西海岸建立海军基地，限制英国海军的行动，这就保障了德国进攻西欧的北翼安全。

1940年4月9日凌晨，德国以"防止英法入侵，用武力保卫丹麦、挪威的中立"为名，对丹麦和挪威发动了突然袭击。德军的装甲兵越过了丹麦和日德兰半岛的防线，登陆兵也在各主要港口登陆，在开战的第一时间里，德军空降兵分三路向丹麦和挪威的4个机场同时发起空降突击，在丹麦首都哥本哈根和各战略要地也都投下了伞兵。

4月9日5时30分，在丹麦著名的斯托尔斯德列姆大桥上空，Ju-52机舱内的红灯亮起，随着第四伞兵连连长格里克上尉下达跳伞命令，"威塞尔演习"正式开始。这是"俯冲之鹰"第一次战斗跳伞，也是在实战中第一次使用空降兵。德国伞兵以其大胆、机动及出其不意使世界为之震惊，展示了空降作战的巨大威力。由于准备对比利时和法国的入侵，德国伞兵在丹麦/挪威战役中还是有所保留的，只投入了第一伞兵团第一营。

丹麦和挪威都是小国，国防力量薄弱，丹麦只有两个步兵师，海军舰艇仅有两吨。1935年与德国签订互不侵犯条约后，丹麦认为加强战备反会引起德国的猜疑，因而未作战争准备。挪威虽有6个步兵师，但不满员，且配置分散，挪威的防御作战计划是建立在英、法派遣远征军的基础之上的。

德军针对丹麦和挪威的这些弱点，采取了闪击战，意欲在英、法大举介入之前就结束战争。在这次闪击战中德军首次使用了空降兵。德军闪击丹麦、挪威的空降作战，是战争史上第一次大规模的空降作战。

在德军伞兵的突然袭击下，丹麦军队未做任何抵抗，70岁的丹麦国王克利西尔，急忙召开内阁会议，宣布接受德国的最后通牒，并命令只打了几枪的卫队放下武器。到上午8时，刚刚从睡梦中醒来的丹麦人从无线电广播中听到"丹麦已接受德国保护"的惊人消息时，都感到莫名其妙。就这样，德军花了不到一天时间便占领了丹麦全境。在进攻丹麦的同时，德军登陆兵和空降兵在挪威沿岸的奥斯陆等重要城市突击登陆或伞降着陆。空投在挪威境内的德国兵每人装备一辆折叠式自行车，着陆后就骑上它迅速集结，向预定目标发动猛攻。

索拉机场是挪威当时最现代化的机场，它位于重要港口城市斯塔万格附近，该机场建于1937年，拥有完备的水泥跑道，同时也是挪威西南部唯一的机场。它的价值在于：机场距斯卡帕湾仅500千米，能成为德国空军打击英国北部地区的重要基地。9日凌晨5时30分，天空中响起了低沉的发动机轰鸣声，德军第324步兵团二营不顾大雾强行机降，经过战斗后占领了机场，当天，有2000名德军通过空中桥梁抵达索拉机场，180架以上的战斗机和轰炸机也进驻该机场。

为了赶紧占领挪威首都奥斯陆，根据上级命令，在福内布着陆的空降部队以1500人组成数个阅兵方队，头扎彩带，在航空兵的掩护下，以古代征服者的姿态，沿着主要街道开进奥斯陆的市中心。

德军空降兵这种傲慢的样子，使住在奥斯陆闹市的一位美国记者感到非常惊讶。他写道："这是一支令人无法置信的兵力单薄的小部队，只要六七分钟队伍就可以过完，它仅仅由两个不完整的营组成。"

但德国人下的赌注赢了，当时挪威的国防部长吉斯林，是一个亲德的反动分子，他秘密地组织了反对挪威、策应德国军队的"第五纵队"，配合德军入侵，进行了各种破坏活动，他们占领电台，颁发假命令，指令各要塞和舰艇投降，在人民中间制造了极大的混乱，动摇了挪威抵抗的决心，因此，德空降部队兵不血刃地占领了这个有30万人口的城市，这也是世界上首次被空降兵占领的首都。紧接着，空降部队从背后进攻港口，控制了奥斯陆港湾要塞，使德军2000余名登陆兵迅速上陆，德军于6月10日占领了挪威全境。

由于形势所迫，英国远征军在挪威北部进行了最后一次抵抗之后开始撤兵。德国用了两个月的时间，彻底占领了北欧的两个邻国——丹麦和挪威，为向英、法开战奠定了基础。

在这次战争中，德军空降突击丹麦和挪威，开创了战争史上第一次成功的空降作战和空运补给的战例，是德军陆、海、空三军进行的第一次协同作战，人类战争自此进入到了立体战时代。在此次登陆战中，德国军队"兵从天降"，虽然由于天气的原因造成了一些损失和失误，但整个战役却获得了成功。这次空降突击为各国后来的空降作战提供了经验，德军甚至把它视为范例。

鹰从天降

——攻占埃本·埃马尔要塞

"你们说，欧洲最坚固的防线在哪里？不是马其诺而是比利时的艾伯特运河，是运河防线上的埃本·埃马尔要塞！马其诺我可以避开，但这里不行，我必须从运河上跨过去！"

——在德国国防军军官团首脑们面前，希特勒这样说道埃本·埃马尔要塞地处荷兰与比利时国境的比利时一侧，位于马斯特里赫特城和维斯城之间。这个要塞控制着缪斯河和艾伯特运河的交叉点，德军和盟军双方都认为这一个现代化的、具有战略地位的要塞是欧洲最难攻克的工事，它比法国的马奇诺防线或德国在西部防线上的任何工事都要更为坚固，人们普遍认为该要塞固若金汤，坚不可摧。

埃本·埃马尔要塞是艾伯特运河防线的一个重要组成部分，是马奇诺防线北面延伸部的强大筑垒和重要支撑点，同时也是比利时东部防御体系的核心。它在当时被列为欧洲最重要的防御阵地之一和世界上最坚固的要塞，并被形象地比喻为比利时东边的"大门"，艾伯特运河防线上的一把"锁"。

"一战"后，比利时出于对德国这个强邻的畏惧，苦心经营20余年，沿艾伯特运河构筑了一条绵亘不断的防线，在防线的中部，重镇列日以北一座孤兀的岩质高地上，建有埃本·埃马尔要塞。要塞的向敌一侧是悬崖绝壁，艾伯特运河就流经崖下。要塞筑有四座半地下炮台，配置近40门巨型要塞炮。炮台外部披有厚厚的装甲，可抵御大口径火炮的轰击。各种明暗火力点比比皆是，火力点间均由坑道沟通。要塞火力控制着横跨运河的三座桥梁，遇有危急情况，随时可断桥阻敌。

埃本·埃马尔要塞的防守部队守军1200人，由乔德兰特少校指挥，属第七步兵师，全部人员均可处于距地面25米以下的掩体内，并备有可供长期使用的饮水、食品以及大量弹药。要塞的武器配备齐全，沿着要塞的外缘，在壕沟和河旁，还有很多掩体和掩蔽壕，以及互相支援的火力发射阵地，对于一般的炮击，埃本·埃马尔要塞无疑是可以经得住的。

在西方盟军看来，这里是"一夫镇塞，万夫莫开"的天险，被誉为运河防线的一把锁。要塞背后便是坦荡的比利时平原，因此，整个比利时安危皆系于此。在这座现代化要塞的建造上，尽管比利时军队绞尽了脑汁，但因要塞主要是为了防御地面进攻，所以有一点他们没有考虑到，那就是敌人有可能来自空中，降落在炮台和装甲炮塔之间的空地上。

埃本·埃马尔要塞的抵抗并没有人们预期的那样久，德国人在这里大胆地使用了经过特殊训练的小股部队在黎明前用滑翔机着陆的战法，这一战法在夺取埃本·埃马尔要塞中取得了前所未有的成功。1940年5月10日凌晨3时，莱茵河畔科隆附近的机场上，40架滑翔机在Ju-52型运输机的牵引下，依次升空，近千千米的进攻前线还悄然无声，整个欧洲都在沉睡中，滑翔机内载有400名德军，任务是夺取埃本·埃马尔要塞和运河上的三座桥。一小时后，机群越过德比边境，滑翔机开始解缆，分别向指定的目标飞去。

埃本·埃马尔要塞的顶部是一片宽阔的平台，在直升机尚未诞生的时代，滑翔机就是最好的突击工具，没有动力的缺点此时反变成了优点，因为听不到发动机的轰鸣，它们拍打着硕大的翅膀，无声无息，只是落地的一刹那，才发出沉闷的撞击声。德军的唯一的失误是一架滑翔机迷航，里面乘坐着指挥官维哲希中尉，成功降落在要塞顶部的只有78名突击队员且没有指挥官。

"全部听我指挥！生死成败，在此一举。"温齐尔中士带领78名突击队员按预先的编组猛冲猛打，疾速向各个坑道口扑去。这地形太熟了，在德国内地两个埃本·埃马尔要塞的模拟地点，他们足足演练了4个月，4个月就是为了这决定命运的10分钟。

要塞指挥官乔德兰特少校从睡梦中被惊醒，惊醒他的不是哨兵报警的枪响，而是滑翔机对要塞顶层的撞击声。一周之前，西线战云趋密时，他的上司视察过这里，作为要塞司令，他当场拍过胸脯："没有问题！除非德国人插上翅膀。"少校也是饱读兵书，几千年的战争史，从未有人能插上翅膀从天而降。悲剧往往就在这里，多少个意料不到的"除非"结果演变成事实！

乔德兰特在坑道指挥所里心急如焚，这时他才发现，坑道工事的所有炮台、机枪火力点的射击方向都限定在四周的前下方，对顶部的敌人毫无办法！头顶传来巨大的爆炸声，德军工兵开始破坏炮台工事。80名在炮台顶上着陆的德国兵把一种特制的"空心弹"安放在装甲炮楼里，不仅使炮楼失去了作战能力，并且使下面的屋内布满了火焰和瓦斯。仅仅10分钟，一座经营20余年、被誉为坚不可摧的天然和人工要塞，就在德国78名突击队员的手里失去了战斗力！

第二天清晨，要塞工事被破坏殆尽，几十门大炮一弹未发。从一个残存的瞭望孔中，乔德兰特看到，大批的德军正跨过失守的运河大桥，开向比利时内地。他痛苦地闭上了眼睛，上午，守卫要塞的1200名比利时官兵只得打出白旗，从要塞里鱼贯而出，向78名突击队员投降。在这次攻占要塞的战斗中，德军仅有6人阵亡，19人受伤，指挥战斗的温齐尔中士战斗后被授予骑士铁十字勋章并晋升为上尉。

柏林的德军最高统帅部曾给这场战斗蒙上一层十分神密的色彩，他们在5月11日发布的公告宣称埃本·埃马尔要塞已经被"一种新的进攻方法攻克了"这个声明引起了不少谣传，戈培尔也乐于到处散布，说什么德国发明了一种非常厉害的"秘密武器"。1940年5月11日晚，即西线战争打响的第二天，柏林广播电台向全世界发布特别公报："德军一举攻克德比边境的艾伯特运河防线，此刻正向比利时心脏地带布鲁塞尔挺进。"宣传部长戈培尔鼓动三寸不烂之舌，趁机大加渲染说：德军的成功，依赖于一种暂时还保密的"最新攻击样式"，在下一步的战争中，此种方式还将大显神威！

攻克埃本·埃马尔要塞之战，可以说是德军空降部队的辉煌史诗，战争的发展在这里又登上一层阶梯——无论进攻还是防御，从此都开始迈入立体化的时代。

德国空降兵的坟墓

——克里特岛空降行动

1941年4月下旬，纳粹德军以势如破竹之势，迅速占领了位于巴尔干半岛最南端的希腊。希军和驻希腊的英联邦军被迫撤向与巴尔干半岛隔海相望的克里特岛。英国首相丘吉尔为确保英国在地中海、北非和中东的利益，命令撤到岛上的英联邦军停止撤退，坚守克里特岛。

然而，德国人是决不会允许英国人在他们的背后留下一颗钉子的，此时纳粹德国的将军都想尽快结束这场战争，然后抽出身来全力对付苏联，因此纳粹德国的不少高级将领都不约而同地把目光盯在了克里特岛。

克里特岛，位于东地中海，正处在爱琴海与地中海的交汇处，面积约8200平方千米，是地中海的第五大岛，也是爱琴海的最大岛屿。克里特岛是一处战略要地，只要英国控制该岛，盟军便能在地中海东面拥有海空优势。盟军可以将该岛用来作为沿巴尔干半岛海岸发动攻击的跳板，德国也意识到了克里特岛的战略意义和该岛对德国的威胁，并准备征服这个岛屿。

对德军伞兵部队创始人第11空降军军长斯图登而言，克里特岛之战是他努力实现空降作战构想的一个绝佳机会，他费时数月计划，以及和罗尔、戈林甚至希特勒激烈争辩，以期能获得机会来证明空降构想的可能性，他要证明以伞兵及滑翔机突击，并以空运着陆部队实施后继攻击，其性质并非仅属于一支突击部队而已，而是一个强大的新兴兵种。斯图登根据希特勒的旨意，第11空降军军长斯图登特拟订了一个旨在夺取克里特岛的空降作战计划，并把该计划命名为"水星"计划。在该计划中，攻占克里特岛的作战任务将由伞兵独立完成。

4月25日，希特勒下达了攻占克里特岛的第28号作战命令。命令规定：空中作战由第四航空队司令洛尔上将统一指挥；伞兵着陆后的地面作战由萨斯曼上将统一指挥；发起空降作战的日期不得超过5月中旬。

1941年5月20日凌晨，德军发动攻击。一波波的德国轰炸机与低飞的战斗机，以炸弹和机枪猛烈的攻击马里门、卡尼亚与苏达湾，摧毁了三处守军大部分的防空火炮以及通信网。德军伞兵在航空兵对英军克里特岛阵地实施密集突击进行伞降，遭到顽强抵抗，损失惨重。

德军付出重大损失的高昂代价才得以在马莱迈和哈尼亚地域站稳脚跟。行动的第一天以德国空降兵部队面临灾难性的后果结束，但在当天晚上，空降兵部队控制了三个机场，随后几天，在德国空军的近距空中支援下，运输机和滑翔机搭载的步兵部队对这些空降兵部队实施了增援，5月26日，另有近两万名德国士兵在苏达湾登陆。

克里特岛空降战在经历了12天血战之后，终于降下帷幕。这是第二次世界大战中德军进行的规模最大的一次空降战役，德军共空降了2.5万余人，虽然最终占领了全岛，在克里特空降战役中，德军被击毙和失踪约4000人，受伤2100余人，损失飞机220架，其中运输机119架，以及大量舰船，这个数字对一直势如破竹的德军可以说是空前的。

德军为这场空降战付出了高昂的代价，第11空降军军长斯图登特把克里特岛称为"德国空降兵的坟墓"。希特勒本人被他最喜爱士兵的巨大伤亡深深震动，他向斯图登授予勋章时说："克里特岛之战表明空降部队的时代已经结束，空降部队是一个秘密武器，但这一出奇制胜的要素被过高估计了。"从此希特勒再也没有下令进行大型空降，大多数德国空降兵后来在东线和西线成为主力步兵。

夺占克里特岛之战显示了空降兵作战能力的增长。同时事实证明，实施这样的战役，如不与其他军种协同，势必遭到重大损失。因此，夺占该岛之后，德军统帅部再未敢实施类似的大规模空降战役。

克里特岛空降战役是第二次世界大战期间的大规模空降战役之一，德军攻占克里特岛后，其东南欧陆上交通线得到了可靠的保障，控制了爱琴海和地中海东部航线，并使英国丧失了一个地中海内最重要的据点，战役中，完全掌握了制空权的德国空军起了决定性作用，使英国地中海舰队遭受重大损失。德军虽然以巨大的代价攻占了克里特岛，但随即在以后的日子里陷入了沉睡状态，其巨大的战略价值并未得到充分体现，其中最主要的原因是德国同时开展苏联、西欧两个战场，实在没有力量再开辟、扩大地中海战场。

1941年9月，驻扎在埃及的美军印制了一个关于克里特岛战役概况的总结报告，并对空降战役进行了详细的描述，美国下级军官也认为，空中机动对美国具有重要的意义，美国陆军也加快了建立空降师的进程，并从德国的案例中受益匪浅。在建立的空降兵部队中，最著名的有第82空降师和第101空降师，它们都是十分优秀的美国现役部队。美国空降兵部队在1942

年 11 月进攻北非的"火炬"行动中第一次投入使用，美国空降兵部队的更大规模应用是 1943 年进攻西西里岛的"哈士奇"行动，在两次空降战役中，来自第 82 空降师的战斗队都参加了行动，但上面分析和提到的所有空降战役的规模都很小，最多只有师级规模。

"一种屠夫的精神状态"

——武装党卫队

党卫队，1925 年 4 月成立，1946 年，在纽伦堡国际军事法庭上党卫队被宣判为犯罪组织，实际上党卫队内部共分为两个组织：党卫军秘密行动队和武装党卫队。前者就是负责组织屠杀犹太人、波兰人、战俘的主角和集中营的看守之类的肮脏角色。而武装党卫队也有相当多的部队是纯粹的作战部队，并未过分参与屠杀战俘、平民的事件，无论东线西线的盟国部队对这类部队都是充满敬意的。

纳粹德国的武装党卫队是一支在德国史上唯一在敌我双方都享有神话般魔力的武装，它是希特勒手中挥舞着的一炳黑色利剑，象征着战争、死亡、血腥和恐怖。他们以消灭敌人和视死如归为最高准则，享有德国陆军的"消防队"的声誉，德国人把它称之为："陆军中的一块磐石，一支真正的精锐部队。"而它的敌人称之为："这是一种屠夫的精神状态！"

党卫队最早时是一支直属于希特勒本人的武装部队，它成立初期仅为阿道夫·希特勒的卫队和对付政敌的工具，隶属于 E. 罗姆领导的冲锋队，规模很小，1929 年起由 H. 希姆莱领导，党卫队才有了很大发展。1933 年，希特勒成立了党卫队特别机动部队，到了 1935 年，党卫队的特别机动部队总共有 11 个营，后来的武装党卫队就是由党卫队特别机动部队发展而来。1938 年 8 月 17 日，希特勒签署了一项公告，它成为后来的武装党卫队的真正出生证。这项公告称党卫队特别机动部队是一支由他支配的常备武装部队，是用于执行党卫队全国领袖德国警察总监下达的并由我酌情作出保留的特殊内政任务，或执行陆军作战范围以内的任务，直到1939年冬才开始使用"武装党卫队"这个名称。

武装党卫队一共有三类部队，其作战师一般分为三类：一级战斗部队由纯德国人组成，被用于战场主要位置或担当消防队挽救前线紧张局势。如帝国师、警卫旗队师等。志愿师由欧洲日耳曼裔人和德意志裔人组成，被定为二级作战部队，主要用于非主要方向和防御战。比如维京师、北欧师等，武装师由东欧人和巴尔干人组成，虽为党卫军控制，但是名义并不正式属于党卫军部队序列，主要执行主战线后游击队的清扫和占领区的控制等工作。

这只是理论情况，大战时期党卫军的人员组成极其复杂，例如党卫军第一装甲师内就有部分匈牙利人，而党卫军志愿师和武装师里的军官大部分都是德国人。1939年10月，波兰战役后，党卫队特别机动部队由团建制升为师建制，第一批武装党卫队师正式组建，因而也获得了一个新的名称——武装党卫队。随着战争的进行，最高峰时武装党卫队发展到了39个师，95万人，从而真正成为德国的第二武装力量。

武装党卫队几乎参加了所有重要战役，到战争结束共组建38个师，前后约95万人加入。其中有许多党卫师的战斗力都是十分强悍的，比如警卫师、帝国师、"骷髅师"、维京师则都是一等的部队。武装党卫队以民族军事精锐自居，他们身着黑色军服，左臂佩戴印有黑色纳粹旗的红色袖章，黑色领章上缀着形似闪电的"ＳＳ"标志，武装带上写着："忠诚是我们的荣誉。"与普通国防军官兵明显不同，在战场上虽然他们换上灰绿色的国防军制服，但左臂仍佩戴着醒目的纳粹旗标志，他们拥有最先进的武器、最充足的给养，在作战中，常常充当攻城拔寨的尖刀，在许多残酷的战役中，武装党卫队都体现出了顽强的战斗力和忠诚的精神。

抛开政治立场与信仰的正邪之分，应该承认，第二次世界大战德国的纳粹武装党卫队的成员基本符合真正军人的标准。虽然建立在偏执的唯血统论基础上的纳粹主义，在一开始就注定是没有前途的，但武装党卫队遵从自己的信仰、忠信与服从，富有责任感、使命感与荣耀感，对领袖忠诚，对敌人凶狠，对同胞爱护。

武装党卫队对希特勒的忠诚令人吃惊，在战争后期，德国的国防军系统普遍开始反思战争，对希特勒和纳粹产生不信任感，唯有武装党卫队依然效忠元首，成了"救火队"，哪里最危急就出现在哪里。甚至出现了大量由青少年组成的志愿部队，仅凭一腔热血就对拥有强大地空优势的盟军发动近乎自杀的进攻。在东线，所有的德军部队严禁强奸苏联妇女，因为德国方面认为强奸苏联妇女会污染德军士兵的日耳曼血统，比较有名的就是一名帝国师团级军官因强奸苏联妇女而自杀。在战争中，武装党卫队第一、二、三师都有过屠杀战俘、平民的事件，充斥着狂热纳粹分子的党卫军这类事情并不能在战争中被避免，其中比较大规模的就是第一师在西线阿登战役枪杀 80 名美军战俘的马尔梅迪大屠杀事件，但难道苏军和盟军就善待战俘了吗？在第二次世界大战中，各方的战俘实际上是没受到应有的保护的，苏军的"卡廷惨案"就是一例，而死在盟军手中的战俘也不在少数，区别只是盟军和苏军是战胜者，在战争中以及战争结束，苏联人更是钻国际法的空子，因为党卫军部队不是正规部队，只是准军事化部队，所以就可以不接受他们的投降，直接枪毙！

武装党卫队并没有扭转败局，它也不可能扭转败局，虽然它曾多次创造了战场上的奇迹，但在大势所趋的情况下，它最多也就能起点延迟战争进展的作用。1945 年 4 月，希姆莱在波罗的海沿岸的卢伯克瑞典领事馆与瑞典红十字会会长福尔克·贝纳多特伯爵会晤，表示同意西线德军向艾森豪威尔投降，实现单独媾和，以求在东线继续与苏军顽抗。希特勒得知其最忠实的追随者背叛自己的消息，狂怒不已，下令把希姆莱作为卖国贼予以逮捕，纳粹德国土崩瓦解之后，希姆莱改头换面，身着陆军士兵制服，剃去短胡子，左眼贴上眼罩，准备潜逃。5 月 21 日，希姆莱被英军俘虏，1945 年 5 月 23 日，希姆莱在检查口腔时，咬破藏在口腔的氰化钾胶囊而自杀。1945 年 5 月，希特勒自杀后，昔日不可一世的德意志第三帝国就只剩下柏林城内的帝国大厦里的 2000 名党卫军顽固分子还在垂死挣扎。

战后有美国人说，希特勒麾下的纳粹党卫军没有一人向联军主动缴械，基本上是打到最后一颗子弹而被俘虏，此语虽然过于夸张，但从一名纳粹党卫军士兵的遗言可以看出，忠诚到近乎死，确实是一部分党卫军的特点："告诉元首我已经尽力，告诉父亲我依然爱他。"

任何一支在战争史上成名的军队，抛开立场和信仰的，往往具有很多共同点，那就是忠诚、勇敢、机智。如果真能不谈他们犯下的罪行，党卫军无疑符合这些标准，从忠诚和意志来说，也许就如美国记者 M&G.BLsons 与朱可夫说的："第二次世界大战，德国希特勒麾下的纳粹党卫军是最值得依靠的军队，是最值得尊敬的对手。"

"打开登陆欧洲的大门"

——西西里岛登陆战役

1943 年 1 月美英卡萨布兰卡会议决定，北非战局结束后，盟军在西西里岛登陆。目的是占领该岛，以保证同盟国地中海航线畅通，吸引苏德战场德军西调，并迫使意大利投降。这次战役代号为"爱斯基摩人"的西西里岛登陆作战，由盟军驻北非部队负责实施，总司令为艾森豪威尔。

西西里岛是地中海最大的岛屿，是意大利的属地，整个岛屿成三角形，距意大利本土的卡拉布里亚市只有一条狭窄的墨西拿海狭相隔，整个岛屿易守难攻。1943 年夏，盟军在北非沿海港口集中了大量军队，准备执行代号为"爱斯基摩人"的西西里岛登陆作战计划。负责实施该计划的是亚历山大将军指挥的第 15 集团军群，在西西里岛登陆作战中，盟军便面临这样的问题。当时，盟军肃清了北非战场，又攻占了班泰雷利亚岛，稍有军事常识的人都能够意识到盟军下一个目标是夺取西西里岛。正如英国首相丘吉尔所说的："傻瓜都知道下一步进攻方向将是西西里岛！"德意方面也认识到了这一点，在西西里岛部署了30万重兵，加强防守。

为隐蔽战役企图，美英采取一系列欺骗措施。例如，把一具带有假作战文件的"马丁少校"尸体空投到西班牙海岸附近，让希特勒看到文件后误认为盟军将在撒丁岛或希腊登陆，登陆编队在航渡中不从北非沿岸直接驶向登陆地域，而是绕过邦角向南再向东行驶，造成进攻希腊的假象，甚至对登陆地域不进行预先火力准备等，这些措施成功的骗过了希特勒，使德军的主要力量转移到了撒丁岛。盟军共出动4000架飞机在登陆前的三周对西西里岛上的机场和设施进行了昼夜轰炸。7月1日，盟军取得了西西里岛及意大利南部的制空权，德意空军的1400架飞机撤到意大利南中部和撒丁岛。

7月9日，天气骤变，狂风怒号，恶浪滔天，德意军因此放松了警惕。10日凌晨2时40分，空降部队首先发动攻击，美军第82空降师和英第一空降师的5400名官兵搭乘366架运输机和滑翔机从突尼斯出发，飞向西西里岛，盟军以空降登陆开始了西西里战役。3时45分，巴顿和蒙哥马利指挥的16万美英登陆大军分乘3200艘军舰和运输船，在1000架飞机掩护下，在西西里岛的西南部和东南部实施登陆。海岸意军士气低落，仅进行了微弱抵抗，至中午时分，巴顿和蒙哥马利的部队顺利地登上了各自的目标滩头，并保持着攻击态势，西西里岛守军在意军古佐尼中将指挥下开始反击。由于希特勒在判断盟军登陆地点时严重错误，德军装甲师的反击被盟军粉碎，意军几乎未加抵抗便仓皇撤退，海岸防线很快被摧毁。8月10日，德意部队退到墨西拿附近，由于盟军没有切断墨西拿海峡的计划和行动，4万德军和7万意军用6天7夜的时间，完成了向意大利本土的敦刻尔克式撤退。

巴顿不甘心让蒙哥马利独唱主角，盟军向墨西拿的进军变成了美英两国军队的赛跑，8月17日上午6时30分，美军先遣部队进入墨西拿，10时30分，巴顿乘坐指挥车率领一个摩托车队驶进城里。一小时后，一队英军也吹吹打打地进了城，一位英国军官走到巴顿面前，同他握了握手说："这是一场有趣的竞赛，我祝贺你的成功。"当天，岛上的一切抵抗均告停止，西西里岛登陆战结束，盟军占领了西西里岛，从此在地中海往来无阻，打开了登陆欧洲的大门。

此役，美、英军伤亡2.4万余人，德、意军损失约16万人，另有10万人撤到意大利本土。战役中，盟军首次进行由岸到岸的登陆并实施大规模空降，为以后组织和实施登陆战役提供了经验。西西里岛战役是盟军自第二次世界大战爆发以来在敌领土上实施的一次重要战役，盟军不仅在军事上获取了直接进攻意大利的跳板，而且在政治上强烈震撼了已经动摇的意大利政府，导致墨索里尼垮台和意大利投降，为盟军打开从南部登陆欧洲的大门。

"红色恶魔"
——"哥曼德"英国特种作战部队

英国哥曼德特种部队，是世界特种部队的"先行者"。1940年6月6日，为反击纳粹德国的疯狂进攻，英首相丘吉尔下令"立即对整个德军占领区发动积极而又连续的反攻击"。于是，世界上第一支独立执行特种作战任务的新型部队——"哥曼德"应运而生，英军将其命名为"哥曼德"。

"哥曼德"这一名称源于20世纪初的布尔战争，相传在1899年至1902年非洲爆发的"布尔战争"期间，英国派出了25万军队对布尔族人进行镇压。布尔族人的军队只有英军的1/5，很难正面抵抗英军的强大攻势。但是，布尔人骁勇骠悍，机智灵活，在敌众我寡的形势下，采取了"化整为零""袭击骚扰"等打击方法，组织多股小部队，凭着熟悉地形的有利条件，在夜间和山谷、森林等地形或其他不良天候的情况下，对英军频频发起突然袭击，来无影去无踪，神出鬼没打了就跑，打得初来乍到的英国人顾此失彼，胆战心惊，大伤脑筋。最后，英军以伤亡近10万兵力的巨大代价，输掉了这场战争。当时英国称这些专门从事游击袭扰活动的布尔人小股部队为"哥曼德"。布尔人的这种战术给英国人以深刻印象，英国把自己的特种部队称作"哥曼德"。

1940年6月6日，德军发动了西线攻势，席卷欧洲大陆，英法联军招架不住德军的猛烈进攻，狼狈不堪的从法国的敦刻尔克逃回本土。回撤途中，溃不成军的英军虽然多数人活着回到英国本土，但几乎所有的装备都被遗弃。曾不可一世的大英帝国蒙受了开国以来从未有过的耻辱，民族自尊心受到严重的挫伤。

首相丘吉尔就此对民众发表演说："敦刻尔克撤退是个奇迹，但胜利是不能靠撤退去取得的！"为了尽快挽回败局，鼓舞全国军民抵抗纳粹德军的信心，在6月6日，丘吉尔首相在写给参谋长联席会议主席伊兹梅尔将军的信中说："防御作战必须到此结束，我期待英军对整个德军占领区发动积极而又连续的反攻。"丘吉尔首相认为，德军下一个攻击目标很明显是英国本土，而要阻止其占领英国，只有一个办法，就是向欧洲大陆的德军发起反攻。指示要尽快组建袭击部队，渡过英吉利海峡，对德军阵地发动突然袭击。丘吉尔坚持认为，这种破坏性的袭扰，如果计划周密，实施得当，就能使德军回过头去加强自己的防线，将会牵制敌人大量的部队，削弱德军在其他战场上的战斗力。同时，成功的偷袭行动能极大地鼓舞全国军民抗击德军的信心，有利于整个反击战场的形势。

他们想起了40年前，在非洲大陆使他们饱尝苦头的"哥曼德"人。鉴于德军将进攻英国本土，不能整建制地抽调防卫本土的部队，于是，英国组建了一支由海军陆战队的精锐部队组成的特种部队。首先编成了10支"突袭部队"，每支部队辖两个小队，每小队由3名军官、47名不同级别的士兵组成，他们头戴绿色贝雷帽取名为"哥曼德"。其标志为一只跃跃欲试的青蛙和两支交叉在一起的船桨，是一支约有400人的特别舟艇队（简称SBS），世界上第一支独立执行特种作战任务的新型部队应运而生。英国"哥曼德"特种部队诞生不久，就开始积极寻找战机来证明自己的价值，第二次世界大战为"哥曼德"提供了施展本领的舞台。

1940年6月23日深夜，由托德少校指挥的第8独立中队所属的120名特种队员，分乘6艘救护艇，从纽黑文、福克斯通、多佛尔等港口出发，在空军的掩护下，对法国北部沿岸的布伦和贝尔克两个港口城市进行突然袭击，这是"哥曼德"成立后向德军发起的首次攻击。7月14日，"哥曼德"实施了第二次袭击战斗行动，目标是位于法国瑟堡以西、英吉利海峡内的格恩济岛。这次袭击行动得到了上级情报部门的大力支持。英国间谍事先获悉，有大约470名德军已被空运到该岛执行守岛任务，特种突袭部队隐蔽地实施登陆，轻松地夺取并控制了格思济岛，战斗中"哥曼德"没有遭到德军的顽强抵抗，也几乎没有付出流血的代价。这是组建以来"哥曼德"第一次成功而不流血的行动。

在第二次世界大战之前，英军并没有空降部队。战争初期德国伞兵和空运部队的频繁活动，刺激了英国决定必须拥有一支空降突击力量。于是，英军相继组建了一批空降"哥曼德"部队。这支部队官兵头戴红色贝雷帽，臂佩"皇冠和月桂叶"的徽标，手持汤姆逊轻机枪，经常从空中渗入德军后方，对港口、机场、仓库和交通线等重要目标展开不间断地破袭，沉重地打击了德军，被德军称为"红色恶魔"。

第二次世界大战中，"哥曼德"深入敌后偷袭破坏，使德军寝食不宁。1942年10月18日，希特勒发布了著名的"根绝命令"，即"第46号指示"，命令对英军的"袭击破坏部队"，无论是否穿制服，无论是否有武装，务必"斩尽杀绝"，这从另一个侧面说明了"哥曼德"在战争中起到了震慑作用，然而，"哥曼德"非但没有被"杀绝"，反而在烈火和硝烟中创造了更多的辉煌，他们的业绩永载在反法西斯斗争的史册上。英国首相丘吉尔自豪地说："哥曼德"是大不列颠永远的骄傲！"哥曼德"一词从此名闻遐迩，现已成为世界特种部队的通称。

"亚平宁夜空中的闪电"

——意大利"弗格尔"伞兵师

在突尼斯 Takrouna 附近的一座小山旁，竖立着一座并不起眼的纪念碑，上面这样写道："弗格尔师——军团的灵魂守望着沙漠。"就是这个"弗格尔"师，在第二次世界大战中，可谓是意大利武装力量中的精锐之师，是一支受过良好训练、作战顽强的部队。丘吉尔在阿拉曼战役胜利后在伦敦的一次演说中特别提到这个师，称它为"沙漠雄狮"，可见这支部队的顽强赢得了对手的称赞。

意大利是世界上最早进行伞兵集体跳伞和组建伞兵营的国家，但遗憾的是，由于历史的原因，作为世界空降作战先驱的意大利空降部队的组建、发展与战斗经历一向少为人知。意大利的"弗格尔"伞兵师组建于1938年3月，它的前身是意大利驻利比亚总督巴尔博元帅大力支持发展起来的利比亚空中部队。"弗格尔"在意大利语中是闪电的意思，该师士兵大多是从其他战斗部队抽调来的老兵，很多人在阿比西尼亚和西班牙战斗多年，经验十分丰富。

1941年9月1日，伞兵师正式成立，下辖两个伞兵团和一个炮兵团。这个伞兵师和一般的师差异很大，它的建制偏轻，支援问题较小，因此没有烦琐的后勤体系。炮兵团只装备47毫米炮，用来执行反坦克任务，但不适合进行常规的曲射火力支援。而且机枪与迫击炮装备数量很少，在火力方面唯一的优势是装备了贝雷塔M38冲锋枪作为一般个人武器，这样的装备情况也是与它的作战任务相适应的——伞降并对一个关键目标进行奇袭、设立防御阵地并在有限的时间段内进行防御、最后与常规部队会师，但这些美妙的理论"闪电"师一次也未能实践，战争的旋涡无情地把它卷到了其他的方向。

德意方面本打算1942年春末发动攻击占领马耳他岛，意军方面此作战计划代号为"C3"，"弗格尔"伞兵师为此而展开专训，同时按计划参与作战的还有一个专门由空运机动的轻型步兵师的快速反应部队，可惜被胜利冲昏了头脑的隆美尔迫使墨索里尼拱手交出这些部队，"弗格尔"伞兵师被改称为第185步兵师——虽然该师士兵仍坚持自称弗格尔伞兵，但他们的确从头到尾一直是作为地面部队使用的。1942年7月，陆军总参谋部准备将该师调往北非，在被调往北非的同时，该师被重新命名为"第185闪电伞兵师"——这个名字沿用了第一伞兵团的名称，来源于拉丁文谚语"ex alto Fluor"，意为"像闪电一样直劈而下"。

调往北非战场这个决定使伞兵们十分沮丧，大家都很清楚，在未来进行伞降的机会已经非常渺茫了，但跳伞装具还是被小心的收起保存了起来——大家心里还是抱着一丝希望。

当驻在埃尔达巴时，出于保密原因，伞兵们被命令摘下伞兵章，并且不得佩戴任何足以被敌军识别出来的徽章或者臂章，使伞兵们更加寒心的是，他们被授予了"非洲猎兵"的伪装代号，并从罗马得到了上缴全部跳伞装具，送回代尔纳储存的命令，伞降的最后一丝希望也消逝了。他们被派到阿拉曼，和其他三个意军步兵师一起固守阿拉曼防线南段。

"弗格尔"师参加的第一次战斗是1942年8月的阿拉姆—哈勒法之战，在6天的战斗中轴心国损失了大量的坦克，脆弱的补给线也被沙漠空军切断，隆美尔只得转入守势，固守自己的阵地。英国人惊讶地发现，他们所面对的这支意大利部队作战顽强，其战术水平也远非其他意大利部队可比。"弗格尔"师在巩固阵地的同时，还积极展开一些小规模的偷袭，渗透入英军的防线，从敌人那里获取饮用水、食物和武器。该师的反坦克武器极少，他们就用缴获的英军反坦克炮武装起来，在一次夜间防御战中，意大利伞兵甚至还俘获了第六新西兰旅旅长Clifton准将和他的指挥部。

问题是，该师原本按照空降作战装备的——空降之后马上由地面推进的常规部队接应，所以重型火炮根本就没必要带，部队只装备了一些轻型反坦克炮。同理该部队也没有配备任何机动车辆，尤其在沙漠地带这将导致严重后果，而且该师大部是从意大利和希腊经由空运抵达北非，部队根本无法携带本来就不多的重装备——甚至连野战厨房装具都没有！

阿拉曼会战失利以后，隆美尔抢走了意大利部队的全部卡车、给养和重装备，仓皇逃窜，意大利部队组织了决死的抵抗，数个营战至最后一人，给英军造成了巨大损失，闪电师在阿拉曼打得非常顽强，重创第44师，自身的伤亡也非常高，全师的各级指挥官与部下们浴血奋战，18名校级军官有9人阵亡，4人受伤。隆美尔元帅在11月1日的家信中曾写道：闪电师是我方最优秀的部队之一。

随后在11月3日英军"增压器"战役中，"弗格尔"伞兵师大部被歼，更为不幸的是，意军在撤退时因为没有汽车而不得不徒步退回到利波里，他们被德国人抛弃，没有水没有食物，在沙漠中徒步行军，炮手们用人力拖着尚能使用的几门反坦克炮向西撤退——没了这些炮，他们在茫茫沙漠中只能任凭英军装甲部队宰割。由于没有任何运输工具，且武器弹药饮水均已消耗殆尽，意大利伞兵师根本不可能逃出机动能力远高于自己的英军包围，实际上该师的结局已经注定。最终，隆美尔来电："弗格尔师要在开阔的沙漠地上组成防御阵地，阻击尾追的英国人，能挡多长时间就挡多长时间。"

弗格尔师在三天的阻击战中打退英军装甲部队和步兵的多次进攻，英军曾数次召降闪电师，并以骑士风度对意大利伞兵的善战表示了敬佩，但回答他们的是一片"Folgore"的呼喊声。

11月6日，当英军进入意大利阵地时，意大利伞兵们以最后的姿态向敌人表达了他们的轻蔑：没有人摇白旗，所有士兵肃立不动，也没人向英军敬礼，有些意军士兵泪流满面，英军在旁边充满敬意地看着，曾经有5000名官兵的闪电伞兵师最后只有306名官兵幸存，英第44步兵师师长休斯将军说道："我的军旅生涯中还从未遇上像弗格尔师这样的对手。"

弗格尔师虽然打没了，但它的历史并没有画上句号，他们在本土又被重新组建，经历了意大利政局动荡后，这支部队站在了墨索里尼的傀儡政权——意大利社会共和国一边，继续与盟军对抗，"为意大利的荣誉而战"，该师的一部分人员最后被德国第四伞兵师吸收，直到第二次世界大战结束。

"魔鬼的杰作"

——"橡树行动"

1943年，当时盟军胜利的曙光显现，轴心国意大利经济已近绝境，人民食物匮乏、衣不蔽体，没有充足的兵员，军队也近乎崩溃。在这种情况下，意大利的统治集团决定抛弃带领意大利走向战争的墨索里尼。7月25日，墨索里尼按计划前往萨伏伊宫觐见国王维克多·埃曼纽尔三世，他的妻子预感不祥，劝他不要去，但墨索里尼坚持进宫，说道："20年来国王很信任我，不会有丝毫危险。"然后坐上汽车向王宫驶去。

这是一个宁静而闷热的星期天，国王亲自在萨伏伊宫门口迎接墨索里尼。他一反常态，身穿意大利元帅服，而且还在宫殿里布置了警察，这架势墨索里尼还是第一次见到，心中不禁忐忑不安。国王对他说："亲爱的领袖，现在内外形势面临严峻，军队士气低落，最高委员会已经决定解除你的职务。现在人们都恨你，我成了你唯一的支持者。我担心你的安全，让我来保护你吧！"墨索里尼听到这番话后面色苍白，呆若木鸡。国王还要讲点什么，但墨索里尼打断了他的话头，嘟哝着说："一切全完了！"

7月25日晚上10时45分，罗马电台向全国发表广播，说"国王已经批准了政府首脑本尼托·墨索里尼阁下的辞职，并任命彼得罗·巴多格里奥元帅接替这一职务。"接任的巴多里奥元帅下令将墨索里尼秘密关押起来，并准备与盟国签订停战协议。

意大利军方在国王的支持下逮捕了意大利法西斯领袖墨索里尼，并准备与盟国签订停战协议的消息迅速传到柏林，希特勒闻讯非常震怒，意大利的倒戈无疑将在德国欧洲堡垒的腹部撕开一个大缺口。而且，他也不能容忍自己的朋友被投靠盟军的人关押。必须救出墨索里尼，使之重掌意大利政权。7月27日，希特勒召开紧急会议，亲自制订了营救墨索里尼的"橡树行动"计划，责成伞兵司令施图登特负责，并召见了该计划的具体执行人——德军奥拉宁堡师一个突击队队长奥托·斯科尔兹内上尉。并确定了行动代号——"橡树行动"，斯科尔兹内是第二次世界大战中非常著名的德国特种部队指挥官，指挥过几次著名的行动，"欧洲第一恶汉"是他知名代表绰号，接到任务后立即着手行动。

营救行动的首要问题是查明墨索里尼的去向，现在的问题是这个法西斯领袖究竟在哪里？正当斯科尔兹内一筹莫展的时候，德军无线电侦测部门发现，在距离罗马80英里的大萨索地区有不同寻常的无线电信号，非常频繁地提到"重要人物"，精明的德国人马上判断出墨索里尼可能就在大萨索山上！斯科尔兹内的目光立即转向了罗马东北约160千米的大萨索山。那里是亚平宁山脉的最高峰，战争爆发前夕意大利人在海拔两千米的半山腰处修建了一处冬季滑雪旅游地，山上建有一座饭店，名叫"坎波·因帕莱塔"。经过对各种情报的综合分析，认为墨索里尼很有可能就拘禁于此饭店内。斯图登特和斯科尔兹内都想找到关于该饭店的更多信息，但几乎一无所获。

9月7日，斯科尔兹内针对山势险峻的特点开始精心准备。9月10日，伞兵司令施图登特将军召集莫尔斯少校和斯科尔兹内上尉，进一步研究了有关皇帝营的各种资料，决定从法国调来滑翔机，运载进攻的部队，并决定使用小型"鹳"式飞机，救出墨索里尼。

斯科尔兹内与副官拉德尔立即开始驾机空中侦察，发现坎波饭店位于亚平宁山脉最高峰蒙特柯诺南坡高约1800米处，十分巧妙地修建在一个陡峭的悬崖顶部，交通极为不便，只有一条缆车与下方100多米外的山谷相连，饭店周围有士兵把守，饭店前有块不大的三角地还算平坦，通往这个山区地带的每条道路都被意大利军队封锁着。斯科尔兹内感到这块三角地是所有问题的解决关键，他提出了一个大胆的方案：用12架滑翔机，每架运载10名突击队员（包括驾驶员在内）从天而降，以这块三角地为降落点，强攻饭店并救出墨索里尼。

这无疑是一次风险极大的行动。在行动开始前的一天夜里，斯科尔兹内召集队员们说："这次行动充满危险，随时可能丧生。如果你们当中有人不愿参加，可以离开，我绝不会对此做任何记录，也不会因此而蔑视你们。我将亲自参加并指挥这次行动，愿意参加的人请向前迈一步。"所有队员都向前迈了一步，这令斯科尔兹内非常满意。

9月12日下午，搭乘突击队员的滑翔机在拖拽飞机的牵引下从罗马郊区的玛亚机场起飞。突击队到达大萨索山时，天气依然很糟糕，而且突击队员们发现滑翔机降落时的危险性要比估计的大得多，但是他们已经不能考虑别的，只好强行着陆。斯科尔兹内的3号滑翔机第一个着陆，飞机一直滑行到距离旅馆大门口几米远的地方才停了下来。

驾驶员事后回忆降落时的情景说："视野中的小黑点很快变成了一栋大建筑。尽管滑翔机的机头装有减速装置，但我们很难降低速度，于是我改变航向，顶着来自山脊的强劲上升气流接近了降落区。我向外望去，希望看到敌人的活动情况，但开始时一切都保持着平静。当我飞到饭店上方150米左右时，饭店里的士兵像被捅了窝巢的蚂蚁一样涌了出来。不过他们看上去并没有多大敌意，只是站在那里目瞪口呆地看着这群仿佛从刺眼的阳光中落下的袭击者。飞机剧烈振动起来，并在距饭店大门台阶仅40米的地方停了下来。"从飞机中跳出的斯科尔兹内指挥部下迅速制服了饭店周围的意大利卫兵，随后推着作为人质的意大利宪兵司令索莱蒂将军向饭店冲去。

看守墨索里尼的意大利士兵拉响了警报，看守部队立即做好对付突然袭击的准备。亡命之徒斯科尔兹内一把将索莱蒂少将推在前面，用意大利语大声喊着："宪兵队士兵们，你们的索莱蒂司令要求你们与我们合作，否则，他就会在你们反抗之前死去！"这时，斯科尔兹内看见墨索里尼的面孔出现在二楼的一个窗户旁，急忙对他喊道："退回去！离开窗户！"

就在这时，墨索里尼在二楼喊了起来："不要开枪！不要开枪！你们没看到吗？那是一位意大利将军！谁都不准开枪，不要流一滴血！"卫兵中有的放下武器站住不动，有的则四下逃进山林。

斯科尔兹内带了几个伞兵冲进旅馆，他首先沿通信线路直奔无线电室，在制服了发报员并控制电台后，便直奔关押墨索里尼的房间。两名负责看管墨索里尼的意大利军官下令让所有意大利卫兵放弃抵抗，冲突几乎马上就结束了，整个旅馆地区全部被德国伞兵控制。

整个营救过程非常迅速，从第一架滑翔机着陆到控制饭店只用了4分钟，且几乎没有遭遇任何抵抗，未开一枪便救出了墨索里尼。斯科尔兹内见到墨索里尼行举手礼，然后大声说："领袖，德国党卫军上尉斯科尔兹内奉元首之命令前来营救您，您自由了。"墨索里尼异常激动，张开双臂拥抱斯科尔兹内，声音哽咽地说："我知道我的老朋友希特勒没有抛弃我！"

救出墨索里尼后，接下来的任务是把他安全送走，缆车站已经被德军占领，但山谷对面仍有大批意军防守，无法突围下山。此时所有的希望都寄托在正在饭店上空盘旋侦察的一架小型单发菲斯勒"鹳"式侦察机上。这架飞机是斯图登特将军专门派来观察营救行动的情况的，其驾驶员是德国王牌飞行员格拉赫上尉。当斯图登特从无线电中得知斯科尔兹内已得手的消息时，还有些半信半疑，但他命令格拉赫想办法帮助突击队。接到命令后，格拉赫开始压低飞行高度，临时选作飞机起飞的跑道上，坎坷不平，有不少大大小小的石头，此时也顾不上许多了，格拉赫上尉那架小型"鹳"式飞机小心翼翼地将飞机降落在这个临时跑道上。

当得知斯科尔兹内要与墨索里尼一起乘这架飞机离开时，格拉赫非常坚决地表示拒绝，因为这种飞机设计载运两人，若搭载90千克重的墨索里尼后再加上同样90千克重的突击队长，飞机是否能起飞已令人怀疑。但斯科尔兹内坚持自己要亲自护送墨索里尼抵达安全地点，并暗示这是希特勒的指示后，格拉赫妥协了。

飞机在高低不平的跑道上滚动着，60米简易跑道的尽头下远处就是悬崖峭壁。飞机飞速在临时修整的空地里蹦蹦跳跳地滑行，差一点撞上一块大岩石，但在经验丰富的格拉赫操纵下，终于摇摇晃晃地爬升到天空中。它围绕旅馆上空盘旋一周，然后径直飞往罗马郊外的普拉提卡机场。平安降落后，斯科尔兹内护送着墨索里尼上了一架 He-111 飞机转往维也纳，"橡树行动"大功告成。斯科尔兹内则在维也纳和柏林受到了英雄般的欢迎，他也因此一夜成名。欧洲各国的广播电台都在一遍遍地播放着关于这次营救的新闻，他的名字也以最大号的醒目字体出现在报纸上，甚至连丘吉尔也在下院演说中提到了斯科尔兹内的名字，称这是英勇无畏的表现……这无疑表明，在现代战争中，有许多这样的机会可以来展示人们的勇敢精神。"

"橡树行动"——德军历史上最为大胆的营救行动，被人们称为"魔鬼的杰作"，直到今天，很多研究特种作战的人仍旧把这个大胆而且成功的冒险行动作为一个范例。此后，斯科尔兹内又奉命指挥党卫队特种作战部队和新组建的党卫队第 500 伞兵营，成功完成了制止匈牙利独裁者霍尔蒂背弃轴心国的"铁拳"行动，影响极大，以至于丘吉尔称斯科尔兹内为"欧洲最危险的罪犯"。虽然营救墨索里尼行动本身对德国的战略意义并不大，但德国的宣传部门清楚地认识到这次行动所产生的巨大宣传效果，在他们的大力渲染下，斯科尔兹内成了德国家喻户晓的战斗英雄，戈培尔还派了一个电影摄制组去大萨索山重拍营救过程，斯科尔兹内本人也被提升为少校，并获骑士十字勋章。

"胜利的摇篮"

——攻克塔拉瓦

吉尔伯特群岛横跨赤道，由 16 个珊瑚岛组成，塔拉瓦和马金是群岛中最大的两个珊瑚环礁，1943 年初，美国海军作战部长欧内斯特·金上将策划了一条反攻轴线，拟用较少的兵力沿密克罗尼西亚直指日本，塔拉瓦正位于美军对日战略反攻的轴线上。

塔拉瓦呈三角形，出水岛子约20个，其中，贝蒂欧是日军坚固的设防岛，正是美军此次攻击的重点目标。贝蒂欧岛，形状像一只栖鸟，长3.5千米，最宽处500米。岛子中部有一座飞机场，设跑道三条，其主跑道长1200余米，是整个吉尔伯特群岛中唯一的轰炸机跑道。岛四周是宽为150米至400米的珊瑚礁岛。一条500米长的椰木栈桥伸入礁湖，供舰船卸货，仿佛是贝蒂欧的鸟腿。1942年2月，美军苦战几个月，终于取得瓜岛战争胜利，美军的下一个攻击目标是夺取塔拉瓦环礁。日军在塔拉瓦环礁的防御重点是贝蒂欧岛，岛上有日军的两个陆战队和工兵部队，共4500人。日军在岛上修筑有坚固的碉堡和工事，岸边还设置有11处岸炮阵地。日军守岛指挥官柴崎曾对部下夸口说："美国用100万大兵，花一百年时间，也攻不下塔拉瓦。"

1943年11月20日黎明，美海军编队的战列舰用大口径舰炮不停地对贝蒂欧岛进行炮击，从航母上起飞的舰载机又进行猛烈轰炸，火力准备历时80分钟，共打出炮弹约3000吨。人们以为贝蒂欧已成齑粉，但实际效果远不理想，贝蒂欧地势平坦，一些炮弹形成"跳弹"，吸收力强的珊瑚沙和椰木也减弱了炸弹的破坏力，实际只摧毁了两门203毫米岸炮和3辆坦克，消耗了日军一些高射炮弹，真正的收获是彻底破坏了日军的通信系统。

美海军登陆舰艇靠近岛岸滩头，美军扫雷艇一面施放烟幕，一面在环礁的航道里扫雷，为登陆舰艇开道。美海军的100辆两栖装甲车和一批坦克登陆舰组成三个攻击波，扑向贝蒂欧岛北岸。日军严守柴崎司令官的命令："在这场敌优我劣的战斗中，必将敌诱至我固定炮火的射程内，然后尽全力歼灭。"在三个攻击波登上滩头时，日军猛烈的炮火猛然直泻到海面上。登陆部队受到三个方向的射击，所有两栖车均被击毁，人员全部战死，一个不剩。礁盘上留下了一片片血水，不少安然经过瓜达尔卡纳尔岛那样血腥恶战的陆战队员，竟在这个无名沙滩上战死了。第二天，获得增援的美军调整了指挥系统，在坦克和野战炮兵的掩护下重新开始进攻，日军依托坚固的工事展开了顽强的抵抗，每一个地堡、每一条战壕、每一个机枪巢甚至每一棵椰树，都成了美军难以攻克的目标，有时候，美军猛攻几个小时也只能前进几十米。为争夺塔拉瓦环礁，美军动用了坦克、火炮、机枪、炸药包、推土机、火焰喷射器。11月22日，美军发动全线进攻。美军为争夺一个地堡、一条战壕、一道工事，都要全力拼杀，战斗进行得异常惨烈，美军伤亡惨重。残存的日军困兽犹斗，异常凶狠。这夜，岛上残存的日军士兵手持刺刀、手榴弹，从四面八方钻了出来，冲入美军阵地。双方在黑夜中进行肉搏战。日军发动3次袭击，都被美军击退。天亮时，发现日军尸横遍野，大约300名有战斗力的精兵，全部在夜袭中战死。11月23日，美军在贝蒂欧岛上发动最后一次攻击，日军在最后一批堡垒中作最后的抵抗。美军军舰的舰炮不停地对日军堡垒进行炮击，舰载机在进行最后的轰炸，日军终于失去抵抗能力。精神和肉体都极度疲劳的日本士兵已经呆若木鸡，甚至连自杀的力气也没有了。他们木然地坐着，毫无表情地盯着逼近的美军，直等到喷火器把自己烧成焦炭。11月24日，美军在贝蒂欧岛上升起了星条旗。

塔拉瓦之战给了美军十分沉痛的教训，11月25日，尼米兹上将急不可待地在弹坑如麻的机场上降落，他们集中研究了日军的半地下式碉堡和美军的装备及战术。尼米兹惊叹："一生中从未见过如此狰狞的战场。"特纳和霍兰德·史密斯把贝蒂欧"当成课堂"，命令中太平洋舰队的两栖军官都来亲自"参观学习"。他们还在夏威夷寻找了一个荒岛，全部模仿贝蒂欧岛的工事，让舰炮和陆战队演习。美军汲取了血的教训，使自己在太平洋岛屿战争中逐渐成熟，美军在塔拉瓦所获取的经验，对于以后的登陆战具有极其重要的价值和意义，因此塔拉瓦岛战斗被美国海军战史专家莫里逊形象地誉为"胜利的摇篮"。

"疾风之鹰"

——美军第101空降师

美国陆军第101空降（空中突击）师，昵称为"呼啸山鹰"，101空降师由于其臂章上有一个正在嚎叫的鹰头，而被称为"鹰师"或"嚎叫的鹰"，它是隶属于美国陆军的一支空降师，其作战和训练是为空降突击行动服务。第二次世界大战结束后在越南战争期间，101空降师被整编确立为空中突击师，由于历史的原因，这个师一直保留了"空降兵"这个标志符。

101空降师的历史可追溯到第一次世界大战，美军于1918年7月23日正式组建了第101步兵师，但该师未及出征战火已停。第二次世界大战期间，美国陆军于1942年8月16日，在美国路易斯安那州的克莱伯尼训练营正式组建第101空降师，其人员装备主要来自第82摩托化步兵师，威廉准将出任第101空降师的首任师长。威廉准将向他的新部下宣布刚成立的101空降师虽然没有历史，但他却受命于危难之时，我们将要执行重要的军事远征，而且我们要经常性的完成各种任务，我在这里要提醒你们，我们的徽章是一只美国最伟大的雄鹰，这贴切的徽章预示着这个师将会像从天而降的闪电一样击垮一切敌人。

1942年10月，第101空降师开始在北卡罗来纳州布雷格堡进行严格的训练，训练是十分艰苦的。士兵们不仅要学会基本的步兵技能，还要学习新的战争法则，在整个秋冬两季，威廉将军都致力于建立一套崭新的空降作战战术。当年夏天，第101空降师在第二次陆军机动演习中证明自己已具备相当作战能力，1943年6月底，第101空降师完成了所有的训练任务。8月，全师正在进行建师周年纪念活动时，师的先遣小组却悄悄奔赴英国，为部队赴欧参战打前站。9月，全师开始陆续登船开赴英国。在英国基地，101师继续进行各种训练，这期间，威廉师长因病离任，刚刚参加了意大利战役的第 82 师炮兵指挥官泰勒将军调入，接掌了师的指挥大权。1944 年 3 月，美军进行了一次大规模的演习，英国首相丘吉尔、盟军最高统帅艾森豪威尔，以及许多的军政要员观摩了这次演习。第 101 空降师作为演习的美军新武器登场，因为泰勒新到部队不久，他便让师炮兵指挥官、陆军准将安东尼·麦考利夫向丘吉尔和艾森豪威尔简要介绍部队的情况，演习的结果是美军的空降部队获得了一致的好评和尊敬，并奠定了空降部队在后来的诺曼底登陆的地位。

1944 年 5 月，第 101 师接到了参加诺曼底战役的命令，全师官兵个个兴奋不已，等待了两年之后，他们终于得到了驰骋云天、为国建功的机会。在这次战役中，第 101 空降师的任务是在瑟堡半岛犹他滩头的敌军防线后面空降，肃清该地域内的德军，控制盟军登陆场后方地域，配合地面部队登陆，在那里他们要清除路障，为第 4 步兵师打开前进道路，还要阻止任何敌军向犹他滩头的增援行动，并夺取后方杜佛河上的桥梁及其他要地。作为美国军队中的精锐作战部队的第 101 空降师在诺曼底登陆日的前夜，也就是 6 月 6 日，全师所属部队计 8 个营全部进行伞降作战，空降到诺曼底德军阵线的后方。第 101 空降师 6000 多人搭乘 C-47 运输机飞到了法国上空，在接近伞降场时，他们遭到德军高射炮火的猛烈射击。许多运输机为了躲避高射炮火，把伞兵撒得到处都是。师长泰勒将军最初只能集合起百来人，并且大多数是军官。在带领他们去夺占通往"犹他"滩头的堤道时，他不无幽默地说："从来没有这么少的人受这么多人的指挥。"在此次空降作战中，第 101 空降师浴血奋战 5 昼夜，赶走了德军第 6 伞兵团，占领了卡朗唐，一直坚守到美军装甲部队从滩头赶来。在这场著名的诺曼底登陆战中，第 101 空降师连续激战 33 天，出色地完成了作战任务，该师由此一举成名，第 101 空降师的一些部队被授予"优异部队嘉奖令"。

1944 年 8 月 25 日，该师成为第 18 空降军的一部分，并编入第一联合空降军，作为该军的一部分，该师参与了有史以来规模最大和最为大胆的空降作战行动——"市场花园作战行动"。被投入德军后方的他们在 3 天里击毙了德军300余人，俘虏1400余人，开辟了一条数千米的安全地带。第101空降师成功的击退了德军的反扑，解放了几个荷兰的城镇，有几次的战斗接近于残酷的白刃战，空降军的英勇战斗为盟军向安特卫普的进攻争取了宝贵的时间。11月底，安特卫普被盟军攻占，28日第一艘补给船驶入港口，巴顿将军亲自入城为官兵们颁奖授勋，艾森豪威尔将军也亲自向第101师颁发总统嘉奖令，他说："美国历史上，还从来没有一支陆军师因为自己的优异战绩得到战争部以总统的名义授予的嘉奖，今天的事情标志着美国陆军的一个新传统开始！"第101空降师随后接到放假休整的命令，但不久，德国人的阿登大反击打断了士兵们宝贵的休息时间。

1944年12月16日，德国军队以13个精锐师的兵力发起了阿登反击战，他们的目标是占领比利时和法国接壤的阿登森林地区，瘫痪向西进攻的盟军，然后转向东线全力对付苏联红军。德军最初的进攻十分顺利，盟军陷入了崩溃状态，德军几乎突破了所有的盟军防线并向纵深推进。12月17日，第101空降师接到命令，全力增援北部重镇巴斯托涅。巴斯托涅位于阿登东部公路网的中心，德军在西线的胜利取决于击败第101空降师和占领巴斯托涅，巴斯托涅的战斗是极其激烈的，德军进攻的欲望和盟军死守的决心一样的强。12月20日，巴斯托涅被完全包围，第101空降师面对德军5个师的轮番进攻，始终坚守阵地，12月22日，德军命令第101师缴械投降，而代理师长指挥的麦考利夫给予的则是一句简短而有名的回答——"呸！"激烈的战斗直到12月26日美军第4装甲师突破德军重围进入巴斯托涅为止。随后，第101空降师和第3步兵师一起清剿了阿登地区的德军，结束了德军的占领。保卫巴斯托涅的第101空降师赢得了"优异部队嘉奖令"，在美国陆军历史上，全师获得这一荣誉还是第一次。第二次世界大战时的西方盟军总司令艾森豪威尔将军，曾这样评价过麾下的这支部队："无论何时，只要你说明你是第101空降师的士兵，那么，每一个人，无论他是在大街上、在城市里、还是在前线，都会对你寄予绝对不同寻常的期望。"

在巴斯托涅的解困之后，第101空降师向鲁尔地区进发，它在接下来的鲁尔包围圈之战中再次大出风头。有一个完整的德国集团军驻扎在鲁尔，它是德军唯一一支未受重创的部队。从1945年4月开始，美国第1和第9集团军开始对鲁尔发起进攻。德国人用尽一切手段和盟军作战，但由于他们严重缺乏补给，最终无法抵御美军的强大攻势，4月末，整个德军集团被消灭，美军俘虏了32.5万名德军。

第101空降师在第二次世界大战中的最后一次战斗任务是攻占希特勒的休养地贝希特斯加登。这次它再次与美军第三步兵师合作，顺利地完成了作战任务，随后，它就驻守贝希特斯加登，并在那里接受了德国党卫军第13师等部队的投降。1945年11月30日，第101空降师在欧塞尔退出现役。自1942年创建以来，第101空降师屡上疆场，身经百战，创下了一个个辉煌战绩。该师有一个响亮的绰号，叫"呼啸山鹰"，师徽是一只印在黑色底色上的美国鹰的鹰头。据说，这个标志产生于20世纪20年代，当时第101师还是支步兵部队，到威斯康星州驻训，他们听说在内战期间，当地有一支著名的第8威斯康星步兵团，每次开赴前线时都要带上一只名叫"老艾伯"的美国鹰，受到启发，便把鹰当成了自己的象征和标帜。设计者恐怕并没有想到，第101师以后真的成了一只翱翔蓝天、叱咤风云的"钢铁雄鹰"！

攻克"太平洋上的坚固要塞"

——哥黎希律岛空降战

美军逼近马尼拉后，为切断日军的海上补给，防止日军从海上撤走，决定以空降兵协同登陆兵，夺取马尼拉湾出海口处的哥黎希律岛。哥黎希律岛位于菲律宾马尼拉湾狭窄出海口的中间，扼马尼拉湾的咽喉，是掩护马尼拉港的大门，被称为"太平洋上的坚固要塞"。

1941年12月24日，日军进攻吕宋岛，马尼拉受到威胁，麦克阿瑟将军被迫把他的司令部由马尼拉撤至哥黎希律岛。1942年3月11日晚7时，麦克阿瑟带领家人及有关人员趁夜暗乘4艘鱼雷艇撤往澳大利亚。

走之前，他派人请来即将接替他指挥的温莱特将军，对他说："守住这里，直到我回来和你会合为止。"但当5月6日该岛遭到日军攻击时，温莱特将军并没能坚持住，而是被迫投降，该岛被日军占领。

日军占领哥黎希律岛后，在岛上部署了约6000人，由海军军官坂垣指挥。由于该岛地理位置重要，日军在岛上严密设防。坂垣曾得到山下将军关于"美军有对该岛实施空降的企图"和"加强反空降措施"的指示，但他绕岛巡视后认为哥黎希律岛地势狭小、险要，美军不可能对其进行空降突击，因而未作任何反空降准备。坂垣把主要防守兵力部署在顶部和马林塔山上，用于对付海上的登陆，把预备队隐蔽在马林塔山隧道内，指挥所设在顶部台地上，与所有部队都有电话联系。

1945年，太平洋战争进入最后关头，美军对日军展开全线反击。1月9日美军在仁牙因湾登陆，31日，空降兵第11师又在纳苏格布登陆和伞降，从而形成南北夹击马尼拉之势。战斗进行了半个月，由于日军重兵防守，仗打得非常残酷。为了切断日军的海上补给，防止日军从海上撤走，美军决定以空降兵协同登陆兵，夺取哥黎希律岛。美军为夺取哥黎希律岛，组成了"岩崖部队"。该部队由美伞兵第503团和步兵第34团3营编成，由伞兵第503团团长琼斯上校指挥。

美军要想空降突击夺取哥黎希律岛确非易事，因为该岛没有便于空降兵着陆的地方。唯一适合空降的地域，是位于岛的尾部的金德里机场，但它离山顶台地太远，而且日军的主要阵地正处在跑道上面的峭壁上。为了解决这一难题，美军一名空降参谋建议在山顶台地实施伞降，这样既可以控制制高点，又能出敌不意。琼斯上校看过空降地域的航空照片后，决定采纳参谋的意见，挑选山上仅有的两块比较开阔的高尔夫球场和练兵场作为空降场。

1945年2月16日，天刚蒙蒙亮，从陡峭峡谷中徐徐升起的晨雾漫过哥黎希律岛上的练兵场和高尔夫球场。这时，停泊在马尼拉海湾口外的美军3

◇二战风云

艘重巡洋舰、5艘轻型巡洋舰和14艘驱逐舰开始对岛实施炮击。

舰炮射击后，美军第5和第13航空队的70多架轰炸机和攻击机又从7时47分开始把3100余吨炸弹倾泻到岛上各种军事设施和炮兵阵地上。岛上的35个高射炮阵地被摧毁，到处是断垣残壁和被炸断的树木，日军的所有电话线都被炸断，坂垣的指挥所已和外界完全失去联络。

8时30分，正当美军的航空火力从顶部台地转向岛的尾部地带时，首批C-47运输机经过1小时15分的飞行，在海拔330米的高度上成两路纵队从西南方向进入了哥黎希律岛上空。

伞兵着陆后，只受到日军微弱的抵抗，因此迅速地控制了空降场。当美军伞兵对日军发起攻击时，坂垣才开始明白，他已处于空降突击之下。由于电话线被炸断，他手持军刀冲出指挥所，企图亲自组织反击。

可是坂垣刚出指挥所几步，被风刮到峭壁后面的一颗美军伞兵扔的手榴弹在他身边爆炸，坂垣当即被炸死，跟随他的传令兵也被美军生俘。由于岛上事先无反空降准备，日军的指挥官又在战斗刚刚开始就被打死，日军失去指挥，不能组织有效的防御，顶部台地的防御阵地很快被美军突破，日军则被分割包围，由于缺少指挥和通信联络，虽然有时从洞穴出来与美军伞兵进行白刃战，但也无法夺回主动权。

随着夜晚的降临，日军的扰乱性攻击开始了，黎明时分，日军从切尼山谷向外发起了一次猛烈的反冲击，一支600人的日军部队一直打到练兵场，后来遭到美军打击，因伤亡惨重而败退下去。在随后几天里，美军遭到固守在坑道和岩洞内的日军的顽强抗击，双方展开激战。截止2月底，除了美军在岛上追捕日军零星的狙击手外，整个哥黎希律岛已平静下来。

这次空降作战，是在地形气候条件非常不利的情况下实施的。但由于出敌不意，攻敌不备，"岩崖部队"一举夺取了该岛。日军亡4500人，被俘19人，"岩崖部队"也遭受严重损失，参加作战的共4000人，伤1000余人，亡197人。

3月2日，美军太平洋战区司令麦克阿瑟将军邀请和他当年一起逃离哥黎希律岛的人，又乘 4 艘巡逻鱼雷艇，沿着他们离开时的路线驶往该岛，所不同的是，三年前他是在阴沉的黑夜逃离该岛，这次则是带着胜利的喜悦在青天白日下返回。

登陆后，麦克阿瑟看到的是挂在树枝上零零落落的降落伞，当年总部的白色营房只剩下一个躯壳。当夺取该岛的指挥官琼斯上校走上前欢迎时，麦克阿瑟对琼斯说："我看见那根老旗竿还立在那里，请吩咐你的士兵把军旗挂到旗竿顶上去，决不能再让敌人把它扯下来！"

"自愿者和犯人"组成的部队

——党卫队第 500 伞兵营

1943 年 10 月，党卫对第 500 伞兵营组建于捷克斯洛伐克，早在 1937 年，党卫军领袖海因里希·希姆莱就想建立一支由自愿人员组成的伞兵分队，但是由于种种原因，这个计划一直未能实现。第 500 伞兵营的组成人员比较复杂，有来自党卫军各单位的志愿兵，以及但泽的军事监狱和达豪党卫军惩戒营中的一些有犯罪记录的人。

这支部队一般被认为是一支"刑事部队"，但事实上这支部队是由志愿者和党卫队内部的一些曾被指控犯有轻量罪行的犯人所构成。其中很多人有过纪律处分记录，多半是因为他们拒绝去执行一些非军事目的的行动，还有一些人曾有不支持纳粹的言论。这些"不光彩"的党卫队人员一进入这支部队便全部恢复了他们原有的职位，但他们需要在这支部队中戴罪立功。因此，这个营的部队番号表明这是一支受审查的"缓刑"部队，尽管这个营超过半数的人都为志愿人员。

党卫队 500 伞兵营的官兵均身着党卫军野战制服，配以伞兵跳伞服和 M38 式钢盔，武器也是伞兵制式的，如无后坐力步枪和 FG42 自动步枪。

1943年10月，这个新成立的党卫队第500伞兵营的部队在捷克斯洛伐克开始集训，它的首任指挥官是来自党卫队第十装甲师的党卫队二级突击队大队长赫伯特·吉尔霍夫，11月，他们被送到塞尔维亚－波斯尼亚的第三空降兵训练学校进行跳伞训练，此后又前往匈牙利继续训练，并在那里完成了所有的科目之后，伞兵营返回了南斯拉夫，开始执行反游击作战。

在第二次世界大战中，南斯拉夫是一个特殊的战场，那里抵抗运动的规模远远超过其他欧洲国家，因此法西斯占领军的表现也更加残忍和疯狂。从1941年开始，德军相继对铁托领导的南斯拉夫游击队发动了4次"围剿"，但是游击队顽强地熬过了最艰难的时期。进入1944年，游击队变得比以往更强大了。在英国和苏联的帮助下，战场上的主动权已落入铁托手中。整个南斯拉夫农村都在游击队的控制下，而德国人及其傀儡只能龟缩在主要交通线上的大城市里。

1944年2月，第500伞兵营的官兵接到了他们的第一次任务，但这次并不是空中突击，而是肃清南斯拉夫的游击队。伞兵部队被首先计划用于即将在南斯拉夫进行的新一轮清剿在波斯尼亚－黑塞哥维那的铁托领导的南斯拉夫游击队行动。其计划中最大胆的行动——突袭在图兹拉的南斯拉夫游击队最高统帅部的任务将由党卫队第500伞兵营的伞兵们完成，计划目的就是要活捉铁托。

突袭将于5月25日也就是铁托的生日这一天开始，总共投入654名伞兵，一半伞降，一半乘坐滑翔机降落，行动名称为"跳马行动"。5月25日，伞兵顺利空降到指定地区，在那里，他们遭到顽强抵抗的游击队员的阻击，伞兵们只能艰难地一边作战一边向铁托指挥部所在的山洞进攻，他们在从滑翔机上下来的战友帮助下终于冲进了铁托的指挥部，但是失望的伞兵只能在那里找到游击队的裁缝为庆贺铁托的生日刚为铁托做的一件新元帅制服。

从山洞逃出去的铁托开始着手对德军发动反击，他命令驻扎在德瓦尔城郊的部队火速前来增援，大约9时许，第六利卡无产阶级师接到命令，他们从12千米外的驻地跑步赶来投入了战斗，第500伞兵营遭到了游击队的围攻，损失极大，5月25日到26日的一整夜中，伞兵营击退了游击队一次又一次的进攻。此时的士兵们都已筋疲力尽了，且包括雷伯卡在内的许多人都受了伤。

在26日的黎明到来前的那个夜晚，对于他们来说真是太漫长了！直到党卫军欧根亲王师赶来支援，才把第500伞兵营救出重围。在这场战斗结束后，党卫队第500伞兵营只有200人安然无恙地幸存下来，他们是幸运的！

6月3日，铁托从姆利尼什特附近一个游击队控制的机场搭乘英国飞机前往意大利的巴里岛，6月6日，皇家海军的"猎人"级驱逐舰"布莱克默"号把铁托送到了维斯岛，在那里，铁托将度过第二次世界大战余下的岁月。在德瓦尔，皇家空军从5月26日起，开始对游击队提供空中支援，一周之内，出动了大约1000架次的飞机对德军展开攻击。游击队的主力趁机冲出了德军的包围圈，德国人精心策划的"跳马"作战计划只好不了了之。"跳马行动"失败后，第500伞兵营继续被用于清剿游击队的作战中，到1944年6月，党卫队二级突击队队长谢格菲尔德·梅缪斯接替成为部队指挥官时，这个原来有1000人的队伍只剩下15名军官、81个士官和196名士兵了。

1944年7月10日，这个营随同"大德意志"师的一个团前往维尔纽斯去解救陷入重围的德军部队，并掩护伤员和给养物资撤退，以避开苏军装甲部队的进攻。他们将俄国人的推进拖延了两个多星期之久，直到德军部队完全撤出维尔纽斯城。当月，党卫队第500伞兵营奉命从东线撤回到奥地利，在那里，它被更换番号为党卫队第600伞兵营，从此，他们已经不再是一支有犯罪记录的部队了，其"缓刑部队"的身份也不存在了。这个营先是做了一段时间的"战场救火队"，然后一个新的任务来了，这次带领他们战斗的是德国特种作战的英雄，党卫队一级突击队大队长奥托·斯科尔兹内，目的是阻止匈牙利的独裁者霍尔蒂海军上将退出战争。

这年秋天，斯科尔兹内化装为一个平民潜入匈牙利的布达佩斯，在这里他成功地囚禁了意图与盟军媾和的匈牙利独裁者霍尔蒂。

1944年12月的阿登战役中，这个重命名的伞兵营的两个连很快又作为奥托·斯克尔兹内的第 150 装甲旅的一部分参加了决定命运的阿登攻势。第 150 装甲旅，事实上这是一支特种作战部队，它的前身就是党卫军的奥宁堡特种训练班，也称奥宁堡部队。这个 150 装甲旅在阿登反击中由于个别特种士兵的勇敢和狡诈而名声大噪，阿登反击失败后，这个营的余部又赶赴奥德河前线去帮助巩固东岸的阵地，但最终他们还是挡不住强大的苏联红军的攻势，于 1945 年 4 月 1 日撤到了奥德河西岸驻防。斯科尔兹内拼凑了两个营，再加上第 600 营的单位，组成了"施韦特森林"防线。到了 7 日，更多的杂牌部队被拼凑起来，整个施韦特要塞有 1.5 万名守卫者。苏联红军并没有给他们太多的时间，9 日苏军便开始进攻施韦特。

3 月 3 日，第 600 伞兵营的残部从城市的废墟上撤退，到了 28 日，伞兵营只剩下 38 人了，这支小小的部队又坚持了半个月，在战争临近结束时，党卫队第 600 伞兵营已经被孤立在德国北部的小块地区。最后，他们为了不落入俄国人的手里而于 1945 年 5 月初向美军投降。

党卫队第 500、第 600 伞兵营的命运就这样结束了，虽然他们从 1943 年组建到 1945 年投降，但在这并不长的时间内他们参加了南斯拉夫、阿登和东线的许多重要行动。虽然他们曾是一支有着不光彩历史的队伍，但在战争的最后几个月中所表现出来的团结拼搏的集体主义精神，使他们无愧于胸前的 "Diving Eagle" 徽章的一支精锐部队的称号……

撒旦之翼

—— 第二次世界大战期间的日本"神风"突击队

在日本，所谓的"神风"就是现在所说的台风，据说，1274 年，元世祖忽必烈先后两次派出强大的舰队攻打日本九州，每次都是在眼看日本就要被征服时，海上突然刮起强烈的台风，使蒙古大军船毁人亡，全军覆没。素来崇尚神灵的日本国民便把这两次葬元军于鱼腹、救日本于转瞬的暴风称之为"神风"。

进入1944年，即第二次世界大战结束的前一年，战争局势对日本愈加不利，特别是在太平洋海战场上，日海军更是连连受挫，节节败退。其航空兵却为此元气大伤，面对日本全线崩溃的危局，刚刚就任日本第一航空舰队司令的大西泷治郎中将认为："最大效率地使用我们的微薄力量的唯一办法就是组织由'零'式战斗机编成的敢死攻击部队，每架带上250千克炸药，俯冲撞击敌航母，只有这样，才有可能阻止住美军的锐利锋芒以挽救危局，此外，别无他法。"

大西泷治郎的想法得到了许多狂热的日本飞行员的欣赏。10月19日深夜，大西召集第一航空舰队的精华，成立了以寻歼航母为目的"神风"突击队。当大西泷治郎询问上尉关行男，是否愿意带领此种史无前例的"神风"突击队，据闻当时23岁，刚刚结婚才4个月的关行男，闭起了双眼，低下头沉思了10多秒，才说出"请让我去带领他们"。如此，世界上第一个"神风"突击队小组产生。

而关行男成为了这一小队的第24名队员，无法跟自己的太太再见一面，就在自杀式的攻击中阵亡。

后来，日本的"神风"突击队全部由十六七岁的青少年组成，他们的任务危险艰巨，生还的概率很渺茫，通常是为了扭转战局才付以使命。

在太平洋战争中，面对盟军的最后进攻，一批又一批稚气尚未脱尽的日本青少年，在空战中高呼"效忠天皇"的口号，驾驶飞机冲向对方与之同归于尽。

1944年10月17日，历史上规模最大的海战——莱特湾海战拉开帷幕，而一场血淋淋的"神风"特别攻击亦在此战中首开先河。

25日上午10时50分，莱特湾海面一片寂静，突然，美"范肖湾"号护航航母的瞭望哨发现9架日机直奔美航母编队而来，由于日机飞得很低，雷达没有发现，不一会儿的功夫，只见5架"零"式战斗机从天空你追我赶的混乱中出现，朝着航母编队的方向俯冲下来，这5架日机是由新婚不久的关行夫海军大尉率领的。其中一架"零"式战机扫着机枪朝着"基昆湾"号护航航母冲了下来，此时"基昆湾"号上的舰员们还认为它会再次拉起来，不料它却直冲着航母左舷的狭窄通道撞去，只听一声巨响，飞机炸成碎片，"基昆湾"号甲板上顿时血肉横飞。

另外两架则咆哮着冲向"范肖湾"号航母，显然也是要撞击它，庆幸的是"范肖湾"号上的舰面火力将其击中，飞机在临近航母的刹那间解体。最后两架日机则对准了"怀特普莱恩斯"号航母，在"怀特普莱恩斯"号猛烈的舰面火力打击下，两架日机均被命中，然而其中一架却拖着长长的浓烟，一个右转弯向着"圣洛"号航母冲了过去，似乎是要降落，但在着舰的瞬间，飞行员把飞机一翻，轰隆一声坠毁在"圣洛"号的飞行甲板上，停机甲板上顿时成为一片火海，继而引起舰内一连串剧烈的爆炸，久经海战片甲未损的"圣洛"号航母却因此葬身海底。

莱特湾海战，日"神风"突击队共出动"神风"机55架，击沉美航母1艘，重创4艘，轻伤1艘；击沉巡洋舰1艘，重创1艘，另击沉、击伤其他各种小型舰船若干。莱特湾之战首开有组织的自杀飞机攻击的先河，此后，"神风"特攻愈演愈烈。由于自杀式飞机能高速飞行，在飞行员的操控下，它相当于一颗精确制导炸弹，爆炸效果非常不错，一架自杀式飞机如果击中目标，有可能炸沉美军一艘驱逐舰甚至航空母舰。这也就成了日后日本军部为何大规模运用自杀飞机进行攻击的原因之所在。"神风"突击队被普遍称为"特种部队"——飞行员们没有把自己称为"神风"突击队员，但这个词很快就传开了，并深深印在西方人的脑海里。

最初的特种部队都是被他们的上级直接要求自愿执行这种任务的，但后来飞行员们还是被要求填表声明他们是否愿意执行这种任务，绝大多数飞行员都说他们愿意。因为飞行员们知道他们的生还机会微乎其微，所以当时他们一心想着应该抓住一切机会阻止敌军登陆日本海岸，这样他们才不会白死。

前"神风"突击队员中岛说："没有人追求死亡或试图自杀——我们这

样做是因为我们有责任保卫我们的国家。对我来说，两者有重大区别。"但也有报道说部分"神风"突击队队员是被迫的，尤其是在战争后期，指挥官甚至命令其空军的优秀飞行员一并充当敢死队。

他们强求志愿送死，年纪轻轻便要接受为祖国、家人，甚至神的荣耀和家人的荣誉去送死的命运，因此即使心中有不愿意也必须默默接受。不能否认，有不少"神风"突击队员是在这种状态下踏上飞机的。

这种把人当成导弹驾驶仪，把飞机变成导弹的方法是迄今为止战争史上规模最大、最残酷的自杀攻击行动。这种疯狂的行为令美国人不寒而栗，眼睁睁地看着一架飞机不顾死活地向你的舰只撞来，飞行员决心和你一起炸得粉身碎骨，这真是使人周身血液都凝固了。

"神风"攻击产生的最直接的后果，是使美国对在日本本土进行登陆作战的代价作了最充分的考虑，最终决定在广岛和长崎投下原子弹，迫使日本投降。大西泷治郎中将在天皇裕仁宣布投降后，为对他推出的战术造成的约4000名日本青年的死难及其家属致歉，切腹自杀身亡。目前还活着的"神风"突击队员大约只有几百人，而驾机出击之后尚能生还的更是极少。

人操导弹

——日本"樱花"式火箭特攻机

在第二次世界大战中，德国的V1和V2可谓是导弹的先驱，日本也发明了一种"导弹"，可惜日本的"导弹"与德国的导弹有着本质的区别。

在现代战略攻击武器中，有一种机载飞航式导弹，它的外形和一架小飞机一模一样，有机身、机翼、尾翼和各种操纵面，后机身内装一颗弹头。它被挂在战略轰炸机的机身或机翼下面，由轰炸机把它带到距轰炸目标几百甚至上千千米的距离处投下，靠其本身的动力、自动驾驶仪和导航设备飞向目标。

1945年3月下旬，美、日在冲绳岛西南海面上空所进行的20分钟空战中，美国飞行员看到的不是用自动驾驶仪驾驶的导弹，而是由将要与目标同归于尽的敢死队员驾驶的炸弹，简称"人弹"。

日本军国主义分子给这种有人驾驶的炸弹，起了个很动听的名字，叫"樱花"，使用樱花作战的部队被称为"樱花特攻队"。

1944年8月，日本在太平洋战场已是四面楚歌，为重振所谓的"大和之魂"，日本军方认为，抗衡美军优势海军力量和强大生产能力的最好办法就是"一机一舰"，只用一个人就可以击伤或击沉一艘航空母舰或战列舰，并让1000名敌人和自己一起葬身鱼腹。为此，日本海军航空研究机构研制了一种速度无法截击、尺寸小、携带炸药多、动力装置简单、几乎不装设仪表、不再装设起落装置，采用木质结构的飞机，这就是"樱花"自杀飞机。准确地说，它并不是飞机，而是一种"人控炸弹"。

一款利器为什么会起一个这么优雅的名字？实际上它有着很深的象征性并非随意取的。

在日本京都的京都御所有一座紫宸殿，在通往大殿的石梯左侧伫立着一排璀璨的樱花树，这些神圣的树木被视为守护神并且给予官职。因此日本军方以"樱花"命名飞机就是希望这种飞机与它们的驾驶员一起能像那些在紫宸殿前的神树一样，成为日本帝国的守护神。

樱花飞机，是世界上唯一的一种专门以自杀攻击为目的而设计的飞机。也许盟军对它恨之入骨，所以很快给了它一个"八格"的绰号，它似乎来自日文中的"蠢货"一词。樱花飞机不是第一个飞上天的喷气式飞机，它甚至都还没走出原型机阶段，一生中只接受过两次试飞，然而它的诞生却是第二次世界大战时日本航空技术达到巅峰的标志。

该飞机由母机携带升空后，在距离海上目标数十千米处投下，然后靠火箭发动机作短暂推进，在进行一定的机动飞行后，俯冲滑翔到目标上空，最后以直接撞击的方式与目标同归于尽。

在实战中，"樱花飞机"的使用却并没他们所希望的那么理想，1945年3月21日，九州东南方向海面上的美国海上机动部队遭到日海军神雷特攻飞行队的奇袭，这是樱花自杀飞机首次参战。

当天，在野中五郎少将的直接指挥下，共出动18架1式陆攻轰炸机和16架"樱花11型"，在30架战斗机的掩护下，从鹿屋基地出发直扑美国舰队所在地。可就在距目标110千米处，突然遇到F6F"泼妇"式舰载战斗机的凌厉攻击，一时间令日机方寸大乱。笨拙的1式陆攻机为了仓促应战，纷纷扔掉樱花。经过短短十几分钟的空战，日机悉数葬身鱼腹，无一幸免，樱花首战大败。

"樱花"是一种特别攻击机，由横须贺第一航空工厂研制，全木制，装有推力为79千牛的火箭发动机，载有1200千克烈性炸药，最远航程37千米，由1式陆攻机作为载机，这种"人弹"最大速度可达每小时876千米，这在当时已是很了不起的高速度，因为当时最好的活塞式战斗机的最大速度只有每小时700多千米。

1944年10月，一架"樱花"原型机在相模湾上空成功地进行了第一次投掷滑翔试验。11月，在鹿岛海滩上作了首次（无人驾驶）撞击地面靶标的实验。

1945年元月，空技厂在相同空域以遥控方式对樱花进行了飞行性能的测试。测得在3500米高度的最大滑翔速度为每小时463千米，如果打开发动机助推，则可达每小时648千米。

"樱花"特攻队又名神雷特攻队，是日本在第二次世界大战时期使用的一种特殊部队，其宗旨是飞行员驾驶满载炸药的飞行器撞击敌舰。"樱花飞机"的驾驶员是从青年飞行员中按武士道精神选出来的愿为"大日本"而死的敢死队员，与著名的神风敢死队很相似，区别在于神风队使用飞机，"樱花"特攻队使用的是一种类似于飞弹的特制飞行器。"樱花"的致命伤是续航距离过短，它必须依赖母机延长作战半径。于是，研制续航距离更远的改良型便成为当务之急，但由于喷气发动机的试制工作进展缓慢，所以改良型"樱花 22 型"最终没能投产。

日本的第五舰队利用"樱花"组织了一个专门的空中特攻队,代号"神雷"。这支部队有 50 架以岸上机场为基地的 1 式陆攻机,100 名愿意献身的"樱花"驾驶员,以及 90 架护航用的普通战斗机。

空中特攻队的队员们必须进行专门的特攻训练。训练方法是每个队员都乘坐一次不载炸药的"樱花",从飞行高度 3000 米的运载母机上抛下来,然后操纵这架小飞机滑翔下降。

实际上每试验一次,队员都等于是丢了半条命。战后活下来的原"樱花"部队飞行员浅野昭典在接受某杂志的专访时说:"由于战事吃紧,器材又奇缺,所以每一位改装樱花的飞行员只有一次总共才有两次的体验飞行。即转入特别攻击必修的俯冲训练。"对于从未接触过高速飞机的我们来说,如同一步登天。因此,一切都得靠自己的悟性和运气。

日本军国主义发动的太平洋战争,不仅给周边国家带来了无法估量的巨大灾难,也给本国人民带来了难以抹去的创伤。

到战争末期,为了挽回败局,日本最高军事当局就是这样诱骗和逼迫飞行员坐上所谓的特攻机——即"人肉炸弹",频频撞向盟国的舰船。

"樱花"炸弹诞生于 1945 年初,日本海军曾对"樱花"这种有人驾驶炸弹寄予了很大的希望,企图利用这种残酷的"人弹"来击败盟国的舰队,可惜的是这种"人弹"并没有为日本军国主义挽回败局。

自从首战失败后,神雷特攻飞行队一改集体行动的战术,变为单机游猎的攻击方式,其猎物都是冲绳周边近海的美国舰只。它们或一架、或二至三架靠母机携带结伴而行,借着拂晓、黄昏或月明之夜,天光灰暗之际,看到大的目标就一头扎下去。总以为这样可以大大减少中途被歼的厄运,可惜战果依然微乎其微。由于数量有限,直到终战,也没见到"樱花"有什么杰出的建树。

随着日本的投降,昙花一现的"樱花"终归寿终正寝,只是成为第二次世界大战时日军的笑柄。

第六章

谍海秘影

◇二战风云

台儿庄大捷的谍报英雄

——夏文运

1938年3月下旬，日军第10师团向台儿庄发动进攻。4月3日，中国军队以4万人的优势兵力，包围进攻台儿庄之敌，并击退由临沂增援之敌第5师团一部，至4月6日，取得了歼灭日军约2万人的胜利。一场荡气回肠的"台儿庄战役"在8年抗战史上写下了浓墨重彩的一笔。然而很少有人知道，这场战役中有一位大连人曾深入敌人"心脏"，为这一战役的胜利作出了巨大的贡献，他就是台儿庄战役中重要军事情报提供者——夏文运。

夏文运是大连市金州七顶山人，父亲名叫夏日明，在兄弟中排行老小，俗称"夏老九"，是个车把式。1905年12月，夏文运出生，他上有两个姐姐，下有一个弟弟夏文玉，而叔伯兄弟有好几十个。由于他长得白白净净，又聪明又腼腆，所以被大人们戏称为"夏大姑娘"。1929年，夏文运考入了日本京都帝国大学文学部硕士研究生，由于经济拮据，他过着半工半读的生活。1932年3月，他于日本京都帝国大学文学部毕业后回到大连，应聘为奉天冯庸大学教授兼校长秘书。同年暑假，他再次返回日本进行论文答辩，拿到了京都帝大文学硕士学位。"九一八"事变后，日本侵占了东北，冯庸大学被迫迁往北平，夏文运因此失业。后经人介绍进入伪满洲国政府机关工作。因其学历过人，日语甚好，被日军看重，于同年担任侵华日军参谋部第二课课长和知鹰二的随身翻译，夏文运因此得以结识了大量的日军高层军官。

1931年至1936年间，两广处于军阀割据的状态，日本侵略军则利用这种分裂局面，打算派遣各色人等去广州游说桂系军阀李宗仁，由于日本关东军参谋部情报课课长和知鹰二与李宗仁有过多次接触，他便派遣得力助手夏文运担当此项重要任务。李宗仁在与夏文运的交往中觉得他为人正派，年轻热情，却不明白他何以甘心事敌，背叛民族，便找机会约夏文运一谈。见面后，李宗仁诚恳地说:"我看你是位有德有才的青年,现在我们的祖国如此残破,你的故乡(大连)也被敌人占据,祖国的命运已经到了生死存亡的边缘,你能甘心为敌服务无动于衷吗?"夏文运经此一问,顿时泪下,当即向李表示:"如有机会替祖国报效,万死不辞!"

1937年7月7日,日本军队挑起了"卢沟桥事变",发动了全面侵华战争。12月27日,日本华北方面军占领济南。两军得手后,马上将目光对准了中国南北大动脉津浦线和东西大动脉陇海线的重要枢纽——徐州。在此危急关头,第5战区司令长官李宗仁临危不惧,决心在徐州门户台儿庄地区给日军迎头痛击,以彻底粉碎日军阴谋,鼓舞全国的抗日士气,与此同时,身在上海的夏文运闻风而动,冒着生命危险收集、传递日军绝密情报。由于夏文运得到和知鹰二庇护,在沦陷区行动自由,他利用与和知鹰二等人多年培养的交情以及与土肥原贤二等日本侵华派的极熟关系,获取了许多极为重要的机密情报,然后通过设在上海法租界一位日籍友人寓内的秘密电台发出。中国第5战区情报科以专用电台接收,专用密码译出。李宗仁对夏文运提供的情报在价值及迅速、准确方面甚是钦佩,称其情报在抗战初期"独一无二的"。

1938年2月上旬,李宗仁接到夏文运密报:板垣师团从胶济线进军蒙阴、沂水等地,李宗仁据此料定板垣将进攻临沂,因此命令庞炳勋军团驰往临沂,堵截敌人。庞军团实际上只有5个步兵团,浴血奋战到3月中旬,渐渐抵挡不住号称"陆军之花"的板垣师团,向李宗仁求援,而此时南北战线都很吃紧,李宗仁手下无兵可派。危急关头,夏文运又从上海发来密报:日军北动而南不动。李宗仁像吃了一颗定心丸,迅速抽调张自忠的59军北上。庞部、张部并肩作战,在临沂歼敌3000多名,使日军后退90余里,彻底粉碎了板垣、矶谷两师团会师台儿庄的企图,从而为台儿庄大捷创造了条件。

现代战争,首先是情报战争。事隔多年以后,李宗仁才向世人披露,台儿庄战役的胜利,与准确、及时的情报是分不开的。他在回忆录中感慨地写道:"何君(即夏文运,化名何益之)冒生命危险,为我方搜集情报,全系出乎爱国的热忱。渠始终其事,未受政府任何名义,也未受政府分毫的接济。如何君这样的爱国志士，甘作无名英雄，其对抗战之功，实不可没。"

此后，夏文运一直为李宗仁和国民党重庆方面提供情报。1940年12月，他致孔祥熙一封密函，报告他在同年赴日期间搜集到的各种情报，内容非常翔实。太平洋战争爆发后，夏文运频繁递送情报的活动引起日方警觉，不久，夏文运遭到日军搜捕，被迫逃出上海。

1943年至1945年4月，夏文运任伪山西省政府建设厅厅长，据夏文运的女儿回忆，夏文运在担任伪山西省建设厅长期间，曾利用自己的特殊身份，经常与八路军进行物资交换，并掩护、解救过包括无产阶级革命家董必武在内的许多共产党人的性命。日本投降后，夏文运在北平被国民政府逮捕入狱，并移交山西省高等法院审判。期间，民国山西省政府建设厅函复山西省高等法院检察处称："伪建设厅厅长夏文运罪行无案可稽。" 1947年，夏经北平行辕主任李宗仁保释出狱，1948年回上海定居。

50年代初，夏文运辗转去了日本，与日本妻子及孩子定居东京，退休后以经营料理店为生，1970年11月15日，夏文运因脑溢血而溘然去世，终年72岁，葬于著名公墓东京上野林光院。大连人都认识关向应，但几乎没人知道夏文运，其实抗战很多大战役，都是夏文运提供了重要情报，但夏文运自始至终都与李宗仁单线联系，要不是李宗仁在回忆录里提到了夏文运的付出，估计就没人知道了。现在，他的英名已载入《大连人物志》，其故居也被有关部门列入修复规划。

"书生笔下十万兵"

——密码破译奇才池步洲

第二次世界大战期间，一位曾留学日本的中国破译专家准确地破译了日军将要偷袭珍珠港的情报，在太平洋战争后期，他又破译出山本五十六座机出巡密电，令不可一世的"海军之花"命丧黄泉，这位两创破密奇迹的中国"暗算天才"就是池步洲。

当年究竟是谁破译了日军偷袭珍珠港的密电，由于事涉军事秘密，官方从来没有公布过任何正式的史料，半个多世纪过去了，期间各种说法莫衷一是。1979年8月，香港《天天日报》发表一篇报道中，第一次有名有姓地明确说出"破译日军偷袭珍珠港密电者为霍实子"。霍实子，早年留学日本，精通日语，回国后先在南京担任"密电检译所"顾问，后出任军事委员会机要室技术研究室第一组少将组长，从事日军密电码的破译研究，这里所说的霍实子就是本文的主人公池步洲。

池步洲1908年出生于福建一个贫困的农家，这户人家子女众多，他排行第八。因家贫未能上学，从小从事放牛、割草等农活，直至他12岁时，才得到了上学的机会，那年他大哥从保安军官学校毕业，全家迁到福州，家庭经济情况有了改善，高中毕业后赴日本留学，池步洲毕业后在中国驻日本大使馆武官署任职，娶了一位日籍姑娘白滨英子为妻。

在池步洲与白滨英子结婚后不久，卢沟桥事变爆发，抗日战争正式开始。1937年7月25日，也就是蒋介石在庐山发表抗战演说的第8天，一心想回国参加抗战的池步洲，历经周折，返回中国上海，池步洲在他的回忆录中写道："1937年7月7日卢沟桥事变爆发，深感中日之战事迫在眉睫，作为中国人再也无法安心待下去，应该立即回国，共赴国难。于是稍事摒挡，毅然于7月25日携妻及三个子女自东京赴神户，搭乘上海丸仓卒赴沪。"

池步洲回国后，投奔南京国民政府。经同学陈固亭介绍，初在"中国国民党中央组织部调查统计科机密二股"做破译日军密电码的工作。其时，一腔热血的池步洲对电码一无所知，但他听同学说，如能破译出日军的密电码，等于在前方增加了10万大军，爱国情深的他就欣然接受了这份工作。1938年2月，池步洲到中统局军政部无线电总台从事日军密电码破译研究工作。随后，池步洲被陈固亭带到了中央调查统计局会见徐恩曾，安排在总务组机密二股，等待侦收日寇密电码，以便进行研译。池步洲说："中统局之所以找我，事后才知道当时蒋介石下令各机关物色留日人才，以便送往军委会，从事日本密码破译工作。我就是由该局所奉命物色的唯一留日学生。"不过，池步洲发现自己和同事一开始都截不到有价值的密报。甚至到1938年6月，池步洲手上的电台还只能接收同盟社发播的明码无线新闻电报，令人啼笑皆非。

池步洲工作时年仅30岁，经验尚无。但是他通过统计发现收到的日军密电，渐渐地找到了越来越多的突破口，此时的池步洲，已经开始对密电产生了兴趣。在重庆两路口那所小小楼房里，他夜间翻阅日本的电报，凭借着数学奇才的头脑和自己对日文的语法结构的精辟了解，终于找到了破译秘诀。在1939年3月不到一个月的时间内，就把日本外务省发到世界各地的几百封密电一一破译出来了。这等于日本外务省的密电码本子，交到了池步洲的手上！为此，军政部给池步洲颁发了一枚奖章，不久，被任命为军政部研译室主任，专门负责关于日军密电码的破译研究。

1941年12月3日，池步洲通过破译截获的一份由日本外务省致驻美大使野村的特级密电，根据当时情况，池步洲判断，日本将向美国开战，开战时间在星期天，地点在檀香山珍珠港海军基地。当这个消息呈递给蒋介石以后，蒋十分震惊，立刻向美国方面通报。但由于美国国内孤立主义情绪的高涨，罗斯福并未重视中国传来的情报。4天后，震惊世界的珍珠港事件发生。事过半个世纪之后，有人从罗斯福的私人日记中发现，他当年收此情报"留中不发"，是有隐衷而不得已——日本的偷袭，将会使美国国会批准美国的对日宣战。

1943年4月18日，指挥偷袭珍珠港的日本海军大将山本五十六及其随从分乘两架专机，由6架战斗机护航，出巡太平洋前线，密电被池步洲截获，这份密电上报蒋介石后，蒋介石立即令人通知了驻渝美方。美军迅速派出16架战斗机空中围击，日军有两架专机失去保护，一架被击落在机场附近的森林里，一架被击沉海底。第二天，搜索队在森林里找到坠机残骸，正是山本五十六的座机，山本五十六手握军刀，横尸在机骸旁。长期以来，日本方面对山本出巡的日程、路线何以泄露一事无法破解，因为日本海军的密电码是在4月1日刚刚更换的，不可能那么快就被破译，只能根据种种迹象妄加推测。

池步洲当时破译的并不是海军密电码，而是外务省专用的LA码。关于山本五十六出巡的日程，原来有两份电报，一份用海军密电拍发，通知到达地点的下属，一份用LA码拍发，通知日本本土。池步洲截获并破译的，是后一份密电。池步洲因在破密方面屡立不世之功，被晋升为国军少将参谋，以文职而晋身将军行列。

日本宣布无条件投降后，1945年8月24日，日本驻沪总领事馆用LA码向日本本土发了一封密电，大意是：陈公博、岑德广、陈君慧、何炳贤、周陆庠等（均为汉奸），由军事顾问带领，从上海乘军用飞机直飞日本米子机场降落，请派人妥为照料，将陈等秘藏于乡下，这份密电也被截获并破译。蒋介石据此通知东京盟军总部，命令日本投降政府照这份名单将以上人等引渡回国法办。

由于情报工作的特殊性，美国和国民政府都未公开池步洲在抗战中的贡献。抗战结束后，池步洲反对内战，不愿继续从事密电码研译工作，于1946年秋带着妻儿回到家乡福建闽清乡下种田，侍奉老母。1948年6月，池步洲带着妻儿老小来到上海，经同学介绍，在中央合作金库上海分库担任总库专员。上海解放前夕，他自问一生清白，拒绝随蒋军撤退台湾，以"留用人员"身份在中国人民银行上海分行储蓄部任办事员。后转到上海中央合作金库上海分库从事金融工作。晚年的池步洲被选为上海市长宁区政协委员，并撰写《日本遣唐使简史》等多部重要著作。

2003年，抗日战争胜利58周年之际，池步洲的家乡福建省闽清县在台山公园为这位抗日功臣、密码破译奇才竖立了纪念碑。

大难不死的间谍

——菲尔比

哈罗德·金·菲尔比是世界间谍史上最著名、最成功的间谍之一,他本人是英国人,早期就信仰共产主义,1934年在维也纳进入苏联情报机关成为情报员。1940年,他打入了英国秘密情报局,在该局步步高升,最终成为英国情报机关的一名高级要员。他利用职务上的便利条件,为苏联提供了大量重要情报,成绩卓著。1963年,他由于身份暴露出逃苏联,为表彰他的事迹,苏联政府给他很高荣誉,授予他"红旗勋章"。

1912年1月1日,菲尔比出生在印度的安巴拉城,父亲是英国伯爵,在英属殖民地的印度做高级文官,后来还担任过美索不达米亚的内政部长、丘吉尔的顾问等职务。

1929年,17岁的菲尔比以优异的成绩进入剑桥大学三一学院学习,这个时候恰逢社会主义运动在欧洲如火如荼,菲尔比在这里开始了他思想上的重大转变,当他拿到大学学位离开剑桥时,他同时确立了要把他的生命贡献给共产主义的信念。

1933年,菲尔比毕业后,前往欧洲大陆旅行,途经维也纳时,菲尔比接触到了苏联的情报机关,当时苏联急需在英法等国建立自己的情报网,像菲尔比这样的人正是他们所需要的,于是苏联情报机构向菲尔比发出了邀请。素来对共产主义充满好感的菲尔比欣然同意,从此成为了一名苏联间谍。

菲尔比成为间谍完全是出于信仰,在他为苏联情报机构服务的数十年里,没有向组织索取过一分钱报酬。

菲尔比回到英国,先是加入亲纳粹的组织英德联谊会,后来他拉着几个朋友创办了一本名叫《评论的评论》的杂志,并自任主编。为纳粹摇旗助威。在生活方面,他开始频繁出入于交际场所,和一些交际花打得火热,夜夜笙歌，醉生梦死。1940年夏天，菲尔比以他显赫的家世以及在欧洲各国游历、工作的经验，引起了英国情报部门的注意。当时英国急需拓展国外间谍网络，英国情报当局通过《泰晤士报》的一个新闻编辑，向菲尔比转达了吸纳他为英国情报人员的意图。

此时菲尔比也正头疼于如何获得更多的情报，双方一拍即合，在经过了简单的审核与询问之后，菲尔比正式成为了英国的情报人员。从此，这位苏联间谍开始了他的双面间谍生涯，并慢慢向英国情报部门的核心靠近。为了更一步接近英国情报核心，菲尔比也为英国的情报部门作出了不小的贡献，其中让菲尔比名声大噪的是成功破坏了德国的"博登"行动，菲尔比因此受到了上级的重视，职位不断提升，1942年开始独当一面，成为英国情报机构在北非以及意大利地区的负责人。

德国军方使用的恩格玛密码在1941年时就已经被英国破译了，但英国并没有和苏联共享这一成果。即使是在库尔斯克会战最激烈的时候，首相丘吉尔在某些方面与苏联进行了大量的沟通，但大部分详细的情报依旧没有告知苏联。

当菲尔比代理科长职务之后，获得了更高一级的权限，有权查看英军破获的德国有关库尔斯克会战的情报，于是这些重要的军事情报全部被苏联掌握。这些情报对于苏军来说简直是无价之宝，正是有了这些情报，苏军才得以在库尔斯克会战中获得最后的胜利。

从1940年开始，菲尔比就一步比一步更接近秘密情报局的核心，而现在他已位于情报局的正中心了，在菲尔比担任新合并的第五科负责人之后，伏尔科夫案件发生了。这个案件不仅本身很有趣，而且它差点断送了菲尔比的远大前程。苏联驻伊斯坦布尔副领事康斯坦丁·沃尔科夫决定叛逃，向英国提出政治避难申请，作为交换条件，他许诺将会交待出潜伏英国外交部的两名苏联间谍以及在英国情报部门的5名苏联间谍。沃尔科夫强烈要求英国情报机构不得用电报谈论此事，因为他知道英国的电报密码已经被苏联破译了，英国大使馆只得用邮包将沃尔科夫交待的材料寄回英国。

沃尔科夫不仅是苏联驻伊斯坦布尔的外交官,还是苏联情报机构的高级负责人,他手中掌握的机密绝不只是几个间谍的资料,此人叛逃的结果将是苏联在英国甚至整个欧洲情报网的末日。当这份材料摆在英国秘密情报局局长斯图尔特·孟席斯的桌上后,他紧急召见菲尔比,征询他的意见。但当他看到这份材料时不免一惊,为了使思想平静下来,他有意目不转睛地盯着文件,他对局长说:"我希望有点时间来进行一下深入的研究,根据进一步的情况,提出适当的行动措施。"局长同意了他的意见,要他第二天一早就向他报告。这件事的结果是当英国情报机关的人再去联系沃尔科夫时他已经不见了,经多方了解,原来是"沃尔科夫酒后失言,不小心走漏了风声,被苏联情报机构秘密逮捕了"。

第二次世界大战结束后,东西方两大阵营之间在政治和外交上的对抗、冲突和竞争日趋激烈,菲尔比在担任对苏情报处处长期间,他曾将英美联合向阿尔巴尼亚派驻反共分子的计划泄露给苏联,当英国情报人员秘密潜入阿尔巴尼亚时,被早已张网守在那里的阿尔巴尼亚人逮了个正着。

在20世纪40年代末至50年代初,英美两国针对苏联的颠覆行动中,这种事先计划周密、结果却一败涂地的行动计划绝非偶然,它们背后都有着菲尔比的影子。在这一时期的世界两大阵营的间谍战中,欧美国家屡战屡败,菲尔比当居首功。

1949年,他还被英国政府派往华盛顿,成为英美情报交流系统的首脑人物,同美国中央情报局往来密切。罗斯福、丘吉尔、杜鲁门等人都曾给予他高度的评价,人们相信,不久他就将成为英国情报局的头号人物。当时英美两国正在联合调查多起重要机构中的泄密事件,联邦调查局确信这些泄密事件大部分是苏联间谍所为,但很长时间内一直无法确定这些间谍的身份。

直到美国人破译了苏联内务部的电报密码后,事情才有了实质性进展,很快中央情报局的特工就将目标锁定在了英国使馆中的几名高级官员身上,菲尔比很清楚这个即将暴露的同事的身份——英国外交部美洲司司长麦克莱恩,在他的通知下,很快麦克莱恩便逃出了英国,辗转到了苏联。

英国情报局从1951年起开始怀疑菲尔比的身份，但是他们花了十年时间也无法证明菲尔比是一个双重间谍。直到1962年，苏联情报机关的一名高级官员乔治·布莱克被捕，通过布莱克的供词，菲尔比的间谍身份最终暴露。就在英国情报机构决定正式逮捕菲尔比之前，菲尔比凭着自己多年老特工的本事嗅出了暗藏的危险，他借一次参加晚宴的机会，在途中摆脱了跟踪他的特工，然后乔装成一个阿拉伯人，步行300英里，成功逃脱。半年之后，菲尔比在莫斯科突然现身，并且高调接受了苏联当局授予他的代表最高荣誉的"红旗勋章"。

菲尔比到达苏联5年后，于1968年出版了自传体小说《我的无声战争》，讲述了自己身为双重间谍传奇的一生。

1988年，这位冷战时期最成功、最具破坏性的双重间谍在睡眠中安详地离开了人世，享年76岁，他被安葬在莫斯科郊外的一个公墓里，苏联政府为他举行了国葬，享受了最高的国葬待遇。在他的墓碑上简单地刻着："哈罗德·金·菲尔比（1912.1.1~1988.5.11）"。菲尔比死后三年半，他为之奉献了一生的苏联解体了。

希特勒悬赏100万法郎缉拿的女间谍

——珀尔·维什林顿

第二次世界大战期间，英国女间谍珀尔·维什林顿离世后不久，英国国家档案局解封了她的秘密档案，令这位谍海英雌的英勇事迹一一曝光。

珀尔·维什林顿（1914年6月~2008年2月），第二次世界大战期间最著名的女间谍之一，2006年获英国军方颁赠英国皇家空军勋章，她曾领导并组织2000多名游击队员从事破坏活动，展开游击战，炸毁了800多条德军控制下的铁轨和公路补给线，有效确保了盟军成功实施"诺曼底登陆"，希特勒一度悬赏 100 万法郎的重金，要买她的性命。

珀尔·维什林顿于 1914 年 6 月出生在法国巴黎一个英国移民家庭。维什林顿的母亲一共生了 4 个女儿，她在家里是老大。维什林顿全家生活在巴黎郊区的一幢房子里，生活宁静却不乏乐趣。揭秘档案显示，维什林顿第二次世界大战前在巴黎上学，在法国沦陷前途经西班牙回到英国，之后曾在皇家空军部待过一段短暂的时间。由于厌倦文书工作，她主动请缨加入了英国情报部门"特别行动执行机构"，因为她精通法语，擅长社交手腕，并且枪法和记忆力过人，不久后被提拔加入"特别行动处"，亦即"军情六处"的前身。经过 7 个星期的特别训练后，维什林顿 1943 年 9 月 22 日深夜乘一架英军飞机，经过超低空飞行伞降到法国中部卢瓦尔河地区。维什林顿后来回忆说，那次跳伞非常危险，夜色很浓，飞机距地面高度大约为 100 米，仅接受过三次跳伞训练的维什林顿犹豫了两次，第三次方才奋力一跳并最终在黑暗中安全着陆，但不幸的是，她丢失了自己的两个手提箱——里面有所有的钱、换洗衣物和私人物品。"情报人员永远得不到足够多的衣服，丢了鞋则是最大的遗憾。"事后在一份任务报告中，维什林顿这样写道，那年她 29 岁，主要任务是作为法国抵抗组织的情报联络官，传递重要情报。

由于维什林顿法语流利，她被要求假扮成一名化妆品推销员，化名"图扎兰"，前往法国活动，在此后 8 个月内，她从事着危险的信使工作，表面上，维什林顿在法国是一名化妆品售货员，实际上她的任务是向法国抵抗运动的成员传递情报，并将情报通过无线电发报员传回伦敦。1944 年 5 月，维什林顿迎来了她间谍生涯的一大挑战，她的顶头上司，地下抵抗组织的负责人莫里斯·绍斯盖特被德国盖世太保抓了起来，瘦小的维什林顿被组织上委以重任，指挥绍斯盖特手下的 2600 多名反德战士。起初，这支反德武装的成员都是一群衣着破烂的农民，他们的枪支类型也不全面，而且弹药匮乏。在同为间谍的男友亨利·科尔尼奥里的帮助下，维什林顿成功地重组了代号为"摔跤手网络"的地下组织，在她的组织和领导下，这支反德武装组织总共炸毁了 800 多条德军控制下的铁轨和公路补给线，有效确保了盟军成功实施"诺曼底登陆"。并且他们还曾经拦截来往巴黎至波尔多的火车数百次，希特勒甚至一度悬赏100万法郎的重金欲取她的人头！1944年6月，盟军登陆法国之后，由于维什林顿名声响亮，在她的活动地区竟有1.8万名德军主动向她投降。

后来在维什林顿回忆那段往事时说："最危险的时候则是诺曼底登陆之后的几天，6月11日早晨，我们被2000多名德国士兵攻击了，当时我们只有40来人，没有武器，没有经过训练，我们展开了一场让人刻骨铭心的打斗，还好，附近一支约有100余人的游击队赶过来帮了我们一把。"对于她的这个故事，实在是令人难以置信。1944年9月，维什林顿与男友亨利双双潜回英国伦敦，一个月后举行了婚礼，1945年，第二次世界大战结束后，凭借在第二次世界大战中的英勇表现，维什林顿战后被提名获得英国军方的十字勋章，但因为英国军法规定，十字勋章不得授予女性，维什林顿没有得到军人应有的荣誉，最后却被授予英国公民所能获得的最高荣誉——大英帝国勋章，但维什林顿拒绝了这一奖项。维什林顿说："这是一项授予平民的荣誉，对于我来说，我所做的事情与平民没有任何关系。"维什林顿在自己的拒绝信里面写道，这项荣誉对她来说是不公平的。"我所从事的是在敌方占领国内的反纯粹的军事活动，我自己领导过2000多名游击队员从事破坏活动，并展开游击战！"

有意思的是，这个组织力极出色，被誉为第二次世界大战最杰出间谍之一的维什林顿，当年竟被教官认为不是"当领导的材料"。据英国国家档案馆最新解密文件显示，一名教官在训练后居然认为："该学员忠诚可靠，却过于小心谨慎，缺乏首创精神和进取心，很难成为领导人物。"

在此后的很多年，维什林顿和家人过着宁静不受打扰的生活，她拒绝撰写任何回忆录和传记，因为她担心这和许多战争故事一样，会被改编成爱情片，虽然她和亨利的爱情的确是在第二次世界大战中发展成熟的。60多年过去了，当年的英国皇家空军跳伞教官考希尔2002年在电视上偶然看见了关于她的一段访谈，于是专程前往法国拜访，女英雄的往事这才被公之于众，

2004年，英国女王向维什林顿颁布了英国最高级别的巴思爵士奖励。两年后，她终于获得了应得的伞兵飞行勋章，也就是在她去世的前两年才终于拿到她梦寐以求的英国军方勋章——皇家空军的翼型勋章。对此维什林顿欣喜若狂地说："我太兴奋了，等了这么多年之后终于盼来这枚奖章，要知道在过去整整63年中，我不停地向周围每一个人抱怨自己遭受的不公正待遇。"

两年后，维什林顿在法国巴黎去世，享年94岁。她的讣告用简短的一行字讲述了她传奇的间谍故事——"她曾经指挥抵抗组织杀死1000多名德军士兵，并接纳了1万多名投降的德军，然后组织他们开展抵抗运动。"英国历史学家邓顿说："她显然是相当勇敢的女性，曾突破盖世太保的防线，协助空军逃到安全地方，又在战场跟纳粹军战斗。"

侵华日军中的红色间谍

——中西功

中国现代史上鲜为人知的日本籍中共党员、战略间谍、日本人中西功，公开身份是日本社会活动家、日本共产党中央委员、作家。曾打入日本侵华日军的心脏部门和战略情报中心"华中派遣军司令部"，在隐蔽战线作出了具有战略意义的贡献。

在中国抗日战争的烽火岁月里，曾有一批日本革命志士站到了中国人民一边进行反法西斯斗争，成为中共党员的日籍情报人员中西功就是突出代表。他在隐蔽战线作出了中央称道的具有战略意义的贡献，为了信仰，舍生忘死和临危慷慨凛然的气概连敌手也为之惊叹。

中西功是日本三重县人，1910年出生于该县多气郡一户贫苦人家，从小学习勤奋，19岁时以优异的成绩获得公费留学资格，前往中国上海，进入东亚同文书院读书，该校主持教学的是中共秘密党员、留日归国的著名经济学家王学文。

当19岁的中西功抱着国内同龄人惯用的"浪人"方式闯荡到上海时，他对这个陌生的国度几乎一无所知。在日本质朴善良却受过许多对华歪曲教育的中西功，到沪后发现周围的中国人常用异常眼光看着他们，开始时他认为是"支那人"对日本的固有敌意，经过王学文老师讲解，再认真了解历史，他才知道这是日本的侵华政策所造成的。

东亚同文书院，是日本豪门近卫家族在中国开办的文化交流机构，同时也是日本专门针对中国开办的老牌间谍培训基地。其在日本特工组织中，酷似黄埔军校在民国时代军界的作用。书院的毕业生，凭借严格的训练在日本各特工机构中占有优越地位，同窗之间又彼此协助提拔，仕途上往往飞黄腾达。中西功就读之时，校长就是后来的日本首相近卫文麿。

中西功是东亚同文书院的高材生，他与同学西里龙夫关系甚好，上学期间，他们加入了同学中的一些左的进步团体，随着对中国现实了解的加深，开始从内心同情中国，反对日本的法西斯独裁。很快，中西功就对马列主义产生了浓厚的兴趣，并与同学一起建立了意味着同中国团结斗争的组织"日支战斗同盟"。

1930年，日本海军士官生队到沪参观，实际是为侵略熟悉战场。中西功得知内情后赶印了宣传反战的传单向他们散发，结果被领事馆中的便衣宪兵"特高课"发现，把他关押了9天，释放后还勒令停学一年。第二年，日本海军陆战队发动"一·二八"事变，强令日籍学生参战，中西功马上以"撤出侵沪战争"为口号组织斗争，迫使领事馆同意他们回国。在回国的船上，中西功遇到了尾崎秀实这个改变他一生的人，那一年，中西功22岁，尾崎秀实31岁。当时，尾崎秀实的公开身份是《朝日新闻》常驻上海的特派员，而他的真实身份则是共产国际远东情报局的成员。在中国的三年时间里，尾崎秀实和从事情报工作的苏联共产党党员、德国人理查德·佐尔格合作，经常把日本在华的重要情报转送莫斯科。

1934年，中西功经尾崎秀实介绍回到中国，进入东北满铁调查部工作。

满铁调查部是日本在中国最重要的间谍机关之一，因为中西功提供了一系列描述中国内部情况的分析文件，被认为极有价值，他于1938年被提升为满铁上海办事处调查室主任，并兼任日本支那派遣军特别顾问，日本"中国抗战力量调查委员会"上海负责人。同年与中国共产党东北党组织取得联系，随后加入了中国共产党。此后，以中西功、西里龙夫为核心的红色间谍网迅速成立，中西功还在上海建立了一个"特别调查班"，其中包括大量中共情报人员。中西功的这个特工小组，一开始就有清晰的中共烙印，其成员大多是日籍中共党员，由当时上海的中共地下组织负责人潘汉年领导，在中共上海情报科吴纪光的指导下负责对日战略情报侦察。

1939年，中西功参加满铁调查部"支那抗战力量调查委员会"，打入日本"华中派遣军司令部"这一侵华日军的心脏部门和战略情报的中心。他配合同为日籍中共党员的西里龙夫，把包括日军统帅部的重大战略情报，源源不断地供给了中共的地下组织，传到陕北的中央最高领导机关，这项工作只有他和西里龙夫才能做到，是其他任何人都无法代替的。

从1938年年底建立，中西功的情报小组在日军心脏里活动了三年半之久，据八路军总部作战参谋杨迪回忆，当时日军的重要行动，未经发起，我方均能提前得到可靠情报，而八路军总部被袭击和左权将军牺牲等重大损失，则都是发生在中西功小组被日军破获之后。

1941年，东京"佐尔格小组"暴露，尾崎秀实和佐尔格先后被日本"特高课"秘密逮捕，尾崎秀实被捕，与之关系极密切的中西功显然要受到追查，1941年底，中西功收到了化名"白川次郎"的人从东京发来的电报，内容是"速向西去"，这个暗号的意思是劝告中西功"从速撤走"，即避往解放区。但中西功却相信尾崎不会供出自己，又考虑到这一岗位他人难以替代，便以高度责任感在半年内迟迟未走。1942年5月，日军第13军发动了浙赣线战役，中西功设法取得了"从军调查员"的资格，打算到达浙赣线后相机出走，前往后方根据地。不幸的是，到杭州后，中西功突然被东京直接派来的"特高课"特务诱捕，并押往东京。从得到警报开始，他足足坚持了8个月，就在被捕的前一天，中西功还发出了日军进攻中途岛的绝密情报。

经长期审讯，1944年秋日本法庭下令将佐尔格和尾崎秀实绞决，并将中西功等人判了死刑。宣判书以惊叹的语言称："彼等不怕牺牲，积极努力，用巧妙之手段，长期进行侦察活动，其于帝国圣业、国家安全、大东亚战争及友邦胜负，危害之大，令人战栗。"在东京法庭上，中西功反驳"叛国罪"的指控时说："制止日本侵华战争，能使日华人民从毁灭性的灾难中解脱出来，实现日华和平和日华人民世代友好，这是两国人民的莫大幸福和根本利益所在。"

正是出于这种理念，他与帝国主义的间谍完全不同，提供情报完全出于信仰而从不要报酬，党组织困难时还以个人积蓄倾囊相助。

幸运的是，死刑并没有马上执行，据说是因为中西功在被判刑的同时开始写《中国共产党史》，其翔实的资料和严格的逻辑分析让"特高课"十分感兴趣，于是准备让他写完了再处决。谁知中西功却越写越多，还点名要求同判死刑的西里龙夫协作，两人写到1945年8月15日日本投降，书还是没写完。1945年8月，日本宣布战败无条件投降，中西功亲眼看到了日本法西斯的失败，并于不久后出狱，出狱后的中西功，继续从事着革命活动。

1946年6月，他加入日本共产党，并于同年参加设立中国研究所，1949年当选参议员，1973年，62岁的中西功患胃癌去世。弥留之际，这位老人仍然惦记着中国，他断断续续地说："我真想去看看！看看那些街道，那些胜利的人们，他们有了自己的人民共和国……"

"东洋魔女"

——川岛芳子

素有"东方的玛塔·哈丽""东洋魔女"之称的川岛芳子，其罪名可谓昭然天下，而她的真实姓名与身份却鲜为人知。但是，正是从鲜为人知的真名爱新觉罗·显玗，字东珍，到臭名远扬的川岛芳子和金壁辉，勾画出中国当代历史上头号女汉奸，充当日本间谍卖国求荣堕落无耻的人生轨迹。

川岛芳子，又名金壁辉，是日军侵华时期臭名昭著的女间谍。日本战败后，川岛芳子在中国被捕并处以极刑。然而，就在她死后不久，人们开始对她的死刑提出种种质疑，甚至认为川岛芳子并没有死。直到今天，她的死依旧是众说纷纭，争议不断。

川岛芳子是大清帝国末年，第10代肃亲王善耆的第14位女儿。善耆眼看政权旁落，心有不甘，便将她送给好友川岛浪速做养女，加以调教，意在复兴大清帝国。1912年，年仅7岁的爱新觉罗·显玗跟随养父前往日本，接受严格的军国主义教育，也就从那时开始，她有了一个日本名字——川岛芳子。随着年龄渐长，川岛芳子开始接受有关政治事务、军事技能、情报与资料的收集等方面的专门训练。据说川岛芳子的骑术精湛，枪法超群，她策马疾驰中连续击落百步开外的苹果的故事被传为佳话。川岛浪速之妻与日本皇后系属同宗，因此，川岛芳子亦跻身于贵族，凡日本的军政各界要人，如东条英机、本庄繁、冈村宁次、多田骏、土肥原贤二等，均与川岛芳子熟识。

1927年，川岛芳子由日本关东军参谋长斋藤弥平太与炸死张作霖的主谋河本大作参谋做媒，在旅顺与蒙古东都督巴布扎布二子甘珠儿扎布结婚。但她对丈夫不感兴趣，婚后第二年便主动为丈夫找了一个代替自己的女人，她本人便溜到东京去了，后又偷偷跑回上海，过着放荡的生活。伪满成立后，川岛芳子获得一个更为广大的政治舞台。她与关东军军部的板垣征四郎、本庄繁等人结识，并向他们要求自己带兵。日军见她有清室血统，多少仍算是一面小旗帜，就将原张宗昌的旧部5000多人交给她，号称"安国军"，川岛芳子当上了"安国司令"。这个川岛芳子变化无常，时而男装丽人，时而全副武装。时而是前呼后拥，俨然威风凛凛的司令；时而是穿着华丽无比、满身珠宝，肩上蹲着一只小猴的贵妇人；时而成了舞厅里的伴舞女郎；时而又摇身一变，成了国民党要人的私人秘书兼情人。总之她无所不为，吃喝赌博、吸毒、玩弄男人。她的养父、干爹及和她共事的男人实际上都是她的情夫，她的间谍活动总是与她过着荒淫无耻的生活搅混在一起。

日本投降还不到两个月的时候，川岛芳子被捕了，随后她被押往位于北平北城的民国第一监狱，也就是原来的日本占领军陆军监狱。作为第一号女汉奸，川岛芳子被捕后当局却对她礼遇有加，不仅是一人一室，而且也未给她戴手拷，据说是北平军统局特意关照这样做的。

1947年10月15日，对川岛芳子的露天审判在众目睽睽之下有条不紊地进行着。法庭上，川岛芳子梳着齐耳短发，一身西装，表情淡漠地回答着法官的提问。法官认为，她不但在中国窃取情报，而且还参与了"皇姑屯事件"、筹建伪满洲国等，应该以汉奸罪判处死刑。然而，川岛芳子只是冷冷地强调自己是日本人，并不是所谓的"汉奸"。

但是由于她背景复杂，究竟算是中国人还是日本人，当局一时无法定夺，川岛芳子生性机敏，善于言词，常让法官哑口无言。事实上，以川岛芳子这等层级，既不可能直接指挥屠杀平民的行动，也不可能参与制定日军的军机大事，唯一可以定她于罪的似乎只有国籍问题，如果她被当成中国人，那么叛国死罪将不可免，如果当成日本人，以日本战犯审判的案例来看，除少数一级的司令官以及在交战中直接杀害平民的下级军官被判刑之外，其他的日本军人和侨民基本上都放回去了，即使那些作恶多端的宪兵队后来受到惩罚的也很有限。

在法庭上，狡猾的川岛芳子紧紧咬住被川岛浪速收养的事实，坚称自己拥有日本国籍，国民政府无权审判她，川岛芳子明白，如果承认叛国，那么她将会被以汉奸罪而处死。然而，由于当年川岛浪速没有办理正式的过继手续，因此川岛芳子拿不出相关的法律证明，在公审时，川岛家乡长野县的村民们甚至还向北平寄回了"请愿书"，以证明芳子自小就和他们生活在一起，希望能够给她重新审理的机会，但是他们也的确没能拿出证明其日本国籍的有效证明。因为1923年发生了"关东大地震"，当时区政府所有的户籍资料都在大火里烧毁了。

中国法庭却坚信她身上流着肃亲王的血是铁的事实，所以法官最终认定，川岛芳子不是日本人，而是一个中国人。法庭的判决是这样的："金壁辉通谋敌国，图谋反抗本国，处以死刑，剥夺公权终身，全部财产除酌留家属必需生活费外全部没收。"

1948年3月25日清晨6点，牢房内的川岛芳子在睡梦中被叫醒，随后面容憔悴、目光呆滞的川岛芳子被宪兵押着，缓缓走出女监。行刑官令她面壁而立，问："是否要留遗嘱？"她用男人那样粗硕的嗓音说："我想给常年照顾我的养父川岛浪速留封信。"她站着写完了信，行刑官核对了姓名，宣布她的上诉被驳回，并宣读了死刑执行书。行刑官令其跪下，第一声枪响，出乎意料的是，扳机居然没有扣响，行刑官再次扳枪，子弹便从两眉之间穿入，川岛芳子左眼圆睁，右眼紧闭，满脸的血污已不能辨认，这个曾经不可一世的女间谍就这样走完了自己的一生，终年42岁。日本侵略中国的妄想与清室复辟的迷梦最终一起被埋葬在中国的土地上，但是具有多重身份的川岛芳子最终还是由日本亲友收尸，她的骨灰被日本僧人送回日本，葬在松本市正鳞寺川岛家墓中。

川岛芳子执行死刑后次日，《大公报》《北平日报》等北平各大报纸在报道川岛芳子死讯的同时，还在相关的报道中对监狱方面遮遮掩掩的奇怪举动提出了一系列质疑：为什么最为关键的行刑场面搞得如此神秘？为什么无视惯例，把新闻记者都赶出了现场？为什么将被处决者的脸部弄得那么多血污和泥土，以致难于辨认人的面目？法院对于记者们的质问也无可奈何，不了了之。但是，对川岛芳子的枪决真相过后却是传说纷纷，闹得满城风雨。传闻最多的是一位名叫刘凤玲的女犯作了川岛芳子死刑的替身，其代价是10根金条。

2006年，长春女画家张钰向人道出了一件难以置信的事情，按照张钰的说法，1948年末的一天，张钰的姥爷段连祥家迎来了3个神秘的客人，其中的中年妇女就是川岛芳子，而且一直活到1978年才去世。张钰保存了很多据称是川岛芳子的遗物，其中的大部分都存放在一个密码箱里。川岛芳子的死的确是个谜，有些问题，就连确信无疑的研究者也是无法解释的。然而，不管川岛芳子的生前身后有过多少骇人听闻的经历，她是卖国求荣劣迹斑斑的汉奸这个事实，是谁也无法更改的。作为历史人物，在1948年的一声枪响以后，她已经永远地退出了历史的舞台。

潜伏珍珠港的日本间谍

——吉川猛夫

吉川猛夫（1912年3月7日~1993年2月20日）日本海军少尉，偷袭珍珠港前夕派遣到美国搜集情报的间谍。将美国海军的情况调查的非常清楚，为日本偷袭珍珠港的成功起到了重要的作用。

1941年12月7日黎明前，日本一支由31艘战舰组成的庞大舰队，其中包括最新的"翔鹤"号和"瑞鹤"号等6艘巨型航空母舰和353架飞机，在海面上散开得很远，半个月中神不知鬼不觉地驶过了3500英里，驶近了太平洋的美国夏威夷群岛。5时30分，首先被派去侦察的两架远程海上飞机，从重型巡洋舰"筑摩"号和"利根"号上迅速起飞，飞越夏威夷群岛的中心瓦胡岛的珍珠港上空，对港内的美国舰队作最后一分钟的侦察核实。侦察结果发现，与前一天晚上东京大本营海军部所传达的"A情报"完全一致……

日军为了收集美军情报，山本五十六花了很大功夫。据后来的统计数字显示，1941年5月后，日军派到珍珠港的日本间谍多达200多人，从各方面搜集珍珠港的天气、水文、地形和美军基地、飞机、舰艇的部署。当中，最出色的一位间谍应属日本帝国海军出身的吉川猛夫。

吉川猛夫，1912年生于日本爱媛县松山市，1933年毕业于日本江田岛海军学校。1934年分配到巡洋舰由良号任海军少尉，由于身体健康的原因，吉川猛夫服役了一段短时间便离开军队，回家休息。

后来，获日本海军官员的介绍，得以以海军预备役军官的身份，在海军省从事谍报情报收集的工作。他开始在英国科，后来调到美国科，在堆积如山的资料中筛选情报。这个工作使他熟悉美舰调动情况，熟记各种海军装备。

作为日本海军情报局美国科少尉参谋，他于1940年5月接受了"以外交官身份派往日本驻檀香山总领事馆"从事间谍活动的任务，那年他29岁。为了不引起怀疑，吉川猛夫特意以大学生的身份报名参加外务省公开招聘书记员的考试，并被"破格"录取。

"我的主要任务是为袭击珍珠港做准备，因此我日以继夜地工作，收集各方面的情报。美国人很蠢，作为外交官，我可以在岛上到处自由行走，我甚至可以租飞机围绕军事设施进行观测。"吉川猛夫常常向人渲染和谈论自己在檀香山那段奇特的谍报生活。

那时的吉川猛夫把主要精力集中在搜集停泊在港口的美军舰船情报上，他乘坐游艇，以旅游者的身份穿梭于夏威夷群岛的各个小岛。他发现，只有檀香山所在的瓦胡岛驻有海军舰队，而瓦胡岛的舰队又集中在珍珠港，吉川猛夫将注意力瞄向了珍珠港。

吉川猛夫乔装成游客，一次照例坐的士去港口游玩，的士司机途中在一茶楼休息，吉川猛夫发现通过这个茶楼的窗户可以清晰的看到珍珠港的情况，心中窃喜，美国方面也有疏忽的时候。

他占用了楼上一间面临海港的客房，一边和艺伎们胡闹，一边居高临下俯瞰港内美军军舰的类型、数量和活动规律，默记在心，回去后再用密码记录下来，不断发往东京。他从来不用望远镜和照相机，所以很少引起美国情报部门的怀疑。

吉川猛夫想方设法与美国军人接近，他开着车在岛上四处跑，载上搭顺风车的年轻水兵，还想方设法从他们口中套取情报。他回忆说："我了解到他们属哪艘军舰，泊在何处，长官是谁。我甚至知道那些水兵去哪个妓院，因此我常常利用妓女、艺妓，付钱让她们代探情报。"

经过多番周密的调查，他了解到，每逢星期天，珍珠港内停泊的舰只数量最多,他还掌握了每艘舰只的确切泊位。日本联合舰队司令山本五十六主要依据吉川的情报,着手编拟了袭击珍珠港的计划。

从 12 月 1 日开始,吉川按照海军部的要求,每天报告珍珠港美国舰队的动向,在日军偷袭的前一天夜晚,吉川还给东京发去特急电报,汇报说珍珠港停泊了战列舰 9 艘、轻巡洋舰 7 艘、驱逐舰 9 艘,3 艘航空母舰和巡洋舰出港未归。当电报转到海上指挥官手中时,日军突击舰队距离珍珠港只有 250 海里了。

1941 年,夏威夷时间 12 月 7 日拂晓 7 时 55 分,日本偷袭珍珠港美国海军基地,使美国损失了 18 艘军舰、300 架飞机和 2500 人,吉川猛夫在檀香山 200 多天的活动终于达到目的。美国人当时并未发现他从事间谍的情况,后来,日美两国交换外交官时,吉川被释放回国,受到了日本大本营的重奖。

吉川猛夫是谍报战史上成功的案例,凭借他在海军中学到的专业训练,加上在江田岛海军学校培养出来的海军人格,使他成为一名出色的海军间谍。在轰动世界的珍珠港事件中,吉川猛夫为日本的谍报机关立了奇功。战后,吉川猛夫自知罪孽深重,一直担心被当做战犯受审,于是便化名"碧舟居士",走南游北,遍访日本各处名山古刹,研读禅经,修身养性。

1951 年 9 月 8 日,英、美、法等国与日本在旧金山宣布不再追究一切战犯,吉川猛夫才重返松山市,之后他出版了一本书《珍珠港间谍的回忆》,详细记述他当年在美国的间谍生涯。

"东方的劳伦斯"

——土肥原贤二

土肥原贤二(1883~1948 年),日本陆军大将,在中国从事间谍活动的日本第三代特务头子,建立满洲国和策划华北自治的幕后人物,土肥原贤二外表文质彬彬，以豪爽重义闻名于旧中国官僚间，有"东方劳伦斯"之称。侵华战争爆发后曾任日本第14师团长，参加兰封会战，升任第7方面军司令，教育总监，第一总军司令，1948年被远东国际军事法庭判定为甲级战犯，第一个被处以绞刑。

19世纪，日本确定以中国和朝鲜为侵略对象的大陆政策后，在中国建立了许多特务机关。其中，最著名的是一脉相承的日本陆军三大特务机关：清末时期的青木宣纯机关、北洋政府时期的坂西利八郎机关和20世纪30年代建立的土肥原贤二机关。土肥原贤二于1883年出生在日本冈山县，同样也是武士之家。1904年毕业于陆军士官学校，1912年毕业于陆军大学，随后进入参谋本部，被派往北京，任坂西利八郎的辅佐官，成为继青木、坂西之后的第三代特务机关接班人。

土肥原贤二在中国从事谋略谍报活动20多年，他在哪里出现，哪里必然发生政治骚乱或武装冲突，因此中国老百姓送给他一个绰号"土匪源"，西方则叫他"东方的劳伦斯"。

土肥原贤二对于中国人的风俗习惯、方言俚语几乎无所不通，成为日本陆军特务系统中有名的"中国通"。他能说一口流利的北京话，还会说几种中国方言，谙熟中国的政治、历史及风土人情，善于交际，因而还和中国许多军阀和政界要人建立起了微妙的个人关系，这为他从事谍报工作提供了十分便利的条件。

土肥原贤二非常熟悉中国文化，他在华北从事特务活动，有着一套独特的交往方式：对亲日的文化人，亲而不敬，视为猎人养狗；而对文化界的反日文人，反而曲意逢迎。当时北平有个叫管翼贤的人，经常在报刊上发表一些排日文章，在华北的读者中很有些影响。土肥原贤二也想方设法与之联络，他打听到管翼贤的太太喜欢在前门大栅栏的"瑞蚨祥"与"东升祥"两家布店购买衣料，便在这两家店里储备了一笔钱款，每当管翼贤太太在这两家店里买了衣料付账时，店里账房就说："土肥原君已代付久矣。"

账房还一再转告土肥原贤二的话说："此乃小意思，务请夫人与管先生赏脸！"后来，管翼贤下水当了汉奸，不能不说与土肥原贤二使用的伎俩有关系。

土肥原贤二认为阴谋只是一种技术，使用越少越好，最大的谋略就是诚心，彻头彻尾的诚心诚意，推心置腹。曾任日本关东军参谋的片仓衷是这样描写土肥原贤二的："不了解他的人，从他的特务活动及其事迹来看，往往想象他是一个阴险毒辣的恶棍，其实他是完全不同的另一种人，他的中国话讲得很好，专爱结交中国朋友，从中国人那里各种情报好像自动地就到了他的手里，他是搜集情报不可缺少的能手，也是日中交往最理想的人才。"

1929年3月，土肥原贤二与关东军的河本大作制造了"皇姑屯事件"，炸死张作霖后受到牵连，他被解聘辞去顾问，转任步兵第30团团长。1930年10月，土肥原贤二接受关东军的指令，在华北设立特务机关，以瓦解张学良的势力。1931年8月，土肥原贤二被紧急调往沈阳任奉天特务机关长，参于策划"九一八"事变。"九一八"事变发生后的第3天，土肥原贤二出任奉天市长，但一个日本现役军官出任奉天市长，非常明显地暴露了侵略者的真实面目，于是20天之后土肥原贤二便提出"辞职"，扶植汉奸赵欣伯接替。当年10月，土肥原贤二前往天津，把溥仪劫持到东北，在土肥原贤二等人的导演下，拼凑了一个以溥仪为首的伪满傀儡政权，使东北沦为了日本的殖民地。1932年1月，土肥原贤二被调往哈尔滨出任特务机关长，主要任务是稳定北满局势，镇压东北抗日武装力量，为侵占整个北满作准备。1935年6月，他又被关东军派往华北，协助中国驻屯军司令官多田骏，策动各派军阀进行所谓自治运动，企图制造第二个伪满洲国。但因为中国人民的反对，加上吴佩孚拒绝与日本人合作，土肥原贤二的如意美梦才未能实现，这次诱降是他对中国谋略工作的谢幕表演。

1935年5月，土肥原贤二借口中国军队扣留了潜入察哈尔省绘地图的日本特务，制造"张北事件"，提出取消察哈尔省国民党机关、驻军及撤消宋哲元主席职务等无理要求，胁迫察省民政厅长秦德纯签订《秦土协定》。土肥原贤二这一系列的阴谋活动，为日本发动侵华战争敲响了开场锣鼓。

1936年,土肥原贤二晋升为中将,调任国内留守第一师团师团长。"七七"事变后,他率领第14师团侵入华北,直接介入屠杀中国人民的侵略战争,因其进军迅速,被日本报纸称为是"华北战场上的一颗明星"。

　　1938年5月,土肥原贤二在徐州会战中担任了向中国军队后方进行深远迂回的任务,从而爆发了兰封会战,土肥原贤二千里奔袭,一路上击败了桂永清和黄杰各军,气得指挥作战的薛岳把这两个败将送到了军法处,蒋介石下达手令:"兰封附近之敌,最多不过五六千之数,而我以12个师的兵力围攻不克,不仅部队复杂,彼此推诿,溃败可虞。即使攻克,在战史上亦为一千古笑柄。"1938年6月,土肥原贤二负责筹建中国占领区内统一的伪政权,后因汪精卫这颗大明星出场,其他汉奸黯然失色,他才转干它行,在上海设立了特务机构——"土肥原机关"。后调任北满第5军司令官,驻扎在佳木斯。1944年3月调任第7方面军司令官,驻扎在新加坡地区,1945年9月,在第一军总司令官杉山元自杀后,土肥原贤二接任第一军总司令官,日本战败投降后,土肥原贤二被盟军逮捕,关入横滨刑事所。

　　土肥原贤二其人,阴险毒辣,两面三刀,居心叵测,善于权术。他不仅是中国人民不共戴天的敌人,而且在日本也声名狼藉。远东国际军事法庭在战后进行查证,确认甲级战犯土肥原贤二犯有侵略战争罪和战争阴谋罪,于1948年11月12日对他判处绞刑。1948年12月23日,在判决书下达41天后,通过抽签的方式,土肥原贤二第一个走上了绞刑台,他由两名执行宪兵押着,走完13级台阶,然后立正站着,此时土肥原贤二的内心深处究竟在想什么,谁都无法知道,但此时此刻的他一定知道,这里是他人生的终点,丧钟正在为他敲响。

一吻夺命

——韦芳菲

1944年，犹太女孩韦芳菲20岁，正是花儿一样的年龄，这一年，她像一朵蒲公英，在狂风暴雨中被吹离自己的家乡，辗转飘零，终于停留在了英国的一所难民营。她的父亲母亲都已经丧生在纳粹的屠刀下，年幼的妹妹夭折在逃难的一路风尘中，韦芳菲早就学会了坚强，她要活下去，等待战争结束的那一天，看一看，和平该是多么的美丽。

1943年8月，英国军情五处处长皮特里收到了一份密电："德国正在加紧研制无声武器"，军情五处在忙碌半个月后调查出了明确结果：希特勒正组织科研人员在七二一研究所中秘密进行一项研制细菌武器的计划，这种细菌武器是指具有极大危害性的细菌炸弹，估计几个月后希特勒就会将这种可怕的战争产物投入战场。军情五处的任务下来了："必须阻止这样的武器研制出来。"

英国军情五处的特工们对德军负责研究细菌炸弹的七二一研究所做了大量的侦查，七二一研究所设在德国史德格内市一处建筑物的地下室里，该研究所守卫森严，整个细菌研究所直接从事研究工作的大概有50人，都是忠诚于希特勒的纳粹分子，很难在这些人中策反成功，唯一可能的就是潜入研究所内部进行破坏。至于如何潜入研究所进行破坏，特工们想了一个最简单的办法，那就是把七二一研究所里一个普通的职员谢丽娜绑架出来，然后再用一个长相酷似谢丽娜的女特工偷梁换柱，混入研究所伺机破坏。皇天不负有心人，在英国的一所难民营里，军情五处的特工们发现一个和谢丽娜长相酷似的女孩，她的名字叫做韦芳菲。

军情五处负责此次行动的莫森立即赶到难民营，向韦芳菲说明了来意，本来他还比较担心自己能否说服女孩，但韦芳菲的态度与决心彻底打消了他的担忧。确实，家庭经历已经让这个不幸的姑娘恨透了德国纳粹分子，现在有这么个机会她当然不会放过。

三个月的时间过去了，韦芳菲已经不再是一个普通的难民，几天后她坐在一架双座飞机的后座上，飞过了德军的边境线，跳伞回到了自己的家乡。在这几个月的训练中，她学会了很多东西，包括跳伞、怎么用定时炸弹以及怎么把氰化钾胶囊藏在自己的牙缝里，现在的韦芳菲，已是英国军情五处的一个情报人员，一个女间谍。

1944年2月的夜晚，英国某空军基地，一架没有任何标志的皇家空军飞机冲上夜空，韦芳菲顺利降落在史德格内市郊区，前来接应的奥伯带她到城中某处地下室，这里关押着被英国情报特工绑架的谢丽娜，韦芳菲惊呆了，椅子上的女孩也惊呆了，她们两个，果真如情报说的，长的一模一样。从谢丽娜口中韦芳菲了解了七二一研究所里所有的人，他们的长相、爱好、工作范围，她特别注意到其中一个关键人物——亨利博士。据谢丽娜介绍，亨利博士是个年轻的天才，这次研究计划的核心人物。他对身边的美女谢丽娜很有意思，经常借工作之便与她见面、聊天，有时还抓起她的手说个没完没了，韦芳菲心中一动，这不正是她想要的吗？

利用谢丽娜的面貌和证件，韦芳菲轻松通过了层层盘查，进入了细菌武器的研究所，工作人员们热情地跟她打着招呼，谢丽娜的工作是整理一些文件和图片，韦芳菲很快熟悉了这个工作，一切都很顺利，可一切都才刚刚开始。手拿着一叠文件，韦芳菲走进了亨利博士的办公室，年轻的亨利博士是这个研究所的主管，也是这次研制细菌武器的核心人物，他对美丽的谢丽娜倾慕以久，韦芳菲通过和亨利博士的接触得知所有研究数据都放在博士身后的保险箱里。

1944年3月，韦芳菲接到英国情报部门的通知，必须在四五天内将亨利的研究成果毁掉，韦芳菲想只有毁掉亨利的成果，才能避免一场更大的灾难，她决定要让亨利打开保险柜。韦芳菲来到亨利博士的办公室，把文件放在亨利博士的桌上，当她转身要走却被亨利从身后拦腰抱住，博士深深的吻着韦芳菲，韦芳菲转过头去阻止博士的亲吻，她盯着那双痴迷的眼睛说："你真的爱我吗？你愿意为我做任何事情吗？"亨利坚定地说："当然，哪怕是天上的月亮，我也愿意为你去摘。""那你能把你身后的保险箱打开给我看吗？"亨利转过身去把保险箱打开了，"你看，我打开了，我对你说的每一句话，都是真的。"亨利说着。

"这是我新研究的一种细菌培养方法、生长过程的记载。这是我的心血，上头可是非常重视它的安全呢。"

……

第二天，韦芳菲把炸药藏在一堆馅饼中，带到了亨利的办公室，趁着亨利博士吻她的时候，她掏出一条浸有麻醉剂的毛巾，猛地盖到他的脸上，用力堵住他的嘴，亨利立刻昏了过去。她马上解下博士的钥匙，用它打开了柜门。她把炸药放在那堆文件和样品中，然后关上了保险箱的门。一分钟后，炸药就会自动引爆。韦芳菲做完这一切后，立刻从亨利博士的办公室中退出。爆炸声响起，细菌炸弹的研究成果付之一炬，但是韦芳菲却没能逃脱，她被研究所的警卫抓住了。在研究所的审讯室里，韦芳菲已经做好了死的准备，这时一个人走了进来，是亨利博士，这次爆炸他只受了点轻伤。"为什么这样做？"亨利博士问韦芳菲。

"我要阻止你的研究，我不想看到那么多人被你们的武器杀害。"

"你对他们说，你是因为恨我才这样做的，那样你就可以活下去。你知道吗，我也不愿意进行这样的研究，是他们逼我的，现在他们又逼我把被毁掉的资料恢复，你做的一切其实没有任何意义。"亨利的目光是韦芳菲从未见过的哀伤和真诚。

"你真的爱我吗？"

"爱，我现在依然爱你。"

"那你可以给我一个吻吗？"

亨利紧紧抱住了自己爱的人，深深地吻了下去，他的动作没有任何迟疑。几秒钟后，亨利的脸色变得青黑，嘴角流出黑色的淤血，最后无力地倒在地上，韦芳菲咬碎了藏在牙缝中的氰化钾胶囊，把剧毒的毒药分了一半顺着唾液给了吻她的博士。绑在椅子上的韦芳菲看着倒在自己脚下的博士，闭上了的眼睛，那年她才20岁。

从难民营到训练营，她用三个月由难民转变为间谍，从乘机降落到完成任务，她用一个月炸毁了德军细菌武器的全部实验成果。没有她，也许希特勒的一个战争阴谋又将得逞，没有她，也许半个伦敦亦将遭受史无前例的细菌战。100天，韦芳菲的如花生命瞬间消逝，100天，英国间谍史上又多了一位巾帼英雄。当英国军方为无数英雄立碑纪念时，韦芳菲的名字赫然在列。

红色谍王

——理查德·佐尔格

理查德·佐尔格，德国人，共产主义间谍，1925年加入苏联共产党。他是第二次世界大战中最富有传奇色彩的人物，也是大名鼎鼎的第二次世界大战红色谍王，他就德国要发动对苏战争提出的警告和日本不会在西伯利亚采取行动作出的准确判断已作为谍报活动的典范载入史册。他的胆识和智慧一直为人们所称颂，被誉为"最有胆识的间谍"。他的信条是——不撬保险柜，但文件却主动送上门来；不持枪闯入密室，但门却自动为他打开。

第二次世界大战期间，在日本东京有一个代号"拉姆扎"的间谍小组神秘地活动着，这个小组的领导人是坚强的反法西斯战士——理查德·佐尔格。他利用德国《法兰克福报》记者的身份，周旋于日本、德国上层人士之间，把有关德国和日本的情报源源不断地发往苏联莫斯科。

1933年9月，举止高雅、气度雍容的佐尔格受苏联情报机关之命来到日本东京，开始了其波诡云谲的间谍生涯。到东京后，机智聪明地他很快成为德国陆军武官奥特的私人秘书，并建立了自己的"拉姆扎"小组。谁也不会想到，这位毕业于柏林大学和基尔大学的博士，在东京德国使馆内有单独办公室并与使馆官员亲密无间的著名记者竟是为莫斯科工作的。欧战爆发以来，佐尔格受大使馆聘用，负责编新闻简报。因而他在使馆内设有办公室，在那里阅读柏林发来的官方电讯稿。因为这份差使，他在使馆里正式领薪俸。身为卓有成就的新闻记者，又是立过汗马功劳的退伍军人，佐尔格与陆海军武官打得火热、交往很深，他们常在一起交换情报资料，就技术问题交换意见。

1935年7月，佐尔格搞到一份关于日本陆军体制、领导人、内部派系等内容的情报，"拉姆赛"小组初战告捷，佐尔格兴高采烈地绕道美国、法国、波兰回莫斯科报告了工作情况。佐尔格在集中精力搞情报工作的同时，自然不会忘记自己是"记者"。他凭借自己敏锐的观察力和准确的判断力，给《法兰克福日报》发回不少高质量的稿件，使自己在德国的声誉日增。佐尔格在东京这个世界里算得上是个知名人物，尽管他像波希米亚人那样爱出风头、自大、偏执，酒后尤为突出，这使一些德国同胞有些反感，但总的说来，人们认为他是个严肃而有天才的人，具有一种天生的魅力，令人青睐，特别讨女人喜欢。

在佐尔格的间谍小组里，有一个重要而特殊的成员，他叫尾崎秀实，是日本近卫首相的私人顾问和秘书，这个职位，使他轻而易举地为间谍小组获得了许多一级核心机密。

他们最先向苏联报告了德军在苏联边境集结的情报，收集和分析了日本的战略方针，得出日本暂时不会出兵远东的结论，从而使苏联能调集重兵对付西线德寇，使战局起了决定性的变化。在德军即将进攻苏联的前夕，佐尔格向苏联发出了战争警告："进攻将在1941年6月22日拂晓全面展开。"但是苏联领导人斯大林不予理会，结果苏军被打得措手不及，丧师失地，一溃千里。在苏联危急的关头，佐尔格又向苏联发出了一份至关重要的情报："日本政府决定不同苏联交战！"斯大林在获得这份无比宝贵的情报后，从东线抽调准备用于对付日本进攻的 11 个步兵师约 25 万人到西线作战，将德军遏制在莫斯科城下。

佐尔格的所作所为早就引起了日本宪兵和特高课的注意。但日本碍于日德友好，而佐尔格又是德国大使馆的贵宾，不敢轻易下手。东京警察厅曾将他的情人石井花子叫去盘问。花子说这纯粹是信口雌黄，根本没有这回事。实际上，佐尔格从未跟她透露过自己的真实身份。佐尔格知道石井花子被传讯后十分震惊，但表面故作镇静，并大胆而礼貌地批评警察厅打扰了一位盟国朋友，弄得警察厅长十分尴尬，只好赔礼道歉。然而，警察厅并没有就此罢休，决心从打击日本共产党入手，他们逮捕了尾崎秀实和其他几个成员，间谍小组暴露了，佐尔格已经意识到了这种危险，他的处境越来越不妙。

1941 年 10 月 14 日，尾崎秀实被捕，佐尔格接到警告，秘密警察正在逼近他，他决定同他在当地酒吧结识的日本情人花子道个别。不过，一个小错误使他付出了沉重代价，他没有烧毁警告他的纸条，而是将它扔在路旁，尾随他的警察迅速地拾起了这张作为他罪证的纸条。10 月 15 日。他对花子说："我可能会遇到意外死亡，你还是嫁人吧。"这是他们最后一次见面，以后花子再也没有见过他。第二天，佐尔格就在自己的寓所被捕了，他被关在巢鸭秘密监狱。

佐尔格被捕一事，引起了一阵喧然大波，人们难以相信这个举止高雅、气度雍容的理查德·佐尔格是共产党间谍。德国的外事局对这件事比较慎重，在收到东京发来的电报后首先去试探日本驻柏林大使小岛将军。他是东条首相的知己，曾代表日方促成德日友好军事同盟。

小岛以公事公办的态度回答说："这纯粹是司法部门和警察的事，从外交政策观点来看，佐尔格的被捕并不是什么了不起的事。相反地，如果没有确切的理由怀疑他，警察是决不会决定逮捕他的。"这种回答不能令人满意，也十分令人不安。经过再三询问，小岛才含糊其词地透露：很可能佐尔格被控告支持了国际共产主义的运动。几天后，日本检察署根据对案件的初步调查结果向德国使馆提交了一份简短的照会，照会说："经我方调查核实，佐尔格本人已供认，长期以来他一直在为共产国际工作，有关案件的进一步调查正在着手进行。"

1944年9月，佐尔格被日本法庭以间谍罪判处死刑，在知道获救无望后，佐尔格向日本当局提出的唯一要求是：希望在11月7日十月革命纪念日这一天对他执行死刑。1944年11月7日，东京监狱对佐尔格执行了绞刑，终年49岁。1949年10月，花子找到了佐尔格遗体，火化时，骨灰里露出一个金牙套，花子将牙套制成戒指，戴在中指上，算作订婚礼物，表达她对佐尔格的深情厚爱，花子将佐尔格的骨灰埋在东京郊区的多磨陵园，她在花岗岩石碑上刻着：理查德·佐尔格，这里安息的是一位为反对战争、保卫世界和平而献出了生命的英雄。1895年生于巴库，1933年到日本，1941年被捕。1944年11月7日就义。

1964年，莫斯科当局公开了佐尔格的秘密，并于佐尔格逝世的忌日追认他为苏联的最高英雄。1965年春，苏联为纪念佐尔格发行了一枚面值为4戈比的纪念邮票，邮票的红色背景衬托着1枚苏联英雄勋章和佐尔格的肖像，以纪念这位在第二次世界大战中作出特殊贡献的英雄。

扑朔迷离的纳粹德国谍王

——卡纳里斯

威廉·弗兰兹·卡纳里斯是第二次世界大战时期纳粹德国军事谍报局局长、海军上将。他的一生不仅充满了神秘的传奇色彩，还留下了许许多多的不解之谜。原美国中央情报局局长艾伦·杜勒斯称他为"现代历史上最勇敢的人"，德国情报机构称他为"空中飞人杂技员"。意大利驻柏林武官对他的评价是："毫无顾忌，智力超群。"德国军事情报局说他"诡计多端"。而德国党卫军的突击队队长奥托·斯科尔兹内则说他是"最大的叛国者，自始至终都在直接地、故意地向英国出卖自己国家的军事机密"。

卡纳里斯出生于德国北部多特蒙德市郊的一个十分富有的资产阶级家庭。1905年加入德意志帝国海军，并于1914年升任为德国海军的一名副舰长。1916年夏天，被德国间谍机关派往西班牙，开始了情报生涯。1923年，在慕尼黑啤酒馆暴动中他结识了戈林，并向戈林表示，自己可以利用军队里的情报机构协助希特勒上台，很快他向希特勒送交了有关德军全体军官的政治倾向、人品素质和经济情况的材料，这对希特勒日后控制德军军官层极为有用。

1933年1月希特勒上台，10月在德国海军司令雷德尔的推荐下，卡纳里斯出任局长负责整个德国的情报工作，卡纳里斯一跃登上了德军最高统帅部军事谍报局局长的宝座，并于1936年被授予海军少将军衔，从此他飞黄腾达，并掌握整个德国的情报大权达十年之久。卡纳里斯出任军事谍报局局长后不久，希特勒亲自接见了这位新任局长，并对卡纳里斯满怀希望地说："我想建立一个像英国情报局这样的机构，团结一群人，满腔热情地去工作。"为了重建德国军事谍报局，希特勒赋予卡纳里斯几乎无限的权力，给了无数的资金。卡纳里斯不负重托，他的军事谍报局表现得也很出色，由于1937年前希特勒禁止在英国进行大量的特务活动，因此，卡纳里斯的军事谍报局在英国的工作实际上是白手起家，但到战争爆发前，根据德国军事谍报局自己的档案材料，他在英国安插各式各样的特务不下253名，其中包括几名安插在英国高级官员家的佣人。在仅两年时间中，他下属的人员就猛增到1000人，而战时的人员更高达1.5万人，卡纳里斯也随军事谍报局规模的扩大而很快于1940年晋升为海军上将。

卡纳里斯的特工本领也确实令希特勒叹服，1938年慕尼黑会议期间，法军的动员令居然在法国海军司令达尔朗海军上将签署前，就全文落到了卡纳里斯手里，英国陆空军的协作计划，他也有本事搞到。作为一个为法西斯头子希特勒立下过汗马功劳的间谍首脑，卡纳里斯在谍报工作中表现出来的卓越能力和非凡的天分，曾令盟军反间谍机构吃尽苦头，卡纳里斯因而被誉为纳粹的"谍报大王",并备受希特勒的宠信。希特勒早期的间谍王国主要是卡纳里斯所带领的军事情报局,卡纳里斯以其极出色的个人能力和传奇经历统领军事情报局,成为第二次世界大战期间德国纳粹机关最重要的关键人物。

卡纳里斯的发家一开始便是依靠纳粹上台,他在负责情报局工作的十几年间,也为希特勒和他的纳粹党作了巨大贡献,但后来他却走上反对希特勒的道路,至少是因为这个罪名被捕而处决的。这个过程不但充满戏剧化,而且扑朔迷离,至今真相仍隐藏在历史的背后。

1938年,卡纳里斯开始对希特勒采取敌对态度,以后他在对第三帝国的敌人进行间谍活动的同时,广为保护反政府的阴谋分子,卡纳里斯实际上成为了英国间谍或称"双重间谍"。

具有双重人格的他私下里曾不无忧虑地对心腹说:"我觉得德国在这场战争中如果遭受失败,无疑是个灾难,但如果希特勒获胜,那将是更大的灾难,因此谍报局不要做哪怕使战争延长一天的事。"

卡纳里斯在暗中帮了盟国许多的忙,例如法国的吉罗德将军(后来曾一度和戴高乐一起同任法兰西民族解放委员会主席)被纳粹投入监狱后,纳粹头目曾命令将他处决,然而不会讲一句德语,而且是独臂的吉罗德居然越狱成功,英国情报机构后来得到情报,得知卡纳里斯与吉罗德有联系。英国谍报机关对于卡纳里斯有这样的评价:他的插手干预往往令人难以捉摸,使各种诡诈行动变得扑朔迷离。

1942年,盟军准备在北非实行火炬计划,在直布罗陀集中了大量舰船,盟军舰队中没有航空母舰,明显开往北非的。作为资深海军将领明明知道这些船将开往什么地方,可他却告诉希特勒舰队开往马耳他。1943年7月,意大利发生了政变,墨索里尼倒了台。希特勒为了摸清意大利新政府的态度,派卡纳里斯飞往威尼斯与意大利军事情报头子塞扎尔·阿米会谈。卡纳里斯明知意大利打算与盟国缔结和约,他却对希特勒说:"巴多格利奥打算继续站在德国一边战斗下去,意大利是最忠诚的盟国。"这是因为,在卡纳里斯的心中，意大利迅速地无条件投降能使战争早日结束。

然而，如果说希特勒此前还能容忍卡纳里斯的情报工作一而再再而三的失败的话，那么当意大利新政府真的于当年9月3日与盟国签订停战协定时，希特勒开始怀疑德国军事谍报局不仅无用，而且还背叛了纳粹德国。卡纳里斯的行为开始引起了纳粹秘密警察头子希姆莱的注意。1943年3月，希姆莱的秘密警察逮捕了一名偷运外币的谍报局特工，这名特工供出了谍报局内部的一些"背叛"情况，1944年2月18日，希特勒下令解散谍报局。

1944年7月20日，谋杀希特勒事件发生后，希姆莱从搜查到的大量文件和日记中发现了卡纳里斯参与推翻希特勒密谋活动的证据，于是把他逮捕。1945年4月8日晚，按照希特勒的命令，在德国南部巴伐利亚外佛洛森堡监狱他被处绞刑，此刻，巴顿率领的盟军坦克纵队离此地仅100英里，距欧战结束仅29天。

党卫军中央保安局局长卡尔登勃鲁纳战后在纽伦堡国际军事法庭上接受审讯时声称："我断定，卡纳里斯是最大的叛国犯。"从来没有直接的证据表明卡纳里斯与英国情报机关有联系，卡纳里斯究竟是不是英国间谍？战时英国特工首脑、原英国情报局局长孟席斯将军断然否定了这个说法。他说："卡纳里斯从来没有把他的国家的秘密出卖给我，或出卖给英国方面的任何其他人，虽然他手下有人这么干，但他确曾帮过我的忙。"既不否定卡纳里斯曾与英国情报部门有过接触，但又断然否定卡纳里斯是英国间谍，孟席斯将军的一番话，更使人如坠云里雾中。丘吉尔首相在英国国会也只是对卡纳里斯等人的反希特勒活动的高度评价："它属于全人类历史上已有的最崇高、最伟大的抵抗运动。"

随着有关档案的不断解密，人们才开始逐渐了解这个习惯将自己藏于幕后的谍海大师，也才能够第一次比较完整地勾勒出他传奇而又悲壮的一生。但由于大批原始档案的毁灭和当事人的死亡，传奇谍王卡纳里斯的真实身份和真实死因或许永远都是一个解不开的历史之谜了，他的一生不仅充满了神秘的传奇色彩，还留下了许许多多的不解之谜。

让斯大林叹服的传奇间谍

——鲁道夫·勒斯勒

1941年的6月14、16、17和18日,莫斯科连续接到几份高级情报。情报提供了德军"巴巴罗萨"计划的详细情况,其中包括进攻的日期,以及德国三个方面军坦克的精确数量,甚至连集团军高级将领的姓名都完整无缺。这些情报详尽到令苏联人不敢相信的程度,情报的提供者是一个叫勒斯勒的德国人……

勒斯勒可谓是个情报贩子,在整个第二次世界大战过程中,他先后向瑞士、英、法、美和苏联提供了大量的情报。勒斯勒的情报数量多,内容翔实而准确。这些情报的收集和传递决不是他一个人所能办到的,这需要一个从上至下的严密组织,可在第二次世界大战战史中,人们始终没有找到关于这个组织的蛛丝马迹,因此,勒斯勒成为第二次世界大战情报史上一个不解之谜。

鲁道夫·勒斯勒于1897年11月22日出生在德国巴伐利亚州的奥格斯堡市,父亲是当地一名普通的林业官员。勒斯勒最早是德国巴伐利亚州的奥格斯堡市一个报社的记者,后来到了首都柏林,并且在文学评论界崭露头角。1934年,因为反纳粹不得不离开德国到瑞士的卢塞恩定居,并创办了"维塔诺瓦"出版社,1937年,他失去了德国国籍。

出版社规模不大,但收入足以支付勒斯勒往返于德国和瑞士之间的费用,勒斯勒常常回到德国,与他在国内文学界、艺术界,甚至军界和政界的朋友见面。在这个过程中,勒斯勒发现,不少人和他一样,反对纳粹政权,并十分关心德国政治、军事的变化。通过这些朋友的"帮助",勒斯勒对德国政治机密和军事动态几乎了如指掌,比如,他可以清楚地了解到德国军队在接下来的24小时内的计划,将开赴何方等等。也是在那个时候,勒斯勒开始逐渐成为反对纳粹统治的"传奇间谍"。

勒斯勒最初为瑞士、英国和美国的情报机构工作，一开始，由于他不肯提供情报的具体来源，他的情报并不为人所重视。不过很快，同盟国开始发现这个德国人的真正价值，勒斯勒提供的情报能够准确到让人咋舌的地步。1939年，勒斯勒警告说希特勒意图入侵波兰，之后，他又发出了纳粹德国图谋进攻法国、比利时、荷兰甚至瑞士的详细计划。这些情报很快都得到了事实的验证。勒斯勒是从哪里得到这些情报的呢，这是勒斯勒留下的一个谜。据一本战后写的回忆录中说："勒斯勒经常通过一些至今还是个谜的关系得到德国高级军事指挥人员提供的情报。"

很多人在了解勒斯勒之后，都认为他是在第二次世界大战中最有影响力，同时又是最被忽视的间谍。至于情报来源，目前有一种流行的说法认为，提供情报的是纳粹德国国防军的10名上层军官。

勒斯勒提供的精准情报也引起了苏联方面的重视，开始认同他的价值，指示要设法利用勒斯勒这个情报老手。但是，勒斯勒很警觉，只是到了1942年11月才答应为苏联情报机构工作，条件是他和他在德国的同伙需要匿名。莫斯科答应了勒斯勒的条件，从此勒斯勒在苏联的密码电报中的代号是"柳齐"。每个月，苏联方面都会给勒斯勒1600美元来收买他的所有情报，而勒斯勒的表现也证明了他的"物有所值"。他常常能在德国方面刚刚出台一项计划后的数小时内，就向苏联提供有关德国此次计划的详细情报。勒斯勒提供的情报数量之多、质量之高令苏联人吃惊，更让苏联方面匪夷所思的是勒斯勒甚至还能提供德国的情报机构对苏联军力和战略的详细了解程度。

勒斯勒情报的准确性被认为"像真理一样不容置疑"，但仅凭勒斯勒一个人是无法做好如此复杂的情报工作的，建立起一个严密的组织是他获取情报的基础，可是直到如今，人们仍然没有确凿的证据来证明勒斯勒到底是通过怎样的手段获得情报，又是通过怎样的方式和渠道把情报传递到同盟国手中的。

勒斯勒一个人单枪匹马怎么能搞好这么复杂的、一直没有中断的组织工作呢？至今仍然令人大惑不解。当然，他得到了瑞士情报机构的帮助，后来又有苏联情报机构的帮助，但是勒斯勒本身的作用是毫无疑问的。

由于频繁往来于瑞士和德国，勒斯勒的间谍身份终于被德国盖世太保发现了，盖世太保想方设法扰乱他同莫斯科方面的电台信号联系，但非常幸运的是，他们没有完全找到勒斯勒传递情报的方式，但是盖世太保的高级官员瓦尔特·施伦堡一直没有放弃对付身在瑞士的勒斯勒。

第二次世界大战后期，瑞士政府被迫采取行动，逮捕了勒斯勒。由于此前勒斯勒曾经向瑞士政府提供情报，这成为证明勒斯勒忠诚的有利证据。在1944年9月，勒斯勒被判无罪释放，并被允许返回他的出版社继续工作。

第二次世界大战结束了，情报员们各奔东西，勒斯勒留在了卢塞恩，陷入了经济困境的他重操旧业，为捷克斯洛伐克搞情报，不久，瑞士政府再次以"向苏联提供北约机密"为由逮捕了勒斯勒，结果于1953年再次受审，被判处12个月监禁。这位第二次世界大战谍报奇才的结局甚是凄凉，勒斯勒出狱后，回到了瑞士卢塞恩市，身无分文，穷困潦倒，他曾经服务过的情报机构都没有向他伸出援手。在一个不引人注意的日子里，这位"传奇间谍"悄然与世长辞，世人甚至不清楚他逝世的准确时间，多数人说是在1958年，但也有人声称是在1961年。对很多人来说，鲁道夫·勒斯勒的名字是陌生的，这个在第二次世界大战中为同盟国的胜利作出过重大贡献的传奇间谍，始终都游离在公众的视线边缘，尽管近年来不断有关于他的资料被披露出来，但在史学家眼中，勒斯勒始终披着一层神秘的面纱。鲁道夫·勒斯勒没有写回忆录，作为一代名谍，勒斯勒把自己的诸多秘密带进了坟墓。

007的原型

——达斯科·波波夫

007，一个全世界都熟悉的著名间谍。可是真的有007这个人吗？有，他的原型就是达斯科·波波夫。但波波夫认为电影、小说和现实是有区别的，有时候是残酷的。他说，"有人告诉我，伊恩·弗莱明说他小说中詹姆斯·邦德这个角色在某种程度上是按照我的经历写成的。如果真的有那么一个邦德，恐怕在间谍舞台上他难以生存48个小时。"

在007的每一部电影中，邦德绝对是影片中的焦点，是人人都想效仿的英雄人物。但是，在现实生活中，如果邦德所展示的一切都是招摇过市、引人瞩目，那么他将会十分失败。因为世界上最具有效率的间谍更像是白天黑夜里隐形的幽灵，他们只窃取机密，并不希望引人注意。

一般情况下，最适合当间谍的人包括以下几种：

军人，具有天生的优势。

移民，并且在原籍地的军营、国企等要害部门工作过。

大学生，特别是新闻系的大学生，因为他们毕业后一般都能进入新闻部门或者是外交领域做最便于收集情报的记者。

具有特殊才能的人，比如盗窃高手。

高官子弟，特别是军警世家的高官子弟，他们一般都受到过良好的教育，并且低调地在国家要害部门工作，比如国家安全部门、军事机关等。

波波夫出身于南斯拉夫的富豪家庭，属于人脉极其广泛的类型。具有明显的间谍特质。在波波夫28岁之前，他还是当地一个有名的律师。但是，1940年的那个圣诞节，一封从德国柏林发来的电报，彻底改变了波波夫的命运。电报上写着"急需见你，建议2月8日在贝尔格莱德塞尔维亚大饭店见面。你的挚友约翰尼·杰伯逊"。

约翰尼是波波夫大学时最好的朋友，两人都把彼此当成了最亲密的生死之交。所以接到电报后的波波夫毫不犹豫地赶到了约定的地点，约翰尼跟波波夫说出了他的担心：希特勒正在把德国人培养成傻子，在那些狼犬间谍的帮助下，他很可能会吞并全世界。约翰尼还告诉波波夫，德国有5艘商船被封锁在特里斯特，其中一艘是约翰尼的。约翰尼已设法搞到许可证，想把它卖给某个中立国家，现在需要波波夫通过他的社会关系来帮他。

很讲朋友义气的波波夫直接找到了英国驻巴尔干国家的商务参赞斯德雷克，说出了自己的计划：假借某个中立国之名，将5艘商船弄给英国。英国方面批准了这个计划，并且汇来了购船的钱。

这个时候的波波夫还不知道，他在无意中已经开始迈出了间谍生涯的第一步。原来，约翰尼是德国军事情报局的人，约翰尼请他帮忙是上司的意思。波波夫已经被德国情报局的人看中。当时希特勒在英国铺开了全面的间谍网，但是大部分间谍都被英国的反间谍机关抓获。所以希特勒急需在英国发展本土间谍网络，利用他们的身份作为掩护，然后再利用他们的人脉打入英国军部获取更准确、更可靠的内部情报。

德国军事情报局在指令约翰尼发展波波夫之前就已经对他的家庭情况和个人情况调查得清清楚楚，甚至对他的星座和性格特征也进行了很认真的研究，他们最后认定波波夫是天生做间谍的料。可他们绝对没有想到的是，波波夫居然会成为一个危险的双料间谍。既是纳粹间谍，同时也为英国情报部门工作。

对于波波夫来说，双料间谍注定充满了风险，要付出沉重的代价，甚至是生命！有一天，有人将波波夫为英国情报局做事的行踪报告交到了德国情报局，幸好被他的好友约翰尼截获。如果落到了纳粹情报人员手里，他将死无葬身之地。受到惊吓的波波夫仔细回忆了那段时间自己身边发生的每一个细节，很吃惊地发现，那个内奸居然是家里的老佣人。他没有想到自己当间谍以来，策划要干掉的第一个人竟然是这个在他15岁就教他开车，并带他成长的人。

作为双面间谍，谎言是掩盖身份的最常用手段。有一次，德国情报局准备请柏林专家对他们已经有所怀疑的波波夫进行审问。提前得知信息的约翰尼为了能使波波夫通过考验，提前对他注射了测谎血浆进行了试验：

你不喜欢德国人吗？

不。

不喜欢纳粹党徒吗？

不。

不喜欢希特勒吗？

不。

你为什么在奥斯兰俱乐部里捣乱那次集会呢？

只是闹着玩。

你自己知道你干的什么好事，你在进行政治煽动。

我当然知道，我要不知道那才怪呢。不过，不管你怎么说，反正不是什么太了不起的事情。

……

几个小时后，波波夫又被注射了 50 毫升注射测谎血浆。约翰尼增加了审问难度，波波夫还是没有透露任何信息，最后他晕过去了。约翰尼后来开玩笑说波波夫可以拿到奥斯卡金像奖的最佳失去知觉演员奖。

随后，德国情报部门对波波夫进行了长达 9 个小时的审讯，但没能从他嘴里掏出些什么来。除了这种药物审讯，德国情报部门还经常派出不同的间谍对波波夫进行探测。波波夫所面临的危机就是，双重间谍在隐藏身份的同时，必须出来继续执行双方的任务，这样他也就面临被第三方，第四方怀疑的可能，随时都有可能遇到致命的危险。这是一般人难以通过的考验。

有一次，德国情报部门把波波夫派往英国，要求他搜集英国城市地貌、人口分布、政府机构、军事设施等情报，为"海狮行动"提供轰炸目标。半个月后，波波夫与其他间谍接上头后，又被告知情况有变，海狮行动计划暂时搁浅，空军总司令戈林元帅要亲自指挥战鹰狂轰伦敦和英国的港口，因此原定行动不变。经过特工头目再一次的严格审查之后，他被命令住进了阿维士饭店。

当波波夫进了饭店之后，每次抬头都能发现一个迷人的姑娘在朝他放电抛媚眼。他们每一次不小心"偶遇"，都能看到姑娘火辣辣的眼神。当他淋浴出来后，突然发现，那位美丽动人的姑娘已经躺在他的床上，媚笑着同他打招呼了。她那假装羞答答的样子使波波夫顿时起了疑心，对她的兴趣也抛到了九霄云外。但他也假装暧昧，顺着姑娘的意思讲了一大堆自己的经历。看得出来，姑娘对他编造的故事十分满意，因为还没等他讲完，她继续诱惑的热情早已经降到了零点。波波夫的猜测没错，她的确是德国间谍，是德国情报局故意派来探测他的。第二天，当波波夫向德国间谍上司汇报完工作之后，上司告诉他："关于那姑娘的事，你再不要追查了。头对你的警觉性很满意，他期待着你从伦敦带来的好消息。"

带着德国情报局的"厚望"，波波夫又跟英国情报部门接上了头。但是英国方面依然对他进行了 4 天的例行严厉审问，只差对他进行严刑拷打了。在证明一切都真实可信之后，他才与英国情报部门头目接上了头。在英方的协助下，他们进行了大量的"情报搜集工作"，比如拍摄伪造飞机场的照片，拍摄海军方面的"情报"，记录一些军舰和飞机的数目和型号，描绘重要地区的地形……这些都是德国人十分感兴趣的东西。

当他带着大量伪情报与德国情报头目接头后，德国方面再次对他进行细致持久的审讯，对他提供情报的每一个细枝末节都向猎犬一样寻根究底，从不同角度进行论证。

为了阻止毒气战，波波夫通过一个代号叫做"气球"的双重间谍向德国送去了"情报"，说明英国方面已经对毒气战做好了充分的准备，从而打消了纳粹们发动毒气战的念头。同时，波波夫还给德国情报局很多对战争没有直接影响的政治情报，提高他在德国间谍界的威望，这让德国情报局对他一直深信不疑。

长期的间谍生涯已将波波夫从当年的一个公子哥训练成一名职业的间谍干将，在风险丛生的环境中，学会反间谍技巧是保护自己生命的重要手段之一。例如一只普通的手提箱，看起来没有什么特别，一般人不会注意在箱子的拉链的合口处，有一根细细的头发丝，如果外人打开箱子后，又合上箱子，那根细细的头发丝就没有了，就会泄露出有外人来过这里，动过这个箱子，就会引起间谍的警觉。

1940 年到 1946 年 6 年时间里，波波夫经常在葡萄牙和伦敦之间往返飞行，他把纳粹的秘密交给伦敦，然后再把编造的秘密送到柏林交到德国人手里，然后再从德国人手里拿到大笔的现金供他自己从事情报工作和挥霍。他曾按照自己搜集到的情报预测到日本有可能要袭击珍珠港，但是美国情报局并没有给予重视。

"二战"结束后，波波夫谢绝了英国政府提供的公民资格，在法国南部定居下来，开始写他的回忆录《间谍与反间谍》。1981年达斯科·波波夫去世。在他1974年出版的回忆录中，对间谍生涯有这样的描述：

"这是一群神秘的人，他们无孔不入、无处不在，胜利了不可宣扬，失败了不能解释。我的武器就是谎言、欺骗和谋杀。但我并没有觉得内心不安，因为这只是战斗对我的考验。"

潇洒英俊的外表，强健的身体，聪明冷静的头脑和过人的技能以及风光体面的身份和挥金如土的奢华生活。即便同时拥有所有这一切，007们依然时常要面对死里逃生的痛苦境地。波波夫不像电影中的007那样招摇过市。因为对一个真正的间谍来说，最重要的就是不露痕迹，不动声色，不被注意，不被跟踪。

正如达斯科·波波夫自传里那句名言所说，"要让自己在风险丛生的环境中幸存下来，最好还是不要对生活太认真"。

"二战"期间，许许多多的间谍有的活了下来过上了正常人的生活，有的离奇死亡或消失。而对那些我们根本就不知道，根本就没有资料证明他们曾经存在过的间谍呢？对他们隐姓埋名的生活，他们的生死我们又知道多少呢？他们都是谁，我们又能从哪里找到线索呢？也许有一天，他们的档案资料会跟达斯科·波波夫的一样重见天日。

第七章 人物探幽

◇二战风云

守土有责

——马占山

"神武将军天上来，浩然正气系兴衰，手抛日球归常轨，十二金牌召不回。"

——陶行知《敬赠马占山主席》

马占山又名秀芳，1885年生于吉林怀德，祖籍河北丰润。他从小给地主放马，后因丢失一匹马，被抓进官府，遭毒打和关押并被逼赔偿。后来，那匹马跑回来，地主仍不退钱。马占山一怒之下，上山落草，因善骑射，为人讲义气，不久被推为头领。1907年入奉军第6骑兵旅，1929年被张学良任命为黑龙江省骑兵总指挥，1930年任黑河警备司令兼黑龙江省陆军步兵第三旅旅长。

1931年9月18日，日本关东军在沈阳炮轰东北军北大营，揭开侵占中国东北的序幕。张学良的军队在蒋介石密电"不许抵抗"的命令下节节撤退（张学良晚年在接受日本电视台采访和与唐德刚口授历史时多次声明"九一八"事变时不抵抗是他自己的主张，与蒋无关。）日军仅用了短短的40多天的时间，在未遇任何抵抗的情况下，就占领了辽、吉两省，中国东北半壁大好河山被拱手相让，沦于敌手，成为我们民族的奇耻大辱，让国人悲愤万分。

日军占领了辽、吉两省后又开始步步进逼黑龙江省。"九一八"事变发生后，在国内一片"不抵抗将军"的指责下，张学良电令瑷珲驻军马占山任黑龙江省政府代主席兼军事总指挥，负守土职责。此时黑龙江省有东北军3万余人，分驻扎兰屯、海拉尔、黑河、克山、满洲里、拜泉等地。当时黑龙江省省城是齐齐哈尔，日军沿平齐铁路线北进，唯一的咽喉要道是松花江上游一大支流上的嫩江大铁桥，此处是阻扼日军的要塞，舍此将无险可守。

10月13日，由日本人扶持的、自称为"边防保安总司令"的汉奸张海鹏令其旅长徐景隆带三个团为先锋向黑龙江省进犯。16日拂晓，伪军进抵江桥南端，与守军徐宝珍部发生激烈战斗，其三个团在守军的反击下伤亡惨重，伪旅长触地雷身亡，所部伪军因伤亡惨重而溃退。为防止伪军再犯，守军将嫩江桥炸毁三孔。马占山得知伪军向江桥进犯消息后，遂由黑河南下，19日夜抵达省城齐齐哈尔，20日宣誓就职，就任黑龙江省代理主席、军事总指挥。

马占山就职后，布告安民，整顿社会秩序，致电前线将士奋力阻敌，以尽守土之责。并于22日发表对日抵抗宣言："凡侵入我境者，誓决以死战。"马占山不顾蒋介石的不抵抗命令，不理日军的恫吓，毅然肩负起抗日的重任。他明确表示："吾奉命为一省主席，守土有责，我已决定与日本拼命，保护我领土，保护我人民。一息尚存，决不敢使尺寸土地沦于异族。"

日本关东军在张海鹏叛军失败之后即准备直接出兵，认为中国军队破坏嫩江桥是最好的借口，遂以洮昂路的修建有日本投资为理由，11月3日，关东军司令部向黑龙江省政府发出关于修复江桥的通告："在11月4日中午12时以前，两军撤至距桥10千米外，在修桥任务未完成前不得进入10千米之内。对不答应上述要求者，视为对日军怀有敌意，当依法诉诸武力，特此警告。"

这个"通知"，实际上是日军向黑龙江省进攻的最后通牒。面对关东军司令部的"通知"，马占山拒绝了日军的最后通牒，下令："如果日军侵入我阵地，即行抵抗。"此刻，广大官兵枕戈待旦，严阵以待，准备迎击来犯之敌。

1931年11月4日凌晨，日军出动7架飞机掩护，4000名士兵在4列铁甲车和数十门山炮掩护下，向江桥发起猛烈攻击。马占山立即命令守军奋起还击，声震中外的嫩江河畔的血战全面爆发，黑龙江的这位小个子军人——黑龙江省代主席马占山，率部在泰来县江桥镇境内的嫩江桥打响了抗击日寇的第一枪。

4日上午，日嫩江支队先遣中队在飞机掩护下从江桥车站北进，通过嫩江桥后向大兴车站以南的中国军队阵地进攻。是时马占山卫队团徐宝珍部、张竞渡部共2700人奋起迎击，将敌击退。直到中午，日军伤亡很大，纷纷溃退回南岸。下午至夜，日军发起数次强攻，均被守军击退。

5日4时，日军重新组织进攻，6时以数十门大炮对守军阵地炮击，7时日伪军8000余人在大炮和飞机掩护下，日军从中路、伪军从左右两路渡江，当船到江心时，中国军队猛烈还击，日伪军虽伤亡很大仍挣扎强渡。10时，日军占领江岸第一线阵地，守军分撤至左右两翼阵地，日军继而向第二道防线大兴阵地猛攻，遭到守军顽强抗击。战到日暮，由于"中国军队用步兵及骑兵实行包围式之反攻，使日军蒙受极大损失，而不得不向后撤退"。

1931年11月17日的《滨江时报》曾经发表评论说，黑龙江中国的军人在日军的横暴下孤军奋战。嫩江河畔的赤血，是中国血性男儿的瑰宝，黑龙江的中国军队，是真正的卫国勇士。文章说我们对于中国军人不能不怀疑，究竟有多少可杀敌，我们在极度失望下，我们在失守东三省后的50天，才发现黑龙江的马占山是足以当中国军人四个字而无愧。

尽管中国军人同仇敌忾，个个"奋勇异常"，但因连日苦战，伤亡很大，既无援军又无弹药，在侵略军源源不断地得到大量补充和增援的情况下，敌强我弱的局面日趋严重。加之阵地被毁，"实在无力支持"下去，18日下午，马占山将军不得不痛苦地下令撤出战斗。19日9时许，日军主力占领距省城15里之榆树屯，以猛烈炮火向省城轰击，17时，日军5000余人侵占齐齐哈尔，马占山率部沿齐克路撤往克山、拜泉、海伦一带集结，江桥之战至此结束。

1932年，马占山诈降，出任伪黑龙江省长兼任伪满州国军政部总长之职后，秘密用12辆汽车、6辆轿车，将2400万元款项、300多匹战马及其他军需物资运出城外，再次举起了抗日的旗帜。

马占山在拜泉约集李杜、丁超等各路军的代表开会，改黑河警备司令部为省府行署，三路人马共7000人，公推马占山为黑龙江省救国军总司令，会上做出三路出击日军的战斗部署,在不到半年的时间里,马占山率部给日伪军以重创,大灭日军侵略气焰,后因战事失利,退到苏联境内。

江桥抗战打响了中国东北抗日第一枪,它也是抗击日本侵略军的典范,东北爱国民众纷纷建立抗日武装,在不到半年的时间内,东北义勇军总数达30余万人,可以说,江桥抗战点燃了中国东北抗日的烽火。

马占山所部与日军血战江桥的壮举,给了全国人民以莫大的鼓舞,马占山的名字,迅速传遍全国,慰问函电如雪片飞来,人们称赞他"为国家保疆土,为民族争光荣",是当代的"爱国军人"和"民族英雄"。上海《生活周刊》给马占山专电称:"奋勇抗敌,义薄云霄,全国感泣,人心振奋。"

"长沙之虎"

——薛岳

薛岳(1896~1998年),抗日名将,外号"老虎仔",字伯陵,广东乐昌人,原名薛仰岳,后因崇敬岳飞改名薛岳。有抗日"战神"之称,在抗日战争期间,参加淞沪会战,指挥了武汉会战、徐州会战、长沙会战等著名会战;以其著名的"天炉战法",打击了日本侵略者的嚣张气焰,荣膺美国总统杜鲁门所授自由勋章,张治中将军称其为"百战名将"。

1937年,"淞沪会战"爆发时,薛岳还驻守在贵州,他连续三次请命,要求到前线抗战,最终得到蒋介石应允。9月17日,他到达南京,被任命为第19集团军总司令,归第三战区左翼军总司令陈诚指挥,投入淞沪战场。他们在蕰藻浜南岸一带坚守半个多月,虽然伤亡巨大,但也给日军很大打击,"淞沪会战"后先后任武汉卫戍区第一兵团总司令及第9战区司令长官等职。

1938年7月,武汉大会战爆发,在整个武汉大会战期间,时任武汉卫戍区第一兵团总司令的薛岳指挥的万家岭战役,取得辉煌胜利,几乎全歼敌

160师团，是抗战8年绝无仅有的。虽未能保住武汉地区，但实现了预定的消灭敌军有生力量的目的。时任新四军军长的叶挺曾盛赞薛岳指挥的万家岭大捷"挽洪都于垂危，作江汉之保障，并与平型关、台儿庄鼎足三立，盛名当垂不朽"。

薛岳一生戎马，最辉煌和最值得铭记的，当属他指挥的三次长沙会战。

1938年10月下旬，日军攻占岳阳，兵逼长沙。10月12日夜间，长沙守城官兵在慌乱中点燃大火，历史名城长沙基本被焚毁，人员和财产损失严重，薛岳临危受命，担任第9战区副司令长官，代司令长官，并兼任湖南省政府主席，肩负起保卫长沙的重任。

临危受命到了长沙的薛岳，不敢有丝毫的怠慢，他首先熟悉地形和了解敌情。在摸清了湘北的地形后，薛岳对保卫长沙充满了信心，设计了一套"天炉战法"的作战方案。其实，蒋介石心里对第9战区也不完全放心，为了加强对长沙作战的指导，派白崇禧和陈诚到长沙，与薛岳商讨作战方案。白崇禧提出了一个和薛岳不同的作战方案，陈诚认真听了他俩的分析后，经过思考，认为薛岳的方案较好，还为这个方案总结为8个字"后退决战，争取外翼"。

1939年9月14日，日军11军司令官冈村宁次指挥日军精锐部队18万人，在海空军的配合下直取长沙。大敌当前，以蒋介石为首的国民政府军委会从战略考虑，为保存有生力量决定弃守长沙。而薛岳坚信长沙一定守得住，毅然抗命，电呈军委会，表示"誓与长沙共存亡"的决心。蒋介石急了，派白崇禧去第9战区以"长期抗战，须保持实力"相劝，薛岳也不听。后来蒋介石在陈诚等人的劝说下补发了一条命令："配合你，就在长沙打！"

在长沙会战中，薛岳开创的"天炉战法"至今仍被世界各国军事家奉为陆军野战的经典之作。当日军发起进攻时，在保存自己的情况下，薛岳的部队先节节抵抗，节节后退，尽量地拖累和疲耗敌人，然后向斜侧后方山地撤退，绕到敌人的包围线外面去，从更大的层面上形成对日军的反包围，砌成两面"天炉之壁"。同时，在中间地带，彻底地破坏交通道路，空室清野，诱敌至决战区域，而断其后路，从四面八方构成一个天然"熔炉"，最后歼灭包围之敌。

这一战，薛岳以一种"后退决战"的战术，诱敌深入，然后予以包围歼灭之。日军虽然装备精良，但毕竟兵力有限，尤其是人员伤亡无法补充，拖下去凶多吉少，只会加大伤亡。冈村宁次不得已，只好下令撤退，中国军队乘势追击，终于取得第一次长沙大捷。此战共歼敌3万余人，成为日军侵华以来遭受最大损失的战役，对日军士气打击严重。日本军部的总结报告也承认："中国军队攻势的规模很大，其战斗意志之旺盛，行动之积极顽强，在历来的攻势中少见其匹。我军战果虽大，但损失亦为不少。"

1941年，阿南惟几调任日军第11军司令官，他上任后就一心想"一雪前耻"。他集中全军六成以上的兵力在长沙正面，准备强攻长沙。9月18日，日军开始疯狂攻击大云山的薛岳部，日军利用强大的火力优势，直扑长沙外围。第二次长沙保卫战拉开了序幕。此时薛岳仍然采取诱敌深入的方法，不与日军正面交战，只是尽量将日军引向湖南的崇山峻岭。正当阿南惟几的大军向长沙长驱直入时，其后方却屡遭紧随而来的中国军队的四面打击，后勤补给线几乎全部被切断。9月26日，陈诚的第6战区主力向宜昌发动猛攻，此时的阿南惟几再也顾不得攻占长沙了，重复了他的前任冈村宁次曾下达过的命令："全线撤退。"下令在湖南的日军立刻回守宜昌。混乱中薛岳抓住战机，及时将长沙外围的6个军同时向日军发动攻势，形成南北夹击之势。此时的日第11军早已乱了阵脚，损失惨重，大败而归。

1941年12月7日，日军偷袭珍珠港，太平洋战争爆发，为了配合盟军作战，蒋介石命令薛岳，从第9战区抽调第4、第74军南下，拟配合第4、第7战区进攻广州，以消解日军攻取香港的打算。日第11军司令官阿南惟几听说薛岳的两支精锐部队南下，决定再攻长沙。

此战薛岳以第10军死守长沙，主力部队正迅速向长沙外围合拢，优势兵力形成了一个对日军的包围圈。薛岳下令第10军李玉堂布下巷战阵势，守卫长沙市区，并给第10军下了道死命令："擅自后退者杀无赦，重伤兵亦不得后撤。"战斗到激烈的时候，薛岳连身边的卫队也投入了进去。就在双方在长沙东南郊展开激战，拼死争夺之际，中国军队切断了日军的补给，而薛岳于岳麓山中部署的炮兵阵地，更是发挥了极大的杀伤效果，日军的天时地利尽失，只能苦苦支撑。

1月3日，正当第10军死守长沙时，第9战区的大军正迅速向长沙外围合拢，以9个军的优势形成了一个从东南、东北、西面及北面对日军的包围圈。阿南惟几知道攻下长沙已不可能，再不走就有全军覆灭之危，在众参谋的劝说下，他咬着牙下达了全军撤退的命令。薛岳随即命令各部队从不同方向对败退中的敌军展开围追堵截。日军且战且退，损失惨重。第三次长沙会战，中国军队击毙击伤日军近6万人，就历次中日战争中的战场成果与记录而论，第三次长沙会战的战绩应是最为辉煌的，而薛岳将军更是因此被日军称之为"长沙之虎"。

在中国赫赫有名的美国"飞虎队"队长陈纳德将军的遗孀陈香梅女士在美国出版的一本畅销书里讲到，在中国抗战时期，天上有一个"飞虎"是陈纳德，地上有个"奔虎"就是薛岳。

中国军队第三次长沙会战的胜利，对国内外都产生了积极的影响。蒋介石在黄山别墅说：此次长沙会战，实为"七七"事变以来最得意之作。薛岳得到了蒋介石给予他的最高奖赏——青天白日勋章，美国总统罗斯福在第三次长沙大捷后发来了一份热情洋溢的贺电："中国军队对贵国遭受野蛮侵略所进行的英勇抵抗，已经赢得美国和一切热爱自由民族的最高赞赏。"抗战后期，日本人打到广东时，对薛岳家的祖坟非但寸草未动，还清得干干净净，杀鸡杀羊杀牛来祭祀，就是因为日本人也觉得薛岳是一个英雄。

薛岳将军为民族的独立奋战8年，立下了赫赫战功，纵观整个抗日战争，薛岳是歼灭日军最多的中国将领，单单三次长沙会战就歼灭日军10万余人，其军事生涯也走向了巅峰。

抗战中的"鄂中大怪物"

——王劲哉

王劲哉将军是中国近代史里最富传奇色彩、最有个性、最奇特的军人，他是屡立战功的西北军骁将，"西安事变"的主要参与人，逮捕山东韩复榘的执行人，鄂中6年抗战的旗帜、领袖，参与国军抗日战役最多、战功最卓著的抗日名将之一，他文武双全、军政皆能，治理开封、鄂南等地成就斐然，有"开创乱世好风气"的美誉。

王劲哉，原名王步礼，1897年出生于陕西省渭南县（今渭南市）阳郭镇康坡村一个贫农家庭。他自幼胆识过人，崇武厌文，喜爱舞枪弄棒，20岁即进入西安讲武堂学习军事。1925年，王劲哉进入陕西靖国军任连长，后加入杨虎城的第17路军，从营长一直升到西北军第38军第17师第49旅旅长之职。

由于他作战勇敢，身先士卒，常常手挥大刀上阵搏杀，在军中赢得了一个响亮的外号——"王老虎"。

王劲哉是抗日战争中一个特殊的人物，他原为杨虎城西北军的一个旅长，抗战初期升为新编第35师师长兼开封警备司令。在徐州会战中立下战功，曾受到蒋介石传令嘉奖，并在"一·二八"淞沪抗战的荣誉纪念日命名王劲哉所部为陆军第128师，拨归汤恩伯集团军序列。1938年10月，旷日持久的武汉会战以日军占领武汉而告终，在九江乌头镇阻击日军战斗中损失惨重的第128师王劲哉部受命开赴鄂南的咸宁、蒲圻（今赤壁市）一带休整补充。这时候，王部建制较完整的382旅李俊彦部被汤恩伯调往河南补充其他部队，李俊彦是个虎将，挥泪告别了多年追随的王劲哉将军。这时128师余部连同师部和轻、重伤员在内已不足800人，王劲哉差不多成了一个有名无实的光杆司令。王劲哉带着他的残部在鄂南，好一阵子也没把队伍恢复起来。

武汉失守后，部队纷纷后撤，汤恩伯命令王劲哉撤退到湖南去。但王劲哉想，我现在是个光杆司令，到哪儿去都一样，便决计不买汤的账，就待在鄂南算了，于是迟迟没有动身。

旷日持久的武汉大战后，丢失在战场上的枪枝、弹药和各种武器不计其数，当地青壮年随手可捡几杆枪。于是，这些有了枪的人们便纠合起来，纷纷拉起队伍，一时间，中原大地群雄并起。雄心勃勃的王劲哉看到这是壮大队伍的大好时机，他饱经沙场，经验丰富，知道这些杂牌武装不是对手。

1938年冬季，王劲哉率部从浦圻北渡江，乘虚进入沔南、沔阳，采取诱降、硬吃的办法，收拾川军周兴的2000人，将汉川周干臣部改编为一个团，甚至将已被国民党收编的游击纵队第五支队管子芳部吞掉，还有共产党领导的汉川独立大队800人。不到一年，王劲哉的队伍扩大到15个团，近3万兵力。不久又扩为9个独立旅，占有鄂中6个县的地盘，成为鄂中的霸主。

王劲哉师长可称得上真正的"独立"，他靠手中实力在日本人占领区建立起独立王国，实行的是王劲哉主义。在王劲哉住所的大厅中央，并排挂着两个人头像，一个是蒋介石大元帅，另一个是王劲哉师长。王劲哉亲手题撰对联一副贴于两巨幅头像侧。上联：你蒋委员长若抗战到底；下联：我王劲哉誓死不做汉奸。

王劲哉自幼争强好胜，为人猜忌多疑，时刻提防别人暗算，因此便更加凶狠地暗算别人。他动辄以"汉奸"罪杀戮百姓，对军内持不同意见者，统统以"反王师长"之罪杀害。蒋介石派去的军官多被他除掉，连友邻部队第49师派往该师的联络参谋也遭活埋。他不论亲疏，翻脸就要人的脑袋，先后处死过老师、同学、同事、部下甚至亲表弟。在重庆，报界将他描绘成青面獠牙的"鄂中大怪物"。

1940年夏，日军武汉警备司令古贺太郎派4个汉奸前来劝降，拿出信函，上面写道："本部请示南京司令，只要你投降，就封你湖北20万皇协军总司令。"王劲哉在信的背面写个"死"字，画上刺刀，交给一个汉奸，说道："去告诉老贺，我王劲哉的战表就是刺刀。"并命令卫兵将其他三个汉奸推出"用刀"。古贺太郎大怒，1941年夏末，日军河野部队以5000步兵、2000骑兵，在40辆坦克和30架飞机配合下，向第128师陶家埫阵地发起猛烈进攻。

王劲哉指挥部队与日军血战7天7夜，直至肉搏，终于击溃了敌军。此役歼敌1800余人，缴获大量武器装备，取得了重大胜利，创造了有"江汉平原的台儿庄战役"美誉的陶家坝之战的奇迹。

对王劲哉这颗钉子，不光日军想拔掉，就连国民党第6战区司令长官陈诚也想除之而后快。他密令128师382旅旅长古鼎新除掉王劲哉，事成后让古鼎新担任该师师长，古鼎新为避嫌疑，竟向王劲哉主动交出密令以表忠心。生性多疑的王劲哉表面上虽然赞许古鼎新的忠诚，暗地里却对他产生了猜忌，认为被人策反的人肯定有反主的可能。于是，他给独立旅旅长潘尚武下了道手令，命令潘严密监视古鼎新旅的一举一动并相机歼灭。没想到这么机密的命令被古鼎新知道了，立即派人去武汉与日军联系反王投日之事。古鼎新的投降让日寇如获至宝，从此对128师的兵力布防、火力配备以及防区虚实几乎了如指掌。

王劲哉的128师长期控制着江汉平原这一战略要地，对侵入华中重镇武汉的日军构成严重威胁。1943年2月，日军为歼灭第128师，以其第11军5万兵力，在60架飞机掩护下，发起了"江北歼灭战"。

2月21日，日军对以百子桥为防御中心的第128师实施猛烈的包围攻击，王劲哉率全师官兵凭垒固守，顽强抵抗。但终因日军兵力强大，加之古鼎新旅叛变，引导日军突破阵地。经过近10天的战斗，王部官兵战死8604人，被俘2.3214万人，王劲哉本人受伤被俘，鄂中"王国"如过眼烟云，彻底覆灭了。

在128师被围攻之时，国民党军队拒不相助，而是以之为诱饵，集中了第22集团军、第20集团军、第6集团军等大批部队，对日伪军进行反包围，取得了打死打伤日伪军1.4万余人，俘虏5000余人，击毙日军第58师团长下野一霍的重大胜利。

战役结束后，在王的司令部里发现一具面目皆非的尸体，国民党就以为王劲哉已为国捐躯，为了宣传上的需要，便追封他为陆军二级上将，授一级青天白日勋章一枚。其实，王劲哉被俘后，日军没有杀死他，而是想尽办法让王劲哉为己用。但是王劲哉始终不肯投降，日军没办法，只好硬给王劲哉设了伪师长的职位，以对外显示王劲哉已和日军合作，从而破坏王劲哉在老百姓心目中的形象。过了不久，王劲哉就率部起义反正，开展敌后游击战，直到部队被彻底打散后，他回到康坡村隐居了一段时间。抗战胜利后，王劲哉奔赴延安，成为中共特别党员。

8年浴血抗战中，王劲哉将军率国民革命军128师屡建奇功。他作战英勇，敌人对这个绰号"老虎"的师长既恨又怕。国民政府曾给两位"抗战殉国"的将领追封陆军二级上将，授一级青天白日勋章，一位是壮烈殉国的张自忠将军，另一位就是被出卖后落入敌手的王劲哉将军。

半个多世纪已经过去了，王劲哉已经成为了一个历史人物，总结他复杂而传奇的一生，虽然有严重的个人错误，但对人民对民族有功，王劲哉的一生应该是功大于过。

战火中的绅士

——丘吉尔

"虽然欧洲的大部分土地和许多著名的古国已经或可能陷入了盖世太保以及所有可憎的纳粹统治机构的魔爪，但我们绝不气馁、绝不言败。我们将战斗到底。我们将在法国作战，我们将在海洋中作战，我们将以越来越大的信心和越来越强的力量在空中作战，我们将不惜一切代价保卫本土，我们将在海滩作战，我们将在敌人的登陆点作战，我们将在田野和街头作战，我们将在山区作战。我们绝不投降。"

——丘吉尔的演讲

温斯顿·伦纳德·斯宾塞·丘吉尔，1874年11月30日出生于英国牛津市布伦海姆宫，1840年5月10日，既希特勒闪击西欧的当天，丘吉尔出任英国战时内阁首相，迅速把国民经济转入战时轨道。坚定地领导英国及英联邦国家人民进行反法西斯战争，在不列颠之战中重创德国空军，粉碎希特勒进攻英国本土的企图，是英国最伟大的人物之一，也是20世纪世界上最重要的政治领袖之一。

在第一次世界大战后的英国弥漫着和平主义的气氛，从政党领袖到平民百姓都鼓吹裁军，人民天真地相信，"一战"后将再也不会有一场如此残酷的战争了。丘吉尔是议会中极少数反对裁军的人，并警告德国正在撕毁《凡尔赛条约》的人。

在议会，只有丘吉尔等少数人还在抨击绥靖政策，他称"我们已经遭到一次完全、彻底的失败"。他的发言引起一片抗议之声，但丘吉尔还是在嘘声中结束了自己的演讲，多数人都将他的警告视为危言耸听。丘吉尔后来将第二次世界大战称为"非必然的战争"，认为这次战争原本在开始时就可以轻易制止，但因英国人民的"不明智、麻痹大意和好心肠而让坏人重新武装"。

1936年至1937年德意日法西斯组成"柏林—罗马—东京"轴心，在世界范围内掀起了战争的波涛，严重地威胁着英帝国的地位。丘吉尔便多次发表演说猛烈地抨击鲍德温、张伯伦政府对德国法西斯一味妥协退让的绥靖政策，他指出慕尼黑协定"这只是一杯苦酒刚尝了第一口，这杯苦酒将年复一年地端到我们面前"。

绥靖政策的失败，希特勒的步步紧逼，使得政府的批评者丘吉尔声望大振，要求丘吉尔回到内阁中来的呼声越来越高。事实上如果没有希特勒和他挑起的事件，丘吉尔或许永远不可能重返政坛。

1940年5月10日，希特勒对法、荷、比、卢等国发动突然袭击，张伯伦在一片责难声中狼狈下台，身为海军大臣的丘吉尔正式接任张伯伦出任英国战时内阁首相。丘吉尔可以说受命于危难之际，希特勒气势咄咄逼人，波兰、丹麦、挪威相继沦陷，荷兰、比利时危在旦夕，整个欧洲都笼罩在纳粹德国的阴影之下。5月13日，丘吉尔以首相的身份在下院发表著名的演说："我所能奉献的，只有血和汗、苦和泪。我们的目标是什么？胜利——是不惜一切代价赢得的胜利，因为得不到胜利就得不到生存。对于所有人来说，漫漫长夜将要降临，即使有希望之星出现，这长夜也无法打破，除非我们战而胜之，我们必须战而胜之，我们定能战而胜之。"

1940年5月底，德国军队绕过马其诺防线后迅速推进，将40万英法联军逼到敦刻尔克这一狭窄地带，英法联军即将遭遇全军覆没的灭顶之灾。丘吉尔当机立断，制定海上大撤退方案——发电机计划，从5月26日到6月4日，出动英伦三岛所有大小船只9天9夜不间断地救援，加上希特勒决策失误，丘吉尔整整救援出34万英法联军，为第二次世界大战的战略反攻保留了有生力量。

当纳粹德国在欧洲大陆打败法国取得大胜后，气焰如日中天的希特勒信心满满地向英国伸出了橄榄枝，他赢够了，对与英国的讲和也显得十分的大方，他没料到，顽固的丘吉尔，在纳粹德国势如破竹横扫欧亚之际，以孤单弱小的力量，却毫不妥协，宣称要将战争进行到底，希特勒认为，丘吉尔简直是"不可理喻"。

6月17日，戴高乐将军抵达英国，次日丘吉尔在下院发表了另一篇鼓舞士气的讲话："欧洲大片的土地和许多古老著名的国家都已陷入或可能陷入秘密警察和纳粹统治的种种罪恶机关的魔掌，因此，让我们勇敢地承担起我们的责任，而且我们应当鞠躬尽瘁，死而后已，英国就是存在一千年之后，人们还能说这是他们最光辉的时刻。"6月22日，法国宣布投降，德军逼近英吉利海峡，英伦三岛的存亡到了关键的时刻。丘吉尔首相临危不惧，坚定地担负起了挽救民族于存亡关头的重任。他号召英国人民行动起来，为抵抗法西斯的入侵而奋斗。

在1940年那个令人绝望的春天，丘吉尔终于将权力的缰绳紧紧握在自己手中，他决心带领大不列颠和她那分崩离析的帝国，投入一场他们始终认为非常值得的、最后的伟大斗争，不仅用武器，还要用荣誉的感召力，把全民族武装起来；让每个英国人在死亡的肋骨下，培育出一个新的灵魂。

8月，不列颠战役正式打响，英德空军进行了人类历史上第一次大规模的空战，战役期间德军每天平均出动飞机1000架次，而英国皇家空军的飞行员们人数上处于劣势，一个人每天必须执行三次左右的任务。8月20日，丘吉尔在下院赞扬英国空军飞行员的英勇表现："在人类战争的领域里，从来没有过这么少的人对这么多的人作出过这么大的贡献。"随后的几个月里，数量不多的英勇飞行员顽强地抗击来犯的敌机，使德军始终未能获得制空权，未能踏上英伦三岛一寸土地。

这场惨烈的战役，抵挡了纳粹企图向岛内要塞扩展的计划。9月19日，希特勒决定无限期推迟登陆计划，不列颠计划以英国的胜利告终。

在实现全国总动员的基础上，丘吉尔合纵连横，争取一切可以争取的力量，不断壮大反法西斯统一战线。丘吉尔信奉敌人的敌人就是我们的朋友，尽管与苏联有敌意，大敌当前丘吉尔与苏联尽释前嫌，1941年6月22日，苏德战争爆发。当晚丘吉尔就发表了那篇著名的广播演说，表示愿意立即同苏联联合对德作战："俄国所受到的威胁，也就是我国和美国所受到的威胁，我们只有一个目标，一个坚定不移的目标，那就是决心摧毁希特勒和纳粹政权的一切余毒。任何一个继续战斗抗击纳粹主义的国家和个人都将得到我们的援助。"

丘吉尔与美国总统罗斯福良好的私人关系帮助英国在最关键的时刻获得了美国大量的支援物资。战争伊始，他就多次给罗斯福总统去信说明如果继续让孤立主义得逞，总有一天希特勒的魔影会笼罩到美国的头上，美国就再也不能隔岸观火了。罗斯福12月30日的著名讲话中，称："我们必须成为民主国家的兵工厂。"

1941年3月8日，美国国会通过"租借法案"，该法案的通过应该说是丘吉尔外交上的一大成功。

珍珠港事件爆发后，美国对轴心国宣战，丘吉尔、斯大林、罗斯福三巨头终于握手，齐心协力对抗法西斯，第二次世界大战形势开始逐渐扭转。在战争中，丘吉尔为了英国的民族利益，出于他反对共产主义的本性，一再延缓第二次世界大战场的开辟，意图使苏联在对德战争中两败俱伤。

直到1944年6月6日，盟军渡过海峡在法国诺曼底登陆反攻才终于得以实现，斯大林对此说："本来反法西斯战争可以提前一年结束。"在战争即将胜利的时刻，丘吉尔又主张盟军迅速越过易北河，抢在苏联之前占领柏林，但遭到美国的反对，丘吉尔十分懊丧，认识到英国确实已力不从心了。

1945年5月8日，德国无条件投降，欧战结束，7月15日丘吉尔前往波茨坦参加第三次首脑会议，会议期间回国听候大选结果。丘吉尔在第二次世界大战中力挽狂澜，救大厦于将倾，为英国立下不世功勋，丘吉尔认为有大恩于英国，因此对7月开始的全国大选信心百倍、志在必得，就连斯大林、杜鲁门也认为丘吉尔的连选连任也只是时间问题，为此，他们将波茨坦会议专门休会两天，等候丘吉尔当选荣归。7月16日大选揭晓，保守党失败，丘吉尔在胜利来临的时候被赶下了台，丘吉尔无法理解，连连抱怨英国人民忘恩负义。7月26日，丘吉尔辞去首相职务，处于人生最得意时却不得不黯然离去。斯大林曾对丘吉尔说："丘吉尔，你打赢了仗，人民却罢免了你。"丘吉尔对此回应："我打仗就是保卫人民有罢免我的权利。"

第二次世界大战的硝烟未散，世界还沉浸在反法西斯胜利的欢声之中，1946年3月5日，已去职下野的丘吉尔在美国密苏里州富尔顿发表了著名的"铁幕"演说。他不能忍受从1917年发源的布尔什维主义如今已成为从波罗的海到远东的强大帝国，他强烈的抨击了苏俄，从此，持续半个多世纪的全球性冷战开始了。1951年10月，保守党大选获胜，丘吉尔以77岁高龄再度拜相组阁，但和平时期的形势和任务与1940年时已大不相同，1955年4月5日，心力交瘁的丘吉尔辞去了首相职务，宣告退休。退休之后，丘吉尔完成了他的《英语民族史》和《第二次世界大战回忆录》。1965年1月24日，丘吉尔在伦敦因病逝世，享年91岁。

轮椅上的巨人

——罗斯福

罗斯福，美国历史上最伟大的总统之一，他连任 4 届总统，成为美国历史上任职最长的总统。他不仅是 20 世纪世界经济危机和世界大战的中心人物之一，也是 20 世纪美国最受民众期望和爱戴的总统。他的身体因病致残，但他身残志坚，因而更为世人所景仰。

1882 年 1 月 30 日，富兰克林·德拉诺·罗斯福出生于纽约的海德公园。其父亲和母亲均来自纽约州富裕的大家族，罗斯福家族是纽约州最富有和最古老的家族之一。富兰克林是他们唯一的孩子，所以从小就接受了良好的教育。1896 年，罗斯福正式就读于以培养政界人物为目标的格罗顿学校，1900 年进入哈佛大学，攻读政治学、历史学和新闻学，1905 年进入哥伦比亚大学法学院，但由于在此期间没有通过纽约州律师考试，所以辍学。这之后他受雇于纽约的一家律师事务所。

1910 年，罗斯福以民主党人的身份参加纽约参议员的竞选，开始涉足政坛。1911 年 1 月 1 日，罗斯福进入州参议院，并很快成为纽约州民主党的党内之星。1913 年，罗斯福被任命为海军助理部长。在他任职期间，第一次世界大战爆发了，雄心勃勃的罗斯福认为，英雄的时代就要来临了，所以他始终坚持美国不应该保持中立，而应投入到战争中。为此，他一直致力于扩大美国海军规模，不仅建立了美国海军预备队，还扩大了海军航空兵种。在海军工作的这 7 年，对罗斯福的一生有着举足轻重的影响。在这期间他向世人展示了他那卓越的管理能力，并迅速学会了如何与国会和其他政府部门谈判以争取财政预算。

1920 年，罗斯福作为民主党的副总统候选人，参加了美国总统选举，但此次竞选最后以失败告终。虽然竞选失败了，但他作为政治新星的光芒却未削减。选举后，罗斯福重操旧业，回到纽约法律界。

中国的先贤孟子曾说过，"天将降大任于斯人也，必先苦其心志，劳其筋骨，饿其体肤，空乏其身"，这话用在罗斯福身上是再合适不过了。在选举失败之后一年，罗斯福在一次度假中，不幸患上了脊髓灰质炎，导致其腰部以下永久性瘫痪。面对这一切，罗斯福并没有自暴自弃，他坚持不懈地进行锻炼，并尝试了各种治疗方法。在康复期间，罗斯福还阅读了大量书籍，为其再次登上政治舞台做好了准备。

1928年，罗斯福在夫人的理解与支持下，重返政坛，参加纽约州州长竞选。在竞选的过程中，罗斯福身体上的缺陷成为政敌们攻击的重点，他们认为以罗斯福的身体状况不适宜担任公职。因此，在竞选的过程中，罗斯福为了在公众面前保持一个健康的形象，很少在公开的场合使用轮椅。他为了能够长时间保持站立，不得不使用金属支架来支持臀部和腿部。皇天不负有心人，所有的努力都没有白费，在这次竞选中，罗斯福以微弱的优势当选。

从这次竞选中，罗斯福认识到，在以后的政治生涯中，他不仅要和政敌们斗智斗勇，还要和病魔作斗争。1930年罗斯福以其出色的政绩、卓越的口才与充沛的精力在纽约州州长的竞选中再次获胜。在这一职位上，他参与政治活动和管理国家事务的能力得到了很好的锻炼和培养。

1932年，美国面临着严重的经济危机，面对失业和贫穷的美国人把希望都寄托在了新一届的总统选举上。罗斯福虽然在身体上不占优势，但他凭着在纽约州奋斗多年所形成的坚实的政治基础，以及家庭的关系，被提名为民主党总统候选人。在总统选举中，民主党动员了各式各样的社会阶层，如穷人以及劳工组织、少数民族、城市居民以及南方白人以建立新政同盟。在竞选期间，罗斯福向美国民众许诺如果当选，他会实行一个新的政策，以改变美国所面临的经济危机。他的这一许诺为他赢得了大多数民众的支持，经过不懈地努力，在1933年的总统竞选中，罗斯福以绝对优势击败胡佛，成为美国第32届总统。

罗斯福就任美国总统之后，立即兑现竞选时的许诺，着手进行改革，并提出了旨在实现国家复兴和对外睦邻友好的施政方针。为了推行新政，罗斯福组建了一个智囊团，以征询方针政策问题；通过"炉边谈话"的方式，密切与民众的联系，与反对新政的最高法院进行坚决的斗争并成功地将其改组。

1933年3月9日至6月16日，罗斯福督促国会则以惊人的速度先后通过《紧急银行法》《联邦紧急救济法》《农业调整法》《全国工业复兴法》《全国劳工关系法》《田纳西河流域管理法》等，拉开了改革的序幕。

1933~1934年新政改革进入第二阶段，即"复兴"阶段，主要措施有：整顿金融业，恢复银行信用，放弃金本位制，实行美元贬值，刺激对外贸易；扩大联邦储备委员会（即美国的中央银行）的权力；管理证券业，恢复工业，强化国家对工业生产的调节和控制，防止盲目竞争引起生产过剩；限制农业生产以维持农产品价格，避免农场主破产；规定协定价格以减少企业之间的竞争，制止企业倒闭等。

1936年，改革的成效显现了出来，国民收入有了50%的增幅，改革还使得美国的工业、农业逐渐恢复。这时人们对罗斯福信心十足，都希望他能把改革继续下去。于是，罗斯福在1936的总统选举中以压倒性的优势再次当选总统。第二任期与第一任期对比鲜明的是，仅有少数几项重大立法在这一任期内通过。这几件重大立法有：1937年的美国房屋管理局设立法案、1938年的《第二次农业调整法》和《公平劳动标准法》。其中，公平劳动标准法确立了最低工资标准，这是一个意义重大的法案。经过不懈地努力，1940年美国国民收入已基本恢复到经济危机爆发前的水平。

在罗斯福第二任期末，第二次世界大战爆发，这为罗斯福创造美国总统连任次数的奇迹创造了条件。此时美国刚从经济危机的泥潭中走出来，还没有做好战斗的准备，美国国民为保证美国对外政策的一致性，所以选择了让罗斯福继续留任。因此罗斯福终于打破了美国"国父"乔治·华盛顿总统确立的传统，第三次当选为美国总统。

就罗斯福个人而言，他是亲欧洲的，所以倾向于向盟军提供帮助，但碍于中立法案，所以迟迟没有行动。随着德军依靠闪电战横扫欧洲，盟军在德军的强烈攻势面前节节败退，不得不向美国提请援助。德军猛烈的攻势也使美国人目瞪口呆。他们以往那种事不关己的态度发生转变，因为战争离他们越来越近了。罗斯福在顺利连任后，开始允许英国无限制地利用美国的工业资源。1940年底，他在一次炉边谈话中说："我们要成为民主阵营的巨大军火库。对我们来说，这是同战争本身一样严重的紧急情况。"在这之后，美国国会又在罗斯福的倡议下通过了租借法案，这一法案是美国积极干预反法西斯战争的重要里程碑。

1941年6月，苏德战争爆发之后，罗斯福谴责德国的侵略，宣布美国将援助苏联。8月，罗斯福和丘吉尔在纽芬兰举行会谈并发表《大西洋宪章》。该宪章宣称美国和英国不追求领土扩张，也不愿有违背有关民族意愿的领土变更，尊重各民族选择其政府形式的权利。在该宣言发表半年之后，美国在太平洋上的军事基地珍珠港遭到日本的袭击，美国自身的利益遭到侵犯，终于向法西斯国家宣战，正式参加第二次世界大战。

第二次世界大战使罗斯福变成了一个全球的领导者。原来他是"新政老博士"，现在成为"赢得战争胜利的博士"，虽然有不少国内问题还没有得到解决，但是他把绝大部分注意力倾注到战争上。为了赢得战争，罗斯福下令实施战争动员和改组军队指挥机构，他的扩军计划使得美国军队在数量及装备方面都有了较大的提高。

作为三军统帅，罗斯福的作用是举足轻重的。他对内要处理好国内的陆军和海军以及各个战区司令之间的矛盾，对外要尽量满足在战争中消耗巨大的英国和苏联等国家的补养要求。1942年元旦，在罗斯福的倡导下，美英苏中等26个国家的代表在华盛顿签署《联合国家共同宣言》，国际反法西斯同盟正式形成。

从1943年起，同盟国由战略防御转为战略进攻。为了协调盟国的作战行动和探讨盟国的战后政策，罗斯福先后与盟国首脑举行一系列重要会议。比较重要的有开罗会议、德黑兰会议以及雅尔塔会议等。这些会议不仅加速了第二次世界大战的胜利，也为战后国际格局的形成奠定了基础。

  1944年，罗斯福再次当选为美国总统。但令人遗憾的是，在他宣布就职73天之后，就因脑溢血在佐治亚州与世长辞了，享年63岁。

  罗斯福的一生颇富传奇色彩，美国著名记者约翰逊在罗斯福传记中写道："他推翻的先例比任何人都多，他砸烂的古老结构比任何人都多，他对美国整个面貌的改变比任何人都要迅猛而激烈。"这正是对罗斯福一生最形象的描述。

西点军魂

——艾森豪威尔

  艾森豪威尔，第二次世界大战时西欧盟军最高司令，美国第34任总统，在美军历史上，艾森豪威尔是一个充满戏剧性的传奇人物，他曾获得很多第一：晋升"第一快"；出身"第一穷"；曾统率最大战役行动的第一人；第一个担任北大西洋公约组织盟军最高统帅；也是唯一当上总统的五星上将。

  1890年，艾森豪威尔出生在美国堪萨斯州，他选择军人职业，并非完全出于个人爱好，也不是父母的意志，而是与家境有关。他家境贫寒，其他的6个兄弟都没有受过高等教育，艾森豪威尔也只能免费进入西点军校。他的母亲是一个和平主义者，不愿自己的儿子从军，但又不便阻拦，加之19世纪末期美洲的战事不断，从军对于年轻人来说也是一件神圣而新鲜的事。

  艾森豪威尔在校期间并非模范学员，学习成绩中等，注重交际，热衷于橄榄球运动，可以说，正是军校体育运动培养和发挥了他的组织领导才能，因西点军校1915届毕业班在第二次世界大战中有58人晋升为将军，故人们称之为"将星云集之班"。

  1915年艾森豪威尔于西点军校毕业，在第一次世界大战期间在国内军队中服役。1922年起在驻巴拿马美军中担任参谋职务，1933年任陆军参谋长麦克阿瑟的副官，后任陆军参谋长助理，两年后随麦克阿瑟前往菲律宾，帮助重建菲联邦陆军，晋升为中校。

德国入侵波兰后艾森豪威尔自菲返美，1941年3月升为上校，出任第三军参谋长。因在一次有50万人参加的军事演习中计划调度有方，受到陆军参谋长马歇尔的赏识，当年9月升准将。1941年12月珍珠港事件发生之后，艾森豪威尔调任陆军参谋部作战计划部副部长。

1942年2月，马歇尔将作战计划部改组为美国陆军的最高指挥机构——作战部，并于3月任命艾森豪威尔为作战部部长，艾森豪威尔晋升为少将。这时的艾森豪威尔，虽然还没有资格参加那些有关同盟国战略问题的高层会议，但他却能站在最高统帅的角度，代表美国利益来指导全球性的战略行动。

艾森豪威尔注意到，当美国朝野的注意力都集中在太平洋战场的时候，罗斯福和马歇尔却把欧洲战场放在优先的地位。他就和作战厅的参谋们一起提出了如何把大量美军集中在英国进行战争的基本设想，马歇尔因此命令艾森豪威尔前往英国作实地考察，并在英国设立了一个美军指挥所，为日后实施计划提出建议。当他返回华盛顿提出报告之后，罗斯福总统接受马歇尔的意见，已经任命艾森豪威尔为驻伦敦的美军欧洲战区总司令了。在军事生涯并不辉煌的背景下，他的迅速晋升得益于他对军事战略的洞悉、卓越的组织才能，以及说服、斡旋和乐于接受意见的能力。不同背景和不同国籍的人都对他的友好、谦逊、乐观而留下印象，喜欢他、信赖他。1942年7月晋升为中将，受命指挥盟军在法属北非实施"火炬作战方案"。这次进攻于1942年11月8日开始，翌年5月胜利结束，这是盟军在第二次世界大战中的第一次大规模进攻。

马歇尔在给罗斯福的报告中说了这么一句话："艾森豪威尔不仅有军事方面的学识和组织方面的才能，而且还善于接受他人的观点，善于调节不同的意见，使人感到心情舒畅，并且真心地信赖他。而这些品德与长处又恰恰是我们驻欧洲部队统帅所必备的品质。"英国人是很不好对付的，在彬彬有礼的后面藏着那种民族的任性。艾森豪威尔知道什么时候该妥协，什么时候该坚持原则。蒙哥马利这个人自信心太强了，一直在跟艾森豪威尔争统帅权。可是艾森豪威尔协调得非常漂亮，蒙哥马利自己的回忆录里都有这句话："我是最不驯服的将军，但是在你面前我不得不承认我的错误。"

到1943年秋，一个无声的危机紧紧抓住了整个盟军军事组织：即"霸王"计划只有在任命了进攻部队的最高指挥官之后才能成形。很长时期以来，人们一直在设想最高指挥官将会是一名英国将军，而且丘吉尔已经许诺这项工作由帝国总参谋长布鲁克斯将军负责。但后来事情逐渐变得明晰了，"霸王"计划的多数兵力不是英国人而是美国人，因此最高指挥官应该是一名美国人。在1943年11月开始的德黑兰会议上，美国和英国再次明确表示1944年开辟欧洲第二次世界大战场的决心，苏联则希望尽快确定此次作战的盟军最高司令人选。

1943年年12月7日，罗斯福总统签发致斯大林的重要电报："业已决定立即委任艾森豪威尔将军指挥'霸王'行动。"至此，指挥欧洲大陆进攻战役的盟军最高司令人选最终确定。艾森豪威尔超越了他前面366名比他资历老的美军高级将领，成为美国远征欧洲的最高统帅。

1944年新年刚过，美国把整师整师的军队，成百万吨的物资，源源不断地运到英国。由11个国家组成的历史上最庞大的300万盟军，将从这里出发实施人类战争史上规模最大的登陆战役，向欧洲大陆进发！6月6日，艾森豪威尔不顾天气恶劣下令渡海，约4000艘舰艇和100万大军在法国诺曼底登陆，"霸王"作战开始实施。盟军5个师在海空军的火力掩护和特种坦克的引导下向诺曼底海滩发起冲击，登陆成功后。随后，盟军横扫布列塔尼。

在挫败莫尔坦反攻后，盟军在法莱斯形成对德军的包围圈，艾森豪威尔命令实施围歼德军的作战，作战从6月8日起至20日，德军被俘5万，死亡1万，诺曼底战役至此结束。整个战役中德军损失约40万人，盟军损失约21万人，艾森豪威尔由于战功赫赫而被晋升为陆军五星上将。

8月中旬，美军开始向法国中部推进并攻占法国首都巴黎，9月法国全境解放。艾森豪威尔接着指挥他的部队，击退德军在阿登地区的反扑，突破齐格菲防线，进入德国境内后，蒙哥马利主张向柏林快速突击，先于苏军攻占柏林，艾森豪威尔则坚持按雅尔塔会议的规定把攻打柏林的任务交给了苏军，因此事蒙哥马利和丘吉尔把官事都打到罗斯福那了。

艾森豪威尔战时的主要活动就是组织、协调并指挥盟军作战，而盟军联合作战正是这场大战的显著特点。这涉及复杂的军事、政治、外交和人事问题，稍有不慎即可能造成严重损害，但艾森豪威尔以其良好的军人素质、丰富的理论知识、高超的指挥艺术而获得成功，被誉为"军人政治家外交家"。

1940年的时候，艾森豪威尔还仅仅是个上校，4年之后他已经成为五星上将了，在所有美国五星上将中，他晋升是最快的，就连马歇尔走完了五星上将之路还用了近20年的时间。之前，艾森豪威尔从来没当过指挥官，从西点军校毕业后就当了参谋，他在部队最大的官职是第二军的参谋长，但就是因为被马歇尔看上了，4年内就成为了美国远征军的统帅。

1945年，苏联为表彰艾森豪威尔粉碎法西斯的功勋，授予他"胜利"勋章。第二次世界大战结束后，艾森豪威尔曾任美国驻德占领军司令，1945年6月归国，11月杜鲁门总统任命他接替马歇尔为陆军参谋长。1952年艾森豪威尔退出军界参加总统竞选，以压倒多数当选，1953年至1960年连任两届美国总统。竞选时他提出结束朝鲜战争，就职后签订了《朝鲜停战协定》。1957年1月，他向国会提出所谓的艾森豪威尔主义，许诺向任何要求援助抵抗共产主义侵略的中东国家派遣军队。

艾森豪威尔最显著的特点是在协调各方面关系上极具才能，他以坚定、镇静而又平等待人的态度赢得了广泛的信赖和支持。他还善于发现人才，所以蒙哥马利、巴顿、范佛里特等一大批名将，都能为他所用。艾森豪威尔是个戎马半生、战功卓著的美国总统，1961年退休后，他定居葛底斯堡农场撰写回忆录，先后出版了《授权变革》《争取和平》等书籍。

第二次世界大战中"三巨头"同时相中了他

——马歇尔

在历史上，绝大部分获得较高军衔和职位的将领、指挥官，都是通过驰骋沙场换来的，然而在第二次世界大战中，同时被罗斯福、丘吉尔和斯大林"三巨头"看中的乔治·卡特利特·马歇尔，却是一个特殊的例子。他未曾在沙场上拼杀，仅仅凭借一支笔在作战图上指挥，就获得了美军五星上将的至高荣誉。

马歇尔于1880年12月31日出生在宾夕法尼亚州尤宁敦，17岁开始在维吉尼亚军事学院学习，在这里他练就了坚忍不拔的品质，并取得了优异的成绩。

1917年美国向德国宣战，正式加入协约国。马歇尔参与的是对法作战，主要的任务就是观察前沿阵地的军事情况，检查部队的部署和士气的起伏，基本上都是一些后勤工作。但他也一丝不苟地执行这些任务，直到德国战败才得以回国，但之后一直担任的是低级军官，这让马歇尔非常不服气。为了充实自己的生活，马歇尔决定去参与野战部队。期间，马歇尔还在本宁堡步校当过教官，他非常重视学员的培训，培养了大批优秀的军事将领。这为日后马歇尔的作战指挥提供了宝贵的经验。

第二次世界大战前夕，罗斯福总统任命马歇尔为陆军参谋长。在第二次世界大战爆发后，美国持观望态度，没有立刻参战。但马歇尔更具有预见性，认为美国迟早会被卷入战争，目前支援英国也只是在赢得备战时间。在整个第二次世界大战过程中，马歇尔积极出谋划策，主张首攻目标应该是德国，然后才是日本，这个策略使得美国取得了第二次世界大战的胜利。

1941年12月8日，日军偷袭珍珠港，美国正式卷入战争。1942年初，美英两国开始负责北非战场的对德作战，马歇尔担任指挥官，首先进行了军队的整顿,然后开始指派将领,展开战役。然后他开会讨论具体的作战方案,选择登陆地点。英美盟军为实施"火炬"计划做好了充分的准备,最终成功登陆,随后对德军发动了猛烈的攻击。

在战争过程中,马歇尔充分体现了其作为一名参谋长的权利,任人唯贤,知人善用,大胆起用了一批年富力强的优秀军事人才,比如艾森豪威尔、乔治·巴顿、奥马尔布莱德雷以及马克·克拉克等。这批人在战场上表现出色,取得了丰硕的战绩,为英美盟军战胜德国立下赫赫战功,这也相当于回报了马歇尔的知遇之恩。最终,英美盟军在进行了为期5个月的战斗后,又集中优势兵力发起对德军的猛烈进攻,分别攻占了突尼斯城和比塞大港,大败德军。1943年英美首脑开会制定进攻西欧的方案,最终决定在法国北部诺曼底地区登陆,并于次年6月取得了诺曼底战役的胜利。

马歇尔说:"真正伟大的将领能够克服一切困难;战斗、战役无非是一系列克服的困难而已。一个真正的将领是不论困难如何艰苦,都能够展现才华,转败为胜。"正是在马歇尔的英明指挥和旗下优秀将领的配合下,使得美国在第二次世界大战中最终获胜。

第二次世界大战期间,马歇尔得到了总统罗斯福、英国首相丘吉尔和苏联主席斯大林的一致认可,三国首脑都非常看重这位指挥官。丘吉尔给马歇尔写的信中说道:"在这些殚精竭虑的岁月中,我对您英勇精神和宏伟魄力始终怀有钦佩之情;正是您这种精神的魄力,使得您共渡艰危的战友们获得真正的慰藉,而我希望自己能被公认为您的这些战友之一。"

马歇尔的另一项值得提及的是"马歇尔计划"。它是在第二次世界大战结束后,美国帮助欧洲的复兴计划。这个计划是1947年6月5日,他在哈佛大学发表演说时,第一次提出的,后人便称之为"马歇尔计划"。他指出,第二次世界大战后,欧洲经济受到重创,濒于崩溃;各国物资,尤其是粮食和燃料极其缺乏,主要依靠进口,同时各国的支付能力在第二次世界大战中也被削弱,这必然导致欧洲出现严重的政治、经济危机。由于美国在第二次世界大战中受到的影响较小,还有能力去支援欧洲国家。

马歇尔这样的分析非常有道理,于是就积极呼吁欧洲国家联合起来,制订经济复兴计划,美国则提供一定的物资援助。同年7月至9月,欧洲16国为其所动,各国代表齐集巴黎,开会商讨马歇尔计划的可行性。随后,各国同意按照这个计划,建立了欧洲经济合作委员会,制定了与美国合作的方案。次年4月,德国也接受了美国的《对外援助法案》,这标志着"马歇尔计划"的正式实施。马歇尔计划实施期间,欧洲经济迅速复苏,援助计划非常成功,西欧各国经济的联合,也为后来的北大西洋公约组织和欧洲经济共同体的建立打下了基础。

马歇尔一生功勋卓著,为世界反法西斯战争和世界和平事业做出了很大的贡献。

太平洋战场美国第10军司令

——史迪威

约瑟夫·华伦·史迪威,是美国西点军校最年轻的学员之一,毕业之后被授予少尉军衔,随后在菲律宾服役。史迪威与中国,尤其是与国民政府渊源较深,曾多次到中国,担任过第二次世界大战期间盟军在中国战区的司令,以及美国驻华军区司令等职,是一位出色的军事战略家。

1918年初,史迪威参加第一次世界大战,奔赴法国战场,在美国远征军总司令部和第4军做情报工作。第一次世界大战之后,史迪威分别在伯克利加利福尼亚大学和北京华北协和语言学校学习汉语,并担任驻华语言军官。他在中国生活长达13年,十分了解中国。他非常佩服中国人民吃苦耐劳和顽强奋斗的精神,而他自己的性格也是十分倔犟。

史迪威多年来,对中国各地进行考查,在抗日战争爆发后,他负责搜集情报,考察战况,向美国报告战争进展。1941年12月太平洋战争爆发后,史迪威被调到华盛顿，参与制订北非战场的"体育家"作战计划，随后出任美国远征军司令。1942年3月，他被委派到中国重庆，任盟军中国战区参谋长和中缅印战区美军司令，随后赴缅甸作战，而这是他第5次来华。

1943~1944年，史迪威指挥缅甸战役。期间中美盟军和中国民众浴血奋战，打通了由印度利多经缅北密支那至中国云南的国际交通线。公路通车之后，这条生命线与驼峰航线一起从印度运送军用物资到中国抗日战场，还在这条公路的沿途铺设了一条输油管道，为中国乃至世界反法西斯战争的胜利做出了卓越的贡献。为了纪念史迪威将军，以及他领导下的盟军和中国军队对缅甸战役的巨大作用，这条公路被称为"史迪威公路"，并于1945年1月顺利通车。

1945年6月，史迪威出任第10集团军司令，参加了太平洋战场的冲绳岛战役。冲绳岛位于日本本土和中国台湾之间，在日本本土防御中具有重要的战略地位，被称为是日本的"国门"，因此冲绳岛登陆战就被称作"破门之战"。

美军为了掌握整个琉球岛的海空权，建立进攻日本的军事基地，于是选取了冲绳岛进行登陆。日军立马做出反应，企图以海空军粉碎美国太平洋舰队一主力，为陆地的本土保卫战争取宝贵的时间。美国也部署了强大的兵力在此一役上，史迪威所在的第10集团军担任的则是登陆的重任。

日军虽然顽强抵抗，发动数十次反攻，均未能改变盟军成功登陆。到6月22日，美军突破了日军最后的防线，战役结束。9月，史迪威在"密苏里"号战列舰上和日本签署投降协议，还主持了琉球岛的受降仪式。

史迪威具有令人敬重和羡慕的才干，他既能指挥军队作战，也能进行良好的外交工作。曾有人评价道："史迪威的中国使命无疑是把难度最大的外交工作放到了一位战时职业军人的肩上。"

"美国空军之父"

——阿诺德

阿诺德于 1886 年在美国出生，他是美国著名军事院校西点军校的毕业生。他的军旅生涯最为卓越的贡献就是对美国拥有独立的空军发挥了巨大作用。正因为此，他获得了"美国空军之父"的称号。

阿诺德虽然毕业于美国陆军军官学校，也就是西点军校，但是他的个人经历使得他逐渐认识到空军在未来战争中的重要作用，这也促使他将自己毕生的精力贡献于美国空军事业。

阿诺德在西点军校毕业后曾在菲律宾服役，服役归来他进行了飞行的学习。这段飞行学习的经历使得他有幸成为美国最早一批的飞行员，也使得阿诺德开始了他的飞行事业。学成之后，阿诺德曾先后出任陆军航空队队长、司令等职。担任这些职位以来，一方面，阿诺德对于飞行事业有了更深的认识，尤其是在空军的重要性方面，阿诺德凭借他的军事才华敏锐地发觉，空军在未来战争中的重大作用。他认为，空军所发挥的巨大作用是陆军和海军所无法比拟的，尤其是在科技越来越发达的未来社会。在这种认识的基础上，阿诺德一直坚持航空兵应该成为一种独立的军种。阿诺德积累了丰富的实践经验，这为他日后在军队建设理论上的成就奠定了基础。

第二次世界大战爆发之后，阿诺德担任过陆军副参谋长和陆军航空队司令。在第二次世界大战中，阿诺德更为深切地体会到空军的重大作用。同时，他认识到要发展空军需要依靠先进的科学技术，对于科学研究高度重视，甚至视其为空军发展的第一要素。阿诺德对于空军重要性的更深层次认识，使得他更加努力地推进空军独立。终于，在 1947 年美国的空军成为一个独立的军种。

在第二次世界大战期间，阿诺德还为大战中的战略决策问题做出了巨大贡献，特别是在对敌进行战略轰炸方面的决策作用巨大。基于阿诺德在第二次世界大战期间的杰出表现以及他之前对于空军作用的富于远见的认识，更重要的是他为美国空军的独立和发展所做出的努力。

在 1949 年，阿诺德被授予美国空军五星上将军衔，这也是美国历史上第一位空军五星上将。

阿诺德的军事才华并不仅仅表现在战场上的决策方面，更为重要的是他对军队建设的远见卓识。

阿诺德对空军作用的正确认识自不待言，他在军队建设理论方面也卓有成就。对科学技术重要性的认识正是他军队建设理论的重要观点，并且还著有《全球使命》等军队建设方面的著作。

阿诺德是美国历史上一位杰出的军事家，他的杰出军事才能最主要的表现为他在军事上敏锐的预见力和准确的判断力。

可以说，美国空军得以独立和发展壮大，阿诺德功不可没，他是名副其实的"美国空军之父"。

"天佑美国，我佑美国！"

——麦克阿瑟

"天佑美国，我佑美国！"

——道格拉斯·麦克阿瑟

经常叼着大烟斗的道格拉斯·麦克阿瑟（1880~1964 年），美国著名军事家，五星上将军衔。第二次世界大战时期历任美国远东军司令，西南太平洋战区盟军司令；战后出任驻日盟军最高司令和"联合国军"总司令等职。

1880 年 1 月 26 日，道格拉斯·麦克阿瑟出生于美国阿肯色州的小石城。

其父亚瑟·麦克阿瑟是位职业军人，曾任旅长、菲律宾军事总督、美驻日使馆武官，回国后擢升为中将。他本应担任陆军参谋长，但因得罪总统而被委任普通军事职务，老麦克阿瑟认为，这是剥夺了中将的"传统权力"和"尊严"，他为此忿忿不平，不久便辞职还乡。

他可以说是启发麦克阿瑟成为军人的人，麦克阿瑟晚年曾说："我最早的记忆就是军号声！而这一切，都是我的父亲给我的，我的父亲不仅给予我生命，而且给予了我一生的职业道路。"

1903年，麦克阿瑟以西点军校第一名的成绩毕业，成绩是西点军校创办100年来最好的，总平均成绩超过98分，以较好成绩被任命为上尉。1919年，被任命为美国西点军校校长，是美国陆军史上最年轻的西点军校校长，后来麦克阿瑟被誉为"西点之父"，1937年，麦克阿瑟从军中退役。

第二次世界大战爆发后，为了建立"大东亚共荣圈"，日本加紧扩大其在太平洋的势力，美国在远东的利益受到严重威胁。美国政府在1941年6月任命远在菲律宾，业已退休的麦克阿瑟为远东陆空军司令、军衔中将。华盛顿政府的任命，唤起了这位将军的斗志，为了国家的利益，他再披戎装，走向战场。1941年12月18日，麦克阿瑟被授予美国陆军上将军衔。1941年12月7日清晨，日本海军的航空母舰舰载飞机和微型潜艇突然袭击美国海军太平洋舰队，在夏威夷基地珍珠港以及美国陆军和海军在欧胡岛上的飞机场的事件。太平洋战争由此拉开了序幕。

1942年2月2日，日本空军空袭菲律宾，麦克阿瑟负责指挥抵抗。由于麦克阿瑟判断错误和处置失当，驻菲律宾的美军轰炸机和战斗机大部被毁，空中防御能力丧失殆尽，再加上美菲军兵力有限，装备低劣而缺乏训练，根本无法抵挡日军的进攻，在败局几乎已定的情况下，美国军方为了避免麦克阿瑟被俘，命令他撤离菲律宾。但他回电说："深深感谢把我及其家属列入撤退名单，但他们和我均决定与守军共存亡。"为了让这位固执的将军离开菲律宾，1942年2月22日，罗斯福总统亲自下令："任命麦克阿瑟为西南太平洋盟军司令，立即赴澳洲上任。"3月11日夜，麦克阿瑟在从科雷吉多尔登上鱼雷艇离开了菲律宾，临行之前他发誓说："我将会回来的。"

到了澳洲后的麦克阿瑟立即举行记者招待会，他说："美国总统命我突破日军防线，从柯里矶多来到澳洲，是为了组织盟军对日本的反攻，其主要目的在于解放菲律宾。我现在来了，而我还要回去。"

麦克阿瑟神奇地逃离柯里矶多，一时间成为人们谈论的重要话题，一夜之间他似乎成了"巴丹英雄"。一个月后，菲律宾全境沦陷，9万美军被迫向日军投降，麦克阿瑟的手下爱将温莱特将军和英军司令亚瑟少将同时被俘。这是美军历史上规模最大的一次缴械投降，更是麦克阿瑟军事生涯中最惨痛的一次失败。日军占领菲律宾后，继续南下，向澳洲逼近。

巴布亚新几内亚是澳洲的门户，麦克阿瑟决定要在这里挡住日军，1942年7月中旬，日军分两路向巴布亚新几内亚进发。8月，日军在米尔恩湾登陆，但遭到美国空军攻击和地面部队顽强抵抗，经过一周激战，日军因伤亡巨大而退出战斗。这是日军在登陆战中第一次遭到溃败，在记者招待会上，麦克阿瑟告诉记者："澳洲要得救，关键在于巴布亚新几内亚，我在巴布亚新几内亚一定要进攻，进攻，进攻。"

1943年5月，美军开始向阿留申群岛的日军发起攻击，在这场阿留申群岛之战中，两万美军进攻2500名日军，虽然全歼对手，但美军却付出了549人阵亡，3500人受伤的沉重代价。日本陆军坚固的防御工事和顽强的作战作风，让美军吃了很大苦头。人们开始担心，偌大一个太平洋上，日军占领的岛屿不计其数，如果都按照阿留申这么打，恐怕还没打到日本本土，美军自己就要被消耗光了。

为了减少美军在登岛作战中的伤亡，麦克阿瑟发明了著名的"蛙跳战术"。这是麦克阿瑟的新战略，他自称是"隔岛跃进"，即绕过已被孤立的日军向前推进，力图占据更多基地。

在这一战略下，麦克阿瑟的防线向前推进了1300海里，没有经过多少激烈的战斗切断了13.5万日军兵力，使他们完全失去了得救的希望。

1944年10月，美军从日本人手中夺回了菲律宾。10月20日，在菲律宾雷特岛的海滩上，站满了翘首以望的人群，人们都想争睹麦克阿瑟的风采。时近中午，麦克阿瑟乘登陆艇出现了，他满面笑容地站立在甲板上，嘴上悠然地衔着那著名的玉米秆烟斗，肩上的5颗将星熠熠生辉。到了浅水区后，他急不可耐地跳下登陆艇，从没过腰部的海水中走向岸边，一踏上岸便振臂高呼："胜利的彼岸，我们到了！"这时天上下起了倾盆大雨，有人为他打伞被他拒绝了，他站在雨中发表了讲话："菲律宾人民，我，美国陆军五星上将道格拉斯·麦克阿瑟回来了！"

这是麦克阿瑟煞费苦心计策划的杰作，第二次世界大战期间的盟军中，美军的道格拉斯·麦克阿瑟将军好大喜功、爱出风头，尽人皆知，但即使对此而颇有微辞的同僚，也不得不佩服他擅长表演，马歇尔将军这样说过："如果脱下军装换上戏服，麦克阿瑟会成为一代名优。"

为了唤起菲律宾人民同日军斗争，麦克阿瑟通过无线电发表了讲话："菲律宾同胞们！我回来了，我们的军队重新踏上了这块我们两国人民以鲜血奉献的神圣国土。为了你们的家园，为了你们的生活，战斗吧！"讲话一遍又一遍播送着，回响在菲律宾的上空。10月27日，麦克阿瑟在塔克木举行了一个简单仪式，宣布建立菲律宾政府。为了祝贺，他的部下熔化了美、荷、澳的钱币（象征他统帅过这些国家的军队）铸成两枚五星勋章，别在麦克阿瑟的领口上。从那以后，麦克阿瑟被称为"菲律宾的解放者"，菲律宾军队为纪念他，每次集合点名时，由一名中士大声喊："麦克阿瑟"。然后全体军人答："精神犹在！"

1945年8月15日，日本天皇发表诏书，向全世界宣告日军将向盟国投降，1945年9月2日10时许，尼米兹上将的座舰"密苏里"号的甲板上，麦克阿瑟以盟军总司令的身份主持了日军投降仪式！舰上本来悬挂的是美国海军上将尼米兹的将旗，但麦克阿瑟坚持要把他的将旗也悬挂上去，这在美军历史上是首次，在人类的历史上恐怕也是唯一的一次——两面旗帜在同一根桅杆上并肩飘扬。美国国歌《星条旗永不落》奏毕，日、美、英、中、苏的代表依次在日本的投降书上签署，这个场合的签字笔具有特殊的历史意义和很高的文物价值，应该是独一无二的，可谁也没料想，麦克阿瑟居然一把掏出了5支派克金笔，他首先签下了自己名字的前四个字母Doug，把第一支钢笔赠给了温莱特将军，然后换了第二支钢笔签下las，回头赠给了身后的亚瑟少将，接着再用第三支钢笔签下了自己的姓Macarthur，这支钢笔赠给了美国国家档案馆收藏，最后两支钢笔签下了他的官衔盟军总司令，分别赠给了他的母校西点军校和爱妻。

1945年8月12日，杜鲁门总统任命麦克阿瑟为驻日盟军总司令，负责对日军事占领和日本的重建工作，麦克阿瑟就此被日本人视为太上皇。1950年7月8日，麦克阿瑟出任朝鲜战争中联合国军总司令。在朝鲜战场上，这位威名赫赫、身经百战的五星上将一出手就让全世界为之喝彩，一个仁川登陆就扭转了朝鲜半岛的战局，但在随后与中国人民志愿军的交手中，他实在是大丢面子，情急无奈之下竟说出要对中国使用核武的话，美国政府怕这位口无遮拦的五星上将把祸惹大，1951年4月，杜鲁门总统撤销了他所有的职务，在国会会议之前的告别演说中，麦克阿瑟神情黯然地发表了著名演说——《老兵永不死，只是渐隐去》。

1952年6月25日，美国国会为了表彰他的功绩，破例通过一个决议，批准为他专门制造一枚金质特殊荣誉勋章，这面勋章上面镌刻着他的肖像和以下文字——澳大利亚的保卫者，菲律宾的解放者，日本的征服者，朝鲜的捍卫者。麦克阿瑟戎马一生，最后的自我总结是——"在错误的时间，同错误的对手打了一场错误的战争！"

希特勒最为宠爱的将领

——隆美尔

1944年7月20日，斯陶芬贝格刺杀希特勒失败后，德国掀起了一股汹涌的清洗浪潮，由于密谋集团成员中许多人的立场并不是很坚定，因此出现了很多临阵叛变者，结果越来越多的军官和同情者被逮捕、枪杀或投进监狱，密谋组织中的成员霍法克中校，因为害怕一死，就想抬出两位元帅作为自己的护身符，于是在党卫军保安处的地下室里，霍法克说出了隆美尔和克鲁格两位元帅的名字。

隆美尔是第二次世界大战中德国最负盛名的将领，也是希特勒最为宠爱的将领，稍对世界军事史有了解的人都会知道他那个著名的绰号——"沙漠之狐"，由于他在北非沙漠战场的一系列惊人战绩和德国媒体和盟国媒体的疯狂宣传，他在世时就已成为一个具有传奇色彩的军人和德国人崇拜的偶像。希特勒面对这样的情报，沉重地叹了口气，对党卫军头子希姆莱说："克鲁格参加密谋集团我是相信的，但我想不出隆美尔有背叛我的理由啊！这份名单的来源可靠吗？"希姆莱说："应该是可靠的，它是反革命集团的骨干之一，霍法克中校主动供出来的，我们并没有用刑，此人招供无非就是想让我们留下他的一条命。"

8月12日，密谋刺杀希特勒的主谋之一，并在成功后准备接替总理职务的卡尔·戈台勒被捕，装有密谋集团的文件、声明和所谓的同伙名单的文件箱落入希姆莱手中。希姆莱惊奇地发现，在名单中赫然写有隆美尔和克鲁格的名字。于是，希姆莱草拟了一份还未逮捕的密谋分子的名单，隆美尔自然在其中，而且名列第5位。希特勒很快拿到了这份名单，他现在相信这位爱将的确参与了谋杀自己的阴谋集团，但他也知道，此时的隆美尔正在医院里养病，他是因为到西线视察而被敌人的飞机炸成重伤，因此希特勒再次叮嘱希姆莱，要他等到隆美尔身体恢复健康后再审问他，并且不要声张，最后希特勒怜惜地说："我相信他一定是受蒙骗的。"1944年9月末，希特勒最信任的心腹马丁鲍曼在从元首大本营发出的一份印有"帝国秘密事务"字样的呈文中报告，隆美尔曾说："暗杀成功后他将领导新政府。"这份文件意味着对希特勒最喜欢的隆美尔将军作了死刑判决。

1944年7月17日，隆美尔乘坐的汽车遭到盟军飞机的猛烈射击并受了重伤后，就一直躺在医院里。他对这背后的活动一无所知，一个星期后，他仍然无法写出自己的名字，没有办法，只好自己口授，而请护士小姐给她作记录，这样才给他的妻子写了信，后来，隆美尔的伤势渐渐有了好转，医生批准他可以回家疗养了，刚刚回家的那一段时间是隆美尔最高兴和最温馨的一段日子。但是，并没有过多久这样的日子，一天下午，他爱人露茜的妹夫汉斯慌张地来到隆美尔的家里，并告诉他说："戈台勒已经被捕了。"隆美尔听了摸不着头脑地问："戈台勒？我不认识他，怎么，这和我有什么关系吗？""从他那里搜出一张名单，与你有关系。"汉斯紧张地说，"另外，还有一张字条，说你是西方敌人所尊敬的唯一军人，革命之后———就是刺杀希特勒后，必须由你来掌权，你看这……"隆美尔差一点摔倒，他知道，自己已经被牵连到这场事变中去了。他曾经与刺杀希特勒的密谋分子有过来往，但那只是答应他们同西线的盟军接触，实现停火，以避免德国被苏联人占领，并不知道这些人还有要刺杀元首的阴谋，但是现在，他似乎已经没有解释的权力了，当隆美尔被逮捕时，他抱着最后一线希望问：希特勒知道这个决定吗？当得到肯定的答复之后，他绝望了，他知道他已经成为密谋集团的替罪羊。

1944年10月14日，纳粹德国陆军元帅隆美尔被希特勒以叛国罪下令处死于乌尔姆附近的赫林根，由于隆美尔在北非战役中的辉煌战绩，曾经给德国带来过巨大荣誉，他被告知可以选择服毒自杀，并在柏林给予国葬。隆美尔服从了———这也是他生命中的最后一次服从，这样他的家庭将免受牵连，也不会继续深究和他以前共事过的人员。当晚，德国对外发布公告，隆美尔因突发脑溢血不幸逝世，希特勒虚伪地向隆美尔的遗孀表示哀悼，并为隆美尔安排了国葬，陆军元帅格尔德·冯·伦德泰特在悼词中高度评价道："他的心属于元首。"

关于隆美尔是否真的参与了刺杀希特勒的计划，即被希特勒定为叛国罪的问题，历史上普遍的看法是他没有直接参与，也没有同意刺杀希特勒，因为他在听说希特勒遇刺时感到了无比的愤怒，他觉得"死希特勒可能比活希特勒更有危险"，所以，就在刺杀希特勒的前三天，隆美尔还乘坐敞篷车视察诺曼底前线。

埃尔温·隆美尔生前已经是传奇人物，有关他的书籍比任何一位德国国防军将军都多，德国非洲军团的士兵把他们的首长称作"沙漠之狐"。他的座右铭是："不论到哪儿都要走在最前面。"希特勒的宣传部长约瑟夫·戈培尔把他塑造成"人民元帅"；英国首相温斯顿·丘吉尔十分崇敬地评价隆美尔说："他是个冷静狡猾的敌人，一位伟大的将军。"在第二次世界大战的璀璨将星中，能做到生前显赫，死后殊荣不断，特别是被敌对双方都认可的，唯有隆美尔一人而已。

"人民的儿子"

——伏罗希洛夫

伏罗希洛夫全名克里门特·叶弗列莫维奇·伏罗希洛夫，苏联领导人，著名的政治家、军事家和国务活动家，1935年受衔苏联元帅，曾两次获得苏联英雄称号。伏罗希洛夫于1881年1月23日出生在乌克兰赫涅耶镇的一个铁路工人家庭，父亲叶费列姆·安德列耶维奇是一名铁路巡道工，母亲玛丽姬·瓦西里耶夫娜是个农家女子，常以打短工的繁重劳动来补贴贫寒的家庭生活，伏罗希洛夫童年时期生活贫困，直到13岁才进入一所乡村学校读了两年冬季补习班，1895年从这所学校毕业后，他还渴望继续读书，但在当时这只是一个梦想。

1903年，伏罗希洛夫到卢甘斯克的加尔特曼机车制造厂做工。在加尔特曼机车制造厂，加入了俄国社会民主工党。这个共产主义组织是与列宁分不开的，从此，伏罗希洛夫就把自己的命运同列宁领导的党永远联系在一起了。此后，伏罗希洛夫秘密地在工人中开展革命活动。曾多次被捕，遭到监禁和流放。1906年，伏罗希洛夫在彼得堡邂逅斯大林，不久，伏罗希洛夫与斯大林在布尔什维克巴库市委成了同事。1917年俄国"十月革命"前夜，他按照列宁的指示，加强了矿区工人的工作，在工人中建立了赤卫队。积极参加"十月革命"，11月，伏罗希洛夫担任彼得格勒委员，从事肃反委员会的组织工作。

在1918年外国武装干涉和国内战争时期，他已被任命为第5集团军司令，指挥两个军和由莫罗佐夫军区与顿涅茨克军区居民组编的部队。在这里，他指挥的部队不仅对入侵乌克兰的德奥军队进行了有组织的抵抗，而且与顿河哥萨克白军苦战了三个月，伏罗希洛夫在保卫苏维埃共和国和建立红军方面，做出了杰出的贡献，有"红色元帅伏罗希洛夫"之称。

1918年察里津保卫战期间，身为察里津前线司令的伏罗希洛夫坚定地和斯大林站在一起，不买当时的军委主席托洛茨基的账，斯大林调离后，托洛茨基解除了伏罗希洛夫的职务，贬为乌克兰内务人民委员，福祸相依，伏罗希洛夫从此与斯大林成了"亲密战友"。

在军事思想上，伏罗希洛夫和骑兵出身的布琼尼一样，认为大批骑兵部队机动灵活而且威力巨大，苏联红军必须组建一支相当规模的骑兵集团军，当布琼尼向中央提出这一建议时，他表示完全赞同。1919年11月，伏罗希洛夫被任命为第一骑兵军的军事委员。

伏罗希洛夫是个很注重仪表的人，在苏共第十次党代会上，伏罗希洛夫将刚刚获得的两枚红旗勋章精心佩戴在笔挺的军服上出场，不料却遭到列宁的讥讽。在列宁看来，一个党员在党代表大会上炫耀自己的荣誉，是一种"恶劣行为"。不过，这种做派在列宁逝世后却成了时尚，人们都争相效仿，伏罗希洛夫更是佩戴着越来越多的奖章，出现在各类正式或非正式场合，成了最耀眼的元帅。在这个时期，在许多公开的活动中，伏罗希洛夫常常与斯大林并排站在红场观礼台上，成为苏联领导人中令人注目的人物，而且伏罗希洛夫和斯大林的私交甚好，可以享受到经常出入斯大林的别墅，与斯大林一起打猎等难得的礼遇，让别人羡慕不已。

从 1924 年起，伏罗希洛夫就任莫斯科军区司令，与伏龙芝等人一起参与领导了苏联的军事改革。1934 年，他升任陆海军人民委员和苏联革命军事委员会主席，此后又担任了 6 年苏联国防人民委员，为加强苏军建设花费了大量心血，1935 年 11 月被授予"苏联元帅"军衔。

进入 30 年代后，随着红军管理和技术装备的日益复杂化、科学化和机械化，年轻的、才华横溢的图哈切夫斯基元帅被安排成了他的副手。图哈切夫斯基元帅在那个时期被人们誉为"红色拿破仑"，是苏联杰出的现代派军事家，有着超前的军事思想，相比之下，工人出身的伏罗希洛夫显得明显不足了。

但政治是复杂的，图哈切夫斯基元帅在 1937 年的苏联大清洗中被处决了，在那场大清洗中，苏联的 5 名元帅被处决了 3 个，而伏罗希洛夫安然无恙地度过了那场令苏军高级将领损失惨重的大清洗运动。

1941 年 6 月 22 日苏德战争爆发，苏联武装力量统帅部成立，伏罗希洛夫成为大本营成员，直接参加了粉碎德军进攻的组织工作。先后担任国防委员会委员、西北方面军总司令和列宁格勒前线司令等职。但由于他对战争的认识在一些方面仍停留在骑兵时代，对当代战争中的新情况认识不足，事实已经证明伏罗希洛夫跟自己在军事机关中所担任的职务完全不相称，斯大林选了一位年轻许多的军事长官铁木辛哥来取代他。

布琼尼在回忆录中讲述了当时撤换伏罗希洛夫的过程，那是 1942 年"五一"阅兵式结束的当天晚上，政治局委员和高级军官们都聚集在斯大林的别墅等候节日的盛宴，斯大林致开场白："有一个人，人们都叫他钢铁人民委员，你们知道我说的是谁吗？是伏罗希洛夫！这样吧，让我们请他来领导整个国防工业，也就是，满足部队的全部需要。而国防人民委员这个职务我们请铁木辛哥来担任。"

斯大林任命伏罗希洛夫来领导新建的、专门负责军工生产的国防委员会，显然他想把伏罗希洛夫从军队中退役这颗苦果变甜一点。伏罗希洛夫在其一生的军事生涯中，曾荣获 8 枚列宁勋章，6 枚红旗勋章，以及苏沃洛夫一级勋章和许多苏联奖章。1935年11月20日，苏联首次授予5名苏军将领元帅军衔，伏罗希洛夫是这5名元帅之一。1920年，他获得革命荣誉武器——带镀金刀柄的、刻有红旗勋章的军刀。

1969年12月2日，伏罗希洛夫在莫斯科逝世，享年88岁，遗体被安葬在克里姆林宫墙下。伏罗希洛夫在他的回忆录《生活的故事》的前言中写道："我不信上帝，但我感激自己的命运。因为降临我头上的那条道路，正是我有幸走过来的道路。再也没有比工人和革命士兵的事业更崇高了。"苏联人民称他是——"军队的统帅"和"人民的儿子"。

胜利的象征

——朱可夫

"带着刀剑来的人必将被刀剑杀死！"

——苏联元帅朱可夫

1945年5月19日，就是在莫斯科红场举行了世界反法西斯胜利阅兵式，200面德军军旗被抛在列宁墓前，朱可夫骄傲地骑着白马检阅了苏军。如今走到红场附近的马涅什广场，你一抬头，就能看到一座雄赳赳、气昂昂的青铜的朱可夫元帅骑马雕像，屹立在红场上的莫斯科国家历史博物馆正前方。雕像上的朱可夫身着戎装，精神抖擞地挺立着，身体离开马鞍傲然前视。这是一个胜利者的身姿，象征着一个胜利的民族。

格奥尔基·康斯坦丁诺维奇·朱可夫的墓碑——约30厘米长的黑色大理石上简单地刻着"朱可夫 1896-1974"。它既没有列宁墓那么壮观，也没有斯大林等人的墓碑那样精致，甚至有些简陋。但每逢卫国战争胜利纪念日到来之际，俄罗斯领导人、参加过那场残酷战争的老战士以及普通百姓，都会向朱可夫雕像敬献鲜花，表达对这位伟大民族英雄的敬意。

朱可夫出生于卡卢加州斯特列尔科夫卡村一贫苦家庭，朱可夫曾在莫斯科学徒，并于1915年应召进入沙俄军队骑兵团，第一次世界大战之中，朱可夫曾因作战勇敢两次获得圣乔治十字勋章，并被提升为军士，十月革命后他加入了布尔什维克。在一次遭遇战中，他是100人对2000人并且坚守了阵地7个小时，得到斯大林的赏识。在随后的岁月中，由于他出众的才能，到1939年时，已升职为白俄罗斯特别军区副司令员。

1939年9月，日军在哈拉哈河地区进行武装挑衅，远东形势紧张。朱可夫被任命为驻蒙苏军第1集团军司令员，指挥对日作战。他在短时间内成功地组织和实施了哈勒哈河战役，以伤亡9000人的较小代价，取得歼敌5万余人的巨大胜利。在这一仗中，朱可夫初露锋芒，表现出他高超的指挥才能和组织能力。

1940年春，朱可夫奉召返回莫斯科，苏联政府颁布命令，提前授予朱可夫大将军衔。几天后，斯大林亲自接见了朱可夫，授予他"苏联英雄"称号，随后被任命为苏军总参谋长。

这是朱可夫第一次见到斯大林，20年后朱可夫对此回忆说："斯大林的外表，他那低沉的声音，对问题深刻和具体的分析，渊博的军事知识，听取报告时那样聚精会神，这一切都给我留下了深刻的印象。"

1941年6月22日，德军入侵苏联，苏德战争爆发，战争初期苏军溃败，身为苏军总参谋长的朱可夫签署了要求苏联红军立即组织反击的命令，但没有效果。德军长驱直入后，锋芒指向乌克兰的首府基辅。7月29日，朱可夫建议斯大林放弃基辅，全力保卫莫斯科，斯大林答道："真是胡说八道，基辅怎能放弃给敌人？"朱可夫忍不住反驳："如果你认为我这个总参谋长只会胡说八道，我请求解出我的职务把我派往前线。"斯大林决定解除朱可夫的总参谋长职务，派他到前线担任预备队方面军司令员。两个月后，西南方面军被德军合围于基辅地区，斯大林这时才认识到朱可夫的主张是正确的，但是为时已晚，西南方面军70万苏军被围歼，基辅陷落。

朱可夫在担任预备队方面军司令员后，率领该方面军在叶利尼亚地区成功实施了叶利尼亚反击战，粉碎了德军的先头部队，稳定了当地的战线。这是开战以来苏军取得的第一次重大胜利，极大地鼓舞了苏军的士气和斗志，受到斯大林的嘉奖。

1941年9月，在德军包围列宁格勒，形势岌岌可危之际，朱可夫受命出任方面军司令。他一跨进斯莫尔尼宫，当即中止了正在研究撤退方案的会议，毫不留情地撤换了两个集团军司令，逮捕和处决了一些擅自撤退的军官，并迅速拟定了守城计划，朱可夫坚决压制了"列宁格勒万一守不住怎么办"的思想，他只提出了一个口号"后退就意味着枪毙"。朱可夫率领列宁格勒方面军与波罗的海舰队协同作战，有力地阻止了德军的进攻，粉碎了希特勒妄图夺取"十月革命的摇篮"的迷梦。

1941年9月，德军统帅部制订了"台风"作战计划，要在入冬前攻下莫斯科，希特勒在给各部队的命令中说："进行最后一次打击的条件终于成熟，这一打击应在冬季到来前致敌于死命。"10月7日黄昏，朱可夫奉命飞抵莫斯科，斯大林决定将保卫莫斯科的西方面军和预备队方面军合并，由朱可夫统一指挥。10月10日，朱可夫被任命为新整编的西方面军司令员。当时斯大林曾心情沉重地对他说："朱可夫同志，请你以一个党员的身份如实地回答我，莫斯科能守得住吗？"朱可夫表示："毫无疑问，我们能够守住莫斯科！"

上任后的朱可夫立即着手在莫斯科近郊以西建立起坚强的防线，顶住了德第4集团军的正面强攻，使德军精疲力竭，锐气丧尽。当寒冬来临之际，苏军对疲惫不堪的德军发起强大的反攻，迫使德军败退，取得了莫斯科保卫战的胜利，德军不得不改闪击战为持久战。

1941年11月1日，斯大林问朱可夫，形势是否允许莫斯科举行十月革命节阅兵式，朱可夫作了肯定的回答。11月7日清晨，红场上举行了隆重的阅兵仪式，全副武装的红军威武地走过红场，直接开赴前线。这次阅兵式向世界宣告，莫斯科是不可战胜的，苏军必将打败法西斯侵略者。

12月6日，朱可夫指挥西方方面军从莫斯科南、北两面发起了强大反攻，在一周内，朱可夫彻夜不眠，以非凡的毅力顽强坚持指挥作战。10天后，苏军将德军赶出了加里宁、克林和耶列茨。为防止出现兵败如山倒的局面，希特勒命令前线部队不得后撤而坚决死守，直到最后一兵一卒、一枪一弹为止。此役是德国发动第二次世界大战以来所遭受的第一次惨重失败。苏军在莫斯科会战的胜利，宣告了希特勒"闪击战"的破产，扭转了苏德战场的形势，给苏联人民和各国人民以巨大的鼓舞。

1942年8月，斯大林任命朱可夫为最高副统帅，赶赴斯大林格勒前线督战。在分析了斯大林格勒的形势后，朱可夫先组织苏军积极防御使敌疲劳，然后会同华西列夫斯基制订了庞大的反攻计划，最终使斯大林格勒地域的30万德军被围歼，这一战成了苏德战争的转折点，从此苏军渐渐地夺得了战场上的主动权。1943年1月18日，斯大林格勒会战后，朱可夫被授予元帅军衔，紧接着他又指挥了列宁格勒破围战和库尔斯克会战，都取得了极大成功。可以说，在苏联的卫国战争中，朱可夫就是斯大林的"救火队员"，哪里危急，他就被派到哪里去——从列宁格勒到莫斯科，从莫斯科到斯大林格勒，从斯大林格勒到库尔斯克，一直到最后攻占柏林。朱可夫指挥了卫国战争中几乎所有重大战役，获得了崇高威望，被誉为苏联的"军神"。斯大林在1945年5月的一次庆祝宴会上说："祖国和党永远不会忘记苏军部队指挥员们在我们卫国战争中所起的作用，这些赢得胜利、拯救祖国的将军们的名字，将永远铭刻在这些战场上树立的记功碑上。在这些战场中，有一个战场特别重要，这就是苏联首都莫斯科大会战的战场，朱可夫同志的名字将作为胜利的象征，不可分割地和这个战场联系在一起。"

朱可夫善于运用丰富的实践经验训练军队，具有组织指挥大军团作战的卓越才干，在训练与作战中深入实际，作风果断，深得官兵拥戴。他所组织指挥的重大战役，较好地体现了苏联的军事学术原则，朱可夫在军事上的成就，已成了苏联军事学术的宝贵财富。朱可夫在苏联卫国战争中的杰出贡献，使他作为与库图佐夫、苏沃洛夫相提并论的俄罗斯民族英雄载入史册，他已成为战场上胜利的象征。正如艾森豪威尔所赞颂的那样："有一天肯定会有另一种俄国勋章,那就是朱可夫勋章,这种勋章将被每一个赞赏军人的勇敢、眼光、坚毅和决心的人所珍视。"

1974年7月18日,一代名将朱可夫元帅溘然长逝,享年78岁。他的大型青铜塑像被竖立在莫斯科红场附近的马涅什广场,为人类作出巨大贡献的英雄,人民是不会忘记的。

"世界上最杰出的骑兵统帅"

——布琼尼

被列宁称为"世界上最杰出的骑兵统帅"谢苗·米哈伊洛维奇·布琼尼,1883年4月25日出生在罗斯托夫州科久林村,家境穷苦,一贫如洗,所以他的童年生活特别艰苦,尝尽了生活的辛酸。布琼尼一生戎马,参加过两次世界大战和苏联的卫国战争,在苏联历史上留下绚烂篇章。

1903年,他应征入伍,当上了骑兵,最后成为人类历史上有名的骑兵将领。布琼尼随后在中国东北参加了日俄战争。

第一次世界大战期间,他曾在德国、奥地利和高加索战线打过仗。在察里津战役中,布琼尼用一个骑兵旅打得敌人落花流水,表现出了骑兵指挥员的才干。

俄国二月革命后,布琼尼备受推崇,得到斯大林的赏识,开始受到重用,在骑兵连扶摇直上。随后,布琼尼结识了伏龙芝,这个人的出现对他的世界观和人生道路的选择产生了很大的影响。

在苏维埃政权建立之后,布琼尼担任巩固政权的重任,同时凭借对军旅生活的热爱,开始组建骑兵游击队,发展成为苏联的第一支骑兵军,布琼尼也成为斯大林在红军中最信赖的将领之一。随后,他担任了苏军第1骑兵集团军司令,是苏联国内战争的得力干将,他的部队被称为"拳头"部队。

1919年底和1920年初,红军向邓尼金的军队发动总攻,却在高加索被击溃,红军第一骑兵集团军被重创。最终,1920年,第一骑兵集团军在布琼尼的带领下彻底消灭了弗兰格尔白卫军,胜利地结束了国内战争。

内战结束后,布琼尼积极投身到红军的建设中,尤其注重骑兵的建设和训练。1941年,希特勒发动侵苏战争,他作为苏联最高统帅部成员之一,作战指挥,参加了保卫莫斯科、基辅和高加索等重大战役。

1941年7月开始,布琼尼指挥西南方面军在乌克兰与德军交战。在乌曼战役中,德军取得了很大的成功,苏联大部分装甲部队被消灭。西南方面军在布琼尼的指挥下,留守基辅,此时的德军决定调集集团军向南推进,与德国的南方集团军在基辅合围苏军。这合围之势使得布琼尼措手不及,没有办法突围,致使苏军士兵被德军的火炮、坦克和飞机围歼。基辅防御战造成苏军150万人损失,成为军事史上最大的战败之一。9月,斯大林解除了布琼尼的指挥权并以谢苗·铁木辛哥取而代之。

虽然基辅会战苏军损失惨重,但是为莫斯科保卫战争取了宝贵的时间,同时苏军也从中吸取了战败教训,为后续的莫斯科保卫战和斯大林格勒战役的取胜提供了经验。尽管布琼尼对苏军在第二次世界大战中的一些战役的失利负有责任,但他仍然得到斯大林的信任而免于被惩罚。

布琼尼退休时被授予了"苏联英雄"的称号。

伏龙芝曾高度评价了骑兵第1集团军的作用,说道:"在我们的军队里,没有其他部队能够这样充分、这样鲜明、这样深刻地在他们自身和他们的行动中反映出国内战争的全部特点、整个红军的性质,它的历次战役将永远以光辉的篇章载入骑兵史册。"但是布琼尼也深受骑兵神勇观念的影响,对战争的认识没有与时俱进,所以在第二次世界大战中的表现并没有取得大家认可的战绩。

布琼尼是苏联历史上的一位传奇人物,也是一位杰出的骑兵统帅。20世纪五六十年代是布琼尼人生最辉煌的时期,一生所获的三次苏联英雄称号都"集中"在这20年里,同时还有颁给他的各种其他勋章。

布琼尼90年的人生中有70年是在军队里度过的，他参加过包括两次世界大战在内的多次重大战役，屡建奇功，备受人们推崇。

他还认真研究总结了几次大型战争的经验，参加多卷集《苏联国内战争史》的编写工作，还著成了《骑兵兵团战术基础》《红色骑兵文集》等军事著作，给后世留下了宝贵的知识财富。

"20世纪的马汉"

——戈尔什科夫

戈尔什科夫出生于1910年2月26日，全名谢尔盖·格奥尔基耶维奇·戈尔什科夫，曾出任过苏联海军总司令、苏联国防部副部长，并获得"海军元帅"的称号。同时，他也是一位优秀的军事家，是苏联现代海军的创始人之一，提出了"海军强国"的理论，并被誉为"现代的马汉"。

1927年，戈尔什科夫参加了苏联海军，随后就读于伏龙芝海军学校，并在该校毕业后，参加过战舰培训班的进修。1932年开始，他就历任护卫舰舰长、驱逐舰舰长和驱逐舰支队长等职，获得了丰富的海上航行和舰队指挥的实践经验，为其后来海战中的卓越表现打下了坚实的基础。

1941年苏联卫国战争开始后，戈尔什科夫随黑海舰队参战。8月初，德国的古罗马尼亚集团军企图夺取苏军黑海舰队的敖德萨基地，并对其发动了猛攻。苏军随即进行空袭予以反击，然而这并没有阻挡住德国古罗马尼亚集团军的推进，苏军防线被攻破。随后，德国古罗马尼亚集团军切断了苏军的空中支援，对敖德萨市区形成围攻之势，苏军被逼上绝路。

然而，在戈尔什科夫的指挥下，苏军第一批部队在格里戈里耶夫卡成功实现登陆，这间接支援了敖德萨防御地域的部队发起反突击。

然而在德国古罗马尼亚集团军重炮的攻击下，苏军的防御显得极其脆弱，最终德军攻占乌克兰,并切断了苏军的运输线,苏军惨败。随后,戈尔什科夫调任亚速海区舰队司令,取得了刻赤—费奥多西亚登陆战役的胜利。

1942年夏,戈尔什科夫带领区舰队给予高加索地区兵力支援,成功打退德军的攻势。随后,苏军撤退到新罗西斯克,这给戈尔什科夫率领的区舰队创造了进入黑海的有利战机。7月,德军从顿河下游发动对苏联的进攻,苏军被迫向东、向南撤退,高加索地区受到严重威胁;8月,戈尔什科夫率先进驻新罗西斯克,3个月后开展了高加索会战。戈尔什科夫指挥苏军实施了5次防御战,牵制和消耗了德军的战力,迫使德军转入战略防御。到1943年初,苏军整装待发,在空军的掩护下,发动对德军的反攻,德军步步败退,苏联取得了高加索会战的胜利。

1943年,苏军发动"夏季攻势",戈尔什科夫率领区舰队在敌军侧面和后方进行了多次战役,起到了牵制敌军、支援其他方面军作战的作用。9月,为了阻止敌军通过海路撤走其部队和装备,他下令让登陆兵去抢占了奥西片科港。1944年8月,为了摧毁德军的雅西—基什尼奥集团的势力,使古罗马尼亚退出战争,苏军发动了对德军的第7次进攻。戈尔什科夫充分利用有利的地势和敌军的弱点,在雅西—基什尼奥战役中击溃了德军的防御,转变苏德战场的形势。

第二次世界大战结束后,戈尔什科夫于1948年完全掌管了黑海舰队。从1956年1月开始,他一直担任苏联国防部副部长兼海军总司令。他的一生历经了赫鲁晓夫、勃列日涅夫、安德罗波夫、契尔年科四代苏联领导人的统治时期。在戈尔什科夫的任职期间,他对苏联海军的现代化发展产生了巨大的影响。他非常重视战略导弹潜艇和远程航空兵的建设,同时还注意各类海军兵种的均衡发展,最终把苏联海军从一支单纯的海上防御力量发展成为一支能够执行各种艰难作战任务的"远洋导弹核海军"。他主张用现代化舰艇和技术来装备海军,且加强海军的训练,使其随时处于高度的警觉备战状态,能够随时应对各种突发事件。

20世纪70年代,戈尔什科夫组织了苏联海军两次特大规模的军事演习。

此时正值美苏冷战时期，戈尔什科夫谋划着苏联如何与美国争夺海上霸权地位。随后，他提出苏联应该采取"远洋进攻"的战略。

之所以称戈尔什科夫是军事家、"现代的马汉"，主要是因为他把军事战略思想写成了很多著名的军事理论著作，如《海军学术的发展》《战争年代与和平时期的海军》《国家的海上威力》等。美国前海军部长小约翰·莱曼曾毫不掩饰地评价戈尔什科夫说："作为个人，我对戈尔什科夫的才能很为敬佩，苏联海军能发展到今天，是他天才般的领导才能的结果。"

1988年5月13日，戈尔什科夫去世，享年78岁。

末路战神

——曼施坦因

"战争在你认输之前就还有希望。"

——埃里克·冯·曼施坦因

弗里茨·埃里希·冯·曼施坦因，在第二次世界大战中，被认为是德国防军中"最优秀"的将领，他的战略思想深邃而可怕，他所策划的每一次战役几乎都是杰作，总是令对手惊慌失措，胆战心惊。他是那种能够将现代观念和传统的运动战思维巧妙地融为一体的专家，同时对于各种战术运用自如。曼施坦因具有极高的战略天赋，这使得他高于德军其他战场指挥官，事实上他在当时就被同僚认为是德军中的"战略天才"，这在将星云集的德国军界是极高的荣誉，英国军事理论家利德尔·哈特评论说他："对作战的可能性独具慧眼。"

曼施坦因1887年出生于柏林的莱温斯基家族，原名埃里希·冯·列温斯基，生父爱德华·冯·莱温斯基是西普鲁士的一名贵族、炮兵上将，曾任军长，埃里希·冯·列温斯基是他第10个孩子。不久，埃里希·冯·列温斯基被过继给姨父曼施坦因中将，改称为弗里茨·埃里希·冯·曼施坦因。20世纪20年代初，曼施坦因和林茨的一位军人世家的女子结婚成家，1939年4月1日，曼施坦因晋升为中将，开始担任龙德施泰特将军指挥的德军南方集团军司令部参谋长。他得以一鸣惊人出人头地的展示自己的军事才能，是始于希特勒那个就进攻西欧诸国的"黄色计划"。

1939年10月19日和29日，陆军总司令部根据10月9日的希特勒指令而制订颁发了"黄色计划"，曼施坦因在深入研究"黄色计划"的内容和全面分析作战双方的情况之后，认为黄色计划有模仿"施利芬计划"之嫌，难以出奇制胜。曼施坦因主张突破点应从地形复杂却能出敌不意的阿登地区实施主攻，挥师直指索姆河下游。

曼施坦因的构想简单明了，击中要害。它针对盟军的战略部署，出其不意的反主攻方向从北方的B集团军群转到A集团军群。但因为这就要求主攻装甲部队穿越密林覆盖的阿登山地，而当时坦克部队从来没有尝试过在这种地形前进。而且突破之后主攻部队的南侧翼完全暴露，这是一种冒险，赌的就是法军主力已经在北方穷于应付，南方则被钉死在马其诺防线，没有实力攻击A集团军群暴露的南翼。

曼施坦因的大胆构想受到了陆军总部的压制，他本人也被调离参谋部去步兵38军担任军长，然而就在他动身之际，转机出现了，在希特勒接见这批新上任的军长时，他的意见终于有机会反映到"元首"面前了。希特勒最欣赏的就是冒险，对他这个大胆的构想一拍即合。他开始了好运，从此因这一计划的巨大成功而成为了一代名将。德军总部按曼施坦因的构想重新制订了入侵法国计划，这个作战方案后来被西方军事专家称为"施利芬-曼施坦因计划"。按照"施利芬-曼施坦因计划"，德军集中使用装甲部队穿越阿登森林，然后迅速占领马斯河的桥头堡，并向东进攻迂回马其诺防线，很快地将法军切断在北部。"欧洲的头号军事强国"只一个月就溃败了，法兰西战役的迅速胜利无疑要部分归功于"曼施坦因计划"的出奇制胜。这位名将的好运并没结束，幸运总是光临有准备的人，曼施坦因以其杰出的军事家的才能，在接下来的苏德战争中大展才华，又创造了接二连三的奇迹。

1941年2月，曼施坦因任新组建的第56装甲军军长，准备入侵苏联。1941年6月22日至26日，苏德战争爆发后，曼施坦因指挥的装甲军向苏联境内纵深推进了320千米，攻占了多纳河上的桥梁后，几乎就冲进了列宁格勒，这为他赢得了"闪电伯爵"的称号。

9月12日，曼施坦因被任命为南线（克里米亚）德军第11集团军司令并兼管罗马尼亚第三集团军。他的集团军成功地向南推进进入克里米亚，以10万人俘虏苏军士兵43万，因功勋卓著被晋升为德军陆军元帅。

1942年7月下旬，第11集团军被转到北线，加入到北方集团军群。8月，曼施坦因负责指挥德军进攻列宁格勒。这一时期，曼施坦因建立的军功可以用"辉煌"二字来形容。

德军在斯大林格勒战役惨败后，整个南线部队向西退却，似乎到了山穷水尽的地步。苏军还在步步紧追，灭顶之灾即将来临。曼施坦因抓住战机，于1943年2月19日开始了一场哈尔科夫反击战，一举为德军夺回了战役主动权。此次反击被举世闻名的历史学家利德尔·哈特誉为"曼施坦因一生中最精彩的作战表演，在全部的军事史中，也要算是一流杰作"。

曼施坦因已经成为希特勒心中的福将，哪有危急就把他派到哪去。平心而论，"曼施坦因计划"是兵家的典范，在列宁格勒、克里米亚、哈尔科夫他也确实干得不错！此外，他还写了一本很好的军史书籍——《失去的胜利》。

1942年底，曼施坦因受命去解救斯大林格勒被包围的德第6集团军，他指挥的顿河集团军群于12月12日发动进攻。到12月24日，救援的德军部队离斯大林格勒仅有50千米远。但随后苏军制订了周密而毒辣的作战计划，投入了强大的反击兵力，曼施坦因的顿河集团军群被无情的阻挡住了，并被迫后撤了200千米，最终导致了德军元帅保罗斯被俘和第6集团军的覆灭。

1943年春天，曼施坦因积极倡导和策动了库尔斯克战役，希特勒患得患失地相信了曼施坦因，希特勒的这一决定完全是基于对曼施坦因的无限信任和对胜利的无限渴望。重燃信心的希特勒在库尔斯克开展了战略大反攻，库尔斯克战役中面对严阵以待、力量对比悬殊的苏军，进攻的德军遭到灾难性的巨大损失，形势迫使希特勒终于做出决定，调回了曼施坦因的几个装甲师。

1944年1月4日，在拉斯腾堡，曼施坦因在要求允许其南翼部队后撤而遭到希特勒拒绝之后，便开始批评希特勒对东线战争的指导并要求机动作战的自由，遭到希特勒的再次拒绝。总体来看，曼施坦因擅长于组织计划周密的进攻战，但是防御战中他却浪费了过多的兵力且有过较为重大的失误，希特勒曾指责曼施坦因应对南方集团军群的恶劣处境负责。

1944年3月，希特勒最后一次召见曼施坦因，在这次接见中，希特勒给予了曼施坦因一项殊荣，武士铁十字勋章上佩戴了希特勒送与的宝剑，但随即用莫德尔接替了曼施坦因的指挥权。这位元帅从此开始了疗养的生活，这是他的不幸，但也是转机，这次离职使得曼施坦因避免了东线的凶险战火，可是对于一位统帅来说这又是一种莫大的悲哀。第二次世界大战结束后，曼施坦因被判以18年徒刑，但是因病在1953年就被释放了。66岁的老元帅从英国回到了德国艾申豪森，度过了晚年。

单纯以军人的角度看待他就不难发现，曼施坦因完全执行了军人的义务，以人道的角度看待它，他除了战争罪别无他错，曼施坦因的光辉和黯淡印证了纳粹的历程，当曼施坦因走向末路的那一天来临时，纳粹的丧钟也就敲响了。

英国人认为曼施坦因对战术、战役、战略都有自己比较成熟的观念，由于参与制定了进攻法国等完善的作战方案，他在德国享有"伟大战略家"的声誉是说得过去的，美国人认为曼施坦因是德军在第二次世界大战中最优秀的野战部队司令，《中国军事百科全书》认为曼施坦因善于集中使用装甲部队，强调速战速决，出奇制胜。1955年，曼施坦因出版了自己的战争回忆录——《失去的胜利》，直到1973年6月11日在西德巴伐利亚州的艾申豪森去世，他念念不忘的还是这场最后失去胜利的战争，这就是末路战神——曼施坦因。

德国装甲兵之父

——古德里安

"只有能在任何条件下当机立断、大胆行动的人，才能取得胜利。"
——德国陆军上将古德里安

在第二次世界大战的欧非战场，德国装甲兵的坦克曾一度创下令世人瞩目的骄人战绩，追溯这一战争往事，人们不能不想到被敬誉为"德国装甲兵之父"的一位人物，他就是德国装甲兵总监海因茨·威廉·古德里安陆军一级上将。古德里安于1888年6月17日出生于东普鲁士的维斯瓦河畔赫翁诺城的一个军官家庭里，1914年毕业于军事学院，第一次世界大战时在骑兵部队中任职，战后服役于国防军。这期间他同果斯拉尔的一个医生的女儿结了婚，生有二子，都像他一样当了军官。30年代初古德里安开始研究坦克作战理论，他认为坦克是在战略上具有决定作用的武器，提出了集中使用坦克作战的思想。

家庭的传统和普鲁士的军事传统对古德里安的性格和世界观的形成有很大的影响。对他来说，这些传统就是力尽天职、服从、责任感和事业心。他坚持的观点是，士兵要完成官长交给的一切任务，而官长在遇有涉及士兵的生命、健康和福利的事情时，要竭力维护士兵的利益。他一生都是按这条原则办事的。

古德里安是第二次世界大战期间德国坦克部队的创建者，著名陆军战术"闪电战"的创始人。从军事角度来看，他过人的军事素质，出色的军事指挥艺术，对世界军事历史产生了重大影响，与曼施坦因、隆美尔被后人并称为第二次世界大战期间纳粹德国的三大名将。

古德里安提出的"闪击战"核心是："以具有强大突击和机动能力的快速机械化进攻部队，集结大量作战飞机和机械化程度较高的重炮，以向装甲兵提供迅速炽密的火力支援，形成一种无坚不摧的突击力量，并产生令人胆战心惊的震撼，使敌人在惊愕中丧失斗志，使敌崩溃而非全歼敌军，由后续部队完成清剿溃散敌军"——进攻愈迅猛，伤亡愈小。

希特勒的上台为古德里安的实践提供了最广阔的场所，1939年9月德军进攻波兰时，古德里安率领的第19装甲军作为德北方集团军群的开路先锋，在空军配合下实施高速度大纵深的推进，仅用35天便吞并了波兰。他因此而成为远近闻名的"闪击英雄"，获得了由希特勒授予的二级铁十字勋章。1940年5月，德军开始闪击西欧，他指挥所属坦克部队以破竹之势向前突进，使德军在不到两个月内就征服了荷、比、卢、法等西欧国家，再次显示了坦克"闪电战术"的威力。"我没有时间俘虏你们，放下武器从道路上滚开，免得挡路。"——他是闪电战之父古德里安。

1940年7月，古德里安晋升为一级陆军上将，1941年5月，古德里安升任第二装甲集团军司令，苏德战争爆发后，他的果敢前进再次震惊世界，他与霍斯的第3装甲集团军成了决定性的突击力量，在5个月内，连续进行了几个有名的合围歼击战，即明斯克战役、斯摩棱斯克战役、基辅会战和维亚兹马会战，直逼莫斯科城下，古德里安因此获得了一个"飞毛腿海因茨"的绰号。但到了1942年冬，古德里安这个"飞毛腿海因茨"再也飞不动了，在苏联的严冬中，严寒冻结了坦克的汽车的燃料，凝滞了润滑油，身穿夏衣的德军官兵在寒风中瑟瑟发抖，每个团因冻伤而减员者都超过500名。

12月4日，亲临第一线的古德里安不得不放弃毫无希望的进攻行动，作出自己自战争以来第一次的撤退决定，鉴于严酷的现实，德中央集团军群总部也向古德里安发出了"立即结束图拉战斗"的命令，无坚不摧的"飞毛腿海因茨"古德里安再也见不到了，新的古德里安成为一个极力主张退守的将军，古德里安于12月20日飞返东普鲁士求见希特勒，力陈己见，因极力建议将部队撤往冬季防线，休整再战而惹恼了希特勒，12月6日，古德里安被撤职，编入预备役，过了一年多闲散生活。

1943年2月，希特勒在斯大林格勒遭到惨败之后，又重新起用古德里安，任命他为坦克兵总监，让其负责装甲部队的发展、组织和训练。在与他进行的单独的谈话时，希特勒还特意在自己的书桌上摆放了古德里安在战前所写的著作和文章，以显示自己对古德里安的重视。古德里安出任装甲兵总监后不久，反希特勒的秘密组织就正式接触了古德里安，希望能邀他一同参加谋反行动，但古德里安认为他们的谋反行动方案就像空中楼阁一样不可靠，因此谢绝加入，但古德里安也没有向秘密警察揭发谋反组织的行动。

古德里安是一名真正的军人，他不愿意卷入到政治中去，诚如古诗中所说的："他们不研究为什么的理由，只是埋头工作和视死如归。"任何国家的军事组织都不能够违背这条规律。当军人们开始对于他们为什么而战的理由表示怀疑的时候，这支军队不久就会崩溃了。

在任装甲兵总监期间，古德里安组织研制出了德国著名的"虎"型和"豹"型坦克，并进行大量生产和装备部队，但是在库尔斯克坦克大会战中，德军又以惨败告终。他为之付出全部心血的德国坦克"闪击战术"，终于彻底破产。

1944年7月，谋杀希特勒的事件败露后，与此事无关的古德里安出任德国陆军总参谋长。但这时德军的失败已成定局，第三帝国大厦将倾，已是独木难支。他这个陆军参谋总长的权力仅限于东线战场，而所谓的陆军参谋总长，不过是东线战场的总传令兵而已，他对战争最后几个月的形势发展已经不再起作用。当别人问他为什么要接手这个毫无意义的差事时，他回答说："军人应该服从命令，尤其是当时东线战场的情形已经糟糕到不可收拾的地步，为了挽救数百万德国军民的厄运，我也非跳入火坑。"1945年3月，他因力主停战而再次被解职，因为他的爽直使他成为最高统帅部里"碍事"的人物，从此转入预备役。5月10日，古德里安在慕尼黑家中被美军俘虏，作为战俘被关押在纽伦堡监狱。苏联想起诉他的战争罪行，但西方盟军没有接受。纽伦堡国际军事法庭以古德里安在第二次世界大战中,只是战争的执行者,而没有虐待战俘和屠杀无辜平民的罪行,未将他列入战争罪犯,古德里安被关押了3年后,1948年将其释放。

古德里安是德国闪电战的倡导者,是杰出的装甲兵战术家,也是一位天才的军事参谋和军队指挥官,他精心创建了德国机械化部队,超时代地提出了坦克作战理论。他正直勇敢、果敢坚定,有强烈的责任感和事业心,关心士兵的利益,坚持认为指挥官应该在第一线指挥作战,同时也是为数不多的敢于面对希特勒专横的高级将领之一,被后人称为"德国装甲兵之父"。

古德里安上将于1954年5月14日逝世,许多旧友为他送了葬,墓地就在他初任军职时的果斯拉尔。这位坦克战专家虽然到底没有挤进元帅的行列,但他为法西斯德国称雄一时所起的作用以及所负盛名,并不亚于纳粹德国26位元帅中的任何人。他的肖像至今仍挂在德国的装甲兵军营中。

"狼群之父"

——邓尼茨

卡尔·邓尼茨(1891~1980年),纳粹德国海军元帅,德国潜艇部队奠基人,著名军事家、统帅。第二次世界大战时期曾任德国海军总司令、纳粹德国总统兼武装部队最高统帅。

1891年9月16日,邓尼茨出生于柏林近郊的格林瑙镇。母亲早逝,父亲是工程师,总是督促他努力学习,并注意培养其学习兴趣。1910年4月,邓尼茨在魏玛高中毕业后,便参加德国海军,先在"赫尔塔"号巡洋舰接受舰上训练,后考入弗伦斯堡—莫威克海军学校。1912年秋天毕业后,分配到"布雷斯特"号巡洋舰任候补军官。他在巡洋舰"布雷斯特"号上实习时,获得了初步的军事经验。第一次世界大战爆发后,邓尼茨晋升中尉,9月被调回德国并派往潜艇部队服役。

虽然是第一次接触潜艇，但他立即迷上了这种新型海战武器，从开始在潜艇部队服役起他就始终关注潜艇的发展，潜心钻研潜艇作战战术，直至1918年10月4日因潜艇沉没而被俘。1919年7月，他从英国的俘虏营被遣返德国之后，立即回到海军继续服役。

1935年，希特勒在磨刀霍霍准备战争，德国潜艇部队重新组建，邓尼茨担任了这支以一战时著名的潜艇英雄威丁根命名的潜艇支队的支队长。这时，他开始将筹划多年的潜艇"狼群战术"投入训练。到1939年9月战争爆发时，"狼群战术"已十分完善了。邓尼茨主张击败英国的关键在于切断其海上交通线，以经济战来击败海上强国英国，而最适合执行这一战略任务的莫过于潜艇。根据他的这一战略思想，邓尼茨提出了建立300艘潜艇规模的具体要求，但直到第二次世界大战爆发时，他才总共拥有57艘潜艇，其中只有22艘是适宜远洋作战的大型潜艇！用他自己的话说："这点兵力，只够刺一下英国人！"但他仍指挥这点兵力，投入了战争！

多艇集群攻击，则是邓尼茨的发明，这一战术酷似狼群的捕食，因此被邓尼茨形象地称为"狼群战术"。第二次世界大战伊始，邓尼茨便率领德国海军以"狼群战术"称霸大西洋，猖狂一时，致使盟军商船遭受巨大损失，后勤补给线遭到严重破坏。邓尼茨也因为"狼群战术"的成功而成为希特勒最得力的干将之一。"狼群战术"与古德里安的"闪电战"并称为纳粹德国军队的海陆两大"法宝"。

1939年9月1日，纳粹德国入侵波兰，第二次世界大战全面爆发。9月3日，英国对德国宣战，在海上则对德实行封锁。然而，英国政府宣战的话音未落，邓尼茨的U-30号潜艇即大开杀戒，把英国客轮"雅典娜"号送入了海底，"雅典娜"号客轮成了邓尼茨"狼群战术"猎杀的第一个目标，德国潜艇随即倾巢出动，向英国舰船全力攻击。尽管邓尼茨的潜艇数量不多，但仍创造出了耀眼的战绩，9月17日，U-29号潜艇击沉英国"无畏"号航空母舰。10月14日，U-47号潜艇潜入斯卡帕弗洛英国海军基地，击沉"皇家橡树"号战列舰，在此阶段，德军共击沉盟军运输船只近400艘，邓尼茨因此晋升为海军上将，就任潜水舰队总司令。

邓尼茨具有狼一样的性格，寡言残忍，意志坚强。在第二次世界大战中，他放出的"狼群"肆虐于大西洋和地中海，几乎断送了大英帝国的命运。英国首相丘吉尔在战后的回忆录中仍心有余悸地写道："战争中，唯独使我真正害怕的是德国潜艇的威胁！"

太平洋战争爆发，美国参战后，德国潜艇的活动范围又扩展到美国海岸及加勒比海一带，战火烧到整个西半球。邓尼茨发起了一场针对美国的"击鼓战役"，12月16日，第一批5艘潜艇悄悄驶离了比斯开湾的基地，开往美国的东海岸。"山姆大叔"太麻痹了，虽然报纸上天天画有邓尼茨和德国潜艇的狰狞漫画，还刊有英国船队遭受袭击的悲惨消息，但那是在欧洲水域，和美国大陆隔着一个大西洋。美国人可能忘了，既然宣战，就是敌人，既是敌人，就有面临攻击的危险。他们更想不到，就在纽约港口外不远的水下，五只"野狼"正贪婪地盯着自己的猎物。"U1-133"的艇长哈尔德根少校怎么也不相信自己的眼睛：摩天大楼上的霓虹灯喷红吐绿，自由女神铜像也被灯火装饰得大放异彩，一艘艘商船前挤后拥，进进出出，所有的航行灯都亮着。"天哪，这哪像战争，我怀疑他们是不是已向德国宣战！"哈尔德根后来写道："潜艇在这里作战，根本不需要什么战术，只要你会按那个鱼雷发射按钮！"

哈尔德根带领他的5艘潜艇，从纽约港南下，昼潜夜浮，大打出手。美国这块大陆自南北战争以来，已有80年与炮火硝烟绝缘，德国潜艇的袭击才使它的居民亲身感受到战争的存在。

面对德国"狼群"的肆虐，美英盟国积极努力，新的反潜手段不断出现。1943年后，美国强大的经济、军事潜力开始发挥决定性作用，大量的护航舰船下水服役，特别是利用商船改装了近百艘专用的护航航空母舰，立体反潜代替了平面反潜。实践证明，飞机是潜艇的克星，这之后邓尼茨被击沉的潜艇中，8%损于飞机之手。

1945年4月,邓尼茨被任命为德国北方部队和民防司令。当时纳粹德国内部分崩离析,连戈林、希姆莱都在考虑退路,第三帝国要员中只有邓尼茨和戈培尔仍然真心效忠希特勒。4月30日,希特勒自杀,根据他最后的遗言,任命邓尼茨为他的继承者,邓尼茨成为即将崩溃的第三帝国唯一代表。

邓尼茨在普伦接到上述任命的电报和希特勒自杀的消息后,立即通过汉堡广播电台向全国发表文告,号召德国军民继续在东线负隅顽抗,暗地指示西线的德军向盟军投降,以使战后德国有更多的人口领土能继续保留在资本主义世界里。

值得一提的是,在邓尼茨宣布投降时,由他一手调教指挥的德国潜艇部队却拒绝放下武器。德国潜艇部队则根据邓尼茨从前制订的"彩虹计划",将224艘已上浮的潜艇全部凿沉,这是"狼群"的最后一次疯狂。

1945年5月8日,邓尼茨签署文件,宣布德国无条件投降,他本人于22日被盟军俘虏,以战争罪、违反人道罪判处10年有期徒刑。1956年,邓尼茨从施潘道监狱刑满获释后,定居在奥尔,赋闲在家,直到1980年病逝。1959年,英国海军大臣肯宁安海军上将曾这样评论他:"我们首先应该知道,当德国放弃了侵英计划之后,邓尼茨想出了什么绝招来征服我们。他那永不停息的战略,其要点就是以炸沉我们的商船为手段,达到慢慢葬送我们的目的。邓尼茨是继荷兰人德路特之后对英国最危险的敌人。"

被遗忘的骑士

——屈希勒尔

格奥尔格·冯·屈希勒尔(1881~1968年),德国最有骑士风范的陆军元帅之一。他在1939年时因为在其战区范围内帮助波兰人和犹太人转移而被免职,后在勃劳希契的要求下被复职。第二次世界大战时最高职务是北方集团军群司令，主攻列宁格勒方向，对苏军和城内居民造成了极大的伤害。1943年撤退时被再次免职，是第二次世界大战纳粹的主要战犯之一。

屈希勒尔于1881年生在格麦尔斯海姆附近的菲利浦堡。1900年加入达姆施塔特的炮兵部队。1901年任少尉。第一次世界大战开始时，屈希勒尔任炮兵连长，因作战有功而获一枚一等铁十字勋章，并晋升上尉。以后担任过步兵第206师首席参谋官，大战结束时为预备第八师作战科长。

第二次世界大战爆发时，屈希勒尔任新编第三集团军司令，属博克上将指挥的北方集团军群。1939年指挥第三集团军入侵波兰，波兰军队与屈希勒尔的集团军搏战非常激烈，特别是夜袭很成功，多次给德军以沉重打击，但是波军的武器装备却把他们的勇敢表现抵消了。他们用骑兵向德军坦克群展开的冲击不能阻止屈希勒尔强劲的攻势，华沙于9月27日宣布投降。10月1日，屈希勒尔因侵波战功"卓著"，获得铁十字骑士勋章和上将军衔。

就是在这个时候，身为德军第一线部队的作战指挥官之一的他，正在为其战斗部队的后方发生的滥杀犹太人的暴行表示非常不满，屈希勒尔反对希特勒对犹太人的屠杀政策，他认为这种行为玷污了德国国防军的声誉和威望。他曾在自己部队的控制区放过了不少波兰老百姓和犹太人，并向波兰境内的纳粹分子头目弗兰克提出抗议，要他对所犯屠杀罪行负责。这显示了他是一位传统意义上的普鲁士军人，一位真正的军人，为此屈希勒尔丢了官职。后因陆军总司令勃劳希契的要求而复职，被重新起用的屈希勒尔任第18集团军司令官，在西线入侵荷兰、比利时和法国的战役中，进攻的第一天，荷兰艾瑟尔阵地和佩尔防线就被屈希勒尔突破，他把荷兰军队赶到了瓦尔河对岸。但是，在格雷伯筑垒线，屈希勒尔打得却比较艰苦。荷兰守军很顽强，他们打退了德军的一次又一次进攻。屈希勒尔投入了大量的坦克进行冲击。13日，在德军空军的轰炸支援下，坦克部队才最后攻破了这一防线。德军第9坦克师在突破荷军佩尔防线后，接到屈希勒尔的命令，增援在"荷兰要塞"内进行激战的德军空降兵，该坦克师即迅速前往。因为荷军第一军已经撤至瓦尔河对岸，所以它一路上没有遇到任何抵抗，于5月12日晚，该师先遣分队到达穆尔代克，次日，该师由桥上冲过河，击溃了正向大桥反击的荷军轻装师，几乎将荷军这个师全部俘获，"荷兰要塞"被屈希勒尔成功地夺占了。屈希勒尔的部队以开战仅5天的时间，就击败了荷兰军队的抵抗，占领了鹿特丹，于5月14日接受了荷兰的投降。4天后，攻陷比利时的安特卫普，比利时政府在10天后的5月27日宣布投降。6月14日晨，屈希勒尔荣光的日子到来了，他率部跨过塞纳河后，趾高气扬地开进法国首都巴黎。德军整队穿过凯旋门时，屈希勒尔觉得这是他一生中最值得炫耀的一次辉煌。

1940年7月，屈希勒尔晋升上将，他的集团军转移至东普鲁士。1941年6月22日，德军向苏联发动了突然的进攻。勒布元帅的北方集团军群编制内的第18集团军，在屈希勒尔上将的指挥下，沿蒂尔西特的公路闪电般的向里加实施了主要突击。该集团军一路迅速地突破了几乎每一处苏军防御阵地，德军坦克第四集群横扫了波罗的海沿岸各国，肃清了波罗的海沿岸南部地区的苏联军队，德军第18集团军此时开始向列宁格勒挺进了。在随后的时间里，德军向列宁格勒的进攻一直进展不大。苏军的防守越来越坚固，而且在有的地段实施了频繁的反冲击，使德军不是被阻就是被击退。

第18集团军部队在其司令长官的严厉督令下，猛攻到列宁格勒的市南郊，使该市周围的战斗顿时非常激烈起来。德军坦克狂热地冲入苏军阵地，却被有大批工人支援和参加作战的苏军击毁了一辆又一辆，顽强的苏联士兵有的甚至拿着反坦克手雷与冲上来的德军同归于尽。屈希勒尔在望远镜里看到了这一切，他十分惊讶守军的作战精神和战斗能力，不得不承认对手的强硬。他向上报告说：以现在的战斗力量继续进攻列宁格勒，已不可能取得成功。

1942年1月17日，屈希勒尔接替勒布元帅，出任北方集团军群司令，负责围攻列宁格勒。虽屡次受挫，但仍于当年夏天跃升为元帅。1941年末至1942年初，苏军对德军实施了强大的反攻。击溃德军第18集团军对列宁格勒的包围，并对该集团军实施迂回进行反包围。屈希勒尔以现有的经受严峻打击的部队抗击住了苏军20倍优势兵力的猛攻，执行和实现了希特勒"一步不许后退"和"不惜一切代价坚守"的命令原则，因而受到希特勒的大加赞扬。1942年8月，在持久的夏季战斗过程中，屈希勒尔指挥的德军对苏军构成的合围圈已经缩小，也给了苏军以很大打击，并俘虏了苏军的弗拉索夫将军，后来这个苏联将军投降了德国人，用苏联战俘人员组建了"俄罗斯解放军"，这支人数众多，规模很大的俘虏军队充当了德国人的走狗，不但替德军服务，还在游击区疯狂的镇压自己的同胞。

1944年1月14日，苏军同时从北面和东面两个方向，向德军北方集团军群发动了进攻。在大量坦克和强击航空兵的支援下，苏军的攻势已经势不可当。苏军指挥员的战术让屈希勒尔顾此失彼，来势之猛烈使德军陷入浴血苦战之中，他以太少的兵力与占强大优势的苏军非常激烈地搏战了5天，终于没能挡住苏军的前进步伐。1月19日，苏军突破了德军的筑垒阵地。屈希勒尔曾坚决贯彻希特勒的命令原则，下令部队顽强战斗不许撤退。但在其部队付出了惨重代价后仍无望阻止苏军的突击时，他不得不下令留在丘多沃以北的陷于危险境地的德军部队，同第18集团军其他溃退部队会合撤出来。幸亏屈希勒尔撤出丘多沃地域德军部队行动的速度快，才避免了这些部队陷入苏军的合围圈。此时的屈希勒尔也成了一名坚决主张退却的将领了，他已顾不上希特勒怎么说了，他下令部队撤过了卢加河，企图在这里可以利用突然出现的解冻天气，长时间阻止苏军已经受到迟缓的推进。但这个集团军的兵力已不足，难以转入坚守防御，就在屈希勒尔正为如何加强第18集团军守卫力量犯愁的时候，却遭到同他的前任勒布元帅及许多资深而富有经验的陆军将领一样的命运，2月1日，他被希特勒给免职了。希特勒用莫德尔上将取代了屈希勒尔元帅。屈希勒尔以后再也没被任用。

解甲归田后的屈希勒尔拒绝了德军军官中反希特勒密谋分子的拉拢，并表示不愿反对希特勒，尤其是在战争状态下。当盟军占领德国之后，屈希勒尔被逮捕，并关入美军的俘虏营。1948年10月28日，他与勒布、施佩勒元帅及其他德军将领一起受审，最后以战犯罪被纽伦堡国际军事法庭判处20年徒刑。1951年，美国政府将他的刑期减为12年，1953年因病获赦，定居联邦德国，1968年5月25日这个能征惯战的纳粹元帅因病去世。

与魔鬼结盟

——施佩尔

希特勒从小就想去巴黎，但他只去过一次巴黎，在法国投降后的1940年6月28日，一共待了3小时，那是希特勒正志得意满的时候。他亲手创建的第三帝国西起大西洋，东到苏联边境，一洗德国1919年在凡尔赛宫所受的耻辱。希特勒的飞机于28日黎明前抵达巴黎布尔歇机场，出人意料的是，当时坐在他身边，和他一起体验这个军事胜利的伟大历史时刻的不是什么将军或纳粹党的领导人，而是他的两个私人建筑师——阿尔伯特·施佩尔与赫尔曼·盖斯勒，及其首席雕塑家阿诺·布雷克。

人们在谈论第二次世界大战中希特勒的手下时，知道最多的是戈林、戈培尔、希姆莱，以及军队中的将军和元帅，在希特勒众多的追随者和帮凶中，施佩尔以一个民用建筑师的身份被希特勒看中并提拔到纳粹核心领导集团，在政治中崛起之快、地位之高，是无人能及的；他比希特勒年龄小，相差达16岁之多，而与希特勒却成为至交，私交之深在整个纳粹领导集团中无人可及；他是一个建筑师，可是在希特勒让他担任战时军备部长的职务后，从没有工厂管理经验的他竟然采取一系列改革措施，极大地提高了纳粹德国军工厂的生产能力，为希特勒庞大的战争机器提供了物质保障；在希特勒被盟军打败败退本土，他下达了炸毁德国基础设施命令时，施佩尔却利用自己的地位和影响拼死阻止这些命令的执行；在希特勒穷途末路被困在柏林濒临死亡的时候，他又不顾自己的生命危险飞到即将陷落的希特勒驻地去看望他……。如果说希特勒能够有一位朋友的话，那么这个人就是阿尔贝特·施佩尔。

施佩尔于1905年出生在德国曼海姆一个富有家庭，父亲是这个新兴工业城市炙手可热的建筑师，他小时候酷爱数学，梦想成为数学家，但遭到父亲反对，于是决定跟随父亲和祖父的步伐，成为建筑师。他先后在卡尔斯鲁厄、慕尼黑和柏林攻读建筑，1927年获得了建筑师资格。

1930年12月5日是施佩尔人生的转折点，这天晚上，他遇见了希特勒。那晚，在一个叫"兔场"的啤酒馆里，希特勒向柏林的大学生发表演说。他在演讲中谈到艺术和建筑："人不能为了活着而活着。我们无法想象，在没有德国文化复兴的前提下，德国如何再次强大？"这番话触动了台下的施佩尔，他在回忆录中写道："当我第一次见到他时，他的吸引力就对我发生作用，此后再也没有把我松开……他那种德国南方人的魅力使我愉快地想起我的故乡。"随后，他申请加入纳粹党，并于1931年1月成为正式党员，党证号474481。

1933年3月纳粹上台之后，施佩尔受纳粹宣传部长戈培尔之托改建宣传部，施佩尔的组织才干受到希特勒的赏识，以后希特勒亲自指令施佩尔改建帝国总理府。

希特勒是一个喜欢效率而又缺乏审美的"艺术家"，在他流浪奥地利的年轻时代，有很多建筑梦，正如所有年轻人的想法一样，他的设计也是充满激情而又缺乏成熟感的普通作品，但随着纳粹掌权之后，元首却准备把他年轻时候不切实际的建筑作品付诸实践，去改变现有的德国建筑理念，这时他就需要找一个同他有相似风格的人来实践这个梦想，他找到了，施佩尔完美的体现了他的所有需求。

1933年1月30日，希特勒就任德国总理，施佩尔被戈培尔星夜召唤至柏林，他被告知，5月1日，成千上万来自各地的德国人将拥到柏林滕伯尔霍夫机场，参加纳粹党掌权后第一次大规模集会，施佩尔看到会场布置草图，马上自告奋勇设计一个更好的方案，因为原来的设计"既破坏了革命情绪，又伤害了建筑艺术感"。施佩尔的设计获得巨大成功，他在大型活动布置上的才能也开始为人所知。施佩尔第一个完整的作品是新的帝国总理府大厦，他把后哥特式风格和雅典的建筑风格融入到了这座新的大厦里面，称作"拟复古主义"风格。

多年来，希特勒一直梦想着为第三帝国修建一个不朽的首都，他需要一个能替他实现梦想的人。施佩尔就是这个人——年轻，有才华，又能无条件地迎合希特勒的建筑口味。在希特勒看来，施佩尔反映出希特勒想要看到的东西——艺术家的精神。于是，新的元首和他新的建筑师，首先开始了对柏林的翻修，欲将其打造成"日尔曼尼亚"。施佩尔后来在回忆录中这样写道："为接受建筑一所大厦的任务，我会像浮士德一样出卖自己的灵魂。现在我找到了我的靡非斯特。他的诱惑力似乎不亚于歌德笔下的那个魔鬼。"

1933年秋，年仅29岁的施佩尔成为了希特勒的首席建筑师，他的设计，经常使希特勒激动不已，并把完成这一规划当成他活着的唯一愿望。希特勒还经常带领他的亲信来参观，向客人做详细讲解。而施佩尔的父亲看过模型后，只是耸耸肩说："你们完全疯了。"

在很短的时间里，希特勒与比之年幼16岁的施佩尔间建立了密切的个人关系。施佩尔从此飞黄腾达。在纳粹德国的权力中心，施佩尔名列第五，前4位分别是：希特勒、希姆莱、戈林、戈培尔，但施佩尔与希特勒的私交远胜于排在他前面的几个人。在希特勒和爱娃聊私己话的时候，如果还能容进第三个人，那就是施佩尔。有一次宴会上，大家惊讶地看到，施佩尔披着希特勒那件缀着金质党徽的外套。"施佩尔每次到访，希特勒都异常兴奋，就如同与恋人相约。"一位希特勒的手下工作人员曾这样回忆，两人共同绘制图纸，制作建筑模型，常常通宵达旦。

1936年，希特勒正式将改造柏林的任务委托给施佩尔，同时转交的，还有他绘于20年代的一系列草图，包括两张铅笔素描——柏林大会堂和凯旋门。施佩尔自己却有独特的兴趣和目标，他对柏林进行了重新的规划和设计，他的宏伟的设计必须符合一个作为全欧洲甚至全世界唯一首都的地位，当然也必须是超越罗马和超越巴黎。

1942年，希特勒将另一项更重要的工作交给了施佩尔——德国军备和战时生产部长，帮助希特勒管理帝国经济。施佩尔的一切几乎都建立在和希特勒之间那种亲密的私人关系上，他当时在纳粹党里面资格很浅，可是希特勒选中他当帝国装备部部长，以供应战争所需的大量物资。在指导军备生产过程中，施佩尔创立了全面的"工业自行负责制"，使军备生产出人意料地飞速发展。有历史学家认为，战时的施佩尔对德国而言，在某种程度上比希特勒、希姆莱、戈林、戈培尔和那些将军元帅们更为重要，因为事实上是施佩尔在操纵战争这台巨大的机器。当美英盟军和苏军两面夹击、战争面临全面失败时，希特勒准备实行焦土政策，要全面毁坏德军丢失地区的工业设施。

施佩尔曾经有几次说服了希特勒不要这样做，阻止了对被盟军和苏军占领地区的全面破坏，为战后的重建工作准备了基础。但是施佩尔说服希特勒的方法也是一贯典型的说服独裁者的方法，即迎合他的心理，告诉他说德军很快会收复失地，这些地区的工业能力能够很快为德军所用。这种对于局势的乐观预期对于希特勒来说，意味着战争还没有失败，他还没有走到山穷水尽的地步。

施佩尔对于希特勒的感情是矛盾的。一方面，作为希特勒发现和栽培的建筑师、帝国军备和生产部长，作为希特勒政权的核心要员，作为希特勒的宫廷侍从的小圈子里的常客，他对于希特勒有感恩、效忠和迷恋的心理。他自称如果希特勒有朋友的话，他可以称得上是一个。

另一方面，作为一个现实的工业生产的组织者和意欲保全"民族生存基础"的"爱国者"，当他看到了希特勒在面临失败时的垂死挣扎会给德国民族带来的灾难，因此起意要刺杀他。仅仅因为偶然的原因，阻止了他去实施计划中的刺杀行动。

施佩尔在战争中的作用之大，以及在战争后期的行为之怪异，在纳粹高层领导集团中是绝无仅有的。施佩尔是一道难解的谜：究竟是无辜的"好纳粹"，还是希特勒这个混世魔王的大帮凶？他也是众多历史学家们为其在战争中罪行和作用争论不休的少有的纳粹战犯之一。

在纽伦堡军事法庭上，施佩尔因"战争罪和反人类罪"被判刑20年，在持续了10个月的审判中，施佩尔表现出非常积极的认罪态度，加上他的建筑师身份，以及在庭审中宣称自己在战争后期曾打算毒杀希特勒，被普遍认为是他身为一级战犯却获得轻判的原因。

无论是在建筑史还是战争史上，施佩尔都是个充满争议的人物，没有人能说清，那些冠以斯佩尔之名的建筑到底属于他本人，还是属于他身后的那个希特勒。

1966年施佩尔出狱，这是当时轰动世界的新闻事件，来自世界各地的记者将施潘道监狱围了个水泄不通，出狱后他先后出版了三本回忆录——均成为畅销书，他将80%的版税捐献给了犹太人基金，1981年9月1日，再次前往伦敦参加一次BBC访谈的施佩尔因心脏病突发去世。

"叼着雪茄的米老鼠"

——"小胡子将军"加兰德

纳粹德国空军中，王牌飞行员阿道夫·加兰德除了拥有104个击落战果和橡叶双剑钻石骑士十字勋章，还官至战斗机总监，军衔升至中将。战争末期，他还组建了最后的Me-262喷气式战斗机部队，与盟军鏖战。就是这位在英伦战役中令对手尊敬的王牌飞行员加兰德，在现实中却遇到了不可战胜的"敌人"——作为优秀的战士，他不得不和专制政客和煽动者斗争。最后他回到了自己升起的地方——战斗机的座舱，以中将军衔领导一支特殊的战斗机中队。

加兰德是一位优秀的德国空军指挥官，也是一位创下击落104架敌机的王牌飞行员，他在德国空军中享有很崇高的威望，被大家尊称为"小胡子将军"。他在29岁就担任德国歼击机部队司令，在他的指挥下，这支年青的部队创下了令人惊叹的成绩，德国的最高荣誉钻石双剑橡叶骑士十字勋章——

半为战斗机飞行员所得，第二次世界大战中德国战斗机飞行员击落百架以上的王牌高达 107 人，还有大批来自轰炸机部队的优秀飞行员。

加兰德，1912 年 3 月 19 日出生在威斯特法里亚一个叫威斯特赫尔特的小村庄，家里共有 4 个儿子，他排行第二，他的哥哥是个律师，两个弟弟也是德国杰出的飞行员，都先后战死在沙场上。他的父亲是一名私人地产登记官，为人公允但很严厉，他的妈妈很好，战争期间她一直祈祷他们的基地被大雾覆盖，这样他们就无法升空作战了。

加兰德少年时的梦想成为民航客机飞行员，16 岁时进入航空学校接受民航机飞行训练，经过 3 年的学习，他成为了一个不错的滑翔机飞行员，1933 年。他已经拿到了自己第一份飞行执照。此时的德国政府开始成立"黑色空军"，加兰德被"邀请"进入空军成为战斗机飞行员，在战斗机飞行员培训过程中，他接受的民用飞机飞行员课程帮了大忙。

1933 年夏天，加兰德中断了飞行培训，赴意大利进行军事实习，随后，他便进入汉莎航空公司担任飞行员。1934 年 2 月，年仅 21 岁的加兰德进入德累斯顿步兵学校学习，毕业后，加兰德少尉便可进入施莱斯海姆航空学校了，1935 年 4 月，阿道夫被调到第一三二战斗机连队。

1937 年 6 月，加兰德志愿即加入了在西班牙助战的兀鹰兵团——当时许多德国年轻飞行员都乐于加入"兀鹫军团"，同时期加入战斗的还有许多未来的王牌飞行员，如岗瑟·鲁佐，汉斯·昭特罗特，哈育·赫尔曼等，他们后来都成为未来德国空军中赫赫有名的指挥官。加兰德当时任第 88 大队第三中队中队长，西班牙内战期间他出击了 300 次，获得了西班牙黄金钻石勋章，这枚勋章在西班牙仅授出 12 枚，第三中队的队徽是米老鼠，米老鼠手里拿着短柄小斧和手枪，嘴里叼着雪茄，加兰德特别喜欢这个标志，而这个标志日后就随着加兰德到处游走。

当时在西班牙作战的德军作战部队一共只有 4 个中队，其中包括 3 个轰炸机中队和 1 个战斗机中队，此外还有一个侦察机中队，另外还有 4 个重型高炮连和两个轻型高炮连，以及相应的通讯部队，总兵力大约 5600 人，首任军团指挥官是雨果·斯佩勒中将,他自己曾亲自驾驶轰炸机攻击过卡塔赫纳港内的舰船。

1938年8月中旬,荣获西班牙金质佩剑钻石十字勋章的加兰德返回至德国,他根据在西班牙作战期间所获得的经验,协助组建了最初两个战斗机大队,1939年9月1日,德军入侵波兰,在波兰战役期间,加兰德驾着一架双翼的Hs-123对地攻击机执行了50多次任务,他在利用战场去验证自己的俯冲轰炸理论,他所在的大队取得了不俗的战绩,自身却仅损失了10架飞机。10月2日,加兰德晋升为上尉并荣获了一枚二级铁十字勋章。

1940年的不列颠战役对德国飞行员来说是一次艰苦的战役,加兰德被调往第26"施拉盖特"战斗机连队任第三大队指挥官,首次执行任务他就击落了两架战斗机。1940年8月22日因他的击落战果达到17个而获得骑士十字勋章,并晋升少校,他是JG26第一位获此殊荣者。8月底,德国空军大幅更替前线指挥官,戈林希望借着替换较年轻的指挥官能改善对英国攻击的成效,在这次变动中,加兰德接替了汉德瑞克少校任JG26"施拉格特"连队连队长。

自此,这位年轻军官的名字迅速为大家所熟知,9月23日,当德国第26战斗机连队与英国第17飞行中队的"飓风"战斗机在泰晤士河口上空进行恶战时,被连队长加兰德所击落的敌机已达到了40架。第二天,他奉命赶赴柏林,领取橡叶勋章。到了12月5日,已经晋升为上校的加兰德涂在座机方向舵上的战果标记已达到了58个,他也因此名列德国空军王牌飞行员排行榜上的第一位。1940年冬至1941年春,战场上复归平静,第26战斗机连队也得以暂时休整。

1941年11月17日,战斗机总监莫德尔斯从俄国赶回时飞机失事身亡,沃尔纳·莫德尔斯上校是有史以来第一个击落100架飞机的王牌,在新战术发展方面颇有建树,莫德尔斯失事后,戈林任命加兰德为新的战斗机总监,加兰德更希望做一名战斗机飞行员,但军命不可违。1942年1月28日,希特勒第三次接见了加兰德,并在他的勋章上加上了钻石,他是全德军第二位得到所谓"钻石橡叶宝剑骑士铁十字勋章"荣誉的人，此时加兰德的战绩是96场。

1942年2月，德国海军战列巡洋舰"沙恩霍斯特""格奈森诺"以及重巡洋舰"欧根亲王"号穿越英吉利海峡的"瑟布鲁斯"行动中，加兰德组织了几个战斗机连队轮番担任舰队防空，以防英国空袭。虽然舰队因为水雷受了点儿损伤，但成功穿越英国重兵防范的英吉利海峡向北抵达德国本土。

德国空军战斗机也击落了不少英军飞机，德舰没有因空袭受到重大损伤。此一战果让他被提升为少将，30岁出头时又晋升为中将。

1943年5月22日，加兰德在奥古斯堡试飞了Me.262原型机后，对其赞不绝口，并留下了一句"就像天使在后面推送一样！"的试飞感言，并提出要求大量生产以对付仍在使用活塞式发动机的同盟国空军。然而喷气引擎的生产却一直跟不上来，直至1944年底，Me.262才正式进入实战阶段。

1943年，美军四发轰炸机频频入侵帝国领空让加兰德焦虑万分，作为一名颇有洞察力的军官，他很快就意识到德国空军是打不起这样一场消耗战的，但希特勒却拒绝承认局势的严重性，加兰德写道："我们的战斗机部队很快就会分崩离析。"他是根据飞行员匮乏、而非飞机匮乏的现状得出这一结论的。

光荣岁月过后，继之而来的就是危机岁月了。阿道夫与戈林的关系也开始紧张起来。尽管他开诚布公、仗义执言，也未能说服希特勒加快生产他曾亲自试飞过的Me.262喷气式战斗机。

在加兰德看来，戈林和希特勒都不是成功的领导者，戈林对希特勒言听计从，即便后者的意见是完全错误的，他很少真正关心德国空军建设；而希特勒则是"受陆地思想严重束缚的人"。

加兰德当时的境遇是，为了实现戈林和希特勒制定的目标，我必须同他们做斗争，却得不到他们真正的支持。

在大战的后期加兰德多次与希特勒、戈林为了德国空军的生产、配备、调度、使用而产生争吵。特别是 Me.262 的使用上，和戈林的冲突也越来越大，戈林常把盟军轰炸成功和德军的损失都归咎于战机飞行员，说他们是一群"懦夫"，最终导致了 1945 年 1 月战斗机飞行员的"反叛"，德国空军高级军官要求戈林以空军大局为重，自动辞职，结果加兰德被解除了战斗机总监的职务。加兰德因为被解职，而得到了成立他自己的 Me.262 中队的机会，加兰德将这个中队命名为第 44 中队，是因为在西班牙内战中，德国空军的第 88 大队为德国的空军史写下了历史性的一页，而 44 恰恰是 88 的一半，加兰德希望 JV-44 要是能有 JV-88 的一半成就他就心满意足了，也希望能够在战争的末期能再次唤醒德国空军的光荣。

加兰德自任中队长，他的中队成员包括格尔德·巴克霍恩、瓦尔特·克鲁平斯基、海因茨·巴尔、埃里希·霍哈根、京特·吕左、威廉·赫格特，个个都是得过骑士铁十字勋章的王牌。许多不讨戈林欢心的连队长、大队长们，都前来参加这个中将所领导的喷气机中队，1945 年 4 月 26 日是加兰德最后一次参与战争，在击落一架轰炸机后，他被护航的 P-47D 击中迫降，总击坠数 104 架。

加兰德灿烂有如彗星的军事生涯也随着德国战败而告一段落，当时他在巴伐利亚向美军投降。战后加兰德坐了两年牢，出狱之后，加兰德回到德国。1948 年初，他得到消息：阿根廷空军有意借助他的经验。同年 11 月，加兰德赴阿根廷，在阿根廷建立了一个航校训练飞行员。

加兰德可能是第二次世界大战飞行员中，在战后享有最高国际荣誉的，他在全世界都享有赫赫大名，往来全球航空界会议，接受颁奖与发表演讲。他经常架着他的单引擎小飞机"波南查"往来各地，而不搭客机——他自己的解释是：他习惯于只靠一具引擎飞行。

"非洲之星"

——汉斯·约阿斯姆·马尔塞尤

在非洲大陆的北部，有着茫茫无际的利比亚大沙漠。一座状似金字塔的小坟墓静静地矗立在死一般沉寂的沙海之中。大风起时，整个坟墓被流沙掩埋，与沙漠融为一体，再也看不出任何痕迹。墓碑正面用德文刻着："这里安睡着一名永不言败的勇士——汉斯·约阿斯姆·马尔塞尤。"

马尔塞尤是一位因击落了158架敌机而声震北非战场的德国空军英雄，阵亡时年仅22岁。他是第二次世界大战西线战场上光芒甚至盖过元帅的天才飞行员，他也是个聪明绝顶、放荡不羁的大孩子，他是人们心目中的——"非洲之星"。

马尔塞尤于1919年12月3日出生于柏林一个法裔家庭，他的母亲在他年幼时即携子改嫁，马尔塞尤直到15岁时才知道他现在的父亲是继父，他的生身父亲吉科弗里德·马尔塞尤少将是第一次世界大战时德国空军的英雄，也许是血脉相通的缘故，少年时代的他就向往着天空，憧憬着"能像鸟儿那样自由地飞翔该有多好！"

18岁那年，他不顾父母的反对加入了空军，1938年11月7日，他进入飞行训练团开始飞行训练。当时德国空军要求很严，新飞行员必须带飞100个小时以上才放单飞，马尔塞尤以他的勤奋顽强和出众的空间感、灵敏性顺利通进了层层筛选，放了单飞。并于1939年3月13日拿到了初级飞行训练合格证书。

1940年8月，他所在的第52连队第4中队进驻法国北部的诺曼底，参加著名的"不列颠大空战"，在英国的上空，作为一名年轻的新手一展才华，以击落7架敌机的战绩令战友们刮目相看。一架由他驾驶迫降的Bf-109E经过修复后，漆成"白14"成为他的座机。

他虽然技术出众，但作风散漫，行为放纵，在战斗中常常不听指挥，击落的飞机几乎和摔掉的一样多。

他还是个大孩子，任性放纵，频频与上司争吵，甚至公开对部队采用的护航战术品头论足："像现在我们所采用的将战斗机死捆在轰炸机身旁的战术是很不明智的，应当让战斗机更自由自在地去进行空战。"

虽然马尔塞尤是一个技术出众的飞行员，但他也是个爱恶作剧的大孩子，有一次在飞行表演中，他的飞机掠地而飞，惊呆了所有的观众。落地后中队长告诉他："由于他的特技飞行玩得太过头，违反了不得进行50公尺以下的超低空飞行的禁令，他要因此受到惩罚。"

还有一次他在单飞时看到地面上车来车往，突然心血来潮，一压机头，驾机向地面冲去。马达轰响的飞机轻盈地降落在宽阔的柏油马路上，傲慢地停在路中央。左来右往的汽车一下子被堵住了50多辆，路面乱成一团。马尔塞尤得意地驾着飞机起飞离地，冲司机们抖抖翅膀，扶摇而去。这次幸得教官力保，才免于被开除军籍。

他傲慢任性的作风和经常惹麻烦使得他不受长官的喜爱，他成了全连队里唯一还没被正式授予少尉军阶的候补军官，他自嘲自己是"空军最老的准尉"。不久他因为违抗命令而被调到第27连队，这个调令使他日后成为德国空军的传奇，并达到了战斗机飞行员生涯的顶峰。

1941年春，希特勒决定从意大利手中接管北非战场，击败中东英军。马尔塞尤随整个连队来到了炎热的非洲战场。他的中队换装Bf-109F-4/Trop，他的飞机被涂装成"黄14"。当时德国空军派往利比亚沙漠的战斗机部队就像地面部队一样少，截至1941年年底，马尔塞尤所属的JG27 "Afrika"是德国空军唯一派驻北非的战斗机连队，在空战中，他们常常是以寡不敌众。当时英军在沙漠中的主力大多仍使用"飓风"式战机，或美制的P-40以及少数的喷火式。马尔塞尤在换装了Bf-109F型之后战绩开始扶摇直上，1941年底他已击落36架敌机，1942年6月3日，马尔塞尔一口气击落6架P-40，以累积75架的战绩获颁橡叶骑士铁十字勋章。紧接着在随后短短的两周内，他的记录飙升达到 101 架，成为德国空军第 11 位击落百架敌机的飞行员，1942 年 9 月 3 日，马尔塞尤获得了德国军人最高荣誉——钻石骑士十字勋章，非洲军团司令隆美尔元帅邀他一同回国参加授勋典礼，马尔塞尤达到了他人生辉煌的顶点。他以空中英雄的身份出现在国民面前，到处都受到热烈的欢迎。元首希特勒、空军元帅戈林先后召见了他和与他同来领奖的其他"英雄"。

德国本土的女士们，通过报刊杂志上的报道宣传，对这位 20 出头英俊年轻的小伙子无不向往，对马尔塞尤中尉的爱慕信如雪片般地涌往马尔塞尤所在的北非沙漠部队。在一次走位于奥古斯布尔格的梅塞施密特飞机制造厂时，他与哈瑞莉丝姑娘一见钟情，并定下了婚约。

1942 年 8 月 24 日，22 岁的马尔塞尤以德国空军最年轻上尉的身份返回北非沙漠，在他缺席的这两个月里，北非情势有了重大变化，7 月的第一次阿拉曼会战，消耗了隆美尔有限的兵力，此时，隆美尔的装甲师团正被困在阿拉曼止步不前。

9 月 1 日，双方在地面展开了空前激烈的恶战，天空也再度喧闹起来。这一天，马尔塞尤打掉了 17 架敌机，这真是前所未闻的奇迹！在这个日子里，马尔塞尤的光芒盖住了隆美尔元帅，人们把他称为"非洲之星"。9 月 9 日，他终于荣获最高奖——钻石骑士十字勋章。9 月 26 日，他又一次出征获胜，但赢得非常艰难，这是马尔塞尤的第 158 次胜利，也是最后一次胜利。

1942 年 9 月 30 日 10 时 47 分，马尔塞尤率三中队 8 架战斗机出击，掩护俯冲轰炸机攻击阿拉曼战线东侧的英军集结地域。他们在空中没有遇到敌机，11 时左右开始返航。突然，僚机派德根发现马尔塞尤的座机冒出一股黑烟，马尔塞尤的战机发动机突然出现了严重的故障。"跳伞吧！"马尔塞尤痛苦地说了一声，伙伴们看见他抛掉了座舱盖，跳了出来。身体似乎与上翘的尾翼撞了一下，马尔塞尤像石头一样笔直坠落下去。11 时 36 分，他跌落在沙漠中，伙伴们找回了他的尸体，发现他胸前开伞的锁针没有拔出，导致伞包没有打开。

马尔塞尤到死时一共 382 次出击，击落 158 架敌机，从未被别人击落过。

德国第二航空队司令凯塞林将军在挽辞中说道："他是世界上最优秀的战斗机飞行员。"隆美尔元帅赞叹道："他的功劳顶得上一个装甲团。"英国人曾经因为马尔赛尤的出现而引起了一场恐惧，但当盟军的飞行员听到他因为飞机故障死亡的时候，无不觉得十分惋惜。

马尔赛尤是德国空军战技最佳的飞行员，也是德国空军的最佳射手，他的飞行技术与射击技巧和胆量都无人能及。他俊朗的外形，热情好客的作风则使他在各地都赢得朋友。他从不击杀跳伞后的飞行员，也从不对准敌机的座舱开火，他是名真正的空中骑士。马尔赛尤非常关心战友们的安危，在非洲战场的战斗岁月中，他指挥下的同伴们几乎全部活到了马尔赛尤战死的那个时候，马尔赛尤不仅创造着自己的战争奇迹，他其实更在创造战争岁月中的生命奇迹。现在，他长眠在另一个世界里，却把4枚闪光耀眼的骑士十字勋章、158架充满智慧和罪恶的战绩、一座凄凉的坟茔莹和一位悲伤凄苦的姑娘留在了人世，马尔赛尤死了，他的一生，宛如流星，短暂的流光绚烂辉煌，他的时间永远定格在最美的华年。

"我只忠于德国"

——莫德尔

与其他德国名将相较，莫德尔元帅朴实无华，他不像曼施坦因那样的才华横溢；也没有古德里安般的学术造诣；更不是隆美尔那样个性鲜明，声名远播；还缺少着龙德施泰特那样普鲁士传统的显赫资历；但是，莫德尔非常地顽强，百折不挠，他的敌人称他"是一个极其难缠的对手！"而希特勒曾称赞他："是我最好的元帅！"

沃尔特·莫德尔元帅是纳粹德国最年轻的陆军元帅，在德国陆军元帅中算是一位后起之秀，他是第二次世界大战中轴心国阵营里涌现出来的一位很著名的军事家，他在德国最后时刻所表现出的军事才华，曾被希特勒本人称为"东线的救星"而成为第二次世界大战后期希特勒最为倚重的将领之一。莫德尔于1891年1月24日生于德国马格德堡附近的根廷，父亲是音乐教师。莫德尔性格犟强而暴躁，透过单片眼镜的却是坦诚的目光，他平易近人却不苟言笑，严肃客观却不失幽默。第二次世界大战中，他作为第9集团军司令领兵数万打了一次又一次恶战，被誉为"转危为安的人物"。

1942年1月，莫德尔接任第9集团军司令职务，这是他第一次受命于危难之时，刚接手时的第9集团军是一个名符其实的烂摊子，这时的第9集团军纸面上有兵力26万人，实际上只剩下不足6万，战斗序列里的165辆装甲战车，此时只剩下4辆Ⅲ型突击炮和一辆Ⅲ型坦克。第9集团军漫长而薄弱的防线被苏军加里宁方面军多点突击，撕成碎片，一股苏军已经打到距离集团军司令部几千米的地方。莫德尔抵达集团军司令部时，看见的是一张张沮丧绝望的脸，作战参谋布劳洛克向新上任的司令官简要介绍了情况，莫德尔立刻在地图上指指点点，打算从这里切断苏军补给线，从那里对苏军侧翼进行反击。布劳洛克目瞪口呆，问道："您为这次反击带来多少部队？"莫德尔哈哈大笑："就我一个人。"

2月5日，他在奥列尼诺和勒热夫附近同友军一起，从东西两面向包围他们的苏联第29集团军发起进攻，反过来包围该部并予歼灭，此役使莫德尔在德军中被视为"转危为安"的将领，因而获得栎树叶骑士十字勋章。

在这次战役中，他不同意希特勒要分散兵力向南北两个方向进攻的命令，以一个参谋军官特有的严谨缜密陈述事实，说明第9集团军必须集中兵力稳固北面防线，但希特勒不为所动，莫德尔异常恼怒，两眼盯视希特勒，粗鲁地问道："我的元首，是谁指挥第9集团军，你还是我？"他自信比希特勒更了解前线情况，而后者只是依靠地图，希特勒试图打断他的陈述，直接下达一个命令给第47装甲军，莫德尔梗着脖子回答："我不会执行这个命令。"希特勒又惊又怒，过了一阵子才无可奈何地说："好吧，莫德尔，你自己看着办，不过一切后果自负。"希特勒望着莫德尔离去的背影，事后对身边的副官说："你看见那人的眼神了吗？我很信任他，但我不会愿意在他手下工作。"

莫德尔认为，一名指挥官如果失去自主权，被捆在命令上，充其量只能打顺利仗，但永远不能打赢硬仗、恶仗。古德里安对他的评价："莫德尔是一个非常优秀的战术家，而对于防守比攻击还要高明，他的态度很粗鲁，他的方法常不为德军高级统帅部所接受，但是他却深为元首所赏识，莫德尔对于希特勒的强硬态度，是任何人不敢为的，凡是他认为不合理的命令，他都敢抗而不遵。"

1944年1月，苏军对德国北方集团军群发起强大攻势，卢加地段的德军一败涂地，希特勒以擅自撤退为由，将屈希勒尔撤职，任命莫德尔为北方集团军群司令，莫德尔采取"盾与剑"方针，有目的撤退，为将来反击争取时机，从而暂时稳定了列宁格勒方面的战局，莫德尔因而再度赢得希特勒的信任，被称为"防御勇士"并晋升为元帅。6月，苏军实施代号"巴格拉季昂"的白俄罗斯战役，突破德国中央集团军群的防线，德军的37个师有28个师被消灭或投降。希特勒急忙撤掉布施之职，让莫德尔接任中央集团军群司令。于是，莫德尔成为德军第一个同时指挥两个集团军群的元帅，足见希特勒对莫德尔的信任。莫德尔果然不负所望，不等希特勒答应的援军到达，便从北乌克兰集团军群抽出几个装甲师调到中央集团军群的战区，在东普鲁士接近地、那累夫河和维斯杜拉河一带建立绵亘的防御正面，并歼灭孤军深入的苏联第三坦克军，再次暂时稳定了防线，莫德尔被希特勒誉为"东线的救星"，在德军中以"元首的消防队员"而著称，获得栎树叶双剑钻石勋章。

然而，莫德尔无力改变整个战争的结局，12月，战争已逼近德国本土，12月16日，莫德尔率部执行"莱茵河卫兵"计划，在芬纳高地和卢森堡北部之间地带发动阿登攻势，莫德尔虽然反对这个"轻率"的行动，却一反常态，怀着对希特勒的忠诚而坚决执行作战命令。

阿登战役结束后，盟军推进极其迅速，莫德尔意识到德军败局已定，心情极度悲观痛苦，从前那种勇猛机智顽强的指挥作风已荡然无存，过去，莫德尔从不消极防御，曾屡次拒绝执行希特勒下达的死守硬拼的命令，但是，盟军强渡莱茵河时，莫德尔却消极防御，1945年4月，莫德尔所部被盟军合围在鲁尔工业区，莫德尔既没有执行希特勒关于炸毁所有工厂的命令，也拒绝接受盟军要他投降的命令，莫德尔看着眼前的破壁残垣道："一名元帅不会成为阶下囚，这种事情不可能发生。"1945年4月17日，鲁尔工业区已经落入美军手中两天，各道路上都有被俘的德军部队行进，莫德尔带了3名军官和几个士兵在拉亭根附近冲破一个美军纵队而逃到杖易斯堡附近一个森林中，莫德尔对情报参谋说："我的死期已到。"莫德尔在要求副官对他开枪遭到拒绝后说："我从来没有这样失望过，因为我只忠于德国。没有任何事情比落入俄国人手中更为可怕，我死之后，望你把我埋葬。"说完即举起手枪自尽。

帝国元帅

——戈林

赫尔曼·威廉·戈林，纳粹德国空军元帅，德国纳粹党的二号人物，希特勒指定的接班人，他既是德国法西斯政治、经济与军事的首脑，也是制订奴役劳工计划、镇压残杀犹太人和其他种族的主谋，是第二次世界大战中的法西斯主犯。在纽伦堡审判中，戈林被控以战争罪和反人类罪并被判处绞刑，但他在执行死刑前两小时在狱中服用有毒氰化钾胶囊自杀。

1983年1月12日，戈林出生于德国巴伐利亚州罗森海姆的一个官宦之家，父亲曾任德国驻西南非洲和德国驻海地总督，1896年老戈林辞去总督职务，举家迁回德国。1908年戈林就读于卡尔斯鲁厄的一所士官学校，毕业后考入了号称"德国西点军校"的利希菲尔德军事学院，在学院里他心甘情愿地接受着极其严格的普鲁士式军事训练，梦想将来自己能成为一位军事统帅，1911年，18岁的戈林以军事训练科目的最高分数毕业，并被授予少尉军衔。1912年戈林从军校毕业后进入驻米尔豪斯的步兵团服役，第一次世界大战期间，米尔豪斯被法军占领，他两次率突击队打入该城，他注意到空军在当时和未来战争中的作用，便想方设法进入了空军。1915年，戈林从飞行学校毕业后驾机重返前线，他立志要作最出名的战斗机飞行员。1917年因作战勇敢，获得三枚勋章，次年获最高战功勋章，并担任德国的王牌——里希特霍芬战斗机中队指挥官，正准备指挥中队大干一场的戈林在前线听到德国投降的消息后，非常沮丧，在与战友们分手的告别酒会上，已经击落22架敌机的戈林泪流满面地发誓说："我们的时代一定会到来。"

在第一次大战结束德国空军奉命投降时，戈林率领他的飞行中队的飞机回到达姆施塔特的一个空军基地，当戈林驾机驶近机场的尽头时，他将机身倾斜至翼梢碰到地面，他连续剧烈地抖动机身，直到"福克"式飞机成为一堆碎片，其他飞行员纷纷效尤，戈林成为德国空军在第一次世界大战中的王牌和英雄。战争结束后，凭借着德国空军里希特霍芬飞行中队指挥官的身份，戈林成为福克飞机公司的试飞员，不久，戈林又到瑞典航空公司当飞行员，为了在瑞典出席各种社交活动的方便，戈林向原来的部队申请并获准以上尉的军衔转业。

1921年戈林回到德国，进入慕尼黑大学学习，他对《凡尔赛和约》的条款极为不满，1922年11月的一个夜晚，闲着无事的戈林来到慕尼黑的纽曼咖啡馆，听到了阿道夫·希特勒的演讲，他的话题是《凡尔赛和约》，戈林仍然能记得希特勒的声音："只有刺刀才能让我们对法国人构成威胁，打倒凡尔赛！"

第二天，戈林加入了希特勒领导的德国国家社会主义工人党，戈林投靠希特勒后，希特勒把从失业者中招募来的冲锋队员交给了他，戈林按正规部队的要求，把他们组织起来，成为了冲锋队指挥官，戈林很快就成为希特勒不可或缺的左右手。1923年5月1日，戈林佩戴着勋章参加啤酒店暴动，大腿中枪，失败后逃往奥地利，由于受伤不能及时治疗，为减轻痛苦，每天注射吗啡，戈林逐渐对吗啡上了瘾，狂妄的戈林变得嗜毒如命。由于纳粹党早期成员的素质参差，戈林凭其较佳的素养及与德国上流社交圈的熟识，很快的成为纳粹政权的要角。在1927年特赦归国后，隔年即成为德国国会议员，随后担任了国会议长，在纳粹党确立统治地位的一体化进程中，戈林发挥了重要的作用，1933年3月，希特勒经过多年努力终于如愿以偿地登上了权力的顶峰。此后的德国开始进入了希特勒法西斯独裁专政的时期，戈林被任命为内政部长，他利用职务之便，把政治警察改为国家秘密警察，即盖世太保，不久他取代巴本成为普鲁士总理。

此时的戈林时刻梦想重建并壮大德国的空军部队，按照《凡尔赛和约》所规定的有关条款，德国被绝对禁止重建空军部队，戈林计划首先利用业余航空俱乐部和民用航空组织，建立一支小规模的空军，然后再扩充成强劲的空军部队。在戈林等人的努力下，纳粹德国的空中力量得到秘密而迅速的发展。1935年，德国空军正式重新建立，并独立成军，戈林被任命为空军总司令。1938年2月，希特勒接管整个武装部队指挥权后，授予他元帅军衔，1941年6月，希特勒颁布法令，指定戈林为其继任者，并授予其纳粹德国的最高军衔——帝国元帅，帝国元帅是专门为戈林而创制的军衔，这使得戈林的地位超出了德国所有军种的元帅。

在侵波战争中，戈林出动他的机群对波兰空军突然袭击，使波军的许多飞机毁于地面，戈林的空军对于使波兰抗战三周就被迫投降起了重要作用，空军在侵波战争上的胜利，使戈林更加野心勃勃，狂妄自大，总以为空军能够解决战争中的一切问题。在1940年5月的敦刻尔克战役中，德国装甲部队准备对处于包围圈中束手待擒的30多万英法联军实施围歼，但希特勒突然命令把消灭敌军的任务留给空军，其中的重要原因，就是戈林向希特勒建议用他的空军来单独消灭被包围的敌军，以减少宝贵的装甲部队的损失。实际上戈林是要为空军取得最后决战的机会，捞取"唾手可得"的胜利果实的荣誉。但由于气候恶劣影响了德国空军攻击的效果，同时德国空军还受到英国新型"喷火"式飞机的有效抗击，戈林向希特勒夸下的歼灭英国远征军的海口，并没有兑现。

1941年8月，希特勒命令戈林"在空战中彻底消灭英国空军"，但同时禁止对英国实施"恐怖性的空袭"，此时戈林手下的空军共有2000多架战斗机和轰炸机，而英国人只有800架能够作战的飞机。戈林信誓旦旦地对希特勒表示德国空军将在4天内打垮英国空军，但在不列颠空战中，德国的空军遇到了失败，使希特勒不得不放弃入侵英国的"海狮"计划。

由于戈林极力推动德国空军与英国展开空战，结果不列颠空战的结果不仅没有使得英国投降，反而大大削弱了德国空军的力量，加之此后德国空军在苏德战争中和反轰炸中的失败，戈林在纳粹领导层的影响力大大减弱，另外，戈林奢侈糜烂的个人生活习惯也使得他在德国高层中不受欢迎。

1942年冬季，苏军发动冬季攻势，在斯大林格勒包围德国第6集团军以及第4坦克集团军一部。在最后讨论被围部队坚守或是突围的时候，戈林满面春风地出现在会议室，庄重地向希特勒保证，可以通过空运接济被围部队，戈林的一句大话，使希特勒坚定了不准突围的决定。此后戈林不断被希特勒叫去汇报，他总是借口天气恶劣，不能按计划出动飞机，保证一旦天气好转，如数把给养运到，但是一直到1943年1月底被围德国第6集团军全军覆没，戈林的保证也没有实现。随着战局不断恶化，希特勒越发对戈林及其空军的无能表示不满。当1943年3月初柏林遭到盟军飞机轰炸时，希特勒说："帝国元帅已经忘记了空中战争，我在绞尽脑汁想办法制止敌人对我们的空袭，他倒安闲自在。"实际上自斯大林格勒战役失败后，戈林已处于半隐退状态，很少参加会议。1943年夏秋，盟军继续以大规模的空袭给德国造成一系列重大损失，在受到希特勒痛骂之后，德国空军参谋长耶顺内克上将开枪自杀，他在临死时留下的唯一一句遗言是："在我死后，不许戈林参加我的葬礼。"戈林后来追忆说："作为空军总司令，人民认为我有责任，也的确如此。人们讥讽我们的空军说：戈林的空军到了，空袭肯定结束了，这是我有生以来所遭受的最大痛苦！"

1945年4月20日，戈林参加最后一次希特勒的生日聚会之后，同面临死神的希特勒告别，带领满载金银珠宝的汽车大队撤离柏林，他相信希特勒的死期将近，自己就要成为继承人了，1945年4月23日，戈林认为被围中的希特勒已经无法主事了，故此从贝希特斯加登向正在柏林的希特勒发了一封电报，希望希特勒能够授权他掌管国家一切事务，并建议与盟军进行谈判。希特勒收到电报后怒不可遏，回电说戈林已犯下叛国罪，电令在贝希特斯加登的党卫队总部，以叛国罪逮捕戈林及其部下，希特勒在自杀前一天的政治遗嘱中，重申撤销戈林的一切职务，并把他开除出党，直到希将勒死后，戈林才重新获得自由。

1945年5月8日，身处奥地利的戈林宣布投降，他也是参加纽伦堡审判的德国官员中级别最高的将领，1946年10月1日，法官劳伦斯勋爵代美国际军事法庭宣读对戈林的判决，确认戈林犯有策划战争罪、破坏和平罪、战争罪和违反人道罪，判处绞刑，戈林对此提出他作为军人应以枪毙处决，但遭到拒绝，在执行的前一晚上戈林服氰化钾自杀，至于氰化钾的来源事后一直成了一个不解之谜。

60年后，一个当时负责看守戈林的美军退役士兵宣称他当时坠入了一位德国女性的情网，并帮助她将一支自来水笔交给了戈林，而毒药就藏在笔中，他声称直到戈林自杀成功后，才知道自己带进去的钢笔藏着毒药。

自由法国的旗帜

——戴高乐

"法国的首都必须由法国自己的军队来解放。"

——法国陆军准将戴高乐

从小，老戴高乐就总把小戴高乐带到自己曾战斗过的战场，大声对孩子说:"把墓志铭上的话念一遍,永远记住它!"墓志铭上赫然镌刻着这样一行话:"在英勇的烈士手中被截断的法国宝剑,将由后辈重新锻造!"

戴高乐大声念着,终生没有忘记。晚年时,他谈到自己在法国外交中所担任的角色时说:"我所做的一切,就是为了让普法战争的悲剧不再出现在我所热爱的祖国!"

1940年5月10日,法西斯德军实施"黄色作战方案",进攻荷兰、比利时、卢森堡和法国。42天以后,号称欧洲最强大的法国与德国签订了投降协定。在国内继续作战无望的情况下,时任法军准将、曾指挥第四装甲师作战并担任法国国防部与陆军部次长的戴高乐于6月17日流亡英国伦敦。在伦敦,他与英国首相丘吉尔开始了第一次较量。戴高乐到英国后,就与英国广播公司商议,准备向全体法国民众发表讲话,呼吁他们起来反对法西斯德军的占领,将敌人从家园赶出去——这需要英国政府的同意。而丘吉尔见到戴高乐后的第一句话就是:"将军阁下,您觉得您一个人能代表法国吗?"

戴高乐从容地说:"当然能!没有一个政府有权合法地出卖它的国家和人民。现在,法国遭德国入侵,政府成员中只有我坚持抵抗。一旦现任政府宣布投降,我就将代表法国人民执掌战时政权。"

丘吉尔听后,满意地点了点头说:"明天,我让您在英国广播公司的节目里讲上几分钟……"6月18日,戴高乐通过英国广播公司电台向法国人民发表首次广播演说,宣称:"无论发生什么情况,法兰西抵抗的火焰决不应该熄灭,也决不会熄灭。"戴高乐率先举起了维护法兰西民族独立、抗击法西斯德国的旗帜,从这一时刻起就成为法国的战斗旗手,戴高乐成了法国的反法西斯英雄。

6月22日,法德停战协定签字。戴高乐立即在伦敦发表广播声明,正式宣布发起"自由法国运动",发誓要"把自由还给世界,把荣誉归还祖国"。

戴高乐开始加紧为自己建立一支战斗队伍。当时,戴高乐唯一的资本就是正义、意志和品格。

7月初,戴高乐面见英国首相丘吉尔,由于政见不同,两人不欢而散。

戴高乐认为，大敌当前，法英面临的共同敌人就是法西斯德国。他对部下说："我们的伟大和力量，就在于在法国的权利问题上寸步不让。我们都需要这种不妥协精神。"8月7日，丘吉尔—戴高乐协议达成，英国承认戴高乐为自由法国武装力量的最高统帅。

一个成功者和一个失败者很大的区别就是面对逆境的态度，这时的戴高乐依然面临着重重困难。随着英国政府承认戴高乐是"自由法国的领袖"，丘吉尔和戴高乐之间开始有了正式政治交往，在涉及法国利益的问题上，戴高乐从不屈服，一开始就表现出一个"高大的强硬者的形象"，戴高乐的不妥协态度和独立姿态让丘吉尔感到厌烦。

1943年3月，流亡英国的戴高乐要求回法国视察"自由法国"武装部队，遭到丘吉尔拒绝。戴高乐抗议说，自己受到的待遇与战俘无异。丘吉尔则回应道，必须"直截了当"地告诉这位法国人，叫他怎么做他就得怎么做，他必须留在英国。戴高乐深深感到，国家没有实力为依托，就不可能有地位。然而，自幼不畏压力的戴高乐，要尽一切可能最大限度地捍卫国家的荣誉。

戴高乐与丘吉尔的合作充满了分歧与矛盾，但这并不影响他们的合作。因为，两位伟人都知道谁是真正的敌人。丘吉尔非常需要戴高乐及其领导下的抵抗运动。尽管两者间存在着一些分歧和摩擦。

丘吉尔对戴高乐并不是完全支持的，有时甚至是对立的。1945年4月，丘吉尔就断言，戴高乐怀有"无理性的野心……除非我们摆脱他，否则英国无法与法国建立值得信任的关系"。而美国在选择法国代理人的问题上态度也一直是模棱两可，态度暧昧，美国总统罗斯福一直认为戴高乐一旦时机成熟，将来可能成为独裁者。为了改善与美国的关系，戴高乐多次派人去华盛顿，向罗斯福说明情况。但当美国人要求戴高乐的代表普利文"以专家身份而不是以代表身份"参加美、英、法三方会谈时，戴高乐让他坚持"自由法国"的立场原则。

戴高乐的这种做法又一次得罪了美国人。戴高乐认为，战后美国人不会关心法国的未来，虽然他对盟军取得战争的最后胜利深信不疑，但还是坚持法国不能成为附庸国。

戴高乐始终致力于自由法国力量的发展，1943年春夏，他的部队参加了盟军的突尼斯战役后戴高乐写道："当盟军进攻欧洲的时候，法兰西之剑是多么的短啊！我们越是从苦难的深渊中复兴起来，我们的事业就越光辉灿烂。如果法国不建立自己的军队，那么将永远无法在自己和别人面前恢复它的尊严。"戴高乐的强硬做法，震动了英美，从此以后，盟军经常将作战计划提前通知戴高乐。

1943年10月，戴高乐以其卓越的声望，博得了全法国乃至全世界反法西斯运动的认同。尽管对盟军许多放弃和牺牲法国利益的做法有很多不满，但戴高乐还是派12万人参加了著名的北非战役。

戴高乐在当天晚上向法国人民发表广播演讲："这是解放法国的战役，也是法国自己解放自己的战役。"1944年8月26日，戴高乐凯旋巴黎。当他来到凯旋门时，欢迎的人们挤满了星形广场和爱丽舍田园大街。他不时举起手臂向含泪欢呼的巴黎人民致意。

巴黎虽获解放，但英美政府并未正式承认戴高乐政权，罗斯福还再三表示不支持任何候选人，并期待法国人民做出自己的选择。在短短几个月后，戴高乐得到法兰西人民的顶礼膜拜，以百分之百的赞同票当选为临时政府总统。10月23日，美、英、苏分别承认法兰西共和国临时政府。至此，戴高乐创建的"自由法国运动"完成了自己的历史使命，戴高乐也完成了从鲜为人知的军人变为声誉卓著的政治家的过程，正式开始了全国范围内的第一次执政。

丘吉尔立即给戴高乐写了封祝贺信，上面有这样一句："普卢塔克错了！"看完丘吉尔的贺信，戴高乐笑着摇了摇头——这个和自己并肩战斗了5年的老朋友啊！尽管在流亡英国的日子里，为了维护法国的尊严和利益，他在丘吉尔面前始终保持着高傲、倔强的姿态，甚至多次与之激烈地争吵，但在他孤独的内心里，丘吉尔仍是这个世界上他唯一可以称为"朋友"的人。

戴高乐说："如果没有丘吉尔，我的努力将会是徒劳的。"

丘吉尔与戴高乐相交的 5 年真是极具戏剧性，初打交道时，一个是按法律程序组阁的首相，一个是流亡政府的首领，然而，短短的 5 年后，一度春风得意的丘吉尔被民众请下了台，而一度狼狈出逃的戴高乐却被民众以迎接英雄的礼节拥戴回国。二人的命运定律般地说明：政治就是这样奇妙，功劳不在大小，怎样做人才是关键！戴高乐具备做伟人的素质，他的成就理所应当！

戴高乐——自由法国的旗帜！法兰西的伟人！

愤怒的"公牛"

——哈尔西

在第二次世界大战中，美国在太平洋战场上有一位和巴顿一样性格鲜明、勇贯三军的猛将，他就是威廉·哈尔西上将，由于他火爆脾气和好斗本性，被美军同行戏称为"公牛"。又因他为人随和而又被称为"水兵的海军上将"。他有一句流传很广的名言："杀日本佬！杀日本佬！杀死更多的日本佬！"有人把美国海军五星上将威廉·哈尔西和同为传奇人物的乔治·巴顿做过比较，得出的结论是："巴顿的作战风格是假大胆真小心，而哈尔西则是假小心真大胆。"如果不是命运的安排，哈尔西肯定会成为美国陆军最勇猛的坦克指挥官，但他选择了海军，并且成为了一名最著名的"海上斗士"。

哈尔西于 1882 年 10 月 30 日降生于新泽西海军军官家庭。自幼受海军熏陶，1900 年进入海军学院。1904 年毕业后赴"堪萨斯"号战列舰服役。第一次世界大战前后，哈尔西分别在"弗鲁塞"号、"奔汉姆"号和"肖"号驱逐舰任军官。1927 年是哈尔西海军生涯的重要转折点，哈尔西出任海军学院雷娜号练习舰舰长，而该舰又成为学院飞行学员大队的训练基地，哈尔西开始接触飞行。

1938年,哈尔西出任"沙拉托加"号航空母舰舰长,成为美国最早的航空母舰指挥官之一,两年后,他升为海军少将。尽管他已进入高级指挥官的行列,但仍对各种新技术深感兴趣,并成为某些新技术、新设备的积极倡导者。1940年春,哈尔西升任航空母舰特混舰队司令,晋升为海军中将,指挥太平洋舰队所辖的全部航空母舰。当年,太平洋舰队全部移师珍珠港。

1941年12月7日,当日本对美国发动珍珠港事件的时候,哈尔西和他的旗舰——"企业"号航空母舰正执行向威克岛运送飞机的任务。正是这次运输任务,使得哈尔西和他的航母躲过了日军向珍珠港发动的偷袭。在知悉日本发动突袭后,愤怒的哈尔西说道:"战争完结后,日语将只会在地狱通用。"其后在战争中,哈尔西明显地向属下军官和士兵展现其对日本人的蔑视,以期增强军队的士气。其中一个例子就是他的口号,其中最著名的是:"杀日本佬!杀日本佬!杀死更多的日本佬!"

在得到珍珠港遭偷袭的消息后,哈尔西奉命截击日本攻击舰队(显然是一个错误决定),但大战刚爆发造成的混乱中一系列似是而非的情报,使哈尔西的舰队向珍珠港以西追击,这无疑又挽救了哈尔西和"企业"号,因为若与珍珠港以北的日本攻击舰队相遇,哈尔西必死无疑。

1942年2月,哈尔西率美国太平洋舰队当时仅剩的一支航母编队,向日军控制的马绍尔群岛和吉尔伯特群岛发动奇袭,尽管这次攻击对日军打击不大,但当时美国民众极其欢迎美军的任何反击,美军士气也为之一振,哈尔西因此获得一枚"优质服务勋章"。

在水兵心目中,威廉·哈尔西是一个被作为图腾般崇拜的偶像,他浑身上下无处不洋溢着海军所特有的好斗、开朗气息。他满嘴脏话,酒量惊人。在他的战争哲学中,根本不存在防御和退却的概念,永远只有一个声音:"进攻!进攻!!再进攻!!!"即使被迫进行防御作战,他也会说:"待在那里别动,我们马上就会进攻了。"他的海军同僚因此送了他一个绰号——"公牛"。1942年4月,哈尔西率载有美国陆军航空队的B-25远程轰炸机的"大黄蜂"号航空母舰和负责支援的第16特混舰队执行轰炸东京的任务。此番轰炸震惊日本朝野，杜立特因此晋升为准将并获得国会荣誉勋章，哈尔西也因此名声大震，有人甚至将这次行动称为"哈尔西—杜立特"奇袭。

在对日作战中，哈尔西实行了一种令日本人吃不消的作战方式——"狠打！快打！常打！"然而就当哈尔西处于作战巅峰状态时，命运却跟他开了个玩笑，他患上了皮肤病需要治疗。这使得他没能参加当年6月爆发的中途岛海战——第二次世界大战中击败日军的最重要的战役之一，有美国报纸形象地把哈尔西比喻为"被日本瘟疫伤害的美国牛仔"。中途岛海战后，美国海军以对所罗门群岛的瓜达尔卡纳尔岛的进攻，揭开了"转守为攻"的序幕，哈尔西毫不退缩，以两艘航母为中心组成特混编队，迎战力量几倍于己方的日本舰队，并发布了战争史上最简明且最激动人心的命令："进攻！进攻！！再进攻！！！"瓜岛之战终以美军全胜而告终，哈尔西成了美国的英雄，罗斯福总统打破海军只能有4位上将的惯例，提升哈尔西为第5位上将。此后，日军在哈尔西的战区接连受挫。就在这时，太平洋舰队情报处破译了联合舰队司令长官山本五十六将飞抵布干维尔岛视察的情报，罗斯福和海军首脑人物决定击落山本座机。

1943年4月17日，哈尔西奉命组织这次"复仇"伏击行动，由18架P-38战斗机在预定的时间和地点执行。次日清晨，美国战斗机低空飞至预定空域后拉向高空。当山本乘坐的轰炸机在6架"零"式战斗机护航下出现时，美国飞机从高空直扑目标，以12架战斗机引开6架护航机，以6架战斗机将日本的两架轰炸机击落，山本五十六当场毙命。到1944年6月，哈尔西的第三舰队已非当初可比，发展成为拥有4个航空母舰群（十二艘航空母舰）共500余艘舰船的舰队。

1944年10月，在海军史上史无前例的莱特湾海战爆发了。哈尔西的第三舰队则全力出击，首先击沉了巨型战舰"武藏"号，然后以快速航母特混编队迅速北上，攻击日军航母编队。当时哈尔西并没有意识到这是日军抛出的诱饵，日军的主攻目标是莱特湾。当日军主力在夜间偷偷驶过圣贝纳迪诺海峡，向第 7 舰队的护航航母发动了攻击，尼米兹急电哈尔西："第 34 特混舰队现在何处？"由于发报过失，神差鬼使地竟使电文变成了一句极富污辱性的话："全世界都想知道第 34 特混舰队现在何处？"哈尔西接电后"如挨了一记耳光"，暴跳如雷，亲率两个快速航母战斗群掉头南下，从而放弃了"自海军学员时就梦寐以求的战机"。

莱特湾战役结束后，哈尔西的指挥曾遭到激烈批评，但尼米兹却不以为然，总是以此役的战果为其辩解。哈尔西在菲律宾战役结束后荣获了第三枚优异服务勋章。直到战后，经过仔细研讨，美国海军才承认哈尔西的打法是正确的。